THOMAS L. VIERNAU
KRANICHTOD

Thomas L. Viernau

Kranichtod

Kriminalroman

AAVAA
VERLAG

1. Auflage 2015

Umschlaggestaltung: AAVAA Verlag
Coverbild: Thomas L. Viernau

Printed in Germany
AAVAA print+design

Taschenbuch:	ISBN 978-3-8459-1564-7
Großdruck:	ISBN 978-3-8459-1565-4
eBook epub:	ISBN 978-3-8459-1566-1
eBook PDF:	ISBN 978-3-8459-1567-8
Sonderdruck:	Mini-Buch ohne ISBN

AAVAA Verlag, Hohen Neuendorf, bei Berlin
www.aavaa-verlag.com

Zum Autor:

Thomas L. Viernau wurde 1963 in Suhl/Thüringen geboren. Nach einem Wirtschaftsstudium war er u.a. als Journalist, Maler und Graphiker tätig. Er lebt heute als selbständiger Kaufmann in Berlin. Mit Brandenburg verbindet ihn eine langjährige Liebe. Zahlreiche Touren führten ihn in die verborgenen Winkel dieses Landstrichs.

Zur Handlung:

Ein undurchsichtiges Geflecht aus Steuerhinterziehung und Kreditbetrug beschäftigt den zum Leiter einer neuen Sonderkommission ernannten Kommissar Theo Linthdorf. Quer durch ganz Brandenburg ziehen sich die Spuren diverser Scheinfirmen, die durch geschickte Transaktionen riesige Geldsummen ergaunern und die Behörden an der Nase herumführen. Die Ermittlungen führen Linthdorf schließlich auf ein altes Landgut im Norden Berlins.
Unerklärlicherweise ereignen sich dort mehrere, ominöse Todesfälle. Eine Frau stirbt bei einem Verkehrsunfall, einem jungen Manne wird der Kopf abgetrennt, ein Steuerberater ertrinkt im Uferwasser eines Sees und ein einsiedlerischer Maler wird auf einem alten Friedhof zu Tode erschreckt.
Die Begleitumstände der Todesfälle sind mysteriös. Da ist vor allem das Erscheinen der »Weißen Frau" einem alten Spuk aus dem Mittelalter, und es gibt auch noch die vielen massakrierten Kraniche, die überall im Umfeld des Gutes entdeckt werden, die Linthdorf Stoff zum Grübeln geben.
Ein Sumpf aus Intrigen wird sichtbar. Die handelnden Personen sind allesamt in einem eigenartigen Abhängigkeitsverhältnis in diesem Sumpf gefangen. Es ist eine mühselige Arbeit für ihn und seine Mitarbeiter.

Personenverzeichnis:

In Potsdam:
Theo Linthdorf, KHK beim LKA Potsdam
Dr. Nägelein, Kriminaloberrat, Dienststellenleiter im LKA Potsdam
Regina Pepperkorn, Profilerin (operative Fallanalytikerin)
Dr. Knipphase, Kriminaloberrat, BKA-Mitarbeiter

Auf Gut Lankenhorst:
Baron Rochus von Quappendorff, pensionierter Lehrer, Leiter des Vereins »Kultur-Gut Lankenhorst e.V.«
Rolf Bertram Leuchtenbein, Archivar und engster Vertrauter des Barons
Gunhild Praskowiak, Kulturaktivistin und Mitarbeiterin des Barons
Meinrad Zwiebel, Hausmeister und Parkgärtner
Mechthild Zwiebel, Ehefrau von Meinrad, Mitarbeiterin im Verein

Im Umfeld des Gutes – der Stiftungsrat:
Irmingard Hopf, geb. von Quappendorff, älteste Tochter des Barons
Clara-Louise Marheincke, geb. von Quappendorff, jüngste Tochter des Barons
Lutger von Quappendorff, Neffe des Barons, Investment-Manager
Gernot Hülpenbecker, Filialleiter der Märkischen Bank Oranienburg

Im weiteren Umfeld des Gutes:
Felix Verschau, Einsiedler und Maler
Roderich Boedefeldt, Dorfpolizist in Linum
Professor Dr. Horst Rudolf Diestelmeyer, Ornithologe und Hobbyangler

Weitere Personen:
Freddy Krespel, Fotograf, Freund von Linthdorf
Louise Elverdink, Kriminalhauptkommissarin aus Brandenburg/Havel
Matthias Mohr, Kriminaloberkommissar bei der Kripo in Eberswalde
Aldo Colli, Steuerfahnder aus Berlin
Dipl.Kfm. Müller, Meier, Schulze – alle drei stellv. Filialleiter der Märkischen Bank in Oranienburg
Rudi Wespenkötter – Wilddieb und Fallensteller

Inhaltsverzeichnis:

Prolog

Kraniche

... gelten als Glücksbringer. Ihr etwas heiseres, melancholisches Trompeten erfüllt jedes Jahr im Herbst und im Frühling die Luft über den weiten Ebenen der Mark Brandenburg.
Über 70.000 Kraniche werden inzwischen wieder auf den Landeplätzen im Havelländischen Luch, der Prignitz, im Rhinluch, den Niederungen an der Oder und den Sumpfwiesen an Elbe und Elster gezählt.
Die Großvögel sind ausgesprochen scheu. Glücklich kann sich derjenige schätzen, der den Tanz der stolzen Vögel schon einmal beobachten konnte.
In den letzten Jahren hat ein regelrechter Kranichtourismus eingesetzt. An den Rastplätzen der Kraniche kann man im Spätherbst zahlreiche Autos mit den verschiedensten Kennzeichen stehen sehen. Mit gebührendem Respekt nähern sich die Kranichfreunde ihren Lieblingen mit Teleobjektiven und Feldstechern.
Die Gemeinden haben viele ehemals landwirtschaftlich genutzte Flächen zu Landegebieten für die Zugvögel erklärt und so ideale Rastplätze für die Kraniche geschaffen. Kranichgucken ist inzwischen eine Art Volkssport geworden. Niemanden würde es einfallen, diese schönen Tiere zu ärgern oder gar zu jagen ...

Im Linumer Bruch
Sonntag, 15. Oktober 2006

Dieser Morgen schien einen der typischen Herbsttage hier im Luch zu gebären. Dichter Nebel hatte sich auf die Wiesen und Felder gelegt und eine undurchsichtige Welt geschaffen, in der Geräusche und Schatten dominierten. Vom Boden stieg eine feuchte Kühle auf, die alles durchdrang.
Mitten auf der großen Wiese vor der alten Eisenbrücke über den Alten Rhin konnte man zwei Schatten erkennen. Nur langsam bewegten sich die beiden Schatten vorwärts. Der Nebel schien die Bewegung zu schlucken. Nach ein paar Minuten wurden die Schatten zu den dunkel umrissenen Konturen zweier Männer. Ein etwas größerer, hagerer Mann im Parka und mit einem Schlapphut und ein untersetzter, kleiner Mann in einer karierten Wolljacke mit Kapuze stapften auf einem nur wenigen Naturfreunden bekannten Trampelpfad durchs Luch. Sie schienen in eine lebhafte Unterhaltung vertieft. Der dichte Nebel schluckte ihre Stimmen, aber die heftigen Armbewegungen ließen nur diesen Schluss zu.
Über der Nebelbank war ein Klangteppich aus einer überirdischen Welt zu vernehmen. Langgezogene, seltsam melancholische Töne, unterbrochen von schrillen Pfiffen. Pausen schien dieses Engelsorchester nicht zu kennen, dennoch war ein unverkennbarer Rhythmus in dieser Klangwelt auszumachen. Die beiden Gestalten im Nebel schienen den Klängen zu folgen. Einer der beiden hatte ein geheimnisvolles Kästchen an einem Gurtband umgehängt und eine etwas sperrige Antennenkonstruktion in

seiner rechten Hand, mit der er sich langsam drehte und so die Richtung bestimmte.
Zielstrebig bewegten sich die beiden Schatten durch den Nebel zu den Engelsstimmen. Etwas schien die Aufmerksamkeit der beiden von dem Konzert abzulenken. Der hagere Mann eilte auf eine Stelle zu, die wie durch ein Wunder, vom Nebel verschont worden war.
Was er dort sah, ließ ihn erstarren. Sein etwas kleinerer Begleiter war inzwischen ebenfalls herangekommen. Der musste sich gleich wegdrehen. Das, was sich da auf dem Wiesenboden bot, ließ ihn sich übergeben.
Auf einer Fläche von vielleicht acht mal acht Metern lagen die Kadaver mehrerer Kraniche. Allen war der Hals mit einem scharfen Messer durchtrennt worden. Überall waren Blut und Federn. Es musste ein grässliches Gemetzel gewesen sein. Die Tiere hatten nicht fliehen können, denn ihre Beine hatten sich in ausgelegten Schlingen verfangen. In ihrer Todesangst hatten sie sich gegenseitig behindert und verletzt. Der hagere Mann holte seine Kamera hervor und fotografierte stillschweigend die Details des entsetzlichen Blutbads.
Erschüttert schaute er auf seinen kalkweiß gewordenen Partner. Wer machte denn so etwas? Diese Vögel wurden von allen Menschen gemocht. Sie taten niemandem etwas zuleide und ihre Gesänge verbreiteten eine ganz spezielle Art von Glücksgefühlen. Und dann so etwas!
Die beiden Wanderer sahen sich kurz an. Ein stilles Einverständnis schien sich da zwischen den beiden Männern einzustellen. Dieser Frevel musste publik gemacht und diejenigen, die dafür verantwortlich waren, einer gerechten Strafe zugeführt werden.
Langsam trotteten die zwei davon, beladen mit einer unsichtbaren Last, die ihnen Energie entzog und sich in ihre Seele fraß.

Linthdorfs Wochenende

Etwas Erstaunliches über wachsame Kraniche

Bereits bei den alten Griechen taucht der Kranich als besonders wachsames und kluges Tier auf. Er wird oft mit einem Steinchen im Schnabel dargestellt. Das Steinchen soll ihn daran hindern, zu trompeten und so die Aufmerksamkeit von bösen Räubern, wie etwa dem Adler, auf sich zu lenken.

Bei den Römern hatte dieser alte Mythos des »wachsamen Kranichs«, auf Lateinisch »Grus Vigilans«, ihn zum Symbol der römischen Tugenden »Vigilantia« (militärische Vorsicht), »Prudentia« (vernünftiges Handeln), »Perseverantia« (Beharrlichkeit) und »Custodia« (Sorgfalt) werden lassen.

Auf altrömischen Bildmotiven erscheint nun der Kranich mit einem Stein in der angezogenen Kralle. Sollte er einschlafen, würde er sofort vom Geräusch des herabfallenden Steins geweckt werden. Ein Motiv, das bis ins Mittelalter fort lebte. Viele Häuser und Burgen hatten solche Kranichbilder am Giebel oder am Portalbogen, um so die Wachsamkeit der Bewohner anzudeuten. In Otterndorf, einem kleinen Städtchen an der Nordseeküste, steht das »Kranichhaus«, an dessen Giebel folgender Spruch erhalten geblieben ist:

Der Kranich hält den Stein,

des Schlafs sich zu erwehren.

Wer sich dem Schlaf ergibt,

kommt nie zu Gut und Ehren.

Der Theologe Ambrosius, der auch als einer der wichtigsten Kirchenväter gilt, verwies in seinen Schriften auf das Gleichnis des wachsamen Kranichs für die Furcht vor Gott zum Schutz gegen Sünde und Teufelswerk. Das Fallen des Steins habe demnach eine ähnliche Wirkung wie das Läuten der Kirchenglocken. Die Menschen sollten sich Ambrosius zufolge mehr an den Kranichen orientieren und deren Sozialverhalten kopieren, wobei die Stärkeren die Schwächeren unterstützen müssten, ganz so, wie er es bei den Kranichen beobachtet hatte.

I

Linumer Teiche

Sonnabend, 21. Oktober 2006

Die Fahrt ins Linumer Bruch hatte Linthdorf schon lange geplant. Jedes Jahr fuhr er mindestens drei bis vier Mal hierher. Nicht nur die unzähligen Vögel am Himmel und auf den Feldern hatten es ihm angetan. Er liebte diese kurze Zeitspanne des Jahres, in welcher der Herbst noch einmal alle Reserven mobilisierte und eine Farbenpracht entwickelte, die von einem ganz besonderen Reiz war. Linthdorf war passionierter Hobbyfotograf. Zusammen mit seinem alten Freund Freddy Krespel und seinen beiden Söhnen, die inzwischen auch mit kleinen Digitalkameras ausgerüstet waren, zog es ihn die weiten Ebenen der brandenburgischen Luche. Ein spezieller Höhepunkt dieser Herbstausflüge war das Kranichgucken.

Irgendwann vor sieben oder acht Jahren war er auf diese eleganten Flieger aufmerksam geworden. Dicht über ihm waren ein paar Kraniche in einem großen Bogen eingeschwebt und dann mit wenigen Flügelschlägen auf der Wiese nur knapp fünfzig Meter vor ihm gelandet. Linthdorf fühlte sich plötzlich eigenartig glücklich und zufrieden. Als ob ihm eine schwere Last von der Seele fiel. Minutenlang beobachtete er den Tanz der großen Vögel. Er wusste, dass diese kurzen Augenblicke etwas besonders Seltenes waren. Normalerweise kam man an die scheuen Tiere nur auf eine Distanz von etwa dreihundert Metern heran. Die Kraniche achteten sorgsam darauf, dass dieser Sicherheitsabstand eingehalten wurde. Kam man näher, flogen sie davon. Aber irgendwie schien an diesem späten Nachmittag alles anders gewesen zu sein.

Vielleicht hatten sie ihn nicht bemerkt. Linthdorf maß stattliche Zwei Meter und war auch sonst nicht zu übersehen. Mit seinem breitkrempigen Hut und dem schwarzen Mantel sah er aus wie eine riesige Vogelscheuche. Möglicherweise fühlten sie sich jedoch nicht von diesem Riesen bedroht und ignorierten deshalb seine Anwesenheit. Er hatte jedenfalls seitdem schon öfters darüber nachgedacht, wieso sie ihn nicht bemerkt hatten und nahm es schließlich als eine besondere Gunst des Schicksals hin. Seitdem begann sich Linthdorf für diese Tiere intensiv zu interessieren. Mit seinem Interesse hatte er auch seine beiden Jungs und seinen Freund Freddy angesteckt.
Sie freuten sich im März auf die ersten zurückkehrenden Kraniche aus dem Süden und speziell auf die Wochen des Sammelns im Herbst. Dann trafen sich hier in den Luchgebieten Brandenburgs die Kraniche aus Skandinavien, dem Baltikum und Nordrussland um noch einmal Kraft aufzutanken bevor es auf den großen Zug nach Süden ging. Zigtausende der silbergrauen Vögel drängten sich dann auf den Luchwiesen, erfüllten die Luft mit ihren Trompetenklängen und flogen in Keilformation über den Köpfen der Beobachter.
Speziell für dieses Schauspiel hatte sich Linthdorf ein langes Wochenende frei genommen. Im Frachtraum seines Cherokee waren diverse Fotoapparate, Teleobjektive und Feldstecher, dazu ein paar Klappstühle, Thermoskannen mit heißem Kaffee und Proviant in Form von Äpfeln, Birnen und Wiener Würstchen. Auf den Rücksitzen hatten es sich seine beiden Jungs bequem gemacht und auf dem Sozius studierte Freddy Krespel eine Landkarte. Den Wagen, einen sogenannten SuV, also eine Mischung aus geländegängigem Jeep und bequemen Mittelklassewagen, fuhr er noch nicht lange. Im Sommer hatte sein alter Daimler den Geist aufgegeben. Als neuen Dienstwagen durfte er sich einen der requirierten Wagen aus dem Arsenal der »Beuteautos« aussuchen. Erinnerungen an die wilde Verfolgungsjagd am Finowkanal wurden wieder wach. Er griff sich daher nach kurzem Zögern den Cherokee, der inzwischen neu lackiert in einem freundlichen silbergrauen Metallic erglänzte.
Linthdorf summte eine Melodie vor sich hin, die er meist bei Ausflügen im Kopf hatte: die Barcarole aus »Hoffmanns Erzählungen«. Dabei störte ihn das Gedudel des Autoradios nicht. Die beiden Jungs hatten einen eigenartigen Musikgeschmack. Er konnte partout nichts mit den neuen

Klängen und hämmernden Beats moderner Musikrichtungen anfangen. Aber er tolerierte es weitestgehend. Nur wenn es sich allzu schrill anhörte, drehte er den Sender raus. Dann gab es meist etwas Verstimmung.
Der Wagen bog am Ortsende von Linum in eine kleinere Seitenstraße, die direkt zu den Linumer Teichen führte.
Vor knapp 150 Jahren wurde hier im Linumer Bruch noch Torf gestochen. Die Gegend war ein wichtiger Lieferant dieses als billiges Brennmaterial hoch geschätzten Rohstoffs. Quer durch die Luchlandschaft gab es damals überall Torfstechereien. Nachdem die Kohle den Torf verdrängt hatte, verschwanden die Torfstecher aus der Landschaft. Zurück blieben tiefe Löcher in der Erde. Ein paar findige Leute kamen auf die Idee, diese Löcher zu fluten und in den neu entstandenen Teichen Fische zu züchten. Die Linumer Teiche waren so entstanden. Lange Zeit wurden sie speziell für die Karpfenzucht genutzt. Nach der Wende kamen französische Investoren nach Linum und machten den Teichfischern die Störzucht schmackhaft. Dieser inzwischen wieder im Brandenburgischen heimische Fisch wird vor allem wegen seines Rogens, dem begehrten Kaviar, gut bezahlt. Außerdem gilt sein Fleisch als eine Delikatesse. Das weiße Fleisch des Störs erinnert an junge Karpfen und ist auch als Räucherfisch ausgesprochen wohlschmeckend.
Linthdorf steuerte zielsicher ein unscheinbares Holzhaus direkt vor den Teichen an. Ein unverkennbarer Duft nach frischem Buchenholzrauch schlug ihm entgegen, als er die Tür des Autos öffnete. Seine Augen leuchteten auf und er schnüffelte geräuschvoll den rauchigen Duft ein. Krespel war inzwischen ebenfalls ausgestiegen und begann sogleich seine Kamera zu justieren. In der Luft war das tausendstimmige Konzert der gefiederten Gäste unüberhörbar. Schwäne flogen im Tiefflug ein, Graugänse zogen in schwindelerregender Höhe ihre Kreise und auf dem Wasser war ein buntes Sammelsurium von allen möglichen Federtieren zu entdecken: Blesshühnern paddelten aufgeregt zwischen den bunten Enten und Gänsen herum, weiße Singschwäne kreuzten wie Fregatten vollkommen stoisch auf dem Wasser und am Rande hatten es sich ein paar Graureiher gemütlich gemacht.
Krespels Kamera klickte im Sekundentakt. Auch Linthdorf hatte umständlich seine alte Praktika hervorgeholt. Er bevorzugte immer noch das Fotografieren mit Film. Diese alte Kamera hielt ihn davor zurück,

ähnlich wie jetzt Freddy Krespel, wahllos in der Gegend herum zu knipsen. Er wusste, dass sein Filmvorrat begrenzt war. Das zwang ihn, sich stets zu überlegen, ob das Motiv wirklich ein gutes Foto hergab oder nur Banales abbildete. Zu Hause sortierte er dann noch einmal aus, so dass wirklich nur perfekt durchkomponierte Fotos in seinem kleinen Archiv verblieben. Für Linthdorf hatte das Fotografieren etwas Meditatives. Ein wenig Harmonie und Ordnung in seinem Leben, auch wenn es nur auf Zelluloid zu entdecken war, hatte immensen Wert für ihn. Die Fotos mit ihrer stillen Ästhetik waren ein Gegenpol zu seiner oft gewalttätigen und verstörenden Alltagswelt.
Zahlreiche Menschen waren hier versammelt, viele waren mit aufwändigen Fotoausrüstungen ausgestattet um dieses Naturereignis festzuhalten. Die Chance, auf engem Raume so viele Federtiere vor die Linse zu bekommen, hatte man nicht oft. Die kleine Holzhütte mit dem dazugehörigen Räucherofen war gut besucht. Auf den Außenbänken drängten sich die Menschen, ebenfalls an den Tischen im Schankraum.
Ein Duft nach frisch geräuchertem Fisch schlug Linthdorf entgegen und ließ ihn automatisch die Füße Richtung Räucherofen setzen. Krespel folgte etwas widerwillig. Er ahnte, dass es mit der guten Laune Linthdorfs sonst vorbei war, wenn er nicht bald etwas Schmackhaftes bekam.
»Mein Gott, Theo, nun reiß dich doch mal ein bisschen zusammen! Wir sind noch keine fünf Minuten hier und du denkst schon wieder nur ans Essen.«
Linthdorf blickte etwas verstört auf seinen mit Kameras behangenen Begleiter. »Mensch Freddy, wer weiß denn, wie lange es bei diesem Andrang noch was Jutes gibt. Komm schon, außerdem hab ich Hunger.« Damit drängte er entschlossen durchs Gewühle.
Zehn Minuten später saß er mit einem großen Pappteller voller Fischleckereien, einem Pappbecher mit Bier und zwei Weißbrotkanten an einem großen Holztisch. Krespel hatte sich ein paar kleinere Fischhappen genehmigt und schaute etwas missvergnügt auf Linthdorfs Riesenportion.
»Na, konnteste wieda ma nich jenuch kriegen, oller Fressbär!«
Linthdorf blieb erstaunlich gelassen, sortierte die Fischhappen und begann wortreich seinem Begleiter zu erklären, was ihm da entging: »Mensch, guck doch mal, Welsröllchen, Aalhappen, geräucherter Zander, Spießchen mit Lachs, Saibling, Lachsforelle, und als Krönung Stör!«

Schräg gegenüber Linthdorf saß ein Mann, der den Fischliebhaber mit dem großen Teller erstaunt anblickte. Vor ihm stand ein Pappteller, der mindestens genauso gut gefüllt war, wie der Linthdorfs. »Ich kenn Sie doch! Mensch, Linthdorf, ich bin's: Hauptmeister Boedefeldt aus Linum! Erinnernse sich noch? Na das trifft sich ja jut ... Hähä!«

Linthdorf kam der kugelrunde Mann mit Igelfrisur und dem verschmitzten Gesicht bekannt vor. Natürlich, Roderich Boedefeldt, der findige Dorfpolizist, der erheblich bei der Klärung des Mordfalles Hirschfänger mitgewirkt hatte, war für Linthdorf kein Unbekannter. Seine Orts- und Menschenkenntnis hatte eine schnelle Klärung des Falles ermöglicht.

Linthdorfs Kollegin Louise Elverdink hatte so eine direkte Spur zu dem Psychopathen Peregrinus aufnehmen können. Die Ereignisse überschlugen sich damals. Ein Kollege aus Brandenburg war bei einer nervenaufreibenden Hetzjagd zu Tode gekommen. Die ganze Jagd lief innerhalb von Sekundenbruchteilen noch einmal durch Linthdorfs Hirnwindungen. Blitzlichtartige Bilderfetzen, die beklemmende Atmosphäre am nebligen Finowkanal und die zermürbenden Ermittlungen, die vollkommen ins Leere zu laufen schienen. Drei Monate im Winter hatte sich Linthdorf mit der Suche nach dem ominösen Nixenmörder beschäftigt.

Nachdem der Fall abgeschlossen war, hatte sich der Kommissar plötzlich leer und ausgebrannt gefühlt wie lange schon nicht mehr. Seinen ganzen Jahresurlaub hatte er gebraucht um wieder in die Balance zu kommen. Der Sommer war nur als eine kurze Episode von ihm wahrgenommen worden. Noch lange geisterten die toten Nixen und der Nixenschatz durch seine nächtlichen Träume, manchmal so intensiv, dass er plötzlich wie von einer Tarantel gestochen aufwachte, schweißüberströmt im Bett saß und Schwierigkeiten hatte, wieder einschlafen zu können. Er war selbst erstaunt über sich und seine Reaktionen auf dieses Verbrechen.

Eigentlich ließ er sonst seine Gefühle außen vor, wenn er ermittelte, aber hier lagen seine Nerven blank. Vielleicht waren es die vielen Todesfälle im Zusammenhang mit der Suche nach dem Schuldigen, vielleicht war es auch das etwas schale Gefühl beim Abschluss des Falles, versagt zu haben, da die wirklich Schuldigen mit einem blauen Auge davon gekommen waren.

Zweifel nagten an ihm, ob er denn auch wirklich konsequent genug gewesen war bei der Ermittlungsarbeit. Irgendwie hatte sein Chef es geschafft, die Arbeit auf der letzten Etappe zu sabotieren. Linthorf spürte dann wieder den Zusammenhalt des Klüngels, zu dem sich sein Chef bekannte und dem man mit normaler Polizeiarbeit nicht beikommen konnte.

Im Spätsommer hatte Linthdorf beschlossen, einen Schlussstrich zu setzen und sich dem Alltag und dem Jetzt zu widmen, da er sonst Angst bekam, in einer Depression zu versacken. Mit seiner ihm eigenen eisernen Disziplin begann er also wieder systematisch am normalen Leben teilzunehmen. Er traf sich mit seinen Freunden, ging abends öfters fort und fuhr an den freien Wochenenden auch wieder übers Land. Eine zerbrechliche Ausgeglichenheit stellte sich bei ihm ein.

Innerlich spürte er zwar noch immer den Unmut und das Unwohlsein, dass seit diesem letzten Winter in ihm rumorte, nach außen hatte er jedoch wieder seine ausgeglichene und ruhige Lebensart aufgenommen, so dass in seiner Umgebung keiner etwas von der seltsamen Unruhe Linthdorfs mitbekam. Manchmal glaubte er selber, dass alles wieder in bester Ordnung war. Aber dann schüttelte er diesen Trugschluss von sich ab. Spätestens wenn er an der Tür seines Chefs vorbei musste, war dieses unangenehme Gefühl wieder voll präsent.

Und just in diesem Augenblick, beim Anblick des friedlich ihm gegenüber sitzenden Dorfpolizisten Roderich Boedefeldt, stellte sich auch dieses Gefühl in voller Macht wieder in ihm ein, drängte sich in sein Gehirn und durchflutete wie ein dunkler Schatten sein Herz.

Beim Anblick dieses Mannes fiel ihm wieder seine Kollegin Louise Elverdink ein, die er seit dem Ende der Ermittlungen nicht mehr gesehen hatte und die bei ihm so etwas wie ein kleines Tauwetter ausgelöst hatte. Er wollte sich selbst nicht eingestehen, dass Louise ihm weit mehr bedeutete als nur eine kompetente Kollegin. Andererseits hatte er auch keine große Lust, sich wieder auf unbekanntes Glatteis zu begeben. Zu oft hatte er schon böse Einbrüche erlebt. Die Zeiten der Erholung wurden von Mal zu Mal immer länger und die Herzschmerzen erreichten ein Ausmaß, welches es selbst ihm mit seiner Selbstdisziplinierung immer schwerer machte, den Alltag zu meistern. Allerdings ahnte er auch, dass die Art und Weise zu leben, die er seit der Trennung von seiner Frau führte, keine große Zukunft hatte.

Ein ständiges Unzufriedensein hatte sich in ihm eingenistet. Linthdorf konnte es nur schwer beschreiben, denn eigentlich ging es ihm ja leidlich gut. Er hatte einen festen Job, der recht aufregend war, zwei wohl geratene Kinder, einen stabilen Freundeskreis, dennoch nagte das Unwohlsein an seinem Gemüt. Meistens ließ er solche Gedanken nicht zu. Dann flüchtete er in die Arbeit, oder, falls es mal so etwas wie Freizeit gab, trieb es ihn hinaus aus der engen Stadtwohnung ins Brandenburgische. Das war der eigentliche Grund für seine guten Kenntnisse der Mark. Endlos die Wege, die er befahren hatte, endlos auch die Zeiten, die er hier in der Einsamkeit verbrachte. Er war ein Eigenbrötler geworden ohne es zu merken.
Schmerzlich wurde ihm das bewusst, als er sich nach der Trauerfeier für Alfred Stahlmann von ihr verabschiedete. Die Zusammenarbeit mit ihr hatte ihn beflügelt. Er hatte sich an ihre dunkle Stimme und den leichten Duft nach ..., ja, wonach duftete Louise überhaupt? Linthdorf hatte eine Idee, die ihm aber zu verwegen erschien. Er kramte in seiner Manteltasche nach seinem Handy, durchforstete seinen Speicher und lächelte einen kurzen Moment später. Jetzt konnte er sich auch entspannt dem Dorfpolizisten zuwenden.
»Ja, Mensch Boedefeldt, klar kenn' wir uns!«
»Was hat Sie denn hierher verschlagen?«
»Na, die Kraniche und natürlich der Fisch.«
Linthdorf grinste und zeigte auf seinen reichlich gefüllten Pappteller. Boedefeldt lachte und verwies ebenfalls auf seinen Teller. »Wir ha'm denselben Jeschmack. Jeräucherter Stör is wat janz feines ... Hmm!«
Linthdorf nickte wissend.
»Und wie geht's sonst so? Viel Arbeit? Was macht denn Ihre nette Kollegin aus Brandenburch?«
»Naja, der übliche Kram. Viel Büroarbeit, viele Überstunden, wenig Freizeit. Sie kennen das ja. Und meine nette Kollegin ... Ja, also, die ist wieder in Brandenburg an der Havel. Hab sie lange nicht mehr gesprochen.«
»Mein Jott, Linthdorf! Die Frau ist doch ne wahre Sahneschnitte und sie ijnorieren se! Det kann doch nich wahr sein! Wie die Ihnen hinta her jekuckt hat ..., also, Mann o Mann! Det müssten se doch jespürt ha'm.«

Linthdorf war irritiert. Was der Dorfpolizist ihm da so leicht entrüstet zwischen zwei Fischhappen erzählte, lief ihm wie ein warmer Schauer den Rücken hinunter. Krespel und seine beiden Jungs beschäftigten sich glücklicherweise mit irgendwelchen bunten Heftchen und waren damit abgelenkt.
Verlegen lächelte er Boedefeldt an.
»Na ja, so richtig Zeit hatte ich bisher nicht.«
»Ach, kommen se, Linthdorf, Sie sind doch kein Kostverächter, nee, so sehnse wirklich nicht aus!«
»Ja, vielleicht sollte ich ...«
»Na klaar, sollten se ..., so lange ist die Frau nicht mehr frei auf'm Markt. Det können se mia glauben!«
Eigentlich war Linthdorf das Thema inzwischen zu privat geworden, aber was er da von dem Mann vor sich erfuhr, war viel zu interessant, um abzulenken. Dennoch wurden die beiden jäh unterbrochen. Ein älterer Herr im Pfadfinder-Outlook hatte sich plötzlich zu ihnen gesellt. Boedefeldt begrüßte ihn gleich überschwänglich: »Tach auch, Herr Professor!«
Der Angesprochene winkte ab: »Lassen se mang jut sein. Keine Titel, keine übertriebene Höflichkeit.« Dabei lächelte er kurz.
»Ach was, kommen se ran. Ich hab hier noch Platz jenuch.«
Der Mann im Tarnanzug rutschte vorsichtig mit auf die Bank. In seinen Händen war ebenfalls ein Pappteller, gefüllt mit Matjesheringen, Zwiebelringen und einer weißen Tunke.
Boedefeldt schielte genießerisch auf den Inhalt der runden Pappe: »Hmm, Herr Professor, aba da wissense schon, wat jut schmeckt!« Dabei ließ er wieder sein ansteckendes, dröhnendes Lachen ertönen.
Professor Dr. Dr. Horst Rudolf Diestelmeyer, Experte für Ornithologie, spezialisiert auf die seltenen Lemikolen, saß wie ein Häufchen Unglück neben dem runden Polizisten. »Ach, Boedefeldt, mir geh'n immer noch die armen Kraniche nicht aus'm Kopp. Nachts träum' ich schon von diesen schrecklichen Bildern. Das ist viel schlimmer als die Sache mit der nackten Toten im Rhin. Wissen se, da war kein Blut bei, aber hier ... Alles voller Blut, ein Massaker!«
Boedefeldt nickte. Er war ja mit dabei gewesen, als der Professor die toten Kraniche gefunden hatte. Ein Skandal für das kranichverrückte Li-

num. Keinem der Bewohner war so etwas zuzutrauen und dennoch war es geschehen. Es konnte nur ein Insider sein, also ein Mensch mit spezieller Ortskenntnis. Aber alle Ermittlungen waren ins Nichts verlaufen. Boedefeldt blickte kurz zu seinem riesenhaften Gegenüber. Wenn einer etwas Licht in dieses ominöse Kranichmassaker bringen konnte, dann war es dieser Mann. Er räusperte sich und setzte zu einer kurzen Rede an. Linthdorf lauschte dem ungeheuerlichen Bericht des Dorfpolizisten. Der Professor warf ab und an ein paar Worte mit ein, um dem Ganzen etwas mehr Nachdruck zu verleihen.

Dann war plötzlich Ruhe. Boedefeldt und Diestelmeyer schwiegen, Linthdorf hatte aufgehört, seine Fischhappen weiter zu essen. Es dauerte noch mindestens ein paar Minuten bevor er mit leiser Stimme fragte: »Haben Sie Fotos vom Fundort? Gab es eine kriminaltechnische Untersuchung des Fundortes?«

Boedefeldt nickte. »Ick hab den janzen Vorjang bei mir im Büro. Kommense ma nachher rüba zu mia. Denn zeich' ick Ihnen allet.«

II

Eine kurze Meldung im Ruppiner Tagesblatt
Rubrik »Was sonst noch passierte ... «

Tierquälerei

Unbekannte Täter haben im Naturschutzgebiet im Rhinluch unweit des Storchendorfes Linum zahlreiche Kraniche mit unzulässigen Schlingen gefangen und getötet. Der Naturschutzbund NABU und die örtlichen Polizeiorgane haben die Ermittlungen aufgenommen.

III
Berlin - Friedrichshain
Sonntag, 22. Oktober 2006

Linthdorf hatte schlecht geschlafen. Der Sonntagmorgen war grau und kalt. Ein Blick aus dem Fenster reichte vollkommen aus, um das festzustellen. Etwas verstört saß er auf der Bettkante und starrte vor sich hin. Die Bilder in seinem Kopf waren nicht so einfach weg zu bekommen. Es waren beklemmende Bilder, die ihm den Schlaf geraubt hatten.
Gestern am späten Nachmittag war er im kleinen Dienstzimmer Boedefeldts aufgetaucht. Boedefeldt hatte schon auf ihn gewartet. Eine Mappe mit großformatigen Fotos lag bereit. Linthdorf sah sich die Fotos mit den blutigen Kadavern der Kraniche an und sagte dabei kein Wort. Danach schob ihm der Dorfpolizist noch die Ermittlungsakte rüber. Viel war darin nicht zu lesen. Der oder die Täter schienen sehr professionell vorgegangen zu sein. Brauchbare Spuren waren nicht entdeckt worden. Die benutzten Schlingen konnten in jedem Bau- oder Gartenmarkt erworben worden sein und andere Spuren gab es einfach nicht mehr. Die Tiere waren beim Auffinden schon mindestens 24 Stunden tot. Etwaige Spuren im Gras waren durch den Dauerregen längst verwischt.
Linthdorf bat Boedefeldt, ihm Kopien von den Akten zu machen und die Fotos, die auch als Dateien auf dem Computer des Polizisten noch einmal vorhanden waren, per Email zu schicken. Er versprach Boedefeldt sein Bestes zu tun, um den oder die Täter dingfest zu machen. Auf der Rückfahrt hatte er Mühe, sich auf den Weg zu konzentrieren. Dicke Nebelschwaden lagen über der Landschaft und schluckten alles Licht und jedes Geräusch. Der Wagen rollte mit geringer Geschwindigkeit gen Berlin. Seine beiden Söhne schliefen auf den Rücksitzen und auch Freddy Krespel döste vor sich hin. Linthdorf war ganz froh, sich jetzt nicht unterhalten zu müssen. Die gerade gezeigten Bilder musste er erst einmal verdauen. Der sinnlose Tod so vieler unschuldiger Geschöpfe ging ihm aufs Gemüt, insbesondere da er diese spezielle Affinität zu den großen Vögeln hatte.
Es war noch dunkel draußen, aber er war hellwach. Er knipste den kleinen Radioempfänger an, der direkt neben dem Bett auf dem kleinen Bücherregal stand. Etwas Ablenkung war jetzt wichtig. Er konnte doch

nicht den ganzen Sonntag in tiefem Selbstmitleid zerfließen. Es gab ja schließlich auch noch eine Außenwelt jenseits von Mord und Totschlag.
Ein Schlager aus den Siebzigern verkündete frohe Botschaften. Die beschwingte Melodie ließ Linthdorf die unruhige Nacht etwas vergessen und er schlurfte Richtung Küche. Mit routinierten Bewegungen füllte er gemahlenen Kaffee in eine sorgfältig gekniffene Filtertüte, füllte Wasser in die kleine Kaffeemaschine und steckte drei Schrippen in den Miniofen zum Aufbacken. Der Kühlschrankinhalt war übersichtlich. Linthdorf erfasste dies mit einem Blick. Ein einziges Glas mit Hagebuttenmarmelade stand da in der Mitte, am Rande waren noch zwei Konservendosen mit Thunfisch und eine angefangene Packung mit Edamer-Käsescheiben. Er seufzte. Eigentlich wollte er ja gestern noch einkaufen. Aber der Bericht Boedefeldts hatte ihm jegliche Lust auf den Discounter an der Ecke genommen. Seine beiden Söhne wollten noch zu einem Schulfreund, mit dem sie für ein Computerspiel verabredet waren. Krespel war ebenfalls unterwegs noch ausgestiegen um seine Getränkevorräte aufzufüllen.
Irgendwie hatte sich dann der Abend ereignislos vertan. Linthdorf war bei einer alten Heimatschnulze aus den fünfziger Jahren eingeschlafen, kurz nach Mitternacht aufgewacht und dann ins Bett geschlurft.
Und jetzt saß er an seinem kleinen Küchentisch, biss mit wenig Enthusiasmus in seine frisch aufgebackenen Brötchen und schlürfte dazu den etwas zu stark geratenen Kaffee.
Der gestrige Tag lag ihm quer auf der Seele. Die Ereignisse des letzten Winters hatten sich unbarmherzig konkret in Linthdorfs Gehirn wieder reaktiviert, so als ob das alles erst gerade passiert gewesen wäre.
Dazu dann noch Boedefeldts erschütternder Bericht über das Kranichmassaker. Aber irgendetwas Positives war ja auch hängen geblieben. Es war nur eine kurze Bemerkung des Dorfpolizisten über seine damalige Mitarbeiterin Louise Elverdink. Linthdorfs Gesicht wurde von einem kurzen Lächeln erhellt. Ja, natürlich. Er wollte sie einfach einmal anrufen. Wann, wenn nicht jetzt? Es war Sonntag. Kein Stress, kein Zeitdruck, keine störenden Zwischenrufe und anderweitigen Unterbrechungen. Er nahm noch einen Schluck Kaffee und griff dann das Telefon. Irgendwo im Speicher war ihre Nummer vorhanden.
»Hallo?«
»Ach, Herr Linthdorf! Gut, dass Sie anrufen. Sie wissen also schon ...?«

»Was? Wieso schon?«
»Ab morgen arbeiten wir doch wieder zusammen. Ich freue mich schon.«
»Oooh. Also ..., ja, also ... Ja, ich freue mich auch ... Ja, sehr sogar!«
»Sie wissen noch gar nichts davon?«
»Naja, nicht so ganz detailliert. Nägelein sagte mir etwas von einer neuen interdisziplinären SoKo, die gerade gegründet werden soll und dass er mich dafür ausersehen hat, dort mitzutun ...«
»Ja, es geht um großangelegte Geldwäsche und Steuerbetrug wohl auch. Wir werden uns dann morgen in Potsdam sehen. Ich freue mich.«
»Ja, ich auch ..., also bis morgen.«
So hatte sich Linthdorf das Telefonat zwar nicht vorgestellt, aber die Aussicht Louise Elverdink wiederzusehen, bereitete ihm sichtlich gute Laune. Er erinnerte sich auch wieder an das Gespräch mit Nägelein vom vergangenen Donnerstag.
Der hatte ihn zu sich rufen lassen, sorgfältig die Tür verschlossen und in seiner unnachahmlich betulichen Art ihm eröffnet, dass mal wieder etwas Großes auf die Abteilung zukam. Von ganz oben, also ja, von Ministerbeschlüssen und Staatssekretären mit Sondervollmachten, solle das ausgehen. Die Landeskassen seien nun schon permanent seit Jahren leer und riesige Geldströme würden in undurchsichtige Kanäle fließen und von Steuerbetrug und Hinterziehung war die Rede. Alles ein abgekartetes Spiel. Und jetzt habe man endlich genug von dieser Art Kriminalität. Das wären ja schließlich keine Bagatellverbrechen oder Kavaliersdelikte und überhaupt, man habe sich geeinigt. Eine Super-Soko solle gegründet werden. Steuerfahnder, Leute aus dem Ressort Wirtschaftskriminalität und Verwaltungsspezialisten seien mit dabei. Und ja, er wurde gefragt, ob er einen Spezialisten habe, der Land und Leute gut kenne, und ja, natürlich fiel ihm da nur einer ein, eben Linthdorf.
Zurzeit sei ja im Bereich Kapitalverbrechen auch nicht so viel zu tun. Und Linthdorf sei ja nun mal eben ein moderater und intelligenter Mensch ...
Jedenfalls, nach knapp einer Stunde Monologisieren war Nägelein dann soweit, und eröffnete ihm, diese neu zu gründende SoKo leiten zu sollen. Linthdorf erbat sich noch ein Wochenende Bedenkzeit, aber er wusste

bereits am Donnerstag, dass er keine wirklichen Gegenargumente für diese Aufgabe hatte.
Seit ein paar Wochen hatte es keine größeren Vorkommnisse mehr gegeben, die es galt mit vollem Einsatz zu bearbeiten. Er ackerte sich mühsam durch alte Akten durch, die schon seit langem auf ihren Abschluss warteten. Das war zwar sehr zäh, aber dafür auch nicht sehr nervig.
Also freute sich Linthdorf auf die neue Sonderkommission. Andere Gesichter, andere Aufgaben, eben mal nicht nur Mord und Totschlag.

Gut Lankenhorst

Etwas über die Symbolik der Kraniche

Kraniche, die großen Glücksvögel, haben die Menschen schon seit alters her fasziniert. Ihr eleganter Flug, die federleicht wirkenden Balztänze und ihr melodisches Trompeten hatten die Tiere stets als etwas Besonderes und Einzigartiges erscheinen lassen.
Die alten Griechen haben den Vogel den Göttern Apollo, Demeter und auch dem Götterboten Hermes bei gestellt. Er wurde daher auch immer mit den Eigenschaften dieser Götter belegt: Wachsamkeit, Klugheit und Glückseligkeit. Kraniche waren immer etwas vollkommen Positives. Ihr Auftauchen signalisierte den Menschen, dass die »guten Götter« in ihrer Nähe weilten und das Glück ihnen hold war.
Bei den alten Chinesen waren Kraniche ein beliebtes Motiv der klassischen Malerei. Sie symbolisierten dort Langlebigkeit und Weisheit. Speziell im Verhältnis des Vaters zu seinem Sohn wurden Kranichsymbole benutzt um Harmonie und Klugheit als Ausdruck deren inniger Beziehung zueinander sichtbar zu machen.
Im alten Japan wurden Kraniche auch als Friedensbringer angesehen. Aus Papier gefaltete Kraniche symbolisieren dort die Sehnsucht nach Frieden und Harmonie.
Im mittelalterlichen Europa wurden Kraniche als Symbole für Vorsicht und Wachsamkeit angesehen. Als heraldisches Signum sieht man Kraniche sehr oft in den Wappen alter Adelshäuser auftauchen.
Später dann, in der höfischen Dichtung tauchen Kraniche als natürliche Protagonisten für das Erhabene, Edle auf. Schiller verwendete das Kranichmotiv in seiner Ballade »Die Kraniche des Ibykus«. In der Romantik wurde das Kranichmotiv von Malern und Dichtern ebenfalls in derselben Deutung genutzt.

I

Das Alte Gutshaus

Sonntag, 22. Oktober 2006

Das Gebäude ähnelte mehr einem etwas in die Jahre gekommenen Schloss als einem klassischen, märkischen Gutshaus. Früher war es einmal ein sehr wohlhabendes Anwesen. Zum Gut gehörte ein großer, verwilderter Park, dessen backsteinerne Umfassungsmauern noch recht intakt waren. Die Einfahrt wurde von einer alten Eichenallee geadelt. Das etwas schmucklose Tor hatte den diskreten Charme volkseigener Bauobjekte und stand in einem eigenartigen Kontrast zu der morbiden Pracht des Gutes.

Zum Gut gehörten auch zwei große Wirtschaftsgebäude – schmucklose, backsteinerne Quader mit Wellblechdach, eine verfallene Brennerei, deren viereckiger Klinkerschornstein wie ein mahnender Zeigefinger in die Höhe ragte und das Torhaus, ein Verwaltungsgebäude gleich hinter der Toreinfahrt, ein trutziger, einstöckiger Bau mit eigenem kleinen Obst- und Gemüsegarten. Im hinteren Teil des Parks blinkte ein kleiner Teich zwischen den Bäumen hervor. Am Ufer des Teichs lugte ein unscheinbarer Pavillon aus dem Röhricht.

Im Gutshaus brannte am Abend dieses nasskalten Oktobertages in allen Räumen Licht. Es schien eine gewisse Unruhe von diesem Lichtschein auszugehen. Ein zufällig vorbeischauender Beobachter würde hinter den Fenstern diverse Schatten herumhuschen sehen. Diese Schatten gehörten

zu den Bewohnern des Gutshauses, die in einem heftigen Disput miteinander ihre Außenwelt vollkommen vergessen hatten.
Die einzige Person, die nicht herumlief und in einem alten Ohrensessel zu erstarren drohte, war ein älterer Herr in einer abgewetzten Strickjacke. Spärliche graue Haare, sorgfältig gescheitelt, bedeckten sein Haupt, eine runde Brille thronte auf der bemerkenswerten Charakternase, unter der ein leicht graumelierter Schnauzer wuchs. Die Augen schauten etwas müde durch die Brillengläser auf die unruhig herumschwirrenden Schatten. Diese wurden von drei weiteren Personen und einem riesigen Berner Sennhund erzeugt, die in dem großen, saalartigen Raum hin und her liefen. Zwischen den Personen tapste der Hund schwanzwedelnd herum.
Wortführer war eine robuste Dame, deren perfektes Make Up und strahlend blonde Frisur irritierten, denn sie war schon weit jenseits der Fünfzig angekommen. Eingehüllt in eine starke Duftwolke aus teurem Parfüm hatte der Hund Probleme, wenn er sich ihr näherte. Dennoch war seine Sympathie offensichtlich sehr groß für diese Frau. Stets hatte sie ein paar Leckerbissen bei sich und Streicheleinheiten ließen ihn den starken Parfümgeruch vergessen.
Ihre Gesten erinnerten an den Auftritt einer Diva. Sie war sich dessen bewusst und setzte ihre weiblichen Reize, die unverkennbar noch vorhanden waren, ständig bei ihren Reden mit ein, um ihr Anliegen besser zu vertreten. Mit Augenaufschlag und einer leicht affektierten Pose tänzelte sie um den großen ovalen Tisch.
Am anderen Ende des Tisches stand ein etwas unauffälliger Mann in grauer Joppe und mit graumeliertem Haar. Er trug eine Brille, Modell »John Lennon«. Ihm schien der Auftritt der mächtigen Blondine etwas Unbehagen zu bereiten. Sein Gesichtsausdruck war dementsprechend schwankend zwischen Verstörtheit und totalem Missfallen. Mehrfach versuchte er sich in den großen Monolog der Blondine einzuklinken, um beschwichtigende Worte zu finden. Nach drei kläglichen Versuchen ließ er es bleiben. Seine schwache Stimme wurde einfach ignoriert.
Der dritte Mann im Raum war ein ebenfalls schon etwas in die Jahre gekommener Waldschrat in typischer Waldmenschenkluft. Kariertes Hemd, Manchesterhose, Stiefel und eine olivgrüne Anglerweste ließen

die Vermutung aufkommen, dass sein Aufgabenfeld vor allem außerhalb der vier Wände zu finden sei.
Die drei Personen, die wie Planeten um den ovalen Tisch mit dem alten Herrn an seiner Spitze kreisten, waren die Mitarbeiter von Baron Rochus Friedrich Achilles Helmfried von Quappendorff, dem Besitzer des Gutes Lankenhorst und der dazugehörigen Immobilien und Ländereien.
Es handelte sich dabei um Gunhild Praskowiak, die neben der Hausverwaltung auch für die Veranstaltungsplanung und Öffentlichkeitsarbeit des Gutes zuständig war. Der unauffällige Herr in Grau war der Archivar und persönliche Sekretär des Barons, Rolf Bertram Leuchtenbein und der Waldschrat, der neben dem wichtigen Posten des Hausmeisters auch gleichzeitig für den Park und den angrenzenden Forst zuständig war, hörte auf den freundlichen Namen Meinrad Zwiebel.
Die Stimmung im Raum war gereizt. Gunhild redete ununterbrochen auf die beiden Männer und den am Tisch sitzenden Baron ein. »Ick reiß mia hier den Arsch auf für den janzen Laden, kenn keinen Urlaub und keinen Feiaamd und seh nicht ein, det alles den Bach runtajehn zu lassen. Nu sachen se doch ooch ma was, Herr Baron ... Mein Jott, mit ihre Beziehungen is doch bestimmt noch wat drinne. Sie ham doch uns alle dafür ranjeholt, damit det Jut wieda een kultivierta Ort wird. Klappt doch ooch allet janz prima, und nu soll allet for die Katz jewesen sein ..., nee!«
Vor ihr hatte sich der große Hund hingesetzt und blickte sie mit seinen braunen Knöpfchenaugen erwartungsvoll an.
»Ach Brutus, ick kann jetzt nich ... Jeh ma zu deinem Herrchen.«
Etwas genervt zeigte sie ihre leeren Hände dem Hund, der diese mit seiner großen Zunge sogleich anfing, abzuschlecken. Zwiebel und Leuchtenbein mussten sich ein Grinsen unterdrücken. Beide wussten über die spezielle Affinität Gunhilds für alle Vierbeiner und speziell für Brutus Bescheid.
Aus dem Sessel des Barons war ein Seufzer zu vernehmen. »Leuchtenbein, was meinen Sie denn?«
Der Angesprochene zuckte mit den Schultern. »Naja, bis Jahresende kommen wir ja noch hin mit den Geldern. Aber dann wird es knapp. Die Stiftung hat die neuen Gelder noch nicht genehmigt und damit liegen viele der angefangenen Projekte erst mal auf Eis. Das wissen Sie ja auch. Sie sitzen ja im Stiftungsrat.«

»Ist ja schon gut, ich weiß um die Missstände ..., nun ja, also ..., morgen kommen die übrigen Stiftungsleute zum Quartalstreffen hier her. Die Probleme sind bekannt und werden von mir aufs Tapet gebracht. Ich hoffe auf ihre Kooperation, schließlich hängen ja auch ihre Arbeitsplätze mit daran.«

Damit erhob er sich ächzend aus dem Sessel, griff sich seinen mahagonibraunen Gehstock und schlurfte Richtung Tür.

Die drei Mitarbeiter des Barons blieben in dem großen Raum allein zurück. Etwas ratlos schauten sie sich an. Zwiebel grummelte etwas vor sich, was sich wie »Hat ja doch alles keinen Zweck.« anhörte. Leuchtenbein sank etwas verzagt in einen der überdimensionierten Sessel. Nur Gunhild Praskowiak schien sich von der deprimierenden Stimmung nicht anstecken zu lassen. »Nu wartet doch erst einmal ab. Bisher hamse det ja imma noch hinjebogen bekommen. Und wenn die anderen Stifter halbwegs mitmachen, sieht et doch jar nich so übel aus.«

Sie schien sich mit dieser kleinen Ansprache selber Mut machen zu wollen. Tief in ihrem Herzen hatte sie auch so ihre Zweifel am Gelingen des Projekts. Aber so viele Alternativen zu diesem anspruchsvollen Job gab es hier draußen in der tiefsten Mark Brandenburg eben nicht, also musste das Ganze weitergehen.

Gut Lankenhorst gehörte lange zu den Stiefkindern der Wende. Kein Mensch schien sich für das prächtige Gutshaus und dessen Park wirklich zu interessieren.

Die Familie von Quappendorff, uralter märkischer Adel, der schon vor den Askaniern ins Land gekommen war, hatte hier mehrere Jahrhunderte ihren Sitz. Ihre besten Zeiten lagen jedoch schon lange zurück. Vollkommen verarmt durch die beginnende Industrialisierung, mussten sie in der Gründerzeit ihren Stammsitz veräußern. Bereits nach dem ersten Weltkrieg war das Gut zwangsversteigert worden, als sich der damalige neue Besitzer, ein reicher Berliner Brauereibesitzer, verspekuliert hatte und sein ganzes Vermögen in der Inflation verloren gegangen war.

Ein Bankenkonsortium übernahm das Gut. Im Dritten Reich quartierte man Zwangsarbeiter ein, die in den benachbarten Rüstungsfabriken im Finowtal eingesetzt wurden. Nach dem zweiten Weltkrieg wurden Umsiedlerfamilien in das Gutshaus gesetzt. Um mehr Zimmer zu bekom-

men, zog man kurzerhand neue Wände ein und verkleinerte so die eleganten Säle.
Später wurde das Hauptgebäude als Verwaltungssitz und Kulturhaus der ortsansässigen LPG genutzt. Dafür wurden die Wände wieder herausgerissen. Die Außenfassade bekam den DDR-typischen Rauputz verpasst und die Wirtschaftsgebäude wurden in Heu- und Strohlager umgebaut.
Nur der Park blieb erstaunlicherweise von den sozialistischen Umgestaltungen verschont. Er diente als malerisches Ambiente für ein Kinderferienlager, was zwischen den Bäumen eingerichtet worden war. Zehn Bungalows duckten sich im Schatten von Kiefern und Buchen.
Dann kam die Wende und das Gut wurde öffentlich zum Kauf angeboten. Das angrenzende Dörfchen Lankenhorst war viel zu klein, um eine solche finanzielle Last zu stemmen.
Spekulanten gab es in den ersten Jahren nach der Wende in Hülle und Fülle. Sie versprachen der Treuhand, die das Gut nach dem Zusammenbruch der DDR verwaltete, das Blaue vom Himmel. Wellness-Palast, Fünf-Sterne-Hotel mit Golfanlage und eigenem Reiterhof, Schönheitsklinik, Congress-Center ...
Die Bieter überschlugen sich in Fantasien für eine blühende Zukunft des Gutes. Keiner konnte jedoch ernsthafte Ambitionen nachweisen. So verblieb das Anwesen in der Treuhandverwaltung.
Irgendwann jedoch meldeten sich die Nachfahren derer von Quappendorff bei der Treuhand und bekundeten Interesse an dem alten Gut. Als sie erfuhren, was für Altlasten sie dabei mit zu übernehmen hatten, kühlte das Interesse merklich ab. Nur der alte Baron von Quappendorff, ein pensionierter Gymnasiallehrer, der seine frühe Kindheit noch in dem Verwaltungsgebäude von Gut Lankenhorst verlebt hatte und mit seinen Eltern 1945 Richtung Rheinland fliehen musste, brachte wirkliches Interesse für die geschundene Immobilie auf. Für die symbolische Summe von einer D-Mark erwarb er das Gut von der Treuhand.
Allerdings war mit diesem Vorzugskauf eine Klausel verbunden, die aus dem Gut in den nächsten Jahren wieder ein Schmuckstück in der Region werden lassen sollte. Der alte Herr verpflichtete sich in einem Zusatzvertrag mit der Treuhand und den örtlichen Behörden der neugegründeten Kommunalverwaltung zu recht umfangreichen Investitionen. Dabei ging

es nicht nur um die Wiederinstandsetzung der Gebäude und des Parks, sondern auch um die nachhaltige Schaffung von Arbeitsplätzen und die Einbindung des Gutes in die kommunalen Strukturen.
Quappendorff hatte ehrgeizige Pläne. Er fühlte sich noch nicht zu alt für eine solche Aufgabe, zumal er seit acht Jahren nun schon als Witwer lebte und seit seiner Pensionierung vor einem Jahr nichts so richtig mit seiner Zeit anzufangen wusste.
Irgendwie hatte er es geschafft, seine Verwandtschaft zu überreden, mit zu machen bei der Wiedererweckung des alten Stammsitzes der Familie. Seine Verwandtschaft bestand in erster Linie aus vier Personen: da war seine Schwester Friederike-Charlotte von Quappendorff, genannt Friedel, eine in stiller Bescheidenheit ergrauten Dame, die seit dem letztem Jahr jedoch bettlägerig war und in einem Seniorenheim unweit Berlins betreut wurde. Zu seiner Schwester hatte der Baron kaum Kontakt. Sie war damals in den Osten gegangen, hatte da auch geheiratet, sich wieder scheiden lassen und nur wenig mit den anderen Quappendorffs zu tun.
Des Weiteren gab es noch seine beiden Töchter Irmingard-Sophie, genannt Irmi, und Clara-Louise, genannt Klärchen, beide gut situiert, verheiratet mit erfolgreichen Männern und mit einer Schar Kinder gesegnet, die entsprechend selbstbewusst auftraten, sowie seinen Neffen Lutger von Quappendorff, Sohn des leider viel zu früh verstorbenen Bruders Hektor Neidhardt von Quappendorff.
Sein Neffe machte ihm etwas Sorgen. Dessen Naturell war ganz anders als bei den übrigen Quappendorffs, von einem krankhaften Geltungsdrang bestimmt. Der Baron führte diesen Drang auf die mütterliche Seite Lutgers zurück. Sein Bruder hatte eine Frau geheiratet, die sehr viel Wert auf Titel gelegt hatte und dafür auch eine Ehe mit einem fast zwanzig Jahre älteren Mann eingegangen war. Rochus warnte seinen Bruder vor dieser Liaison. Ihm war es suspekt, was diese junge ehrgeizige Frau mit seinem stillen und introvertierten Bruder anfangen wollte. Der frühe Tod des Bruders war wahrscheinlich auch auf den hektischen Lebensstil seiner jungen Gattin zurückzuführen.
Alle drei waren im Stiftungsrat von Gut Lankenhorst. Dazu gesellte sich noch der Filialleiter der Märkischen Kreditbank aus der Kreisstadt Oranienburg, Gernot Hülpenbecker. Er verwaltete die Konten der Stiftung

und war auch gleichzeitig zuständig für die persönliche Beratung Rochus' von Quappendorff in allen Geldfragen.
Der Stiftungsrat traf sich quartalsweise auf dem Gut Lankenhorst zu seinen Sitzungen. Eigentlich waren die Sitzungen des Stiftungsrates ja mehr ein Familientreffen, zumal Gernot Hülpenbecker fast schon als Familienmitglied angesehen wurde. Er war ein Studienfreund der Töchter des alten Barons und begleitete ihn durch die Jahre mit freundschaftlichem Rat und tatkräftiger Hilfe.
Die Idee, eine Stiftung aus dem alten Gut zu machen, war auch von Hülpenbecker gewesen. Alles andere jedoch war im Kopfe des alten Quappendorffs gewachsen. Endlich konnte er seine Vorhaben, die er schon als Gymnasiallehrer hatte, auch umsetzen. Überall, wo ihm die engen Strukturen der Schulverwaltung und die langsame Arbeitsweise der Behörden einen Strich durch die Rechnung machten, wurde er ausgebremst.
Aber dieses alte Familienanwesen, an das er sich kaum noch erinnern konnte, bot plötzlich Raum für all das, wofür sich der alte Herr Zeit seines aktiven Schullebens eingesetzt hatte. Durch den Wegfall der Mauer konnte er endlich seine langgehegten Pläne umsetzen. Er brauchte auch nicht lange zu argumentieren, um seine Töchter und letztendlich auch seinen Neffen für die Idee eines Kunst- und Kulturzentrums auf Gut Lankenhorst zu begeistern.
Alle wussten von seiner Passion. An seinem Gymnasium hatte er bereits vor über dreißig Jahren den Neubau einer schuleigenen Bibliothek mit Veranstaltungsräumen und kleiner Werkstatt durchgesetzt. Im Landkreis war man aufmerksam geworden auf ihn. Auch im Stadtrat engagierte er sich ehrenamtlich für diverse Kulturprojekte. Er war glücklich, dass auf seine Initiative hin direkt im Erdgeschoss des alten Rathauses eine Stadtgalerie eingerichtet und ein Posten des Ortschronisten ausgelobt wurde. Er kümmerte sich um den alten Stadtpark, der sonst wahrscheinlich zu Bauland umfunktioniert worden wäre, und er sorgte sich um die verkehrstechnische Anbindung der Dörfer aus dem Umland, so dass der Busverkehr im Kreisgebiet eine Vorbildfunktion für das gesamte Bundesland hatte.
Baron von Quappendorff war ein Philanthrop durch und durch. Ihm schwebte ein Schloss vor, dass für jeden zugänglich war und dass als

kultureller Mittelpunkt die ganze Region mit erblühen lassen sollte. Die Gegend rings um Lankenhorst war bisher vom Aufschwung weitgehend verschont geblieben.

Von Berlin war es schon zu weit weg um noch vom »Speckgürtel« zu profitieren. Der »Speckgürtel« war ein knapp fünfzig Kilometer breiter Ring, der sich um die Hauptstadt zog. Die darin liegenden Ortschaften und Städte waren in den letzten sechzehn Jahren vom Glück begünstigt worden. Massive Investitionen in die Infrastruktur des »Speckgürtels« zahlten sich nun aus. Das Straßennetz war ausgebaut und modernisiert worden. Viele Orte hatten S-Bahnanschluss. Wohnparks und Gewerbegebiete schossen wie Pilze aus dem Boden und die Einwohnerzahl hatte sich fast verdoppelt. In den neuen, schönen Einfamilienhäusern wohnten gutverdienende Leute. Es gab viele Kinder und auch das Kulturangebot war entsprechend reichhaltig.

Fuhr man jedoch etwas weiter hinaus ins Brandenburgische, dann änderte sich die Gegend schlagartig. Dünn besiedelt war hier das Land. In den Dörfern wohnten meist ältere Menschen und die Verlierer der Wende. Die Dorfstraßen waren rumplig und die Fassaden warteten noch auf ihre Verschönerung. Alte verlassene Backsteinbauten wuchsen wie das Dornröschenschloss langsam zu. Keiner wusste mehr so genau, was da mal früher drin gemacht worden war. Geschlossene Dorfkneipen und Läden weckten Erinnerungen an einstige Prosperität.

Lankenhorst war so ein Dörfchen jenseits des »Speckgürtels«. Früher gab es hier sogar mal ein Kino. Das Gebäude stand sogar noch als baufällige Ruine mitten im Dorf. Bäume waren inzwischen hoch gewachsen und versteckten so gnädig den direkten Blick auf die Fassade. Auch die beiden Dorfkneipen waren schon seit Jahren verwaist. Der große Gasthof »Zur alten Linde« war mit dunkelbraunen Jalousien verbarrikadiert worden und die kleine Dorfkneipe mit dem verblassten Schild »Lankenhorster Krug« hatte nicht eine ganze Scheibe mehr. Die wenigen Kinder des Ortes hatten sich einen Spaß daraus gemacht, mit ihren Katapulten Zielschießen darauf zu veranstalten.

Etwas versteckt am Rande des Dorfes lag das alte Gut mit seinem Park und den alten Wirtschaftshöfen. Auch sie boten jahrelang ein Bild des Jammers. Seit drei Jahren war das Gut wieder belebt. Der alte Quappendorff hatte als erstes Fenster und das Dach des Gutshauses instand set-

zen lassen, dann die Räume renoviert und eine Zentralheizung einbauen lassen. Der Park wurde vorsichtig entrümpelt und der kleine Teich im hinteren Teil des Parks sah nach zwei Sommern schon wieder ganz manierlich aus. Dennoch war das Pensum der noch zu bewältigenden Aufgaben immens.
Quappendorff hatte vom Landkreis ein paar Strukturfonds anzapfen können und einige brauchbare Mitarbeiter wurden ihm auf Anfrage vermittelt. Aus der Vielzahl der Bewerber für die ausgeschriebenen Stellen hatte er sich drei Leute auserwählt. Den etwas unauffälligen Leuchtenbein, den praktisch veranlagten Zwiebel und die etwas schrille, dafür aber vielseitige Gunhild Praskowiak. Allesamt waren keine jungen Hüpfer mehr, hatten einige Brüche in ihrer Vita, aber waren doch für die Ideen des Barons zu begeistern. Im Übrigen arbeitete er sowieso lieber mit gestandenen Leuten als mit den jungen Hitzköpfen. Das hatte er lange genug als Lehrer praktizieren müssen – jetzt wollte er endlich einmal etwas effizient und zügig durchziehen.

II

Auszug aus dem Gutachten zur
Schätzung und Taxierung des Grundstücks Lankenhorst
A 47/2322/FG-XIII-Az. 03299/01

Lage des Grundstücks: äußere Ortslage Dorf Lankenhorst
Größe: 45 000 qm
Ausweisung: denkmalgeschütztes Ensemble bestehend aus:
1) Gutshaus, erbaut 1821, zweigeschossiger Bau mit
2 Seitenflügeln und Walmdach, überdachte Fläche 1175 qm
2) Torhaus, erbaut 1888, eingeschossiger Bau mit
ausgebautem Dachgeschoß, überdachte Fläche 147 qm
3) Pavillon, erbaut 1847, offener Rundbau, 22 qm
4) Eiskeller, wahrscheinlich 1823 erbaut, einsturzgefährdet
5) Park, alter Baumbestand mit 2400 Laubbäumen und ca.
3000 Nadelbäumen, darunter zahlreiche seltene Arten (u.a.
Eiben, Blutbuchen, Traubenstieleichen), Teich, ca.400 qm,
umlaufende Mauer aus Feldsteinen, zwei Parktore, Zugang zum

Hellsee mit Bootssteg und eigenem Ufer, befestigt
Gesamtschätzwert: 418 000 Euro
Gegenwärtiger Besitzer: Land Brandenburg
Pacht: Stiftung Kultur-Gut Lankenhorst e.V., vertreten durch Rochus von Quappendorff
Pachtdauer: 99 Jahre

gez. Dr. Achim Wellenkamp
Dipl. Architekt, Büro Wellenkamp & Möller, Eberswalde

III
Der Archivar

Rolf-Bertram Leuchtenbein war ein unauffälliger Mensch. Unauffälligkeit war sein Lebensprinzip. Schon als Schuljunge zeichnete er sich durch seine diskrete Art aus. Keiner bemerkte ihn so richtig. Auf dem Schulhof stand er immer etwas abseits, schaute zwar stets interessiert zu, wenn es ab und zu mal zu kleineren Prügeleien kam, aber beteiligen oder gar selbst einmal eine Prügelei anfangen, war nicht sein Ding.
In der Klasse saß er meist weit hinten, blickte oft interessiert aus dem Fenster, nahm aber ansonsten an dem ganzen Unterrichtsgeschehen nicht so richtig teil. Sowohl die Lehrer als auch seine Mitschüler waren etwas ratlos, wie man mit diesem offensichtlich recht langweiligen Men-

schen umgehen sollte. Seine Eltern, beide schon etwas älter – daher auch der etwas antiquierte Vorname – waren eigentlich ganz froh über den unauffälligen Nachwuchs. Er machte nicht diese Probleme, die andere Eltern mit ihren renitenten Kindern hatten, und er war auch nicht so anstrengend wie die übermäßig begabten Kinder, die ständig beschäftigt werden mussten, um ihren unnatürlichen Wissensdrang zu stillen. Eigentlich ein Glücksfall.
Seine Leistungen waren nicht überragend, aber auch nicht so schlecht, dass man sich schämen musste. Berti, so wurde er damals genannt, schlängelte sich überall durch. Er war der Idealtyp des Mitläufers. Wenn jemand in der Klasse über ihn stolperte, dann lag das vor allem daran, dass man ihn nicht bemerkte.
Berti trug stets ausgesprochen unauffällige Kleidung. Grelle Farben waren im suspekt. Sein Outfit war den Bedingungen einer Polytechnischen Oberschule in einem Berliner Vorort optimal angepasst. Jeans, meist in einem undefinierbaren Farbton zwischen Blau und Grau, graue Pullover und eine olivgrüne Jacke – anders sah man Berti eigentlich nicht in der Öffentlichkeit. Er war nicht groß, aber auch nicht klein. Berti bewegte sich in all seinen schulischen Entwicklungsphasen stets im Durchschnitt. Seine Stimme war nur sehr leise zu vernehmen. Lautes Gebrüll oder andere akustische Signale waren nie von ihm zu erwarten.
Einmal sollte er im Musikunterricht ein Lied singen. Alle waren gespannt und warteten auf diese ungewöhnliche Lautäußerung. Berti kniff. Er entschuldigte sich mit einer plötzlichen Erkältung, die ihn erwischt hatte. Der Musiklehrer schaute etwas ungläubig auf den Jungen und ließ ihn fortan in Ruhe. Es war mitten im schönsten Mai, als das passierte.
Auch später - Berti machte eine Lehre zum Versicherungskaufmann - fiel er durch seine unauffällige Art nicht weiter auf. Erstaunlich war dann jedoch, dass er nach dem erfolgreichen Abschluss seiner Lehre nicht bei der Staatlichen Versicherung seinen Berufsweg begann. Er revoltierte.
Etwas Unerhörtes schien sich da in ihm seinen Weg zu brechen. Berti, der sich jetzt mit dem etwas cooleren Namen Rolfbert anreden ließ, bewarb sich bei der Stadtbezirksbibliothek von Berlin-Friedrichshain als Aushilfskraft. Natürlich wurde er genommen.
Hier schien er sich sichtlich wohler zu fühlen als im Versicherungswesen. Die Bücher um ihn herum schwiegen still und alles hatte seine Ord-

nung. Außerdem hatte er hier eine sehr nette und freundliche Kollegin. Eigentlich war es seine Chefin. Eine jugendlich frische, resolute Dame mit goldlockigem Wallehaar und wohlgeformten Rundungen. Allerdings hielt sich Rolfbert diskret zurück. Schließlich sollte man ja nicht während der Arbeitszeit ..., und überhaupt, eine Liaison d'Amour im Arbeitsverhältnis galt immer als problematisch.
Die Wende beendete das paradiesische Leben in den labyrinthischen Gängen der Bibliothek. Rolfbert wurde kurzerhand eingespart, die Stadt hatte andere Sorgen als das öffentliche Lesebedürfnis ihrer Bewohner. Nun fing ein harter und traumatischer Leidensweg für den schüchternen, jungen Mann an. Endlose Gänge durch die Arbeits- und Sozialämter der Stadt, ab und an eine Gelegenheitsarbeit, dann mal wieder eine Umschulung. Rolfberts Alltag wurde immer trister.
Wenig Erbauung hatte er noch. Es schien sich zu rächen, was einst so vorteilhaft war: seine Unauffälligkeit. Ein Wesenszug, der im real existierenden Sozialismus ein sorgenfreies und grundsolides Leben ermöglichte, der aber jetzt in der schrill bunten Welt der Selbstdarsteller und Möchtegernhelden eher kontraproduktiv war. Überall wurde er ignoriert und kam bei Bewerbungen nicht so recht zum Zuge. Stets drängelte sich ein anderer, meist unverschämter Mitbewerber vor und bekam auch stets die begehrte Stelle.
Ihm blieben meist nur tröstende Worte. Eines Morgens fand Rolfbert einen Brief vom Arbeitsamt in seinem Briefkasten. Er solle sich doch bitte bei einem Baron von Quappendorff vorstellen. Eine Stelle als Archivar wäre vakant. Zwar vorerst nur als Dreijahresvertrag, aber mit einem interessanten Einsatzgebiet und einer ganz ordentlichen Entlohnung.
Seufzend setzte sich Rolfbert an seinen Computer, kopierte kurz seinen Lebenslauf, die abgespeicherten Zeugnisse und Referenzen, und tippte eine kurze Bewerbung nach Standardmuster. Viel Hoffnung machte er sich ja nicht.
Ein Baron, nun ja, bisher hatte er mit dem Adel noch nicht so viel Erfahrungen sammeln können. Aber warum denn auch nicht.
Eine Woche später sprach er dann auf Gut Lankenhorst vor. Der ältere Herr in seiner grünen Strickjacke war ihm sofort sympathisch. Und eine Wohnung bot er ihm auch gleich noch an. Dann zeigte er ihm die Berge von Büchern in den alten Kellergewölben und auf dem Dachboden, die

auf seine professionelle Begutachtung warteten. Ob er denn auch als persönlicher Sekretär ... Rolfbert nickte nur begeistert. Er war endlich angekommen.

IV

Aushang in diversen Dörfern und Städtchen der Regionen Oberhavel und Niederbarnim:

Kulturtage in Lankenhorst

Schloss Lankenhorst lädt ein zum Dritten Lankenhorster Kulturherbst:
Sonnabend, 28.10.2006
Auftaktveranstaltung mit dem Kammerorchester »Brenabor«
Sonntag, 29.10. 2006
Schlossparkfest mit Wildschwein vom Spieß, selbstgebackenem Kuchen, Live-Musik und Spielen
Vernissage in der Schlossgalerie: »Märkische Flecken und Dörfer – eine Hommage an Theodor Fontane« – neue Bilder und Graphiken von Brandenburger Künstlern
Montag, 30.10. 2006
Festsitzung des Anglervereins Oberhavel, Prämierung der Sieger vom Anglerwettbewerb »Quappe, Hecht & Zander«
Dienstag, 31.10.2006
Halloween-Feier mit Hexe Gunhildis am Lagerfeuer
Mittwoch, 1.11.2006
Halali – Konzert der Jagdhornbläsergruppe der Kreismusikschule Bernau
Donnerstag, 2.11.2006
Diskussionsrunde im Schloss »Lankenhorster Träume und Pläne«
Filmvorführung »Die Lemikolen Brandenburgs« von Prof. Dr. R. Distelmeyer
Freitag, 3.11.2006
Vortrag »Pilze – richtig sammeln und zubereiten«
Lampionumzug durch den Park »Auf den Spuren der »Weißen Frau« von Lankenhorst«

Samstag, 4.11.2006
Abschlussveranstaltung mit dem Harfenquintett »Veneziana« und anschließendem Comedy-Slapstick-Abend mit unserem Allround-Entertainer Siggi Keule-Paschulke

V
Lankenhorst - Das Alte Gutshaus
Sonntagnacht, 22. Oktober 2006

Der alte Quappendorff schlief schlecht. Schon seit vielen Jahren hatte er diese Probleme mit dem Einschlafen. Lange Zeit konnte er durch abendliche Einnahme von Baldrian-Tropfen dem Problem eine wirksame Lösung entgegensetzen. Aber seit längerem wirkten die Tropfen nicht mehr.
Er spürte es schon vor dem Zubettgehen. Immer wenn er sich aufgeregt hatte, blieb diese Anspannung in ihm, die es unmöglich machte, einzuschlafen. Heute war wieder so ein Tag. Die abendliche Diskussionsrunde mit seinen drei Getreuen und die hohen Erwartungen, die dem morgendlichen Stiftertreffen galten, erzeugten jenes, dem alten Baron so wohlbekannte Kribbeln, das ein Einschlafen unmöglich machte.
Oftmals half da ein nächtlicher Spaziergang durch den Park. Der Baron besann sich kurz und zog dann seine alten Stiefel an, warf seinen grünen Lodenmantel über und suchte auch seinen Schlapphut, den er immer bei seinen nächtlichen Ausflügen zu tragen pflegte.

Draußen war es neblig, feucht und kühl. Tief sog er die sauerstoffreiche Luft in sich ein und ging langsam los. Er lief immer eine Runde, die ihn quer durch den Park führte. Wenn er langsam ging, brauchte er zwanzig Minuten, wenn er rüstig ausschritt, schaffte er den Rundweg auch in einer Viertelstunde. Den Weg kannte er. Selbst im tiefsten Dunkel der Nacht wusste er, wohin er seine Füße zu setzen hatte. Zuerst kam immer das Wegstück quer durch die Rhododendron-Büsche.

Jetzt im Herbst waren sie zu unscheinbaren Schatten ihrer selbst geworden. An die Hecken schloss sich eine größere Wiese an. Der Weg zog sich linkerhand an einem kleinen Wäldchen entlang, bog dann scharf rechts ab und gabelte sich nach wenigen Schritten. Der rechte Weg führte weiter hinein in das Wäldchen, entlang der alten Parkmauer bis hinter, in den noch weitgehend unberührten Teil des Parks. Der linke Weg hingegen zog sich in einem sanften Bogen zu dem kleinen Pavillon und dem gleich dahinter liegenden Teich. Dieser Teil des Parks war von Meister Zwiebel bereits wieder instand gesetzt worden. Das Unterholz war ausgedünnt, neue Sträucher und Bäumchen angepflanzt worden und der Ententeich hatte eine neue Uferbefestigung bekommen. Zwiebel hatte sogar ein kleines Holzhüttchen gezimmert. Es stand nun mitten im Teich und diente den beiden Stockenten und ein paar Blesshühnchen als Unterschlupf.

Der Baron mochte diesen Teil des Parks sehr. Direkt am Teich hatte er eine Parkbank aufgestellt. Hier saß er oft und sah den gefiederten Bewohnern des Teichs bei ihrem Tun zu.

An dieser Stelle war auch der am weitesten entfernte Punkt seines Rundwegs erreicht. Meistens verweilte er hier kurz, genoss die vollkommene Stille, die ihn umgab.

Er hatte sich gerade bequem hingesetzt als er sie sah. Am anderen Ufer des kleinen Teichs bewegte sich durch den Nebel eine weiße Gestalt. Sie schien zu schweben. Lautlos wie die Erscheinung gekommen war, verschwand sie auch wieder. Dem Baron fröstelte es. Er schüttelte kurz den Kopf.

Wahrscheinlich narrte ihn sein übermüdetes Gehirn und gaukelte ihm Spukgestalten aus seinem Unterbewusstsein vor. Er erhob sich langsam und setzte seinen nächtlichen Rundgang fort. Das Gutshaus war als tiefschwarze Silhouette zu erkennen. Der Weg führte durch eine kleine Bo-

denwelle zurück. Hier wartete ein alter Eiskeller, der seit Urzeiten schon verfallen war.
Mit Zwiebel hatte er das alte Gewölbe begutachtet. Zwiebel meinte zwar, dass man den Keller wieder instand setzen könne. Aber das müsse wohl ein Spezialist machen. Er selbst traue sich das nicht zu. Der Baron hatte den Eiskeller daraufhin erst einmal verschließen lassen, damit nicht jemand dort noch verschüttet werden konnte.
Der alte Mann trabte tief in Gedanken versunken durch diese kleine Senke. Plötzlich streifte ihn ein kühler Luftzug. Er blickte kurz auf und sah direkt über dem Eiskeller wieder einen hellen Fleck im Nebel. Er rieb sich kurz die Augen und sah ein zweites Mal hin. Es schien die Silhouette einer Person zu sein. Aber so richtig fassbar war sie nicht. Die Konturen verschwammen. Ob es nun am Nebel lag oder an dem spärlichen Licht, das in dieser Oktobernacht nur die Lichtungen etwas erhellte, jedenfalls konnte der Baron nicht mit Sicherheit feststellen, ob ihm seine übermüdeten Sinne einen Streich spielten oder ob da wirklich etwas war. Er beschleunigte seinen Schritt, zählte in Gedanken seine Schrittfrequenz und sah sich nicht mehr um. Es war alles etwas zu viel gewesen am heutigen Abend. Außer Atem erreichte er endlich das Gutshaus. Vorbei der Spuk, dachte er noch beim Eintreten und ging dann still und leise die Treppe hinauf zu seinem Schlafzimmer.
Bevor er die Tür hinter sich schloss, hörte er jedoch einen merkwürdigen Klagelaut. Es war ein äußerst ungewöhnlicher Klageton, den er so noch nie vernommen hatte. Der alte Baron trat ans Fenster und spähte in die dunkle Nacht. Es war nichts zu sehen. Aber vielleicht täuschten ihn auch seine überreizten Sinne. Im Dunkel glaubte er sich bewegende Schatten zu erkennen. Er griff sich seine Jagdflinte, die er stets in einem stabilen Eckschrank seines Schlafzimmers aufbewahrte und zog sich seinen Morgenmantel über um noch einmal hinunter zu laufen. Etwas irritiert von dem Laut, der sich wie ein lang gezogenes Klagen anhörte, trat er noch einmal vor die Tür. Auf den ersten Blick war nichts zu erkennen, doch dann sah er diese dunkle Kontur direkt vor der Treppe. Plötzlich war auch Brutus, sein Berner Sennhund neben ihm und knurrte. Der Hund spürte, dass da etwas nicht stimmte und lief auf dieses dunkle Etwas zu. Schnüffelnd umkreiste er den dunklen Haufen. Beim Näherkommen erkannte der alte Quappendorff, worum es sich handelte. Vielleicht fünf

oder sechs Kadaver von großen Vögeln lagen da. Die Köpfe waren abgetrennt und lagen etwas verstreut im Gras. Blut und Federn waren überall verteilt.
Ein Massaker, dachte der Baron zuerst. Beim zweiten Blick erschien ihm alles jedoch wie genau arrangiert und ausgerichtet. Eher eine rituelle Opferung oder eine Art Hinrichtung. Der alte Mann zog den Hund zurück, schaute sich noch einmal um und lief zurück ins Haus.
In der Speisekammer, gleich hinter der Küche lag immer eine große Regenplane. Die holte er jetzt und bedeckte damit die Überreste dieses blutigen Gemetzels. Dann schloss er sorgfältig die Tür, hing die kleine Kette vor und ging nachdenklich nach oben. Lange lag er diese Nacht noch wach und grübelte. Er wollte sich am Morgen mit Zwiebel noch einmal bei Tageslicht alles ansehen und dann entscheiden, wie weiter hier vorzugehen sei.

VI
Die Entertainerin

Gunhild Praskowiak wusste schon seit ihrer frühesten Kindheit, dass sie zu etwas Höherem berufen war. Aufgewachsen bei ihrer Großmutter, hatte sie stets nur diesen einen Gedanken: raus aus dem grauen Nichts und hinein ins grelle Rampenlicht. Sie liebte es, sich heimlich aus dem Kleiderschrank der Großmutter diverse Röcke und Blusen zu stibitzen und damit dann die aktuellen Schlager nach zu trällern. Als Mikrofon

diente ein Schaumschläger und das dankbare Publikum waren ihre Püppchen und Teddybären.
Ihre Großmutter schüttelte über das aufgeweckte Kind den Kopf und ließ sie gewähren. In der Schule sang sie natürlich im Singeclub mit und war auch als Dampfplaudertasche bei Schulfeiern nicht mehr wegzudenken.
Später machte Gunhild, die ihren Vornamen eigentlich nicht so mochte, da ihre Umgebung stets den Namen irgendwie verniedlichte oder abkürzte, dann erst mal ganz brav eine Lehre als Verkäuferin für Lebensmittel. Auch hier war die dralle Blondine schnell bekannt für ihr vorlautes Mundwerk und ihre aufreizende Art.
Gundi, so wurde sie genannt, glänzte als Amateurkünstlerin bei diversen Betriebsfeiern. Sie war Hauptakteurin, Moderatorin, Organisatorin, Sängerin, Zauberin und Kaltmamsell – alles, was den Erfolg des Abends irgendwie sichern konnte, wurde von ihr gemeistert.
Es war ein Glücksfall, als sie den Aushang in der Betriebskantine des Kombinatsbetriebes sah. Die Kombinatsleitung wollte ein Betriebskabarett aufbauen und suchte Interessenten. Das war Gundis Chance. Sie meldete sich umgehend, wurde mit weit geöffneten Armen begrüßt und bekam großzügige Unterstützung zugesagt. Gundi sang, plapperte und tänzelte mit ihren Mitspielern dann jahrelang bei den großen Feiern und Festen auf der Bühne.
Sie hoffte, dass einmal im Publikum ein wirklicher Theatermensch sitzen würde und ihr Talent erkannte um sie zu den wahren großen Bühnen zu holen.
Aber ihre Hoffnung wurde nicht erfüllt. Gundi hatte sich inzwischen verheiratet. Sie war jetzt gut situiert, fuhr einen Wartburg, hatte Haus, Hof und Garten. Bald stellte sich auch Nachwuchs ein. Ein kleiner Junge, der von ihr gehätschelt und verwöhnt wurde. Sie war jetzt Hausfrau. Als solche kümmerte sie sich um ihr trautes Heim. Alles war eigentlich ganz gut gelaufen bisher. Aber Gundi juckte es unter den Fingern. Sie wollte mehr als nur hier in einem Vorort im Berliner Speckgürtel zu sitzen und auf ihren Mann zu warten. Erschwerend kam hinzu, dass sie sich mit der Schwiegermutter arrangieren musste, die im Nachbarhaus lebte und ständig bei ihr ein und aus ging. Das ganze wuchs sich zu einem zähen

Kleinkrieg aus. Gundi schnappte sich ihre Siebensachen und floh aus der Idylle.

Zurück in Berlin war plötzlich alles anders. Die Wende hatte die alten Strukturen hinweggefegt. Kultur war plötzlich etwas sehr Profanes geworden. Der Zwang zum Geldverdienen bestimmte nun jegliche Aktivität.

Gundi war verwirrt. Irgendwie musste sie ja auch überleben. Jobs gab es nur noch wenige. Speziell im kulturellen Bereich war überall nur noch Jammern und Klagen angesagt. Die Kommunen waren chronisch klamm und konnten sich den Luxus eigener Kulturbereiche kaum noch leisten. Im Haifischbecken der kommerziellen Kunst- und Kulturmacher traute sich Gundi noch nicht so richtig mit zu schwimmen.

Eine alte Freundin aus ihrer Kaufhallenzeit brachte sie schließlich bei der Volkssolidarität unter. Hier durfte sie sich als Organisatorin für Konzerte und Veranstaltungen profilieren. Sie knüpfte Kontakte zu alten Schlagerstars und zu Musikkapellen, erstellte bunte Abende mit Operettennummern und Musicals und kümmerte sich um den Ticketverkauf.

Gundi die sich inzwischen Kowi nannte, da sie sich mit Gundi immer schwerer tat, also Kowi, fühlte sich wie ein Eichhörnchen im Laufrad. Sie entfachte einen Aktionismus, der den alten Herrschaften, die das Sagen in der Volkssolidarität hatten, suspekt wurde. Die Konzerte wurden immer größer, die Organisation der ganzen Programme immer diffiziler, da sie inzwischen mit ganz anderen Budgets auch wirkliche Stars der Szene engagierte.

Sie war eine heimliche Größe des neuen Kulturbetriebs geworden. Es bereitete ihr eine große Genugtuung, wenn Sängerinnen und Sänger anriefen und nach Engagements fragten.

Kowi spürte aber auch, wie sie innerlich ausbrannte. Der permanente Aktionismus hatte seinen Preis. Dieser Preis war ihre Gesundheit. Sie lebte nur noch für ihre Konzerte und Veranstaltungen. Alles andere ordnete sich irgendwie unter. Eigentlich war sie von robuster Natur. Sie war groß und stattlich, verfügte über einen stets rosig frisch schimmernden Teint, der jedem Beobachter suggerierte, dass sie vor Energie nur so strotzte. Aber unter dieser perfekten Oberfläche ging eine stetige Aushöhlung ihrer Reserven voran.

Irgendwann war es dann auch so weit. Kowi fiel einfach um. Sie lag für acht Monate in einer Rehaklinik für Burn-Out-Patienten. Als sie aus der Klinik entlassen wurde, war von der alten Kowi nicht mehr viel übrig. Eine etwas in die Breite gegangene Frau mit müdem Blick und fahler Haut saß jetzt zu Hause vor dem Fernseher und blickte etwas teilnahmslos aus dem Fenster. Alles fiel ihr schwer. Sie haderte mit ihrem Schicksal und war auf dem besten Wege, eine verbitterte und verhärmte Frührentnerin zu werden.
Doch dann hatte sie eine Begegnung der besonderen Art. Eine gute Bekannte gab ihr den Tipp, sich doch bei einem echten Baron im Brandenburgischen zu bewerben. Der suche gerade ein solches Organisationsgenie wie sie und es wäre auch nicht so sehr stressig. Sie müsse allerdings dann auch dort draußen wohnen. Die Bewerbung laufe über das Arbeitsamt von Oranienburg.
Kowi wollte nur noch weg aus der lauten und viel zu schnellen Stadt Berlin. Sie griff diese Chance wie ein Ertrinkender den rettenden Ring. Mit unglaublicher Geschwindigkeit stellte sie eine dicke und aussagekräftige Mappe zusammen, die sie einreichte. Dann wurde sie nach Gut Lankenhorst eingeladen zur Vorstellung. Als sie den langen Parkweg zum Gutshaus entlang lief, die Vögel in den Bäumen trällern hörte und den scharfen Geruch frischer Landluft tief in sich einzog, wusste sie, dass dieser Ort hier für sie gemacht worden war. Hier wollte sie bleiben.

VII
Lankenhorst - Das Alte Gutshaus
Montag, 23. Oktober 2006

Es war noch sehr früh an diesem nebligen Wochenanfang. Clara-Louise Marheincke von Quappendorff war ungewöhnlich früh auf Gut Lankenhorst eingetroffen. Schuld war ihr Billigflug. Der landete bereits um 4.30 Uhr in Tegel. Von Tegel über die Autobahn hier heraus war es nur knapp eine Stunde. Die Straßen waren um die frühe Tageszeit noch frei. Nur einige Schwerlastzüge waren bereits unterwegs, aber die störten nicht sehr.

Die Mittvierzigerin hatte ihren Wagen auf dem Langzeitparkplatz stehen gelassen und konnte so ohne Probleme losfahren. Eine Woche Kurzurlaub auf den Azoren lag hinter ihr. In ihren Ohren rauschte immer noch der Atlantik und wenn sie die Augen schloss, sah sie die üppige Vegetation von Sao Miguel, der Hauptinsel dieses verlorenen Paradieses mitten im Ozean.
Sie hatte es so eingerichtet, dass sie direkt nach dem Urlaub hinaus nach Lankenhorst fahren konnte. So verlängerte sich der Urlaub noch um ein paar Tage. Viel zu selten nur sah sie ihren Vater. Ein aufwändiger Beruf und familiäre Verpflichtungen ließen nur ein sehr knapp bemessenes Freizeitmanagement zu. Clara-Louise war in der Modebranche tätig. Sie hatte den Stoffeinkauf für mehrere Modehäuser zu koordinieren und engagierte sich auch noch als freischaffende Textildesignerin. So entwarf sie Muster für Kleider und Aufdrucke für T-Shirts und Hosen. Das machte ihr Spaß und bezahlt wurde sie dafür auch ausreichend.
Drei inzwischen bereits flügge gewordene Kinder benötigten ebenfalls noch viel Zeit und Nerven. Nur gut, dass Georg, ihr Mann, ein freischaffender Journalist, viel mehr Zeit hatte für die Familie als sie. Er kümmerte sich um die Hausaufgaben der Kinder, besorgte den größten Teil der Einkäufe und schaute auch im Haushalt nach dem rechten. Ohne Georg wüsste sie manchmal nicht, was sie machen sollte.
Den Job im Stiftungsrat von Gut Lankenhorst sah Clara-Louise nicht als wirkliche Arbeit an. Sie war glücklich, dadurch ab und an den Rest der Familie einmal zu sehen. Die jüngere Tochter des Barons, die allerdings nicht allzu viel Wert auf adlige Titel legte, lebte mit Ihrer Familie in Köpenick, im Südosten Berlins.
Ihre drei Jahre ältere Schwester Irmi lebte mit ihrer Familie am anderen Ende der Millionenstadt in Frohnau, einem noblen Vorort im Nordwesten. Nicht, dass sie das Bedürfnis hatte, ihre Schwester öfters zu sehen, Irmi war immer eine etwas oberflächliche Person und mit ihrem Schwager Wolfgang, einem Immobilienmakler, wurde sie auch nicht so richtig warm, aber es war ja nun mal ihre Verwandtschaft.
Pflichtbesuche zu den Kindergeburtstagen und zu den großen Feiertagen gehörten dazu, aber ansonsten war man lieber doch etwas auf Distanz.

Jetzt war Clara-Louise jedenfalls auf Gut Lankenhorst eingetroffen. Alles war noch still. So früh am Morgen schliefen natürlich alle Bewohner des Gutshauses. Sie überlegte, ob es sich noch lohnen würde, ein kleines Schläfchen zu machen. Clara-Louise kannte ihr Zimmer und wusste auch, dass ihr Vater dafür gesorgt hatte, dass dort alles tipptopp in Ordnung war.
Ein Blick auf die Uhr bestätigte ihr noch einmal, dass sie noch genug Zeit hatte. Leise und vorsichtig stieg sie die große Treppe hinauf und öffnete die Tür zu dem kleinen Zimmer ganz hinten am Ende des Ganges.
Das Zimmer war geheizt, ein paar Blumen waren auf dem Tisch als Willkommensgruß und auch eine Schachtel mit belgischen Sahnetrüffeln stand bereit. Clara-Louise musste lächeln. An alles hatte Papa gedacht. Sie sank aufs Bett und schlief auch in den nächsten Minuten ein.
Es sollte der letzte sanfte Schlaf für längere Zeit sein. Die Ereignisse der nächsten Tage sollten sich tief in ihr Bewusstsein graben.

Die Stifter

Etwas über Stiftungen

Eine Studie der Bertelsmann-Stiftung aus dem Jahre 2005 hat Erstaunliches über moderne Stifter herausgefunden. Früher waren Stifter bereits tot, wenn ihr Stiftungswerk anfing aktiv zu werden. Heutzutage sind ungefähr achtzig Prozent schon zu Lebzeiten als Stifter tätig. Dies hängt vor allem mit dem veränderten Charakter der Stiftungen zusammen. Viele Stiftungen dienen heute als Rahmen für ein gemeinnütziges Tätigkeitsfeld, in dem sich neben den Stiftern selbst auch viele andere Menschen aktiv mit einbringen können. Sinn und Zweck dieser Stiftungen sind nicht die Gewinne.

Viele der Stifter sind inzwischen auch keine alten Leute mehr, sondern stehen im Vollbesitz ihrer physischen und geistigen Kräfte. Und was ganz wichtig ist: man muss als Stifter nicht mehr vermögend sein! Nur knapp zwanzig Prozent der heutigen Stifter verfügen noch über ein Vermögen über 250.000 Euro. Die meisten kommen mit deutlich weniger als 100.000 Euro aus. Moderne Stifter sind gebildet, viele sind religiös oder stark sozial engagiert.

Trotzdem glauben viele, dass eine Stiftung etwas sehr Ungewöhnliches sei. Argwöhnisch wird vermutet, dass es sich bei einer Stiftung um ein Sammelbecken von Steuerflüchtlingen, Erbschleichern und Geizkragen handle. Nicht wenige Menschen gehen darüber hinaus davon aus, dass Stiftungen Geldwaschanlagen sein könnten. Für misstrauische Mitbürger sind die Stiftungen daher äußerst suspekt und werden nur zum Zwecke des privaten Vergnügens der Stifter betrieben. Dieser Argwohn gegenüber Stiftungen hat sich quer durch alle Bevölkerungsschichten bis in die Gegenwart erhalten.

I

Verkehrsfunk von Antenne-Brandenburg

Montag, 23. Oktober 2006

... und hier eine neue Meldung von unserem Mann über den Wolken, Verkehrsflieger Bodo Glock:

»Also, ich kreise hier gerade über einem Stau auf der Fernverkehrsstraße B 2, kurz hinter Biesenthal. Hier scheint sich ein größerer Unfall ereignet zu haben. Die Straße ist vollständig gesperrt. Bitte umfahren Sie Biesenthal großräumig und nutzen Sie die B 109, um weiter Richtung Norden zu kommen. Für die Pendler nach Berlin empfehle ich die Umfahrung über Wandlitz.«

Ja, liebe Hörer, Sie haben es gehört, was da unser Verkehrsflieger Bodo Glock gerade durch den Äther geschickt hat. Also bitte Vorsicht auf den Straßen Brandenburgs. Denken Sie daran, aufkommender Nebel und nasse Fahrbahnen sind ein Grund mehr, etwas vorsichtiger zu fahren.

II
Lutger von Quappendorff

Etwas genervt von der Störung durch den Verkehrsfunk drehte Lutger von Quappendorff an seinem Autoradio. Er war sowieso schon schlecht gelaunt an diesem trüben Herbstmorgen. Sein Terminplan war zum Bersten gefüllt mit wichtigen Meetings und Besprechungen.
Dieser Tag draußen auf dem alten Gut passte ihm überhaupt nicht, aber er war schon lange geplant. Nach jedem der vierteljährlichen Treffen vereinbarten die fünf Stifter den nächsten Termin. Alle nahmen dabei Rücksicht auf seine Terminplanung, denn die vier übrigen Stifter wussten über seine knappen Wochenplanungen Bescheid.
Dass er an diesem Klamauk teilnahm, war sowieso nur dem guten Zureden seines Onkels zu verdanken. Eigentlich hatte er für solche Projekte gar nichts übrig. Seine Welt war einfach ein paar Nummern größer. Immerhin war er Investment Operator bei einer renommierten, international tätigen Holding und leitete seit kurzem deren Expansionsabteilung »Middle Europe«. Also auf gut deutsch war er für die neuen Geschäftsfelder in Ostdeutschland, Polen und dem Baltikum zuständig. Die Anzahl der Projekte war zwar noch gut überschaubar, aber immerhin ... Er nahm teil an allen wichtigen Vorstandssitzungen, er durfte wichtige Interna einsehen und ihm war gestattet mit einer großen, edlen Limousine als Dienstwagen durch das Land zu kurven.
Lutger trug Designeranzug, band sich jeden Morgen äußerst sorgfältig eine dezent gemusterte Krawatte, benutzte nur die teuersten Duftwässerchen und leistete sich eine Frisur, die mindestens einmal pro Woche nachgebessert werden musste, um perfekt auszusehen. Zweimal wö-

chentlich besuchte er ein Fitness-Studio, dreimal joggte er durch den Tegeler Forst. Ihm war seine äußere Erscheinung stets sehr wichtig. Mühsam hatte er sich einen federnden Gang angewöhnt, den er einmal bei amerikanischen Schauspielern in einer Serie über Banker und Manager gesehen hatte.

Überhaupt hatte er sein Ideal in den Kreisen des US-amerikanischen Großkapitals gefunden. Hier spürte er die Macht über Geldströme und damit über das Schicksal ganzer Wirtschaftsbranchen, hier konnte er den süßlichen Geruch des Luxus förmlich spüren und hier wurde in einer Sprache gesprochen, die ihm suggerierte, wer hier wirklich Ahnung von den geheimen Strukturen der Welt hatte.

Sein etwas widerborstiges Haar bändigte er mit Unmengen Gel und gab sich so einen smarten, stromlinienförmigen Look. Stets gehörte auch ein Päckchen Chewing Gums, früher auch als Kaugummis bezeichnet, zu seiner Ausrüstung. Lutger wollte immer einen superfrischen Eindruck hinterlassen.

Jetzt war es wieder mal soweit. Die vielen Autos, die ihm den Weg verstopften, nervten. Er spürte förmlich, wie der Ärger in ihm aufstieg und sich als leicht säuerlicher Geschmack auf seiner Zunge manifestierte. Nervös fingerte er in seinen Taschen nach den länglichen Streifchen herum, wovon er sich gleich zwei in den Mund schob. Eine Welle frischen Pfefferminzgeschmacks machte sich in ihm breit und Lutger atmete dreimal heftig durch. Er hatte sich extra aus den USA eine Sorte Chewing Gum per Internet bestellt, die mit ihrer Superfrische und totalen Minzigkeit warb. Nun, die Herstellerfirma hatte nicht übertrieben. Tränen schossen ihm in die Augen und er hatte das Gefühl eine Sauerstoffvergiftung zu bekommen. Nach knapp zwanzig Sekunden konnte er wieder normal atmen und den Verkehr beobachten.

Er stand mit seinem dunklen Audi A 6 in einer Reihe mit Fernlastzügen, Baufahrzeugen, Kastentransportern und Kombis. Die Nobelkarosse stach aus der Blechschlange heraus wie ein außerirdisches Raumschiff. Lutger fluchte leise vor sich hin, wieso an diesem Tag so viele Autos herum schlichen.

Normalerweise war hier kaum Verkehr. Aber ausgerechnet dann, wenn er sowieso schon etwas Zeitdruck hatte, musste es sich hier stauen. Ihm fiel wieder die Meldung aus dem Verkehrsfunk ein. Natürlich, nur so konnte er sich das Desaster erklären. Einer der technisch minder bemittelten Bauerntölpel hatte bestimmt seinen Trecker an den Baum gesetzt und so die Vollsperrung ausgelöst. Die Vorstellung belustigte ihn sichtlich und er fand es schade, dort nicht vorbei fahren zu können.

III

Die Fernverkehrsstraße zwischen Biesenthal und Lankenhorst
Montag, 23. Oktober 2006

Nur noch ein vollkommen deformierter Blechklumpen war von dem Fahrzeug übrig geblieben. Der Aufprall musste bei recht hoher Geschwindigkeit passiert sein. Mindestens hundert Stundenkilometer, vielleicht sogar noch mehr. Der Alleebaum, der von dem Wagen erfasst worden war, wies tiefe Risse in seiner Rinde auf. Auch die Leitplanke an der rechten Seite war vollkommen demoliert. Feuerwehr, Rettungswagen und Polizei standen auf der Straße. Zwischen dem Wrack und den Einsatzfahrzeugen hasteten Uniformierte hin und her. Es herrschte routinierte Unruhe.

Alle wussten, was zu tun war, alle waren konzentriert bei der Sache und man merkte allen die nervliche Anspannung an. Zwei riesige Feuerwehrleute mühten sich mit Schneidbrennern am Wrack.

Aus dem Innern drang ein leises Wimmern. Eine junge Frau in Polizeiuniform sprach beruhigend auf die unbekannte Person ein, die sich da vorsichtig bemerkbar machte.

Zwei Weißkittel aus dem Rettungswagen hatten bereits eine Trage und diverse Apparaturen bereitgestellt. Den Feuerwehrleuten rann der

Schweiß in kleinen Bächen übers Gesicht. Mühsam nur kamen sie mit ihren Schneidbrennern voran. Endlich erschien eine Hand, die kraftlos aus dem scharfkantigen Blech hing. Einer der beiden Sanitäter schrie kurz auf: »Stopp!«
Die beiden Hünen mit dem Schneidbrenner hielten inne. Ein Mann in Weiß und seiner grell orangefarbenen Weste sprintete herbei. Mit einer Taschenlampe leuchtete er in das dunkle Wrack. Was sich ihm da für ein Anblick bot, ließ ihn kurz zögern.
Er war schon einiges gewöhnt in seinem Job als Unfallsanitäter, aber dies war selbst für ihn etwas zu viel. Dass die Frau überhaupt noch am Leben war, schien ein biologisches Wunder zu sein. Ein trostloses Szenario bot sich dem Betrachter. Das Lenkrad hatte sich tief in den Oberkörper der Frau gepresst. Der Airbag war aus unerfindlichen Gründen nicht aufgegangen. Quer über das Gesichtsfeld zog sich eine tiefe, blutende Wunde. Das linke Auge war nur noch als ein großer, blutiger Krater wahrzunehmen. Aus dem Mund lief ein rotes Rinnsal. Das Armaturenbrett war auf die Oberschenkel gedrückt worden, so dass man nicht sehen konnte, welche Verletzungen im unteren Bereich des Körpers passiert waren. Die Verletzte schien etwas sagen zu wollen. Ein kraftloses Gemurmel bewegte die Lippen der Frau.
Der Rettungssanitäter versuchte sich bemerkbar zu machen: »Hallo, können Sie mich sehen? Hören Sie mich?«
Immer wieder sprach er eindringlich diese kurzen Fragen aus und beobachtete dabei die Gesichtsmimik der Verunglückten. Ein winziges Zucken durchlief plötzlich ihr Gesicht, so als ob aus weiter Ferne etwas an sie herangekommen war. Dem Sanitäter erschien dieses Zucken wie ein angedeutetes Lächeln.
Er winkte die junge Polizistin herbei, die nur wenige Meter neben dem Wrack stand. Gemeinsam leuchteten sie mit ihren Taschenlampen in den dunklen Schacht, der vor wenigen Minuten noch eine behagliche Fahrerkabine war. Die Polizistin starrte auf die sich bewegenden Lippen der schwer verletzten Frau. Irgendetwas schien sie da zu verstehen. Nur wenige Worte. Es klang wie »anderes Auto« und »Geisterfahrer«.
Der Sanitäter schob die junge Polizistin wieder zur Seite. Dabei schüttelte er nur schweigsam den Kopf. Man könne nichts tun im Moment. Nur warten.

Motorengeräusch drang durch den dichten Nebel. Ein weiteres Polizeiauto traf ein. Eine gedrungene Gestalt in Uniform stieg aus. »Morjen! Polizeihauptmeister Roderich Boedefeldt! Wer hat denn hier den Unfall jemeldet?«
Die junge Polizistin drehte sich ihm zu. »Das war ich. Polizeianwärterin Marion Illert.«
»Was ist denn jenau passiert? Jibt et Tote? Verletzte?«
»Tja, so genau kann das keiner im Moment sagen. Es sieht erst einmal so aus, als ob wir hier einen Totalschaden haben. PKW. Ein Insasse. Eine Frau. Alter unbestimmbar im Moment. Schwer verletzt. Nicht transportfähig. Unfallursache unbekannt. Hier ist eine gerade, ziemlich wenig befahrene Allee, trotzdem scheint das Auto von der Fahrbahn abgekommen zu sein und ist dann mit hoher Geschwindigkeit frontal an einen Baum geprallt. Die Wucht des Aufpralls muss so groß gewesen sein, dass sich der Wagen nach dem Aufprall die kleine Böschung hinab überschlug und mehrmals um die eigene Achse drehte. Dass die Insassin noch lebt, grenzt an ein Wunder.«
»War ein anderes Auto involviert in den Unfall? Vielleicht Fahrerflucht?«
»Wir konnten bisher keinerlei Anhaltspunkte für ein zweites Auto feststellen. Keine Reifenspuren. Keine Lackspuren am Wrack, die nicht dem Unglückswagen zuzuordnen sind. Vielleicht ergibt eine genauere Untersuchung noch etwas Brauchbares. Wer weiß, vielleicht hat die Frau im dichten Nebel irgendwelche Schatten gesehen und dann in einer Panikreaktion das Lenkrad verrissen. Doch die Insassin ..., die hat etwas gemurmelt von einem anderen Auto. Es klang nach »Geisterfahrer«, was ich da von ihren Lippen ablesen konnte.«
»Wissen wir denn schon, wer die Frau ist, die da im Wrack liegt?«
»Nein. Leider nicht.«
»Die Überprüfung des Kennzeichens hat schon erste Ergebnisse erbracht?«
»Ja. Das Auto ist auf einen Herrn Wolfgang-Adalbert Hopf aus Berlin-Reinickendorf zugelassen. Immobilienmakler bei Hopf & Partner Real Estate.«
»Aber was da im Auto sitzt, ist eindeutig eine Frau, oder?«

»Ja, eindeutig. Wir haben Herrn Hopf bereits telefonisch informiert. Er ist auf dem Weg hierher. Er ließ sich leider nicht davon abhalten ...«
Die junge Polizistin hatte den Satz noch nicht richtig beendet, als ein großer Daimler mit voll aufgeblendeten Lichtern aus südlicher Richtung mit stark überhöhter Geschwindigkeit heranbrauste. Am Steuer saß ein Mittfünfziger mit verkniffenen Gesichtszügen. Er lenkte den Wagen direkt an die Unfallstelle, stieg hastig aus und sagte bloß das kurze Fragewort »Wo?«.
Es war nicht sehr laut ausgesprochen worden, aber alle hatten es vernommen. Einen kurzen Augenblick herrschte Totenstille. Dann räusperte sich Boedefeldt und ging auf den Mann zu. »Kommen Sie.«
Der Mann folgte ihm. »Lebt sie noch?«
»Ja. Aber ihr Zustand ist kritisch.«
Der Mann stand wie erstarrt vor dem Unfallwagen. Ungläubig schaute er auf den Blechhaufen. »Ist sie noch da drin?«
»Ja. Wir können nicht mehr tun, als abzuwarten. Sie ist nicht bei Bewusstsein. Bitte schauen Sie nicht hinein. Behalten Sie Ihre Frau so in Erinnerung, wie sie bis vor kurzem noch aussah.«
Hopf sah Boedefeldt mit einem kritischen Blick an. Was der dicke Polizist da sagte, klang wie aus einem schlechten Heimatfilm. Er war kein zart besaiteter Mensch, konnte auch Negatives ertragen ohne mit der Wimper zu zucken.
Wortlos schob er den Polizisten zur Seite und schaute in das Wrack hinein. Einen Augenblick dauerte es, bis sich seine Augen an das Dämmerlicht gewöhnt hatten. Dann sah er sie. Eingequetscht, blutüberströmt, ohne Lebenszeichen. Ihm war in diesem Moment klar geworden, dass er eine bereits aus dem Leben Gegangene sah. Diese nur noch in letzten Energiequanten bebende Biomasse war einmal seine Frau gewesen: Irmingard Hopf von Quappendorff.

IV
Auszug aus dem Unfallprotokoll
B-IHQ 3463 / Hopf, Irmingard

... lässt sich eine Fremdverschuldung ausschließen. Der Wagen der Verunglückten ist mit hoher Wahrscheinlichkeit aufgrund eines Fahrfehlers von der Fahrbahn abgewichen und mit überhöhter Geschwindigkeit frontal mit einem Alleebaum zusammen gestoßen. Die Vermessung des Bremswegs lässt auf eine Aufprallgeschwindigkeit von mindestens 120 km/h schließen. Zeugen des Unfallhergangs konnten nicht ermittelt werden.

R. Boedefeldt
Polizeihauptmeister

V
Irmingard Hopf von Quappendorff

Was war das nur für ein unsäglich schlechter Scherz, den sich Wolfgang mit ihr erlaubt hatte! Sie war zu Tode erschreckt von diesem Schabernack.
Beim Treppensteigen hatte plötzlich der alte Mantel am Kleiderhaken angefangen zu leben. Nun, nicht direkt, aber ein Ärmel bewegte sich kurz auf und ab. Zuerst glaubte sie, einer visuellen Irritation erlegen zu

sein. Sie trug immerhin eine Gleitsichtbrille. Aber beim zweiten Hinschauen war es wieder zu sehen. Ganz deutlich bewegte sich der Ärmel. Sie stieß einen kurzen Schrei aus. So kurz, dass sie selbst darüber erstaunt war, ihn noch so intensiv zu hören.

Dann rannte sie die Treppe hinab. Sie spürte ihren Herzschlag überlaut im Brustkasten, fast schon schmerzhaft, pochen. Sie begann zu hyperventilieren. Immer wenn sie sich aufregte, traten diese Symptome in schöner Regelmäßigkeit hintereinander auf. Als nächstes bekam sie große, rote, unregelmäßige Flecken auf den Wangen und Schweißausbrüche. Dazu fühlte sie sich leicht schwindelnd und bekam zum Schluss auch noch weiche Knie. Dann brauchte sie dringend einen Stuhl. Ansonsten fiel sie um, meist theatralisch.

Schon als kleines Mädchen hatte sie mit solchen Panikattacken zu kämpfen. Alle wussten davon. Aber mit der Zeit wurden die Attacken immer heftiger und kamen immer öfter. Ihre Mutter war mit ihr deswegen bei diversen Ärzten vorstellig geworden. Meist schauten diese Halbgötter nur mitleidig zu ihr herab, tätschelten ihr die Wangen und erzählten etwas von frühpubertären Störungen im Hormonhaushalt.

Wolfgang, ihr Mann, machte sich manchmal einen Spaß daraus, sie zu erschrecken. Einmal hatte er in dem großen Sessel im Schlafzimmer gesessen, ohne einen Mucks verlauten zu lassen. Irmi, so wurde sie von Wolfgang meistens genannt, war schlaftrunken ins Zimmer gekommen und wollte sich zu Bett begeben, als plötzlich ein tiefes Röcheln zu vernehmen war. Irmi stand wie ein Stehaufmännchen im Bett und schrie. Wolfgang jedoch lachte nur. Die ganze Nacht konnte sie nicht mehr schlafen. Seitdem sah sie als erstes, wenn sie ins Zimmer kam, nach den Sesseln.

Irmi hatte sich inzwischen wieder im Griff. Heute war schließlich wieder ein Familientreffen auf Gut Lankenhorst angesagt. Sie mochte diese Treffen da draußen auf dem alten Gutshof. Schließlich traf sie ihren Vater und sah auch ihre Schwester, zu der sie ansonsten nur noch wenig Kontakt hatte. Dass ihr etwas aus der Art geratene Cousin Lutger auch erschien, war ihr zwar unangenehm, aber irgendwie schaffte sie es, ihm soweit wie möglich aus dem Weg zu gehen.

Eigentlich hatte Irmi es nicht mehr nötig, irgendwelche Aufgaben zu übernehmen. Ihr Mann hatte ein kleines Vermögen als Immobilienmak-

ler erwirtschaftet. Damit hatte die ganze Familie ausgesorgt. Ihre beiden Kinder waren bereits aus dem Hause, studierten in Amerika und Australien und die große Villa, in der sie lebten, war auch schon abbezahlt.
Aber da war diese Angst vor der Leere, dieses Unbehagen vor dem Nichtgebrauchtwerden. Sie war überglücklich, als sich vor ein paar Jahren ihr Vater bei ihr meldete und von seinen verrückten Plänen berichtete. Natürlich war das Ganze nur ein Spleen eines pensionierten Lehrers.
Wolfgang hatte sich, nachdem der alte Baron seine Pläne von der Übernahme des alten Familiengutes in Lankenhorst offen legte, das Objekt mal angesehen. Also nur so ganz unverbindlich. Wolfgang hatte mit dem Kopf geschüttelt und etwas von »hoffnungsloser Fall« und von »Einöde« und »Millioneninvestitionen für umsonst« gebrabbelt.
So genau verstand sie das sowieso nicht. Sie stand mit Zahlen auf dem Kriegsfuß. Ja, etwas geschmackvoll einrichten und passende Kleidungsstücke entsprechend der aktuellen Mode auswählen, das konnte sie. Darauf legte sie auch stets Wert. Sie war immer chic, aber dezent gekleidet. Ein leichter Hauch eines raffinierten Parfums schwebte jederzeit um sie herum und das war ihr eigentlich wesentlicher als all dieses trockene Zählen und Rechnen.
In dieser Welt hatte es sich Wolfgang eingerichtet. Ohne seinen Laptop war er eigentlich nur ein halber Mensch. Sie staunte noch immer, wie viele Zahlenkombinationen er so einfach im Kopf hatte. Sie wäre schon längst verrückt geworden, wenn sie nur ein Drittel dieses Zahlenwustes meistern müsste.
Irmi hatte schon genug damit zu tun, die Kinder aufzuziehen und den Haushalt zu führen. Ihre Woche war lange Zeit streng geregelt. Neben den klassischen Pflichten, wie etwa Frühstück für die Familie zubereiten, Einkäufe tätigen und Hausaufgaben bei den heranwachsenden Mädchen kontrollieren hatte sie so nach und nach einen recht anspruchsvollen Arbeitskalender füllen können.
Montags brachte sie die Mädchen zum Klavierunterricht und traf sich dann abends mit den Damen vom Kirchenchor. Dienstags fuhr sie Wolfgang zum Tennis und die Mädchen zum Schwimmen. Mittwochs spielte sie Rommé am Nachmittag mit drei befreundeten Damen aus der Nachbarschaft. Donnerstags war Einkaufstag. Das war blanker Stress! Lange Listen, die sie so im Laufe der Woche schrieb, wurden dann abgearbei-

tet. Eine große Runde mit vielen Stopps wurde von ihr abgefahren. Freitags war wieder etwas erholsamer. Die Mädchen hatten nachmittags immer Sport. Irmi konnte dann zum Friseur oder zur Kosmetikerin.
Tja, und nun diese neue Aufgabe. Stiftungsrat! Mein Gott! Wie wichtig das klang. Sie fühlte sich angenehm wichtig. Was da von Papa besprochen wurde, verstand sie zwar nicht annähernd. Irgendetwas wollte er da draußen auf dem verfallenen Gutshof aufbauen und auch Veranstaltungen waren geplant. Konzerte und Ausstellungen. Sie hatte ihm schon signalisiert, beim Einrichten der Räume aktiv helfen zu wollen und auch bei der Garten- und Parkplanung wollte sie mitmachen. Alles andere interessierte sie nur marginal. Dennoch nahm sie gern an diesen Stiftungsratssitzungen teil. Es war immer ein nettes Geplauder mit den anderen Stiftern möglich. Außerdem hatte sie eine nicht unbeträchtliche Summe zur Verfügung gestellt. Also Wolfgang hatte das ermöglicht. Er hatte etwas von Steuersparmodellen erwähnt und das eine solche Stiftung dafür doch ideal geeignet wäre. Na ja, das waren dann wieder diese unsäglichen Zahlen ...
Irmi hatte sich sorgfältig geschminkt an diesem Morgen und ein besonders edles Parfum ausgewählt: »La Belle de Russe«. Irgendetwas Raffiniertes mit einem Hauch von Magnolienblüten. Üblicherweise blieb sie über Nacht dann auch im Gutshaus. Ihre Tasche war schon gepackt. Für Papa hatte sie außerdem ein kleines Geschenk verpackt. Ein Necessaire mit Edelstahlscherchen, Nagelfeilen und Pinzette. Alles geschmackvoll umhüllt von genopptem Leder im Kroko-Look. Das Etui hatte sie als Giveaway bei einer Werbeaktion für Kosmetikartikel bekommen. Wolfgang konnte sie es nicht schenken. Der hatte schon zwei. Aber Papa ... Nun, der freute sich immer, wenn sie an ihn dachte.
Dieser Morgen wollte überhaupt nicht zum Tag werden. Draußen war ein trüb milchiges Dämmerlicht. Nebel hatte sich breit gemacht. Irmi würde am liebsten zu Hause bleiben. Aber sie hatte telefonisch fest zugesagt. Eigentlich mochte sie es nicht, bei Nebel längere Zeit am Lenkrad zu sitzen. Es war einfach anstrengend, immer in das weiße Nichts zu starren und irgendwo nach möglichen Hindernissen zu spähen. Aber sie vertraute auf ihre Fahrkünste und auf die Nebelscheinwerfer ihres Citroens. Knapp eine dreiviertel Stunde dauerte die Fahrt, wenn sie zügig

fuhr. Allerdings, jetzt bei diesen Verhältnissen würde sie wohl eine halbe Stunde mehr einplanen müssen.
Irmi schaute auf ihre mit kleinen Saphiren besetzte Lacroix-Uhr. Es war kurz vor Sieben. Höchste Zeit loszufahren, wenn sie noch halbwegs pünktlich um Neun eintreffen wollte. Etwas hektisch schnappte sie ihre Tasche und rannte die Treppe hinab zur Garage. Ihr dunkelroter Citroen wartete schon auf sie.
Sie war eine gute Fahrerin. Sie liebte es, den Wagen rasant und sportlich durch die Straßen zu bewegen. Wolfgang bewunderte sie dafür. Er fuhr immer sehr bedächtig und vorsichtig mit seinem schweren Daimler. Als ob er den vielen Pferdestärken in seinem Motor nicht so recht vertrauen würde. Sie spottete manchmal, dass sie in ihrem Citroen, der nur einen halb so starken Motor habe, doppelt so schnell unterwegs war wie er.
Aber heute war Nebel. Kein Wetter, um flott voran zu kommen. Sie hasste es, bei Tempo dreißig mit dem Wagen durch die Straßen zu schleichen. Aber vielleicht hob sich der Nebel noch. Irmi gab Gas und fuhr Richtung Norden. Ihr Navigationsgerät war eingeschaltet und suchte automatisch die beste Route durch das Labyrinth der Stadt. Jenseits der Stadtgrenze war dann alles übersichtlicher. Da konnte sie das Navi abschalten. Den Weg kannte sie gut. Oft schon war sie hier auf der Fernverkehrsstraße B 2 Richtung Biesenthal unterwegs.
Entspannt lehnte sie sich zurück. Der Nebel begann sich auch zu lichten. Die Alleebäume waren inzwischen gut erkennbar. Irmi beschleunigte auf der schnurgeraden Strecke. Hier war immer wenig Verkehr. Weit voraus kam ihr ein Auto entgegen. Sie blendete ab. Der andere Wagen fast zeitgleich mit ihr. Irgendetwas stimmte jedoch nicht. Normalerweise war doch der Gegenverkehr auf der linken Spur unterwegs. Doch dieser Wagen fuhr konstant rechts auf ihrer eigenen Spur. Irmi gab nervös Lichthupensignale. Der andere Wagen ebenfalls.
Er musste sie gesehen haben, war aber bestimmt einer dieser sturen Raser, die in Brandenburg so häufig anzutreffen waren. Diese Leute machten sich einen Spaß daraus, andere zu ärgern und ihnen zu zeigen, wer die Herren der Landstraße waren. Irmi hatte schon oft rücksichtslose Fahrer erlebt. Lückenspringer, Überholer, Slalomfahrer, Bremser ..., das ganze Spektrum.

Aber dieser hier schien schon ein sehr hartnäckiger und abgebrühter Typ zu sein. Der Wagen hielt stur auf sie zu. Irmi wurde nervös.
Was sollte das denn?
Hatte der im Nebel die Spur verwechselt?
Aber so dicht war der Nebel nicht mehr. Man konnte die Straße leidlich erkennen. Auch die Alleebäume waren als Schatten gut zu erahnen. Sie schaute kurz auf ihren Tacho. Hundertzehn. Eigentlich keine zu hohe Geschwindigkeit für diese gerade Allee. Es gab hier keine Kurven, nichts, kein Hindernis oder sonst etwas ...
Im Bruchteil einer Sekunde begriff sie: dieser Wagen, der ihr da auf der rechten Spur entgegenkam, hatte es auf sie abgesehen. Er wollte sie abdrängen von der Straße!
Irmi reagierte instinktiv. Sie riss das Lenkrad herum und spürte im selben Moment wie das sonst so sichere und zuverlässige Fahrzeug sich wie ein störrisches Lebewesen aufführte. Ungeahnte Kräfte zogen an ihr. Sie sah plötzlich den Baum, der mit einer überirdischen Geschwindigkeit auf sie zuraste.
Bäume können doch gar nicht rasen!
Das war der letzte klare Gedanke, der ihr durch den Kopf schoss. Dann hörte sie nur noch ein ohrenbetäubendes Bersten und spürte einen gewaltigen Schmerz, der alles in ihr zu zermalmen schien. Plötzlich war es still.
Eine Minute später fuhr ein dunkler Daimler im Schritttempo an der Unfallstelle vorüber. Wahrscheinlich ein neugieriger Gaffer.

VI
Gernot Hülpenbecker

Die Meldung im Verkehrsfunk hatte Hülpenbecker etwas verstört. Er würde zu spät kommen. Das war ihm peinlich. Er kam stets pünktlich, egal ob beruflich oder privat. Pünktlichkeit war für Gernot Hülpenbecker eine Basistugend.
Weiträumige Umfahrung! Wie sollte man denn hier etwas weiträumig umfahren? So gut kannte er sich nun doch nicht auf den Straßen Brandenburgs aus, um spontan eine weiträumige Umfahrung der B 2 aus dem Ärmel zu schütteln.
Er äugte etwas angestrengt aus dem Fenster. Draußen nebelte es so vor sich hin, nur schemenhafte Schatten waren zu erkennen. Das konnte ja noch heiter werden!
Nervös nestelte Hülpenbecker an seinem Jackett herum. Irgendwo musste doch das blöde Handy stecken. Unbedingt sollte er beim alten Quappendorff Bescheid sagen, dass es etwas später werden könnte. Dabei hatten sie extra noch gestern telefoniert, ob er nicht etwas früher ... Der Baron wollte mit ihm noch ein paar grundsätzlich wichtige Dinge besprechen wegen der Kreditlinie und überhaupt, wie es mit der Stiftung finanziell so weitergehen sollte.
Hülpenbecker wusste um die Sorgen des alten Herrn. Bisher hatte sich dessen Neffe Lutger meist um die Finanzen gekümmert. Lutger war ein seelenloser Technokrat der neuen Schule. Der warf nur so mit Anglizismen um sich, faselte etwas von Break-Even-Points und schneller Kapitalverbrennung, telefonierte dauernd während der Gespräche mit ir-

gendwelchen Leuten und knallte ihm dann solche Sätze um die Ohren wie etwa »Think big!« oder »Future is now!«.
Die aufbereiteten Zahlen, die Lutger jedoch vorlegte, waren meist jedoch nur sehr stümperhaft zusammengetragen und eine Auswertung fehlte auch. Hülpenbecker musste jedes Mal die lose Blattsammlung noch einmal neu zusammenstellen und in ein brauchbares Tableau verwandeln. Als Stiftungsratsmitglied hatte er natürlich auch ein gewisses Interesse, dass dieses Projekt nicht zu einer lächerlichen Posse verkam. Und als Banker musste er das Ganze auch gegenüber seinen Mitarbeitern vertreten können. Speziell seine drei Stellvertreter, Müller, Schulze und Meier – ja, so hießen die nun mal - blickten immer sehr argwöhnisch auf alle seine Aktivitäten.
Und jetzt tuckerte er mit Tempo dreißig auf einer einspurigen Straße durch Dörfer, deren Namen er heute das erste Mal las: Rüdnitz, Danewitz, Melchow. Die Ortschaften gehörten nicht mehr zum Kreis Oberhavel, daher kannte er sie auch nicht.
Nach einer halben Stunde hatte er vollständig die Orientierung verloren. Er bewegte sich durch das tiefste Niemandsland inmitten des Barnim und wusste nicht so recht, wie nun weiter. Entnervt hielt er an einer kleinen Tankstelle.
Eine etwas mollige Dame hinterm Tresen des Verkaufspavillons half ihm dann: »Na hier sindse gaanz falsch! Da müssense wieda zurück, so wiese jekommen sinn... bis Danewitz… un daaa biegense ab nach Biesenthal. Dann findense aleene weita!«
Hülpenbecker tuckerte also wieder zurück. Es war inzwischen schon kurz vor Acht. Eigentlich wollte er jetzt schon auf Gut Lankenhorst sein. Er probierte es noch einmal per Telefon. Sein erster Anruf war auf dem Anrufbeantworter gelandet. Vielleicht war ja inzwischen der Baron erreichbar.
Hülpenbecker sah stets leicht bekümmert aus. Seine Physiognomie schwankte meist zwischen verstört und zerknirscht. Einen optimistischen Blick gab es von dem unscheinbaren Mann, der geschätzt Mitte Vierzig alt zu sein schien, eigentlich gar nicht. Wahrscheinlich waren der dauernde Umgang mit den Zahlen und der permanente Druck, noch mehr Zahlen zu produzieren, Schuld an diesem Zustand.

Dabei hatte sich Hülpenbecker nichts vorzuwerfen. Er hatte eine mustergültige Karriere durchlaufen. Als kleiner Angestellter der Kreissparkasse Oranienburg hatte er sich durch Fleiß und Akribie bis zum Filialleiter der jetzigen Märkischen Bank Oberhavel hochgearbeitet. Stets hatte er die Auflagen, die von der fernen Zentrale in Potsdam kamen, erfüllen können. Sein Ressort stand nicht schlecht da und auch sein Engagement für regionale Kunden wurde als absolut lobenswert erachtet. Dennoch hatte Hülpenbecker immer so ein Gefühl, als ob man ihn argwöhnisch beobachte und tunlichst auf einen Fehler warte, den er vielleicht gemacht haben könnte.
Vielleicht waren daran auch seine drei Stellvertreter Müller, Schulze und Meier Schuld. Sie waren eigentlich vollkommen nichtssagende Menschen, sahen alle drei gleich unsympathisch aus, begegneten ihm stets mit einer ausgesprochen unangenehmen Freundlichkeit und machten stets den Eindruck, wieselflink und superschlau zu sein. Obwohl sie alle mindestens zehn Jahre jünger als Hülpenbecker waren, erweckten sie den Anschein, als ob sie schon viel länger in der Bank tätig waren und über alle Vorgänge genauestens Bescheid zu wissen.
Hülpenbecker seufzte. Nein, immer noch war nur der Anrufbeantworter zu erreichen. Es war inzwischen schon kurz nach Acht und er hatte gerade das Ortseingangsschild von Biesenthal hinter sich gelassen. Erstaunlich viel Polizei und andere Blaulichtfahrzeuge waren unterwegs. Er erinnerte sich an den Grund für die weiträumige Umfahrung. Vollsperrung wegen eines Unfalls. Ja, natürlich, sonst müsste man ja schließlich auch nicht am Montagmorgen eine Fernverkehrsstraße sperren.
Er lavierte zwischen den vielen Fahrzeugen durch das Städtchen. Biesenthal war eine langgestreckte Siedlung. Viel Grün war zwischen den einzelnen Ortsteilen. Der eigentliche Ortskern mit dem schönen alten Fachwerkrathaus, der Kirche und dem winzig kleinen Marktplatz lag leicht abseits. Obwohl Biesenthal gerade mal fünftausend Einwohner hatte, gab es zwei große Kirchen. Eine barock anmutende Katholische Kirche und eine schlichte, typisch märkische Evangelische Kirche. Von weitem sah das Städtchen daher immer etwas imposanter aus, als es wirklich war.

Endlich war Hülpenbecker durch das mittlere Verkehrschaos hindurch. Biesenthal lag hinter ihm und nun waren es nur noch ein paar Kilometer bis Gut Lankenhorst. Erleichtert lehnte er sich zurück und gab Gas.
Die Quappendorffs waren für Hülpenbecker eine Art Ersatzfamilie. An einer eigenen Familiengründung hatte er nie so richtig gearbeitet. Die Frauen fanden ihn zwar immer recht zuverlässig und akkurat, aber das war es dann auch schon. Einmal hatte er sich so richtig verliebt. Noch zu Studentenzeiten war das passiert. Er war Student der Betriebswirtschaft, war im Lesesaal, um irgendwelche dicken Wälzer zu konspektieren.
Da saß sie ihm gegenüber, blätterte in einer bunten Illustrierten und schlürfte geräuschvoll Kakaomilch aus einer Tetrapaktüte. Das war Clara-Louise von Quappendorff. Spontan verliebte er sich in die Blondine. Aber er hatte nie den Mut, ihr seine Liebe zu gestehen. Jedes Mal, wenn er sie auf dem Campus sah, hatte er den Impuls, zu ihr hinzugehen und sie auf einen Kaffee einzuladen.
Doch die Angst vor einem Korb war zu groß. Tja, und dann war sie weg. Nach einem halben Jahr verschwand sie plötzlich von der Bildfläche der Uni. Später erfuhr er dann, dass sie in eine andere Stadt gezogen war. Sie hatte sich verlobt und schwanger sei sie auch.
Irgendwann viele Jahre später tauchte sie wieder auf. Aus der blonden Studentin war eine sehenswerte Frau geworden. Sie gehörte zu der Familie seines guten Kunden, Rochus von Quappendorff. Und als der ihn fragte, ob er nicht Lust habe, in seiner Stiftung mit tätig zu sein, musste Hülpenbecker nicht lange überlegen. Er freute sich jedes Mal, wenn der Stiftungsrat tagte und auch Clara-Louise auftauchte.
Seine geheime Leidenschaft für diese Frau verbarg er natürlich. Ihm wäre es furchtbar peinlich, würde diese stille Passion ruchbar.
Die Eichenallee kam in Sicht und Hülpenbecker bog mit seinem Wagen in die kleine Auffahrt ein. Er war da.

Die Weiße Frau

Gehüllt in weiße Witwentracht,
Im weißen Nonnenschleier,
So schreitet sie um Mitternacht
Durch Burg und Schlossgemäuer.

Christian Graf zu Stolberg-Stolberg
(Deutsch-dänischer Dichter der Romantik, 1748-1821)

Eines der ältesten und bekanntesten Gespenster im märkischen Raum ist wohl die »Weiße Frau«, eine Gestalt, die in wallende, weiße Tücher gehüllt, durch Wände ging, und den Lebenden so einen Schreck einjagte. Vor allem in den alten Schlössern soll sie gespukt haben. Manche Geisterseher gehen davon aus, dass sie bis heute dort noch anzutreffen sei, ja versteigern sich sogar in der Behauptung, die »Weißen Frauen« wären inzwischen ortsungebunden und würden sogar in den Städten und auf dem offenen Lande herum spuken.
Die ältesten Berichte über das Auftreten einer »Weißen Frau« gehen bis ins 15. Jahrhundert zurück. Später dann, im 17. Jahrhundert, wurde die »Weiße Frau« ein ausgesprochen populäres Gespenst.

Der damalige Zeitgeist der Gegenreformation machte aus dem Spuk ein Standesattribut. Keine Adelsfamilie kam ohne eine solche Erscheinung mehr aus, wenn sie wirklich zu den großen und alteingesessenen Häusern gehören wollte.
Am bekanntesten dürfte wohl die »Weiße Frau« der Hohenzollern sein. Früheste Aufzeichnungen haben Kunigunde von Orlamünde als Ursprung für den Spuk in den Hohenzollernschlössern ermittelt.
Dieses Burgfräulein soll ihren beiden Kinder aus erster Ehe erst die Augen ausgestochen und sie dann getötet haben, um so die ersehnte Gattin des damaligen Burggrafen Albrecht von Hohenzollern zu werden. Der verstieß die liebestolle Kunigunde jedoch, als er erfuhr, was sie getan hatte.
Später ward dann der Geist der schönen »Gießerin«, Anna Sydow, zu einer »Weißen Frau«. Die Sydow war die Maitresse des Kurfürsten Joachim II. Bereits 1598 wurde sie im Berliner Stadtschloss erstmals gesichtet. Später erschien sie regelmäßig, wenn ein Hohenzoller starb.
Sogar ein Gastspiel in Thüringen soll sie gegeben haben, als Prinz Louis-Ferdinand gegen die Franzosen bei Jena und Auerstedt in den Krieg zog und fiel. Die »Weiße Frau« war stets ein stummer Geist, der nicht polterte oder den anderen Lebenden etwas Böses antat.

Das ist die Sage: und will Gefahr
Die Hohenzollern umgarnen
Da wird lebendig ein alter Fluch,
Die weiße Frau im Schleiertuch
Zeigt sich, um zu warnen

Sie kommt dreimal, geht um dreimal
Zögernder immer und trüber
Die Wache ruft ihr Halt-Werda nicht mehr,
Sie weiß, den Gast schreckt kein Gewehr;
Der Schatten schreitet vorüber.

»Wangeline von Burgsdorf oder die Weiße Frau«
von Theodor Fontane

Oftmals geht auch in alten Klostergemäuern eine »Weiße Frau« um. Hierbei handelt es sich meist um den Geist einer unglücklich verliebten Nonne, die seufzend und weinend durch die verwaisten Gänge zieht.
Andere märkische Adelshäuser kannten ebenfalls solche »Weiße Frauen«. So die Knesebecks, die Uchtenhagens, die Marwitzens, die Sparrs und die Rochows. Häufig handelt es sich hier bei der »Weißen Frau«, die manchmal auch als »Graue Frau« oder sogar als »Schwarze Frau« auftritt, um den Geist einer weiblichen Urahnin des betreffenden Geschlechts.
Im Allgemeinen ist sie, sofern man ihr nicht zu nahe kommt, nicht böswillig oder gefährlich. Ihr Auftreten löst dennoch oft Furcht und Schrecken aus, da sich durch sie familiäre Katastrophen, insbesondere unerwartete Todesfälle von Familienmitgliedern ankündigen. Die Sagen über die »Weiße Frau« sind bis heute moderne Folklore geworden.

I

Gut Lankenhorst

Sonntagnacht, 22. Oktober 2006

Natürlich, es gab sie. Keine Frage. Gut Lankenhorst hatte sein Gespenst wie es sich für ein altehrwürdiges Gemäuer im märkischen Sand gehörte. Seit Jahrhunderten spukte sie schon hier nächtens durch die Zimmer und im Treppenhaus. Auch im Park wurde sie schon gesichtet.

Stets war ihr Erscheinen an ein bevorstehendes Unglück gekoppelt. So stolz die Herren von Lankenhorst auf ihre »Weiße Frau« auch waren, so bedrückt waren sie auch jedes Mal durch ihr Erscheinen.

Der alte Quappendorff hielt eigentlich nichts von übersinnlichen Dingen. Zu rational war seine Weltsicht. Aber er erinnerte sich noch oft an diese Nacht in seiner Kindheit, als ihm dieser Spuk das erste Mal erschienen war.

Es war in den letzten Kriegstagen des Jahres 1945. In der Ferne konnte man die Einschläge der Granaten hören und im Dorf waren immer mehr verängstigte Städter zu sehen, die es noch geschafft hatten, dem Hexenkessel zu entkommen. Was sie berichteten, klang erschreckend. Brennende Häuser, überall Tote, marodierende Soldaten und hungrige Flüchtlinge aus dem Osten des kollabierenden Reichs.

Die Familie der Quappendorffs war im Torhaus von Gut Lankenhorst versammelt. Jedenfalls diejenigen, die nicht irgendwo an den Fronten kämpften. Der kleine Rochus und sein Bruder Hektor verstanden damals nicht sehr viel von dem, was sich die Erwachsenen hinter vorgehaltener Hand erzählten. Ihre kleine Schwester lag noch in der Wiege und bekam eigentlich gar nichts mit von den Vorgängen dieses Frühjahrs. Meist spielten die Jungs mit anderen Dorfkindern im Park. Man versteckte sich, mimelte mit kleinen Münzen oder schoss mit dem Flitzebogen auf imaginäre Eindringlinge.

Aber die angespannte Stimmung übertrug sich auf die bisher so unbeschwerte Welt der Kinder. So richtig fröhlich konnten sie nicht mehr spielen. Der Untergang des Reichs war für die Familie eine persönliche Bedrohung. Sie sahen einer ungewissen Zukunft entgegen und wussten nicht so richtig, wie sie mit den neuen Machthabern umgehen sollten. In einer nasskalten Mainacht passierte es denn auch.

Am Tage war im Radio etwas von Kapitulation zu hören gewesen. Die Frauen waren vollkommen verstört und schüttelten nur die Köpfe. Keiner sagte etwas zu den Jungen. Rochus spürte, dass etwas passiert war. Er lag schlaflos in seinem Kinderbett. Der drei Jahre jüngere Hektor, der sein Bett direkt am Fenster hatte, schlief tief und fest. Diese Nacht war irgendwie anders als sonst. Unheimlich still. Sonst konnte er in der Ferne das Wummern der Kanonen und die Motorengeräusche schwerer Fahrzeuge vernehmen. Aber diese Nacht war still. Rochus stand auf. Er wollte in die Küche, da gab es meist etwas zu naschen oder wenigstens stand da immer ein Krug mit Milch. Seine Zunge klebte am Gaumen. Um in die Küche zu kommen, musste der Kleine die große Treppe hinab.
Er kannte den Weg in die Küche gut. Täglich rannte er diesen Weg bestimmt zehnmal hin und zurück. Die Familie nutzte die Küche als Speisezimmer. Das große Wohnzimmer wurde nur genutzt, wenn die Männer auf Heimaturlaub kamen.
Rochus spürte beim Hinabsteigen plötzlich einen Windhauch, der ihn frösteln ließ. Er hielt für einen Moment inne und dann sah er sie. Plötzlich stand sie vor ihm. Eine große, weißgekleidete Dame, die ihn durchdringend ansah.
Sie war einfach so da.
Rochus hatte keine Ahnung woher sie gekommen war. Trotzdem hatte er keine Angst vor ihr. Sie kam ihm seltsam vertraut vor, als ob er sie schon oft gesehen hatte. Die Dame in Weiß nickte ihm kurz zu und verschwand dann wieder so plötzlich, wie sie gekommen war.
Die Begegnung hatte den kleinen Rochus vollkommen verstört. Er schlich zurück in sein Zimmer und verkroch sich unter seiner Bettdecke.
Am nächsten Morgen erzählte er am Frühstückstisch von seiner unheimlichen Begegnung. Es wurde ganz still am Tisch. Die Erwachsenen sahen ihn bestürzt an. Seine Mutter lachte schrill auf, nur ganz kurz und auch nicht sehr lustig. Dieser kurze Lacher verstörte den kleinen Rochus noch mehr. Er schaute zu seiner Tante Amalie und zu seiner Cousine Henny, die bereits eine fünfzehnjährige junge Dame war. Auch diese beiden Frauen schauten ihn betreten an, so als ob er das beste Geschirr gerade auf den Boden geworfen hätte.
Nur die Großmutter seufzte kurz und schickte ihn in den Park zum Spielen. Abends dann erzählte sie ihm von der »Weißen Frau«.

Jedes Mal, wenn sie erschien, starb jemand im Hause. Deshalb war ihr Erscheinen stets ein Unglück für die Familie. Rochus fragte, ob jemand anderes die »Weiße Frau« auch schon mal gesehen habe. Die Großmutter schüttelte den Kopf. Der letzte, dem sie sich gezeigt hatte, war wohl sein Urgroßvater gewesen. Er habe sie durch den Park gehen sehen.
Einen Tag später war er tot.
Schlaganfall.
Das sagten die Ärzte jedenfalls. Er war ja auch schon weit über Siebzig. Aber alle in der Familie wussten es. Es war die Begegnung mit dieser unheimlichen Spukgestalt, die ihm die letzte Lebensenergie entzogen hatte.
Die Großmutter erzählte ihm und seinem kleinen Bruder Hektor, der inzwischen auch begierig der aufregenden Gutenachtgeschichte lauschte, wie es zu dem unheimlichen Spuk gekommen war.
Die Quappendorffs waren lange Jahrhunderte schon hier im märkischen Land beheimatet. In der wüsten Raubritterzeit ritten sie wohl mit den Putlitzens und den Quitzows und bereicherten sich auf unlautere Art und Weise. Der damalige Stammsitz in der Prignitz wurde von den Rittern des Reichsgrafen Friedrich von Hohenzollern überrannt und niedergebrannt.
Die Burgbewohner konnten sich in Sicherheit bringen. Nur die junge Regula, die älteste Tochter des damaligen Burgherren, Ritter Konradin, hatte es nicht mehr geschafft, aus dem brennenden Gebäude zu entkommen. Sie verbrannte bei lebendigem Leibe. Ihre Schreie sollen weithin zu hören gewesen sein. Sie verfluchte ihre Verwandtschaft, weil sie sie im Stich gelassen hatte. Als Konradin auf dem Sterbebett lag, erschien sie das erste Mal. Sie trat wie aus dem Nichts in ein weißes Gewand gekleidet an ihn heran, fasste seine Hand und im selben Moment verschied er. Seither soll sie wohl des Öfteren zu sehen gewesen sein.
Der kleine Rochus schlief nach dieser Erzählung seiner Großmutter tief und fest. Im Traum erschien ihm der Ritter Konradin in einer glänzenden Rüstung und die »Weiße Frau« Regula, die von einem hohen Turme herab ihm zuwinkte.
Auch sein Vater tauchte in diesem Traum auf, allerdings in der Uniform der deutschen Wehrmacht. Er war mit Konradin zusammen auf einem großen schwarzen Pferd unterwegs.

Am nächsten Morgen wollte er seiner Mutter von diesem Traum berichten, aber dazu kam er nicht mehr. Auf dem alten Küchensofa saß die Mutter und weinte. Tante Amalie und Cousine Henny saßen bei ihr und schauten ihn betrübt an.

Henny kam zu ihm, umarmte ihn ganz fest und flüsterte ihm ins Ohr, dass sein Papa nicht mehr wiederkommen würde und er jetzt ganz stark sein müsse.

Kurze Zeit nach dieser Hiobsbotschaft musste die Familie das Torhaus räumen. Soldaten in seltsamen Uniformen, die eine allen Bewohnern unverständliche Sprache sprachen und eigenartig nach starkem Tabak und Maschinenöl rochen, wohnten jetzt im Schloss. Abends machten sie Musik mit einer Ziehharmonika, seltsam schwermütige Lieder. Die Quappendorffs lauschten aus der Ferne diesen Gesängen. Provisorisch war die Familie in der alten Brennerei gleich neben den Scheunen untergebracht worden.

Nur kurze Zeit jedoch durften sie hier bleiben. Fremde Männer kamen und erzählten etwas von Junkerland, was jetzt in Bauernhand gehöre und von einer neuen Weltordnung.

Mit eilig zusammengeschnürten Kisten und Koffern floh die Familie Richtung Westen. Dort solle es besser sein. Da wären immerhin Amerikaner und Briten und Franzosen, die darauf achteten, dass den Leuten nicht alles weggenommen wurde. So sprach jedenfalls seine Großmutter und die musste es ja wissen. Sie hatte schon einmal einen Krieg erlebt und wusste Bescheid. Damit endete abrupt die Kindheit des jungen Rochus. Im fernen Rheinland angekommen musste sich die Familie anfangs mit Gelegenheitsarbeiten und wenig Geld durchschlagen.

Erst Mitte der fünfziger Jahre gab es eine staatliche Abfindung für den Verlust der alten Heimat. Das Gutshaus gehörte sowieso nicht mehr ihnen. Das hatte schon der Urgroßvater verkaufen müssen.

Aber die Quappendorffs besaßen ein Vorzugswohnrecht für das Torhaus, durften daher dort wohnen bleiben. Als es dann um die Bemessung der Vertriebenenrente ging, unterließ es Rochus' Mutter, diesen Umstand zu erwähnen. Eine Möglichkeit, die wirklichen Besitzverhältnisse von Gut Lankenhorst zu ermitteln, gab es ja inzwischen nicht mehr. Die Behörden des neugegründeten deutschen Staates im Ostteil Deutschlands waren nicht sehr kooperativ. Neben der Witwenrente gab

es also auch noch eine nicht zu knapp bemessene Vertriebenenrente und eine einmalige Ausgleichszahlung für den Verlust von Hab und Gut.
Dies ermöglichte der Familie von Quappendorff eine gutbürgerliche Existenz. Alle Kinder machten ihr Abitur und studierten. Rochus wurde Gymnasiallehrer, sein Bruder Hektor war Kommunalbeamter im höheren Dienst und die kleine Schwester Friederike-Charlotte, von allen nur Friedel genannt, studierte Chemie. Sie zog deshalb sogar wieder zurück in den Osten. Dort wurden Chemiker händeringend gesucht und man gewährte ihr neben einem kostenfreien Studienplatz auch gleich noch eine kleine Wohnung und die Aussicht auf Festanstellung in einem der großen Chemiebetriebe.
Eigentlich hatten die Quappendorffs die Ereignisse des letzten Jahrhunderts recht gut überstanden. Klar, es gab auch Verluste. Sein Vater und sein Onkel waren im Krieg geblieben. Tante Amalie war etwas wirr im Kopfe geworden. Das hing aber mit dem frühen Tod Hennys zusammen. Aber das war eine ganz andere Geschichte.
Immerhin, seine eigene Generation hatte es zu etwas gebracht, ohne dass der alte Adelstitel dafür herhalten musste. Das »von« im Namen ließen daher die Quappendorffs in der neuen Republik weg. Es passte nicht mehr in die Zeit.
Erst als nach der Wende plötzlich wieder die Möglichkeit auftauchte, die alten Güter im Brandenburgischen zu erwerben besannen sich die Geschwister wieder ihrer blaublütigen Herkunft. Insbesondere Hektor geriet bei der Aussicht auf ein altes Schloss mit Park und Ländereien ins Schwärmen. Er steckte mit seinem Enthusiasmus seine beiden Geschwister und die nachfolgende Generation an. Als Verwaltungsbeamter wusste er natürlich, wie und wo man seine Ansprüche geltend machen konnte.
Es war ein langwieriger und mühsamer Kampf. Die neugegründeten Behörden in den Neuen Bundesländern, so wurde dieses Stück Deutschland im offiziellen Sprachgebrauch genannt, erwiesen sich als ausgesprochen amateurhaft und unprofessionell.
Hektor ließ sich also kurzerhand in den Osten versetzen. Amtshilfe wurde das genannt. Viele Beamte aus den Altbundesländern nutzten diese Chance um ihrer Karriere noch einmal etwas Auftrieb zu verleihen.

Der »Fahrstuhl« war hier deutlich schneller und meist ging es auf eine »Etage«, die man so in den Altbundesländern nie erreicht hätte.
Hektor suchte sich also eine Wohnung in einem Dörfchen unweit des Gutes Lankenhorst, fügte wieder das »von« in seinen Namen ein und bewarb sich um den Posten des Landrates im Kreis Gransee, der bald im neuen Landkreis Oberhavel aufgehen sollte.
Tragisch war nur, dass Hektor, kurz nachdem er Landrat geworden war, an einem Herzinfarkt starb. Das Ganze war doch etwas zu viel für ihn gewesen. Er hinterließ eine gut zwanzig Jahre jüngere Witwe und einen kleinen Sohn. Die junge Witwe sah sich bald nach etwas Trost um und zog dann kurzerhand nach Mallorca. Dort hatte ihr Trost eine niedliche Finca in den Bergen und bot ihr ein Leben in Saus und Braus. Lutger, der kleine Sohn aus ihrer Ehe mit Hektor, kam auf ein Internat in der Schweiz.
Rochus, der damals noch als Studienrat an einem Gymnasium im Rheinland tätig war, hatte seinem Bruder Hektor auf dem Totenbett versprochen, sich um Lutger zu kümmern und die Lebensaufgabe der jetzigen Quappendorffs zu einem positiven Ende zu bringen. Seine eigenen Pläne konnte er ja dabei geschickt integrieren.
Die Quappendorffs waren jetzt alle wieder mit einem »von« im Namen ausgestattet und zogen in die Neuen Bundesländer. Anfangs wohnte Rochus, der inzwischen verwitwet war, noch in Biesenthal, unweit des Gutes, in einer Mietwohnung.
Seine beiden Töchter waren schon flügge, studierten in der weiten Welt und kamen nur noch zu den großen Feiertagen kurzzeitig auf Besuch.
Auch Lutger, der nach der Matura, dem Schweizer Abitur, eine Karriere beim Militär anstrebte, ließ sich häufiger blicken. Mit seiner Mutter hatte er sich gründlich verkracht. Lutger fühlte sich dem Namen verpflichtet und war oft bei Onkel Rochus zu Gast. Seine militärischen Ambitionen musste er schweren Herzens aufgeben. Das schwache Herz, wahrscheinlich ein Erbe seines zu früh verstorbenen Vaters, machte einen Strich durch die Rechnung. Lutger studierte Betriebswirtschaft und begann in einem renommierten Bankhaus eine Karriere als Controller.
All das ging dem alten Mann durch den Kopf, als er in seinem Bett lag und die Ereignisse dieser Herbstnacht noch einmal versuchte einzuordnen. Nicht das er abergläubisch war oder an sonstige metaphysische

Dinge glaubte, aber der Spuk in dieser Nacht war doch etwas zu viel des Guten gewesen. Entweder versuchte hier jemand, ihn vollkommen zu verunsichern und aus dieser Verunsicherung heraus Kapital zu schlagen oder es erlaubte sich jemand einen geschmacklosen Scherz.
Beide Varianten waren gleichwohl unangenehm. Mit letzterem jedoch könnte er sich jedenfalls noch eher arrangieren. In Gedanken ging er noch einmal die Personen seines Umfelds durch, die dafür in Frage kämen. Aber keinem war so etwas zuzutrauen.

II
Gut Lankenhorst
Montagmorgen, 23. Oktober 2006

Der neue Tag schien sich zu verspäten. Dichter Nebel machte sich überall breit. Die Bäume im Park waren nur als dunkle Schemen erkennbar. Ein milchig trübes Licht kämpfte sich durch die letzten Dunkelzonen der Nacht.

Am Fenster des rechten Seitenflügels stand der alte Baron und schaute in das große Nichts. Dieses Wetter hier in der Mark Brandenburg machte ihm doch merklich mehr zu schaffen, als er sich eingestehen wollte. Den größten Teil seines Lebens hatte er im freundlichen und vom Klima begünstigten Rheinland mit seinen sanften Hügeln und Weinbergen verbracht. Oft waren dort die Winter ausgefallen und der Herbst war nur ein milder Sommerausklang. Man konnte lange draußen bleiben, die Nächte waren sanft. Doch hier war alles etwas rauer.

Er lebte jetzt schon mehrere Jahre in der Mark. Anfangs hatte er gedacht, dass er sich an das kühlere Klima und die sonnenarmen Tage gewöhnen könnte, aber es fiel ihm zunehmend schwerer, sich mit dem immerwährenden Nebel, dem Regen und den wilden Windböen zu arrangieren. Aus seiner Kindheit hatte er nur sonnige Sommertage in seinem Gedächtnis gespeichert. Die trüben Wintertage und endlosen Herbststürme hatte er ausgeblendet.

Aber es gab sie. Sie waren präsent und sie wirkten natürlich aufs Gemüt, auch wenn er es sich nicht eingestehen wollte.

Eigentlich war der Baron ein Optimist, ein Idealist oder auch ein positiver Träumer, der seine Träume auch in praxi umgesetzt hatte. Aber die Wiederbelebung von Gut Lankenhorst und die Betreuung all der vielen Projekte, die damit zusammenhingen, kostete ihn mehr Kraft als er je zu ahnen gewagt hätte. Sein Optimismus war inzwischen ausgehöhlt. Zur Schau stellte er immer noch seine Zuversicht, dass alles gut werde. Tief im Innern wusste er jedoch, dass es noch viele Jahre brauchte, um dieses Großprojekt endlich zum Laufen zu bringen. Und ob er selbst es noch sein würde, der die Früchte seines Handelns einfahren könnte, war ungewiss.

Ein Windhauch traf ihn plötzlich. Ihn fröstelte. Er musste an seine beiden Töchter denken, die er heute wieder sehen würde. Sonst freute er sich immer auf diesen Augenblick, aber heute hatte er ein bedrückendes Gefühl. Als ob etwas nicht stimmen würde. Die Ereignisse der letzten Nacht kamen wieder in sein Bewusstsein und er dachte an seinen nächtlichen Spaziergang durch den Park.

Ihm fiel die unheimliche Begegnung mit dem weißen Schatten wieder ein und auch die grausame Entdeckung der toten Vögel direkt vor der großen Treppe. Ein Gefühl des Ausgeliefertseins an unheimliche Mächte konnte er nicht mehr verdrängen.

Wie ein Wink aus dem Jenseits standen die unheimlichen Spukbilder seiner Kindheit vor ihm. Er schüttelte kurz den Kopf, zog seine Strickjacke zusammen und wandte sich ab. Zwiebel kam in zwanzig Minuten zum Dienst. Er würde mit ihm über diese grässlichen Vogelkadaver sprechen müssen. Noch mehr Kopfzerbrechen bereitete ihm jedoch im Moment das heutige Treffen des Stiftungsrats.

Bevor er den gesamten Stiftungsrat treffen würde, hatte er noch vor, mit seinem Vertrauten Hülpenbecker über die Finanzierung seiner Projekte in den nächsten Monaten zu sprechen. Die Kreditlinie, die ihm Hülpenbeckers Bankhaus so großzügig gewährt hatte, war ausgereizt. Die Konten waren allesamt am Rande des gewährten Dispokredits und verharrten da seit ein paar Monaten auch hartnäckig. Hülpenbecker hatte bereits telefonisch angedeutet, dass man eine Lösung finden müsse um weiterhin liquide zu bleiben. Dabei hatte er etwas von EU-Geldern erwähnt und auch irgendwelche Bundeshilfen in Aussicht gestellt.

Der Baron überließ solche Sachen gern seinem Neffen Lutger. Der hatte beruflich mit so etwas sowieso zu tun, kannte die entsprechenden Gesetze und wusste, wo es was zu beantragen galt. Lutger hatte da eine gewisse Professionalität im Umgang mit den Beamten, die ihm vollkommen fehlte. Er kam sich stets wie ein armer Bittsteller vor, dem es peinlich war, Fördergelder in Anspruch nehmen zu müssen. Hülpenbecker beruhigte ihn da zwar immer. Keine moderne Investition in solch strukturschwachen Gegenden käme heutzutage ohne entsprechende Förderung seitens des Landes, des Bundes oder der EU mehr aus. Und was er da mache, nun ja, es wäre ja zum Wohle der Allgemeinheit und nicht zu seiner privaten Bereicherung. Also brauchte er auch keine Gewissensbisse zu haben, wenn er solche Fördertöpfe anzapfe.

Hülpenbeckers Einfallsreichtum und finanzielles Geschick hatte bisher stets die Stiftung vor dem finanziellen Aus bewahrt. Die ursprünglich gedachte Geschäftsgrundlage für Gut Lankenhorst hatte sich bisher so nicht realisieren lassen. Auf dem Papier hatte er damals vor vier Jahren mit Hülpenbecker und seinen beiden Töchtern einen kühnen Plan entwickelt.

Gut Lankenhorst sollte schon nach kurzer Zeit so viele Gelder erwirtschaften, dass damit die laufenden Kredite bedient werden könnten und auch die eigenen laufenden Kosten gedeckt wären. Allerdings erwies sich dieser Plan in der Realität doch nicht als so einfach. Zumal die laufenden Kosten sich deutlich höher beliefen als geplant und zum anderen die Erträge aus dem neugegründeten Hofladen und den Veranstaltungen doch deutlich geringer ausgefallen waren als erwartet.

Sein größtes Projekt, das Wiederbeleben der hofeigenen Destillerie, war bisher aus dem Versuchsstadium noch nicht herausgekommen, hatte aber schon sehr viel Geld gekostet. Hinter dem alten Verwaltungsgebäude waren immer noch die vielen alten Obstgehölze, die er schon seit seiner Kindheit kannte. Zusammen mit Zwiebel hatte er die Bäume zurückgeschnitten, verwilderte Hölzer mit ertragreichen Sorten veredelt und inzwischen auch erste, respektable Ernten eingebracht. Davon verstand er etwas. Das hatte er schon viele Jahre in seinem großen Garten im Rheinland praktiziert.

Das Verarbeiten der Äpfel, Birnen und Zwetschgen erwies sich jedoch als ausgesprochen schwierig. Destillieren wollte gelernt sein. Der alte

Baron hatte extra einen Kurs bei der Handwerkskammer belegt. Doch das frisch erworbene Wissen war leider nicht so recht tauglich, um ein wirklich hochwertiges Edeltröpfchen zu erzeugen. Anstelle von guten Obstbränden hatte er bisher nur Apfelessig und leidlich gut schmeckende Konfitüren erzeugt.
Die Erträge hierfür blieben natürlich weit hinter den zu erwartenden Umsätzen aus dem Vertrieb edler Brände zurück. In seinem Versuchskeller lagerten inzwischen einige hundert Flaschen missglückter Obstwässer, die eigentlich nur noch zu Anschauungszwecken verwendbar waren. Entweder war kein wirklich gutes Obstaroma zu spüren, so dass der Brand nur wie blanker Sprit im Hals kratzte oder ein unangenehm modriger Beigeschmack machte das Wässerchen völlig ungenießbar.
Der Baron wurde plötzlich aus seinen Überlegungen gerissen. In der Ferne hörte er das langgezogene Tatütata eines Polizeiwagens. Ein Blaulicht schien er auf der Straße durch den Nebel zu erkennen. Dann war wieder Ruhe.
Momente später sah er zwei Autos vorn am Eingangstor parken. Er konnte aus der Entfernung nicht erkennen, um was für Marken es sich handelte. Auf der Eichenallee näherten sich fünf Personen dem Gutshaus. Sie waren ihm allesamt unbekannt. Auch zwei Uniformträger schienen dabei zu sein. Etwas beunruhigt schritt der alte Herr die Treppe hinab um seine morgendlichen Besucher zu empfangen.
Die fünf waren inzwischen im Gutshaus eingetroffen. Sie blickten etwas irritiert auf den Baron, der da korrekt gekleidet vorsichtig die Treppe herab kam. Einer der beiden Uniformierten, Quappendorff hatte ihn schon des Öfteren in der Gegend gesehen und auch schon ein paar Höflichkeitsfloskeln ausgetauscht, trat auf ihn zu, räusperte sich kurz und baute sich vor ihm mit wichtiger Miene auf.
»Herr von Quappendorff?«
»Jaaa, das bin ich. Guten Morgen, die Herrschaften.«
»Guten Morgen ..., ja. Also ..., um es kurz zu machen. Heute früh ereignete sich ein schwerer Verkehrsunfall hinter Biesenthal. Ihre Tochter, Frau Irmingard Hopf von Quappendorff, war leider darin verwickelt. Noch am Unfallort ist sie ihren schweren Verletzungen erlegen ... Also, ja, unser Beileid hiermit ... Mein Gott, ich bin nicht so ein guter Redner,

um solche schlimmen Nachrichten ... Ächm, hmm, bitte haben Sie Verständnis.«
Der alte Mann sackte einen kurzen Moment zusammen als ob ihn ein Schlag unerwartet und heftig im Genick getroffen hätte. Dann fasste er sich wieder, straffte seine Körperhaltung, holte mehrfach tief Luft, schaute den Polizisten mit einem sonderbaren Blick direkt in die Augen und fragte dann mit schwacher, tonloser Stimme: »Musste sie noch leiden? Oder war sie gleich ...?«
Jetzt trat die zweite uniformierte Person, eine junge Frau Ende Zwanzig, heran und schilderte kurz, was sie vorgefunden hatten am Unfallort. Der Baron schien innerhalb von Minuten um Jahre zu altern. Seine Lebensenergie war auf ein Minimum gesunken. Mühsam nur hielt er sich noch auf den Beinen. »Kann ich Sie kurz allein lassen? Ich möchte mich ...«
Er kam nicht weiter. Mitten im Satz versagten seine Kräfte und er brach zusammen. Die drei Herren in Zivil eilten herbei. Einer war Arzt.
»Schnell, dort auf das Sofa mit ihm. Hat wohl ein schwaches Herz ... Rufen Sie bitte jemanden aus dem Haus. Wir sollten seinen Hausarzt konsultieren.«
Mit geübtem Griff lockerte er den Hemdkragen des alten Mannes, holte eine Injektionsspritze aus seinem Köfferchen, fühlte den Puls und hörte auch die Herzfrequenz ab.
»Er steht unter Schock.«
Ein spitzer Schrei ließ die fünf Personen zeitgleich aufschauen. Auf der Treppe stand wachsbleich eine mittelgroße, brünette Frau, die man in Modekreisen als vollschlank bezeichnen würde. Ihre Augen waren weit aufgerissen und blickten angstvoll auf den zu Boden gegangenen alten Herrn. »Papa!«, rief sie, »Papa, was ist mit dir?«
Ein riesiger Hund tapste die Treppe neben ihr herunter, lief schwanzwedelnd zu seinem Herrchen und schleckte mit seiner großen Zunge dessen Gesicht ab. Mit einem Stöhnen schien der alte Baron sich wieder im Leben zu melden. Er schlug die Augen auf, sah die besorgten Gesichter und auch das vor Schrecken kreideweiße Gesicht seiner Tochter Clara-Louise. Mit schwacher Hand schob er den großen Hund etwas beiseite: »Is ja gut, is ja gut ... Klärchen, es ist was Schreckliches ..., also, Irmchen, die ist ..., ein Unfall ..., ach Gott!«

Er rang sichtlich nach Worten, um diese schlimme Nachricht irgendwie auch für sich selbst begreifbar zu machen. »Kann ich einen Schluck Wasser ...?«
Die junge Polizistin nickte und rannte los. Clara-Louise rief ihr hinterher: »Den Gang bis nach hinten, dann rechts, da ist die Küche.«

III
Gut Lankenhorst
Montag, 23. Oktober 2006

Das Gutshaus hatte sich mit Menschen gefüllt. Kurz hintereinander trafen die Autos von Lutger von Quappendorff, dem Bankier Hülpenbecker und von Wolfgang Hopf auf dem großen Hof vor dem alten Prachtbau ein. Auch die Bewohner des Hauses waren inzwischen alle wach und rannten scheinbar ziellos herum.
Der unscheinbare Rolfbert Leuchtenbein hatte sich an die vollkommen aufgescheuchte Gunhild Praskowiak gehängt und folgte ihr auf Schritt und Tritt. Die Todesnachricht hatte sich in Blitzesschnelle herumgesprochen und eine allgemeine Bestürzung hervorgerufen.
Leuchtenbein redete leise ohne Unterbrechung auf Gunhild Praskowiak ein. Die stand bloß da und nickte fortdauernd. Hülpenbecker trat auf die beiden zu und hüstelte höflich. So richtig konnte er mit der Situation auch nicht umgehen. In dem großen Sessel am Fenster saß Lutger von Quappendorff und stierte in den Park hinaus. Die vollkommen aufgelöste Clara-Louise saß am Tisch und weinte leise vor sich hin. Hopf kümmerte sich um seinen Schwiegervater, der inzwischen wieder bei Kräften war und vollkommen apathisch das Glas Wasser in seinen Händen hielt.
Die unheimliche Spukerscheinung hatte ihre Entsprechung in der Realwelt gefunden. Als ob der alte Mann durch die ominösen Vorgänge der vergangenen Nacht schon auf diese traurige Nachricht eingestimmt werden sollte.
Er wiegte den Kopf. Mit wem sollte er sich über diese Dinge unterhalten? Man würde ihn nicht mehr ernst nehmen oder sogar milde belächeln. Der Baron begann zu grübeln.
Was ging da vor sich?

Hatte der Tod Irmis etwas mit den toten Vögeln zu tun?
Wieso kam auf einmal die Weiße Frau zurück?
Was hatte das alles mit seinem Projekt zu tun?
Etwas ratlos wandte er sich seinem Hund Brutus zu. Der schaute mit seinen großen braunen Knöpfchenaugen auf sein Herrchen. »Ach, Brutus. Jetzt müssen wir mal schauen, wie wir hier durch kommen.«
Verständnisvoll wedelte der große Vierbeiner mit seinem buschigen Schwanz. Er spürte, dass sein Herrchen etwas mehr an Zuwendung brauchte.

Unverhoffte Entwicklungen

Etwas Wissenswertes über Kraniche

Der erste lateinische Name der Kraniche lautete »Ardea Grus«. Carl von Linné hatte ihnen diesen Namen zugeteilt. Der ließ sich dabei wohl von dem lateinischen Wort »Grus« inspirieren, das wohl eine Verkürzung des altgriechischen »Geranos« ist. Die alten Hellenen hatten für ihre Theateraufführungen solche »Geranoi« als Hebevorrichtungen für Kulissen konstruiert. Mit ihren langen Hälsen waren sie den großen Federtieren nicht ganz unähnlich.

Der spanische Gelehrte Isidor von Sevilla schlug vor, den Wortstamm auf das lateinische Verb »congruere«, das »übereinstimmen« heißt, zurückzuführen. In den romanischen Sprachen wird der Kranich dementsprechend auch als »Grulla« (spanisch), »Gru« (italienisch) und als »Grue« (französisch) bezeichnet. Der deutsche Name wird aus dem altgermanischen »Kranch« abgeleitet. Hier steckt auch wieder das schöne Wort »Kran« mit darin. Im Englischen ist das Wort für den großen Vogel ähnlich:»Crane«. Jeder kennt die großen rotschimmernden Moosbeeren, die im angloamerikanischen Sprachraum als »Cranberries« bekannt sind. Sie gehören zu der Lieblingsnahrung der Kraniche. In der neueren Ornithologie hat sich übrigens die Bezeichnung »Grus Grus« für den bei uns heimischen Graukranich durchgesetzt.

I
Potsdam
Montag, 23. Oktober 2006

Linthdorfs Wochenbeginn war stets eine Qual. Speziell nach einem langen Wochenende fiel es dem großen Mann besonders schwer, sich früh um sechs aus dem Bett zu quälen, das Bad zu suchen und den Tag in eine geordnete Struktur zu zwingen. Meist musste er in solchen Momenten an einen amerikanischen Film denken, der vor knapp zwanzig Jahren in den Kinos lief. Ein Reporter erlebte darin immer wieder ein und denselben Tag. In Erinnerung an diese lustige Filmkomödie nannte Linthdorf solche Tage wie diesen ebenfalls Murmeltiertag.
Also, dieser Montag begann auf alle Fälle wie einer dieser berüchtigten Murmeltiertage.
Die Fahrt nach Potsdam in der S-Bahn war auch wieder so ein typischer Horrortrip. Mit großer Verwunderung stellte Linthdorf fest, dass ihn die Menschenmassen, die früh und abends in den öffentlichen Nahverkehrsmitteln unterwegs waren, nervten. Nie hatte er bisher ein Problem mit seinen Mitmenschen gehabt. Er kannte keinerlei Berührungsängste und galt auch nicht als schüchtern. Aber diese aggressive Lust der Leute am Drängeln und Schieben, so als ob sie zu kurz kämen bei den großen Kämpfen des Alltags, trat besonders zu den Stoßzeiten offen zu Tage.
Linthdorf beobachtete diese Entwicklung nun schon seit geraumer Zeit mit wachsendem Unmut. Höflichkeit oder wenigstens etwas Zurückhaltung waren schon lange nicht mehr maßgeblich beim Kampf um die freien Plätze. Rücksichtsloser Einsatz von Ellenbogen und anderen Körperteilen hingegen war zur Regel geworden.
Eigentlich brachte den Kommissar nicht aus der Ruhe. Er war immerhin stattliche 204 Zentimeter groß und auch sonst kein Strich in der Natur. Aber was da so in Schulterhöhe um ihn herum wimmelte, ließ ein ungutes Gefühl von körperlicher Ohnmacht in ihm aufsteigen. Man wurde automatisch mitgerissen von einem aufgescheuchten Wespenschwarm, begann sich plötzlich selbst wie eine Wespe, in Linthdorfs Fall, eher wie eine Hornisse, zu fühlen und verteilte ab und an ebenfalls nun kleine Ellenbogenkicks oder setzte seine Füße aktiv bei der Raumgewinnung mit ein.

Etwas zerknautscht erreichte Linthdorf auch an diesem Montag sein Ziel. Die Skyline von Potsdam war an diesem nebligen Oktobermorgen nur zu erahnen. Die runde Kuppel der Nikolaikirche schimmerte inmitten der vielen Quader der zahlreichen Plattenbautürme. Die Wasserflächen der Havelseen lagen versteckt unter einer dicken Nebelschicht. Erstaunlich war, dass viele Bäume noch ihr Blätterkleid hatten.
Im Flur wurde er schon von seinem Chef begrüßt. Dr. Nägelein, ein etwas missmutig schauender Bürokrat, war in Begleitung eines ebenfalls recht missmutig dreinschauenden Schlipsträgers an ihn herangetreten. Beide waren knapp zwei Köpfe kleiner als Linthdorf, der mit seinem schwarzen Mantel und dem schwarzen Borsalino-Hut noch gewaltiger aussah als sonst.
Linthdorf grüßte freundlich, schaute höflich auf die beiden Herren herab, die mit ihrer sauertöpfischen Mimik zur richtigen Stimmung an diesem Tag beitrugen. Umständlich stellte Nägelein seinen Begleiter vor: »Ja, also, Herr Linthdorf, Herr Dr. Knipphase. Also, Herr Dr. Knipphase vom BKA wird die neue Einsatzgruppe koordinieren, also bundesweit. Sie werden sich ja jetzt ...«
Er schaute etwas nervös auf seine dezent glänzende Armbanduhr, ein sündhaft teures Liebhaberstück aus dem Hause »Glashütte«, für das Linthdorf gut und gerne ein ganzes Jahresgehalt hätte ausgeben müssen. Linthdorf hatte das unbestimmte Gefühl, dass hier sein Chef den BKA-Mann irgendwie beeindrucken wollte. Eigentlich waren auf den Gängen und Fluren des LKA überall große Funkuhren installiert, die von allen Winkeln aus gut zu sehen waren. Er selber trug deshalb auch nur sehr selten eine Uhr. Das Armband fühlte sich für ihn wie eine Art Fessel an, die er nur ungern spüren wollte. Es war eine Zeitfessel, die ihn stets gemahnte, pünktlich zu sein und damit eine wesentliche Quelle für Stress. Linthdorf hatte diese Zeitfessel daher, so oft es ihm möglich war, abgelegt. In seinem Schreibtisch lag eine Armbanduhr, in seinem Wagen ebenfalls, und zu Hause auf dem großen alten Radio lag noch eine. Allesamt Weihnachtsgeschenke von seinen Söhnen, die immer wieder bemerkten, dass er fast nie mit Uhr unterwegs war.
Er nickte flüchtig zu den Ausführungen Nägeleins und war froh, diese Begegnung auf das Notwendigste beschränkt zu haben. Er eilte schnell durch die Gänge in Richtung seines Büros um Mantel und Hut abzule-

gen und ein paar Unterlagen zu schnappen, mit denen er im großen Konferenzsaal seinen Platz etwas dekorieren konnte.
Es machte immer einen guten Eindruck, wenn man nicht an einem blanken Tisch saß, sondern etwas vor sich aufgebaut hatte. Linthdorf hatte durch lange Jahre Polizeidienst diese Erfahrung gemacht und damit stets wohlwollende Blicke auf sich gezogen. Meist verzierte er diverse Blätter mit kleinen Zeichnungen. Spiralen, die manchmal zu Schneckenhäusern wurden oder auch futuristische Raumschiffe, die durch die unendlichen Weiten des Alls düsten.
Er lächelte jedes Mal, wenn ihn die Kollegen fragten, was er da immer so mitschrieb. Die Vorträge waren doch meist vollkommen langweilig. Zumal man in einer sorgfältig zusammengestellten Mappe den Inhalt des Vortrags in kopierten Blättern noch einmal ausgehändigt bekam.
Die heutige Sitzung schien allerdings wenig Zeit für solche kleinen Fingerübungen zu lassen. Linthdorf ahnte, dass es komplizierte Fragen zu klären gab und eine Menge unangenehmer Arbeiten auf ihn zukommen würden. Der einzige Trost war, dass Louise Elverdink mit ihm zusammen arbeiten sollte.
Im Sitzungssaal A II waren bereits fast alle Plätze besetzt. Linthdorf sah einige vertraute Gesichter, aber größtenteils waren ihm die Leute unbekannt. Am anderen Ende der U-förmig angeordneten Tische sah er auch Louise Elverdink. Sie sah noch genauso aus, wie im Frühjahr. Das dunkle Haar straff zurückgekämmt und von einem Haarband zusammengehalten, die dunkel geränderte Brille korrekt auf der Nase sitzend, grüßte sie ihn mit einem flüchtigen Lächeln.
Linthdorf nahm auf einem der wenigen, freien Stühle Platz. Kurz nach ihm traf auch der missmutig blickende Dr. Knipphase zusammen mit seinem Chef ein. Beide setzten sich auf die beiden Plätze an der Stirnseite. Umständlich begrüßte Dr. Nägelein alle Anwesenden, stellte dann jeden einzeln kurz vor. Linthdorf stellte fest, dass die meisten Mitarbeiter der Steuerfahndungsbehörde waren und eigentlich dem Finanzministerium unterstanden. Ein paar Computerspezialisten waren auch dabei, die sahen etwas verwahrlost aus und schauten eher gelangweilt in die Runde. Aber immerhin, auch sechs Polizisten waren hier versammelt. Nägelein übergab jetzt das Wort an seinen Nachbarn Knipphase. Der

begann mit monotoner Stimme kurz das Anliegen seiner Behörde an diese so eigentümlich besetzte Runde nahe zu bringen.
Natürlich es ging um Geld, viel Geld. Geld, das dem Staat zustand und nicht vorhanden war. Jedenfalls nicht offiziell. Mit ernstem Gesicht warf er mit Zahlen um sich, die Linthdorf nur als eine abstrakte Anhäufung von Nullen erschienen.
Es ging um Millionen und Milliarden, sogar von Billionen war die Rede. Linthdorf versuchte im Kopf sich eine Billion vorzustellen. Eine Zahl mit zwölf Nullen, übersichtlich angeordnet in Dreiergruppen. Jede Dreiergruppe war ein Multiplikator mit Tausend. Also Tausend Milliarden waren eine Billion. Schon die Zahl Milliarde war schwer begreifbar. Sie hatte nur neun Nullen. Das waren Tausend Millionen.
Er begann nachzurechnen, wie viele Jahre er arbeiten müsste, um diese Zahl zu verdienen. Er kam auf schwindelerregende 25000 Jahre! Das war jenseits dessen, was man durch seriöse Arbeit verdienen konnte. Wie haben es einzelne Menschen nur geschafft, soviel Geld heimlich am Fiskus vorbeizubringen? Ja, wie haben sie es überhaupt geschafft, in den Besitz solcher immensen Reichtümer zu gelangen? Und nun sollte er solche Raffkes jagen!
Wie kam man diesen Leuten auf die Spur? Zog sich die Spur des Geldes wie ein roter Faden durch ihr Leben? Wahrscheinlich waren da diese Computermenschen gefragt. Die konnten mit ihren unheimlichen Fähigkeiten diese Spuren ausfindig machen im Labyrinth der unsichtbaren Zahlen, versteckte Kontenbewegungen herausfinden und die Wege des Geldes nachvollziehen.
Knipphase berichtete inzwischen etwas über kriminelle Machenschaften von Firmen, die nur als Papiertiger fungierten, also überhaupt keinerlei nennenswerte Wirtschaftsaktivitäten vorweisen konnten, dafür aber einen Geldverkehr hatten wie ein mittleres Bankhaus. Meist waren es sogenannte Investmentgesellschaften, die als Projektentwickler agierten. Oftmals zapften solche Firmen öffentliche Geldtöpfe an, die in der Hoffnung, Investitionen in strukturschwachen Regionen zu tätigen, meist sehr bereitwillig große Summen diesen Papiertigern zur Verfügung stellten.
Natürlich war dieses Geld schnell verschwunden. Die Firmen meistens auch. Speziell solche kriminellen Vereinigungen waren ins Fadenkreuz

der Bundesbehörde gerückt. Der Zwang zum Einsparen hatte in den oberen Etagen zu unkonventionellen Denkansätzen geführt. Von interdisziplinärer Zusammenarbeit war da jetzt die Rede und von schnellen und kurzen Informationswegen. Ein bundesweit agierendes Netz von diversen Behörden wurde installiert und auch das LKA in Potsdam war mit eingebunden.

Besonders hier in Brandenburg, das als strukturschwach und damit anfällig für die Attacken solcher kriminellen Firmen galt, gab es Anzeichen für diese Art von Wirtschaftskriminalität. Meist agierten diese Leute hart am Rande der Legalität und waren mit herkömmlichen Mitteln kaum zu fassen.

Daher sollten professionelle Ermittler die Arbeit der Steuerfahnder und Computerspezialisten ergänzen. Knipphase knallte eine dicke Mappe auf den Tisch.

»Meine Damen und Herren! Hier drin befindet sich Arbeit für die nächsten Monate. Es ist eine Zusammenstellung von Firmen und Gesellschaften, die möglicherweise in unser Schema passen und neben Steuerhinterziehung auch Kreditbetrug und Veruntreuung öffentlicher Gelder auf dem Kerbholz haben. Wir werden daher mit Hochdruck an der Aufklärung solcher Delikte arbeiten. Was wir Ihnen hierbei an Unterstützung geben können, wird auch gemacht. Wir werden Sie so viel wie nur möglich dabei aktiv unterstützen, diese Machenschaften einzudämmen und die Täter dingfest zu machen. Scheuen sie sich nicht, selbst bei großen Namen investigativ tätig zu werden. Damit viel Erfolg bei den Ermittlungen.«

Alle Teilnehmer der Runde nickten nur. Ein Mitarbeiter verteilte Mappen mit Kopien der Listen, die Knipphase so theatralisch auf den Tisch geknallt hatte. Die Computerleute fingen an, nervös auf ihren mitgebrachten Notebooks herum zu hämmern. Die Steuerfahnder blätterten mit ernstem Blick die Listen durch, zogen ab und zu eine Augenbraue nach oben. Sie hatten den typischen Insiderblick.

Die sechs LKA-Leute saßen erst einmal still da und ließen das Gesagte auf sich wirken. Linthdorf hatte auf dem karierten A 4-Block Zahlen mit vielen Nullen aufgeschrieben. Er begann sich mit der neuen Materie vorsichtig anzufreunden.

Nägelein löste die Versammlung auf. Am Kaffeeautomaten traf Linthdorf auf Louise Elverdink. Sie begrüßte ihn wie einen alten Bekannten: »Herr Linthdorf, wie schön Sie wieder zu sehen! Möchten Sie auch einen Kaffee?«

Linthdorf nickte. »Ja, ebenfalls. Wie kommt es, dass Sie hier zu finden sind? Eigentlich leiten Sie doch die Mordkommission in Brandenburg/Havel?«

»Das ist eine komplizierte Geschichte. Aber diesen Job habe ich meinem Chef, dem alten Haberer zu verdanken. Der ist nämlich der Meinung, dass ich etwas für meine Weiterbildung machen soll und Erfahrungen bei solch strategisch koordinierten Einsätzen sammeln müsste. Er denkt dabei an seine baldige Pensionierung, die wahrscheinlich im nächsten Jahr ansteht.«

»Oh. Ja, dann ... Gratulation zu dieser Aussicht. Jaaa, also, ich sehe der ganzen Angelegenheit mit recht gemischten Gefühlen entgegen. So richtig sehe ich die Erfolgschancen dieses Vorhabens nicht.

Wieso konnten bisher solche Summen überhaupt angehäuft und am Fiskus vorbei geschmuggelt werden?

Was haben die Steuerfuzzis denn bisher gemacht?

Und inwieweit diese unsympathischen Computerfreaks da etwas machen können, na ja. Ich traue dem Ganzen nicht so recht.

Wir können doch nur jemanden dingfest machen, dem man lupenrein eine kriminelle Machenschaft nachweisen kann.

Das stelle ich mir hier sehr schwierig vor. Der Dr. Knipphase macht ja einen recht optimistischen Eindruck. Aber das ist wahrscheinlich auch sein Job. Konkret mit den Ermittlungen wird der sich ja nicht herumschlagen müssen.«

»Ach, Herr Linthdorf, seien Sie doch nicht so ein Pessimist. Wer weiß, vielleicht können wir ja auch mal nen dicken Fisch ins Netz bekommen. Berlin ist gleich nebenan. Ich weiß von den dortigen Kollegen, dass sie schon einige echt kapitale Fänge gemacht haben.«

Linthdorf schlürfte geräuschvoll seinen Kaffee. Knipphase war inzwischen an ihn herangetreten.

»Sie werden also die neugeschaffene SoKo leiten. Ihr Chef hat mir schon sehr viel Löbliches über Sie erzählt. Sie kennen ja das Land wie kein Zweiter ...«

»Nun, das ist vielleicht etwas übertrieben. Aber natürlich werde ich mein regional spezifisches Wissen mit einbringen. Wir sind da recht flexibel und haben auch ein gut funktionierendes Netz an Informanten. Mal sehen, was wir auf diesem Gebiet damit bezwecken werden.«
Knipphase klopfte Linthdorf leutselig auf die Schulter, was aufgrund des Größenunterschieds zwischen den beiden Männern etwas eigenartig aussah. »Sie machen das schon. Ich muss wieder los nach Wiesbaden. Grüßen Sie ihren Chef schön von mir. Wir bleiben in Kontakt.«
Damit drehte er sich um und ging mit federndem Schritt Richtung Tür. Linthdorf blieb mit Louise Elverdink zurück und nickte ihr kurz zu: »Jetzt wissen Sie, was ich mit schwierigen Zeiten meine.«

II
Immer noch Potsdam
Montag, 23. Oktober 2006

Linthdorf war wieder zurück in seinem kleinen Büro. Die neugegründete SoKo sollte sich in zwei Stunden wieder treffen. Linthdorf wollte mit den Spezialisten eine grobe Vorgehensweise abstecken und einzelne Ressorts festlegen. Auf seinem Monitor blinkte an der Seitenleiste das kleine Postzeichen auf. Er hatte eine neue Email bekommen. Es war eine Nachricht von der Polizeidienststelle Linum. Linthdorf erinnerte sich an seine Begegnung mit dem kugelrunden Dorfpolizisten Boedefeldt und

dessen schrecklichen Bericht über das Kranichmassaker im Linumer Bruch.
Was Boedefeldt da schrieb, brachte Linthdorf ins Grübeln:

Mein lieber Linthdorf,
Sie erinnern sich an unser Gespräch über die toten Kraniche. Wir treten ja hier etwas auf der Stelle. So richtig können wir uns bisher noch keinen Reim auf diesen Frevel machen.
Doch etwas Licht könnte hier in diese verfahrene Angelegenheit kommen. Durch Zufall habe ich folgende Neuigkeiten in Erfahrung gebracht. Bei einem Verkehrsunfall, der etwas ominös verlaufen war und wobei es auch ein Todesopfer gegeben hatte, bin ich nach Gut Lankenhorst geraten.
Lankenhorst ist eine halbe Stunde entfernt von Linum, eigentlich nicht mehr mein Revier, aber an jenem Montagmorgen waren leider keine anderen Kollegen abkömmlich, so dass ich von der Verkehrseinsatzzentrale in Oranienburg herbei gerufen wurde. Um es kurz zu machen: die Unfallsache war unerquicklich, aber nicht so relevant für das, was ich Ihnen jetzt zu berichten habe. Bei einem beiläufigem Gespräch mit dem Hausmeister auf Gut Lankenhorst, einem gewissen Meinrad Zwiebel, erwähnte dieser seltsame Vogelkadaverfunde, die in letzter Zeit hier im Park zu beobachten gewesen seien.
Ihm war die Häufung von toten Vögeln schon etwas eher aufgefallen. Erstaunlicherweise handelte es sich dabei um Vogelarten, die hier im Lankenhorster Moor und im angrenzenden Ladeburger Forst eigentlich gar nicht vorkamen. Speziell Kraniche waren ihm aufgefallen, teilweise waren noch andere, ihm unbekannte Wasservögel dabei.
Einen Höhepunkt hatte es letzte Nacht gegeben. Der Baron von Quappendorff, der auch der Schlossherr auf Lankenhorst ist, habe ihn darauf angesprochen, doch die Vogelkadaver vor der Eingangstreppe zu beseitigen. Dort war ein kunstvoll ineinander verschlungener Haufen aus bestimmt zehn toten Kranichen und anderen Vögeln aufgeschichtet. Zwiebel war regelrecht geschockt. Die Vögel taten ihm leid. Allen war die Kehle durchschnitten worden mit einem scharfen Messer. Er könne sich nicht erklären, wer so etwas machte.

Zumal der Baron ein ausgesprochener Tierfreund war und gerade Kraniche sehr schätzte. Sogar im Familienwappen sind neben der Quappe auch zwei flankierende Kraniche zu finden. Er empfände diese toten Vögel daher auch als Angriff auf seine Person und wirke zunehmend verstört.
Anbei finden Sie ein paar Fotos, die ich auf Gut Lankenhorst mit meiner kleinen Handykamera machen konnte. In der Hoffnung, bald von Ihnen zu hören verbleibe ich

mit frdl. Grüßen aus Linum
Ihr
Rod. Boedefeldt

P.S. Habe für Sie ein paar nette Fische eingefroren. Können Sie bei Gelegenheit bei mir abholen.

Linthdorf klickte die angehängten Bilddateien durch. Boedefeldt hatte akribisch den ganzen Park und die einzelnen Fundorte der Vogelkadaver fotografiert. Linthdorf musste schlucken.
Was er da sah, war starker Tobak. Aus großen Augen schauten ihn die toten Vögel an. Er konnte Kraniche erkennen, Fischreiher, Kormorane, Watvögel, Schwäne, Graugänse, Blesshühnchen und Enten.
Natürlich hatte er diese Angelegenheit nicht vergessen. Nachts träumte er von diesen Bildern und schreckte jedes Mal auf, wenn er die vermeintlichen Todesschreie der Vögel zu hören glaubte. Doch es war dann doch wieder still.
Nur das monotone Rauschen der Berliner Nacht blieb, manchmal unterbrochen vom gellenden Tatütata eines vorbeirasenden Einsatzfahrzeugs der Feuerwehr oder Medizinischen Hilfe. Wahrscheinlich hatte sein Unterbewusstsein ihm dann dieses Geräusch als Vogelschreie vorgegaukelt.
Draußen klopfte es. Linthdorf klickte den Computer auf Stand-by-Modus. Nägelein stand vor der Tür, das konnte er schon erkennen anhand der Silhouette, die durch das mattierte Türglas zu sehen war.
»Kommense ruhig herein, Herr Dr. Nägelein.«
»Wieso wissen Sie ...? Na, ist ja auch egal ... Also, was ich noch sagen wollte. Jaaa, Dr. Knipphase möchte in Kürze schon Ergebnisse sehen. Al-

so Sie wissen schon, keine statistischen Angaben über irgendwelche Firmen, die hier so vor sich hin kleckern. Der will Fakten ...!«
Linthdorf nickte.
»Ja, wie wollen Sie denn nun vorgehen?«
»Da werde ich mich erst einmal in das Material einarbeiten müssen.«
Er wies auf die dicke Mappe, die er von Knipphase bekommen hatte. Plötzlich war es Nägelein peinlich, ihn mit seinen nichtssagenden Floskeln belästigt zu haben.
»Naja, machense ma. Sie packen das schon.«
Mit einem etwas zu leutseligen Gesichtsausdruck verzog er sich wieder. Linthdorf hatte jedenfalls erst einmal die Mappe herangezogen und wühlte sich durch die knapp 150 Seiten Material.
Der interessanteste Teil war eine alphabetisch geordnete Liste von Firmen, die in Brandenburg tätig waren und deren Aktivitäten das Interesse des BKA geweckt hatten. Linthdorf las meist englischsprachige Firmennamen, in denen immer wieder die Vokabeln »development«, »real estate« und »consulting« auftauchten. Erstaunlich war schon, wo diese Firmen ihre Adressen hatten. Quer über das ganze Bundesland verstreut schienen sie zu sein. Eigentlich müsste Brandenburg ja damit bestens entwickelt sein und die Wirtschaft müsste brummen. Soviel Investoren, soviel Strukturentwickler und Berater, da konnte es doch eigentlich nur noch steil bergauf gehen.
Aber er kannte sein Land besser. Er wusste Bescheid über vereinsamte Dörfer, in denen nur noch die ältere Generation lebte, über verödete Brachen, die früher einmal landwirtschaftlich genutzt worden waren und über Gewerbegebiete, in denen zwei oder manchmal auch drei kleinere Lagerhallen standen und in der Ferne erzeugte Produkte verteilten.
Er kannte auch die ehrgeizigen Visionen der Landräte und Bürgermeister, die unbedingt die modernsten und profitabelsten Industrien anlocken wollten, um damit im Wahlkampf zu punkten. Es ging ja schließlich um mehr als nur um Arbeitsplätze und Infrastrukturmaßnahmen.
Linthdorf hatte die Regierungszeit des ersten Brandenburger Ministerpräsidenten noch gut in Erinnerung. Die Investruinen von damals hielten bis heute das Land im eisernen Schuldengriff. Jedes Mal, wenn er in der Lausitz unterwegs war, sah er die riesige Luftschiffhalle, in der nie-

mals ein echtes Luftschiff gebaut worden war, da alles vorab investierte Geld für den Bau der gewaltigen Halle drauf gegangen war.
Nur unweit entfernt war eine gewaltige Autorennstrecke mitten in die Einöde gesetzt worden. Formel 1 in der Lausitz! Die Welt schaut auf uns! Und der Jetset wird sich in den Hügeln alter Braunkohletagebaue tummeln und nur so mit Geld um sich werfen. Das war die Vision. Das Motodrom wartet bis heute auf eine wirklich rentable Nutzung.
In Frankfurt an der Oder stand der große Komplex des Halbleiterwerks auf verlorenem Posten und überall im Lande wurden futuristische Solaranlagen produziert, die nur dank staatlicher Subventionen zu marktüblichen Preisen verkauft werden konnten. Linthdorf verstand nicht so sehr viel von solchen Projekten, aber sein gesunder Menschenverstand sagte ihm, dass Solarenergie »made in Brandenburg« nicht unbedingt ein Renner sein konnte.
Die Firmen, die in der Knipphaseschen Liste auftauchten, waren ihm allesamt unbekannt. Weder hatte er irgendeine Werbung für deren Produkte gesehen, noch waren ihm deren Produktionsanlagen oder Immobilien aufgefallen. Nun, das konnte auch daran liegen, dass er bisher wenig auf solche Details geachtet hatte.
Linthdorf begann die Firmen in seinen Computer in eine Excel-Tabelle zu tippen. Nach einer knappen Stunde war er fertig. Er sortierte nun die Firmen nach Postleitzahlen, gruppierte sie nach Regionen und teilte sie seinen Mitarbeitern zu. Jede Region bekam von ihm drei Mitarbeiter zugeteilt. So konnte sie die Aktivitäten etwas bündeln und bei der Suche nach den Firmen Routen zusammenstellen.
Um vier Uhr traf er sich zu einer ersten Einsatzbesprechung mit den zugeteilten Kollegen. Alle waren anwesend. Die Atmosphäre war im Vergleich zum Vormittag deutlich lockerer und entspannter. Knipphase und Nägelein fehlten ja schließlich. Linthdorf atmete tief durch und kam gleich zur Sache.
Jedes der neuen Teams bekam eine der von ihm ausgedruckten Listen zugeteilt. Er benannte die Teams nach der Region, in der sie tätig werden sollten:
Team 1 Uckermark-Barnim
Team 2 Oderland-Spreeland
Team 3 Spreewald – Lausitz

Team 4 Fläming-Mittelmark
Team 5 Havelland-Prignitz
Team 6 Ruppin-Oberhavel
Er selbst hatte sich bei Team 6 eingeschrieben. Im Hinterkopf hatte er dabei auch die toten Kraniche im Linumer Bruch. Vielleicht konnte er etwas Zeit für lokale Ermittlungen abzweigen.
Louise Elverdink hatte er zur Leiterin von Team 5 gemacht. Mit den Teamleitern würde er am meisten zu tun haben, schließlich hatte er die Ermittlungsergebnisse zu sammeln und zu koordinieren. Möglicherweise gab es ja auch Überschneidungen. Er hatte versucht, in jedem Team einen Steuerfahnder und einen Computerspezialisten zu platzieren. So sollte eine interdisziplinäre Arbeit am besten möglich sein. Die Mitarbeiter machten sich untereinander bekannt. Es herrschte eine gesprächige Atmosphäre. Linthdorf war fürs Erste zufrieden.
Morgen wollte er mit seinem Team beginnen, die Region nach den Aktivitäten der aufgelisteten Firmen zu durchforsten. Er hatte grob überschlagen, dass ungefähr vierzig Namen auf der Liste standen, die mehr als 185 Millionen Euro öffentliche Gelder bekommen hatten und die auch mit Steuernummern bei den Finanzämtern versehen waren. Der Steuerfahnder würde schon aus den dort gelagerten Zahlen etwas herausfiltern, was da zu erwarten war.
Spät abends um zehn Uhr saß er in der S-Bahn zurück nach Berlin. Linthdorf war rechtschaffen müde.

III
Berlin-Friedrichshain
Montagabend, 23. Oktober 2006

Wann genau er zu Hause eingetroffen war, konnte sich Linthdorf nicht mehr so genau erinnern. Es war auch nicht wichtig, denn es wartete sowieso niemand auf ihn. Die Wohnung sah noch genauso unaufgeräumt aus, wie er sie am frühen Morgen verlassen hatte.
So richtig Lust, etwas an dem chaotischen Zustand seines Domizils zu ändern, hatte er im Moment auch nicht. Der Tag hatte ihn ausgelaugt.

Linthdorf merkte, dass er keine dreißig mehr war. Natürlich, er bewältigte noch immer seinen Alltag in routinierter Weise, aber es fiel ihm immer schwerer, abends abzuschalten und sich wirklich zu erholen. Nachts lag er wach und grübelte. Den nächsten Tag konnte er dann nur unter Aufbietung aller Willensstärke durchhalten.
Inzwischen spürte er schon, wann sich so eine schlaflose Nacht ankündigte. Heute war wieder so eine Nacht. Vorsorglich hatte er sich die Listen von Knipphase mitgenommen und auch einen kleinen Laptop, der über einen Internetanschluss verfügte. So konnte er diesen schlaflosen Zustand wenigstens mit etwas Sinnvollem überbrücken.
Im Kühlschrank fand er noch eine Tetrapaktüte mit H-Milch und eine Dose mit Halberstädter Würstchen. Das war immerhin etwas Nahrhaftes. Eigentlich wollte er noch im Spätkauf unten an der Ecke etwas einkaufen, aber er hatte keine Lust auf Smalltalk mit der Verkäuferin. Die verwickelte ihn stets in irgendein triviales Gespräch über die Kriminalität im Kiez. Er hatte das Gefühl, sich dauernd bei ihr entschuldigen zu müssen für jeden Graffiti-Sprayer und für jeden Taschendieb, der hier im Viertel für Verwirrung sorgte.
Linthdorf machte es sich auf dem Sofa bequem, biss herzhaft in ein Halberstädter Würstchen und nahm dazu einen großen Schluck aus der H-Milchtüte. Dann fing er an, die Liste, die er ausgedruckt hatte zu studieren. Ganz oben stand »Planters & Crane Development & Financial Services GmbH & Co. KG«. Ein langer Name, der auf internationales Engagement hinwies. Das englische Wortungetüm hatte erstaunlicherweise seinen Sitz in Oranienburg.
Die Gesellschafter waren auch allesamt biedere deutsche Namen: Georg W. Müller, Hans-Jürgen Schulze und Richard Meier. Alle drei hatten den Titel eines »Dipl.Kfm.« vor ihren Namen stehen. Machte eigentlich einen seriösen Eindruck.
Als Geschäftsbereiche wurden Immobilien- und komplexe Projektentwicklung, Immobilienverkauf und Maklerei angegeben. Nichts Ungewöhnliches.
Linthdorf schaute noch auf die angegebene Website, die im Kleingedruckten neben drei Telefonnummern auftauchte. Er konnte ja einmal einen Blick auf ihre Internetpräsentation werfen.

Die nächste Firma auf der Liste hatte ebenfalls in Oranienburg ihren Sitz, sogar dieselbe Adresse wie für das englische Wortungetüm war angegeben.
Diese Firma schien etwas Vornehmes zu sein: »Cygognia Dienstleistungen & Consulting UG«. Die Geschäftsführer der »Cygognia« waren dieselben wie bei »Planters & Crane«.
Linthdorf stutzte. Was hatten die drei Kaufleute, die mit Immobilien zu tun hatten mit einem Marketingspezialisten zu tun. Jedenfalls waren im Geschäftsbereich der »Cygognia« nur Vermarktung und Verkaufsunterstützung angegeben. Linthdorf nahm sich vor, diese beiden Firmen etwas genauer anzusehen. Dann schaute er weiter die Liste durch. Ziemlich am Ende der Liste tauche eine »Heron Real Estate & Management KG« auf. Diese Firma hatte ihren Sitz in der etwa vierzig Kilometer entfernt liegenden Stadt Gransee. Auch nicht ungewöhnlich. Worüber Linthdorf stolperte, waren die drei Namen Müller, Schulze und Meier, die auch hier als Gesellschafter auftraten. Allerweltsnamen. Diese Namen zu googeln, war wie die berühmte Nadel im Heuhaufen zu suchen.
Linthdorf machte sich Notizen. Mit diesen drei Firmen wollte er morgen beginnen und die angegebenen Adressen besuchen. Er war gespannt, wer sich hinter diesen Namen verbarg. Sein kriminalistischer Spürsinn war erwacht.
Endlich spürte er auch etwas Müdigkeit. Die Augenlider wurden schwer und Linthdorf drehte sich um, knipste das Licht aus und versank in einen unruhigen Schlaf.
Im Traum erschienen ihm die toten Kraniche, die er von Boedefeldt als Fotodateien gemailt bekommen hatte. Sie waren wieder lebendig und wollten ihm etwas mitteilen. Allerdings hatte er Probleme, das Geschnatter zu verstehen. Er rief seine Kollegin Louise Elverdink herbei, die aus dem Geschnatter der Vögel etwas herauszuhören glaubte.
Dann flog sie zusammen mit den Kranichen auf und davon. Anstelle der Arme hatte sie plötzlich große Schwingen und stieg elegant mit den Vögeln Richtung Himmel. Dort oben bildeten sie eine eigentümliche Formation, die Linthdorf an irgendetwas erinnerte. Es hatte mit etwas Unangenehmen zu tun. Neben ihm tauchten plötzlich wieder Boedefeldt und dessen Freund, der emeritierte Ornithologieprofessor Diestelmeyer, auf.

Anerkennend nickten die beiden, als sie zum Himmel schauten. Dann sprach Boedefeldt etwas von schönem Wetter, das immer zu erwarten sei, wenn die Kraniche hoch flögen. Sein Begleiter jedoch verwies auf die menschenfressenden Kraniche in der Ilias, und das diese zurückkehren würden, wenn man dem Frevel nicht Einhalt gebieten würde.
Der Kommissar verstand überhaupt nichts mehr und wachte auf. Der verstörende Traum war noch präsent. Er griff nach der H-Milchtüte und trank den Rest mit einem Zug aus. Dann schlurfte er Richtung Toilette.

IV
Oranienburg
Dienstag, 24. Oktober 2006

Die Kreisstadt im Norden Berlins hatte sich in den letzten Jahren stark verändert. Aus der grauen Garnisonsstadt, die ohne richtiges Zentrum und ohne jeglichen Charme vielen nur als Endstation der Berliner S-Bahn ein Begriff, war eine schmucke Vorzeigestadt geworden. Oranienburg hatte es geschafft, sein etwas ramponiertes Image als trister Militärstandort abzustreifen.
Das Schloss, das jahrzehntelang als Kaserne für eine Einheit der DDR-Grenztruppen diente, war aufwändig renoviert worden und beherbergte neben einem Heimat- und Binnenschifffahrtsmuseum auch die ersten, wieder hergestellten, barocken Schlossräume mit den wertvollen Gobe-

lins und Teilen der Porzellansammlung der Hohenzollern, die mehr als zwei Jahrhunderte die Geschicke Oranienburgs prägten.
Der angrenzende Schlosspark war im Umbau. Oranienburg hatte für die Landesgartenschau, die in drei Jahren hier stattfinden sollte, das ehrgeizige Projekt eines barocken Gartenwunders im Stil der Zeit der Königin Sophie-Henriette entwickelt.
Sophie-Henriette von Oranien war die Gattin des Großen Kurfürsten. Bei einem Jagdausflug hatte der Hohenzollernfürst seiner Frau dieses Städtchen, das damals noch Bötzow hieß, mitsamt umliegenden Dörfern und Fluren geschenkt.
Später wurde das Schloss von den stets klammen Preußenkönigen verkauft und in eine Schwefelsäurefabrik verwandelt. Das war der Beginn des Niedergangs von Oranienburgs einstiger Pracht. Im Zweiten Weltkrieg war die Stadt bevorzugtes Ziel angloamerikanischer Bomberangriffe. Die Stadt verschwand im Schutt.
Nach dem Krieg quartierten sich Soldaten in den wenigen verbliebenen Gebäuden ein. Das Schloss wurde zur Kaserne. Der Schlosspark musste als Truppenübungsplatz herhalten.
Der ehemalige Truppenübungsplatz direkt hinter dem Schloss, der die letzten Jahre nach der Wende als einfache Wiese fungierte, war jetzt eine große Baustelle.
Linthdorf steuerte seinen Dienstwagen an diesem trüben Herbstmorgen auf den Parkplatz gleich gegenüber dem Schloss. Eine große Bronzestatue der Oranierin, die letztlich auch Namenspatronin der Stadt war, stand gleich am Eingang zum Schlosspark. Der Polizist sah sie sich kurz an, zog grüßend seinen Hut vor ihr und schlenderte quer über den Schlossplatz. Die Adresse, die er suchte, musste in unmittelbarer Nähe sein. Er lief über die Havelbrücke, bog dann rechts in den Fischerweg ein und sah schließlich die Fischerstraße. Hier sollte der Sitz der Firmen »Planters & Crane« und »Cygognia« sein.
Linthdorf stand vor einem frisch sanierten Haus mit zwei Stockwerken. Nichts deutete auf reges Geschäftsleben hin. Neben der mit Messing unterlegten Klingelleiste waren zwei kleine Plaketten aus Plexiglas. Darauf angebracht die Namen der beiden Firmen in edler Druckschrift. Linthdorf sah sich die Klingelleiste an. Die beiden unteren Klingeln gehörten zu den beiden Firmen. Nichts schien sich hier zu bewegen.

Abseits unter einem Vordach stand nun der Mann in seinem schwarzen Mantel und mit dem schwarzen Borsalino auf dem Kopf und beobachtete unauffällig das Haus.
Er hatte Geduld. Klingeln würde nichts bringen. Er hatte auch keine wirkliche Idee, wie er sich sonst Zutritt verschaffen sollte ohne dass die Firmenmitarbeiter, falls es denn wirklich welche gäbe, misstrauisch würden. Also wartete er.
Linthdorf hatte Erfahrung mit solchen Situationen. Irgendwann würde die Haustür aufgehen. Das war dann seine Chance.
Wirklich, nach ungefähr zwanzig Minuten kam eine ältere Dame, die umständlich in ihrer Handtasche nach dem Schlüssel suchte. Linthdorf schlenderte vollkommen locker an der Dame vorüber. Er hüstelte und blieb kurz stehen.
»Ist wohl keiner mehr im Büro?«
Die Dame schaute etwas ungläubig auf den dunklen Hünen.
»Ja, ich wollte eigentlich zu Planters & Crane.«
»Da is nie jemand. Sind ja bloß zwee kleene Kabuffs, wat die ham. Weeß ooch nich, wat die tun so.«
»Ein Herr Müller ..., oder auch Herr Schulze ...«
»Nöö, kenn ick nich. Sin dat die Fatzkes, denen die beeden Kabuffs jehörn? Wat wollnse denn von die? Jehörn Sie auch zu dem Verein?«
»Ich interessiere mich für ein Grundstück. Planters & Crane wurden mir als die Verwalter des Grundstücks genannt.«
»Noch nie jehört, das die schon ma wat vakooft hätten. Is ja imma niemand da, Ick wohn schon seit viertsich Jahrn hia. Als die das Haus sanierten, hamse da unten, wo früha en Jetränkelager von die Konsums war, zwee kleene Bürochens einjerichtet. Anfangs war da noch der Bauleiter drinne, dann stand et lange leer und eines Tages warn da die Schilda dran.«
»Wissen Sie noch, wann das war?«
»Wartense ma. Saniert wurde Zwo, als Zweitausendzwo. Dann war vielleicht so ein Jahr lang nüscht ... Also seit drei Jahrn, würd ick sachen.«
»Bekommen die Firmen Post?«
»Also, die Briefkästen wern einma die Woche jeleert. Da kommt imma so ne jungsche Blondine mit nem Schlüsselchen und holt die Post ab. Die

kommt imma in so nem kleenen Autochen, so ner rasenden Keksdose uff Rädern, was so die jungschen Leute imma fahrn.«

»Ein Smart?«

»Kann sein, so heeßt et ..., ja, Schmaard. Jibt ja auch so ne bunten Uhren, die so heeßen. Nee, die sind Schwodsch. Oda?«

Linthdorf nickte verständnisvoll.

»Danke, Sie haben mir sehr geholfen.«

»Keene Ursache Meesta.«

Die nächste Station, die der Potsdamer Ermittler ansteuerte, war das Rathaus von Oranienburg. Hier wollte er diverse Ämter aufsuchen. Irgendwer musste ihm doch etwas mehr Auskunft über die ortsansässigen Firmen geben können. Dem Wirtschaftsdezernenten war bereits avisiert worden, dass jemand aus dem fernen Potsdam kommen würde. Linthdorf wurde erwartet.

Der Dezernent, ein klug dreinschauender Mann mittlerer Größe mit Goldrandbrille und grauem Haar, empfing ihn mit einer freundlichen Einladung auf eine Tasse Kaffee. Oh ja, natürlich kannte er die beiden Firmen. Im ganzen Landkreis waren die tätig. Hier in Oranienburg hätten sie bloß eine kleine Anlaufstelle.

Es ginge wohl um Vorhaben mit internationalen Geldgebern, die hier im Oberhavelkreis in diversen Entwicklungsprojekten aktiv tätig waren. Ein Hotelkomplex mit Wellness und Aktiverholung sollte gebaut werden in der Nähe von Liebenwalde. Direkt dazugehörig wären auch eine Golfanlage und eine Reitsporthalle. Alles großzügig gedacht und geplant. Wenn das erst mal stehen würde, dann würden viele Arbeitsplätze geschaffen werden und die reichen Gäste würden Geld in die Kassen der Geschäfte von Liebenwalde und Umgebung bringen. Das Land und auch der Landkreis beteiligten sich aktiv bei der Grundstücksentwicklung. Es wäre ja immerhin im Interesse aller.

Linthdorf atmete tief durch und fragte nur, wie hoch denn die Förderung ausgefallen sei. Der Dezernent blinzelte etwas verstört. Wieso er das wissen wolle. Lägen denn Verdachtsmomente gegen die Firmen vor, die auf kriminelle Aktivitäten hinweisen würden. Das Finanzamt habe bisher nichts Negatives über die Firmen zu berichten. Alle Steuererklärungen wären korrekt und die Steuerzahlungen kämen stets pünktlich, also, kein Grund zur Besorgnis. Im Übrigen vertrauten die Firmen kom-

munalen Steuererklärern und hätten auch ihre Konten allesamt bei der Märkischen Bank und nicht auf den Bahamas oder Cayman-Islands.
Linthdorf trank seinen Kaffee und nickte.
»Es handelt sich um eine Routineuntersuchung. Wir kontrollieren im Stichprobenverfahren diverse Unternehmen.«
Der Dezernent schaute den Polizisten etwas skeptisch an. So richtig glaubte er ihm das nicht. Immerhin, ein Beamter aus dem fernen Potsdam, noch dazu vom Landeskriminalamt, hatte sich hierher begeben, um vor Ort Recherchen über ein paar Firmen zu machen. Irgendetwas schien da nicht zu stimmen.
Linthdorf fragte weiter: »Kennen Sie persönlich die Gesellschafter? Hatten Sie schon einmal mit ihnen zu tun?«
»Nein, nicht direkt. Aber das Steuerberatungsbüro kenne ich, das die Firmen betreut. Der Chef ist ein guter Bekannter von mir. Den kann ich Ihnen empfehlen, wenn es um Details geht.«
»Wie kann ich ihn erreichen?«
Der Dezernent blätterte in einem kleinen Notizbuch, kritzelte auf einen Abreißblock eine Telefonnummer und einen Namen.
»Hier, sagen Sie aber .... Ach, machen Sie, was Sie für richtig halten. Informieren Sie mich bitte über den Verlauf der Ermittlungen. Wir haben hier nicht so viele Investoren wie Berlin oder Potsdam. Wir sind froh über jeden mutigen Unternehmer, der hier bleibt und etwas tut für die Region.«
Linthdorf nickte, trank seinen Kaffee aus und verabschiedete sich. Er hatte das bestimmte Gefühl, das er hier auf etwas gestoßen war, das ein intensiveres Nachforschen lohnte.

V
Oranienburg
Donnerstag, 26. Oktober 2006

Wieder war Linthdorf unterwegs in Oranienburg. Das Wetter meinte es an diesem Tag gut. Ein schöner Spätherbsttag mit milden Temperaturen und einem lauen Lüftchen. Nur mit seinem karierten Sakko bekleidet und seinem obligatorischen Hut schlenderte er entlang der Havelpromenade.
Er war diesmal nicht allein. Neben ihm marschierte ein durchtrainierter Mann, bestimmt zwei Köpfe kleiner als er, die kohlschwarzen Haare zu einer Bürste zurückgeschnitten, nur mit einem Sportshirt bekleidet, unter dem sich sehnige Muskeln abzeichneten.
Dieses Energiebündel war der Steuerfahnder Aldo Colli. Colli war gebürtiger Italiener, lebte aber schon seit seinem dritten Lebensjahr in Deutschland. Er galt als ausgesprochen ehrgeizig, absolvierte die einzelnen Stationen der Leiter im Schnelldurchlauf und hatte zahlreiche Hobbys, die ihn eher zum Elitesoldaten prädestinierten als zum Steuerfahnder. Colli war Extrembergsteiger, Spacejumper, Triathlet, Höhlentaucher und Mountainbiker. In jeder freien Minute suchte er nach extremen, körperlichen Herausforderungen. Dazu sprach er noch vier oder fünf Sprachen und hatte alle seine schulischen und universitären Abschlüsse mit Bestnoten gemacht.
Linthdorf wusste über seinen Begleiter Bescheid. Kurze Dossiers hatte ihm Dr. Knipphase von allen Mitarbeitern der SoKo zusammengestellt. Colli war ihm sofort aufgefallen. So ein Überflieger war selten anzutreffen und schon gar nicht bei den Leuten vom Fiskus.
Die beiden waren auf dem Weg zum Steuerberatungsbüro »Knurrhahn & Partner«, die hier in einem modernen Glaspalast, direkt an der Havel residierten wie moderne Könige.
Gestern hatte Linthdorf in Potsdam den ganzen Tag mit Nachforschungen über die drei Firmen der Herren Müller, Schulze und Meier verbracht. Er hatte ein weitverzweigtes Netzwerk an Firmen entdeckt, die in ganz Europa tätig zu sein schienen. Verbindungen zu Firmen in Liechtenstein, Bremen, Düsseldorf, Wien, Sankt Petersburg, Luxemburg, Mai-

land, Stockholm und Malta konnte er nachweisen und zahlreiche Bankverbindungen hatte er ebenfalls ermittelt.
Ominös blieben die Tätigkeitsfelder dieser Firmen. Meist stand da etwas über Grundstücksmakelei, Projektentwickung im suburbanen Raum, Vermittlung, Beratung, Consulting – alles nicht direkt nachvollziehbar in seiner wirtschaftlichen Entwicklung. Die Summen, die hier im Spiel waren, erschienen Linthdorf exorbitant hoch. Konnten so ein paar Leute mit solchen Vermögen spielen?
Linthdorf hatte sich gestern mit dem Computerspezialisten unterhalten über die Aktivitäten von Müller-Schulze-Meier. Der Mann hatte ihn lächelnd angesehen und eine etwas eigenartige Bemerkung gemacht, was die Häufigkeit der drei Namen anging. Linthdorf war sich in diesem Moment sicher, dass da etwas nicht stimmen konnte. Zu offensichtlich waren diese drei Namen gewählt worden. Der Computermensch hatte zig Millionen Trefferanzeigen bei der Eingabe bekommen.
Natürlich, man konnte diese Anzeigen eingrenzen. Immerhin hatte er ja auch die Adressen und andere wichtige Eckdaten. Trotzdem verblieb noch eine Unmenge an Daten, die gesichtet und hinsichtlich ihrer Aussagekraft geprüft und als relevant zugeordnet werden mussten. Doch dafür war ja dieser Experte da. Linthdorf gab ihm noch ein paar Informationen, die er am Montag bereits in Oranienburg herausgefunden hatte. Am Nachmittag traf er sich noch mit den Teamleitern um einen ersten Überblick zu bekommen, was die anderen bereits angeschoben hatten.
Außerdem freute er sich darauf, Louise Elverdink wieder zu sehen. Was die anderen berichteten, war alles in allem nicht erwähnenswert. Bisher hatten sie damit zu tun, Kompetenzbereiche abzustecken und so etwas wie Systematik in die Arbeit hineinzubringen. Bei einer Tasse Kaffee kam er endlich dazu, ein paar persönliche Worte mit der Brandenburger Ermittlerin zu wechseln.
Sie berichtete ihm über einen Besuch bei Stahlmanns Witwe und über die Renovierung des »Alten Fährhauses" in Plaue.Sie war im Sommer mit ihrem Sohn an der Küste gewesen, zwar nur vierzehn Tage, aber es war lang genug, um die Ereignisse des letzten Winters endlich ad acta legen zu können. Dreimal hatte sie auch Griseldis Blofink besucht. Die war nach der wilden Verfolgungsjagd am

Finowkanal traumatisiert und musste sich in ärztliche Betreuung begeben. Inzwischen sei sie aber wieder recht gut beieinander. Dank der Vermittlung von Dr. Haberer war sie aufs Land gezogen und arbeitete jetzt als Buchhalterin bei einem landeseigenen Kulturprojekt.
Linthdorf nickte und atmete tief durch. Immerhin hatte er ja einen großen Anteil an dieser ganzen dramatischen Entwicklung gehabt und war bis vor kurzem noch damit beschäftigt, die ganze Angelegenheit selber zu verarbeiten.
Dann nahm er all seinen Mut zusammen und fragte die ihn etwas ratlos anschauende Frau, ob sie es sich vorstellen könne, einmal abends mit ihm hier in Potsdam essen zu gehen. Er kenne ja schließlich die Stadt ziemlich gut und überhaupt, er würde sich freuen, sie auch mal außerdienstlich zu sprechen.
Louise war einen Moment lang irritiert. Hatte der Riese sie da allen Ernstes soeben eingeladen?
So etwas war ihr schon lange nicht mehr passiert. Sie hatte sich aber sofort wieder unter Kontrolle, nur ein flüchtiges Lächeln deutete an, dass sie sich darüber freute.
Nach endlosen Sekunden, die für Linthdorf verstrichen wie Stunden, antwortete sie kurz und bündig: »Ja, warum nicht? Aber bitte kein Thai-Restaurant. Das ist mir zu scharf.«
Linthdorf schluckte. »Nein, nein, keine Sorge. Ich dachte da eher an etwas Unspektakuläres. Lassen Sie sich überraschen. Nach Dienstschluss hole ich Sie hier ab.«
Louise nahm ihre Brille ab und schaute den großen Mann ihr gegenüber an, als ob sie ihn soeben das erste Mal sah.
Linthdorf reagierte leicht verunsichert. »Sie sind hier in Potsdam untergebracht? Oder fahren Sie abends noch nach Brandenburg?«
Louise schüttelte den Kopf. »Diese Woche bin ich hier. Ab nächsten Montag dann in meiner Dienststelle in Brandenburg. Von da kann ich die Ermittlungen im Havelland besser koordinieren und auf unser eigenes Netzwerk zurückgreifen. Die anderen Teams wollen es übrigens ähnlich machen. Und immer freitags kommen wir hierher nach Potsdam zum Rapport.«
Linthdorf nickte. Natürlich, man hatte sich gestern auf diesen Modus geeinigt. Er hoffte, dass die Teams es bereits in den ersten Tagen schafften,

die Spreu vom Weizen zu trennen und die weiteren vertiefenden Ermittlungen jeweils vor Ort in den Einsatzgebieten vorzunehmen.
Ja, und das war es dann auch schon mit dem Gedanken an ein Rendezvous mit Louise Elverdink. Ein Telefonat von Dr. Nägelein machte alles zunichte. Er wollte Linthdorf dringend am Abend sprechen. Wichtige Informationen machten es erforderlich, dass er bei einem Treffen mit Dr. Knipphase anwesend war.
Seine gesamte Wochenplanung war nach diesem Treffen durcheinander. Linthdorf rief spätabends noch Aldo Colli an und verabredete sich mit ihm für den nächsten Morgen.
Das Steuerberatungsbüro »Dr. Knurrhahn & Partner« war kein Unbekannter im Zentralspeicher der Steuerfahndung. Ein Klick ließ eine lange Reihe von Verfehlungen, Steuerdelikten von Klienten des Büros und hart am Rande zur Kriminalität befindlichen Winkelzügen auf dem Monitor aufleuchten.
In Charlottenburg hatten »Knurrhahn & Partner« lange Zeit in bester Lage ein großes Büro. Dann musste das Büro seine Tätigkeit einstellen aufgrund einer unglücklichen Insolvenz des größten Kunden von »Knurrhahn & Partner«. Die teuren Räumlichkeiten konnte sich die Firma nicht mehr leisten. Auch den größten Teil der Mitarbeiter mussten die beiden Geschäftsführer, Werner Knurrhahn und Klaus Brackwald, entlassen. Danach war das Büro vom Berliner Markt verschwunden.
Tja, und plötzlich tauchten die Steuerberater wieder auf. Ganz unschuldig und mit gutem Leumund hatten sie sich im benachbarten Oranienburg ein neues Betätigungsfeld geschaffen. Auf dem großen Schild gleich neben der Eingangstür standen unter dem etwas größer geschriebenen Firmennamen »Knurrhahn & Partner Co. GmbH« die für ökonomisch denkende Leute wohlklingenden Worte Finanzoptimierung, Wirtschaftsprüfung, Steuerberatung, Unternehmensplanung und Geschäftsvermittlung.
Linthdorf lächelte süffisant beim Studieren des Schildes. Sein Begleiter Colli rümpfte die Nase und murmelte etwas von provinziellen Stümpern, die im Nebel stochern um einen dicken Fisch an die Leine zu bekommen. Linthdorf schaute etwas irritiert auf seinen jüngeren Kollegen, grübelte einen Moment, ob er damit gemeint war, der da im Nebel sto-

chere oder ob es eine Anspielung auf die Methoden der hier ansässigen Geldoptimierer sein sollte.
In dem Glaspalast bewegten sich jung dynamische Schlipsträger und schlank gehungerte Dämchen in perfekt sitzenden Kostümen sehr schnell hin und her, als ob eine unsichtbare Feder unter ihrer gestylten Oberfläche sie am Laufen halten würde. Telefone schrillten im Sekundentakt. Es roch nach etwas undefinierbar Sauberem.
Erstaunlicherweise waren auf der gut dämmenden Auslegware keine Schritte zu hören. Lautlos bewegten sich der Ermittler und sein smarter Begleiter durch das Gebäude. Sie waren auf der Suche nach dem Raum mit dem Namensschild »Knurrhahn«.
Am Eingang hatte eine unnatürlich freundliche Mitarbeiterin ihnen den Weg gewiesen. Mit einer hohen, quieksenden Stimme und einem künstlichen Lächeln wie aus der Joghurtwerbung textete sie die beiden Beamten mit einem Redeschwall voll. Dabei klickerten ihre Augenlider ohne Unterlass auf und ab. Linthdorf musste sich abwenden um nicht nervös zu werden, Colli hingegen zeigte keinerlei Regung, starrte der Barbiepuppe direkt ins Gesicht und nickte dauernd.
Endlich, aus dem etwas unterkühltem Ambiente drang ein joviales »Kommen se mang ruhig rein!«
Knurrhahn empfing die beiden Beamten in einem lichtdurchfluteten Raum, der spartanisch eingerichtet war. Ein schwarzer Tisch und ein paar schwarze Ledersessel waren als Kontrast mitten im Zimmer aufgebaut. Auf dem Tisch warteten schon drei Tassen Kaffee, dampfend mit einer feinen Schicht Crema darauf, so perfekt, wie man sie nur beim Italiener gemacht bekommt.
Der Chef der Firma war ein drahtig wirkender Enddreißiger mit blank polierter Glatze, Designerbrille und einem Dreitagebart. Er trug durchgestylt legere Kleidung. Jedes Einzelstück hatte bestimmt ein kleines Vermögen gekostet. Ein dicker Siegelring aus Silber vervollkommnete das Outfit des Geldverwerters.
»Womit kann ich dienen?«
Linthdorf räusperte sich, nahm einen kleinen Schluck des vorzüglich schmeckenden Kaffees und fragte zurück: »Kennen Sie die Herren Müller, Schulze und Meier?«

»Ja, wir betreuen ein paar Projekte von ihnen und haben auch die Steuerberatung übernommen. Was wollen Sie wissen? Haben die drei die Kronjuwelen gestohlen? Oder planen sie einen Terrorakt?«, dazu setzte Knurrhahn ein diabolisches Grinsen auf.
»Nicht ganz ... Es handelt sich um eine Routineuntersuchung im Rahmen einer bundesweiten Aktion. Wir überprüfen im Stichprobenverfahren Firmen, die auffällige Aktivitäten in der Region gezeigt haben. Speziell Investitionen im öffentlichen Bereich haben wir im Visier. Vielleicht können Sie uns ja dazu etwas sagen?«
»Was soll ich dazu sagen. Alles läuft in geordneten Bahnen. Wir haben natürlich Fördertöpfe angezapft, wo es sich anbot. Aber dafür sind diese Gelder ja schließlich da. Wir vermitteln da zwischen unseren Kunden und der öffentlichen Hand.«
»Können Sie konkret etwas sagen zu den Projekten?«
»Ja, also da ist ein wirklich großes Projekt in der Anbahnung, finanziert von einem internationalem Konsortium und auch mithilfe von Fördermitteln der EU, des Bundes und des Landes Brandenburg. Es handelt sich um einen Hotelkomplex mit angeschlossenem Freizeitpark, der hinter Liebenwalde entstehen soll. Es gibt da noch ein paar Probleme, da ein großer Teil des geplanten Geländes im benachbarten Landkreis Barnim liegt. Die dortigen Behörden haben bisher nur wenig Kooperationsbereitschaft gezeigt. Das angrenzende Amt Biesenthal verweist darauf, dass das beanspruchte Gebiet Teil des Barnimer Naturparks ist. Die Investoren sind bemüht, diese Schwierigkeiten so schnell wie möglich zu beseitigen. Es laufen da wohl einige Gespräche mit Dienststellen im Barnim. Hier von unserer Seite ist alles klar. Dafür haben wir bereits gesorgt.«
»Um was für eine Summe geht es bei diesem Projekt?«
»Alles grob geschätzt, vielleicht etwas mehr als 75 Millionen.«
»Wie viel davon ist öffentliches Fördergeld?«
»Ungefähr ein Drittel, also 25 Millionen.«
»Die sind schon bewilligt?«
»Ja, natürlich. Darum haben wir uns gekümmert.«
»Wenn nun die Barnimer Dienststellen kein grünes Licht geben, was passiert dann? Springen die Investoren dann ab?«
»Das kann gut möglich sein.«

»Müsste dann das Geld wieder zurückgezahlt werden?«
»Ja, das müsste dann wohl passieren. Aber keine Sorge, dazu kommt es nicht. Wir sind ja schließlich auch noch da.«
»Wie meinen Sie das?«
»Nun, wir haben uns an einen Zeitplan zu halten, der uns von den Behörden vorgegeben wurde. Wir liegen genau im Plan und haben auch noch Pufferzeiten um etwaige Schwierigkeiten, wie sie jetzt aufgetreten sind, beheben zu können. Wir arbeiten mit Nachdruck an der Lösung des Problems.«
Linthdorf nickte. Sein Begleiter Colli hatte fleißig stenographiert und schaute vielsagend zum Kommissar.
Die beiden Ermittler verabschiedeten sich von Knurrhahn. Im Auto äußerte sich Linthdorf zuerst: »Also, wir fahren als nächstes nach Liebenwalde und Biesenthal. Ich glaube, wir werden noch einige Überraschungen erleben.«
Colli schaute seinen Begleiter verwundert an. »Biesenthal ist nicht mehr unser Ressort. Gehört schon zu Barnim.«
»Ach was, da sollten wir mal nicht so pingelig sein. Ich kläre das dann schon mit den Kollegen.«

VI
Biesenthal
Donnerstag, 26. Oktober 2006

Die Grenze zwischen der Oberhavelregion und dem Barnim war unsichtbar. Linthdorf spürte dennoch den Unterschied. Das Land am Oberlauf der Havel war flaches Schwemmland. Platt, ziemlich eben, strukturiert nur durch die Baumalleen, die hier wie Soldaten in strengen Linien ausgerichtet dem ständigen Wind trotzten.

Dörfer konnte man schon aus der Ferne erkennen. Ihre Kirchturmspitzen ragten wie Leuchttürme aus der Felder- und Ackerlandschaft. Durchzogen wurde das Land von einer Vielzahl ebenfalls ziemlich geradlinig verlaufender Kanäle, die allesamt im Einzugsbereich der träge fließenden Havel zu finden waren.

Die Straße, die Oranienburg mit Bernau verband, war eine nur wenig befahrene Landstraße, die durch zahlreiche Dörfer im erweiterten Speckgürtel führte. Man spürte schon die weiten, stillen Landschaften, die in der Mark Brandenburg so typisch waren. Linthdorf kannte die Gegend gut, er war hier oft unterwegs an seinen freien Wochenenden. Dann liebte er es, auf ruhigen Nebenstraßen durchs Land zu rollen, dazu einer CD mit klassischen Klängen zu lauschen und den Fahrtwind bei geöffnetem Fenster auf der Haut zu spüren.

Die Gegend wandelte sich allmählich. Sanfte Hügel und Kiefernwälder kündigten den Barnim an. Der eigentliche Barnim, auch der Hohe Barnim genannt, war ein großes Plateau, von der letzten Eiszeit geformt und gesegnet mit einer abwechslungsreichen, hügeligen Oberfläche. Der Übergang vom Schwemmland an der Oberhavel zum Hohen Barnim wurde als Niederbarnim bezeichnet.

Das sanfte Hügelland war mit zahlreichen Seen durchsetzt, allesamt Überbleibsel von Urströmen der letzten Eiszeit, die hier mit archaischer Kraft mächtige Rinnen in den Sandboden gespült hatten. Im Zentrum des Niederbarnims befand sich das Städtchen Biesenthal.

Das Rathaus von Biesenthal, ein Fachwerkbau mit quadratischen Grundriß und einem kleinem Türmchen auf dem Dach, war Linthdorfs Ziel. Colli kannte die Gegend nicht so richtig. Er saß still und grübelnd neben dem riesigen Manne im Auto und ließ die Landschaft auf sich einwirken. Linthdorf merkte, dass sein Begleiter verunsichert war. Er genoss es sichtlich, dieses Superhirn wenigstens für ein paar Stunden aus seiner sonst so plakativ vor sich her getragenen Selbstsicherheit gebracht zu haben. Jetzt war er wieder der Spiritus Rector, der Mann am Rad, der alles vorantrieb. Eine Rolle, mit der er viel besser zu Recht kam.

Es war ihm suspekt, wenn so ein Überflieger plötzlich auftauchte und alles nur so aus dem Ärmel schüttelte. Nicht, dass er Colli sein Wissen und seine Intelligenz geneidet hätte, nein, er erkannte die fraglos außergewöhnlichen Fähigkeiten seines Begleiters vollkommen an, aber ein Gefühl von Ohnmacht hatte sich ganz tief hinten in seinem Gehirn eingenistet.
Telefonisch hatte sich Linthdorf bereits avisiert beim Leiter des Wirtschaftsressorts und auch bei der Außenstelle des Katasteramtes Barnim, das hier in Biesenthal ein Büro im Rathaus hatte. Alle Grundstücke im Amt Biesenthal und den beiden benachbarten Ämtern Wandlitz und Schorfheide wurden hier erfasst und verwaltet.
Die beiden Männer wurden von einer netten, aber resoluten Dame erwartet, die sich als Frau Meyer vorstellte. Linthdorf musste in dem Moment an die vielen Meiers, Müllers, Schulzes denken, die immer wieder in seinen Unterlagen auftauchten.
Er musterte die Dame skeptisch, die sofort seinen Blick erwiderte. »Na, Sie scheinen wohl ein Problem zu haben?«, dabei lächelte sie vieldeutig und schenkte dem Kommissar eine Tasse Kaffee ein.
»Nein, nein! Es war nur ..., nun ja, Ihr Name gehört wohl wirklich mit zu den meisten hier im Lande.«
»Das stimmt. Aber ich habe auch lange überlegt, ob ich diesen Namen annehmen sollte. Dann habe ich mir doch einen Ruck gegeben. Mein Mann war glücklich. Tja, und mein Mädchenname ist ja auch nicht so einzigartig. Ich bin eine geborene Schmidt.« Dabei lächelte sie noch einmal ganz spitzbübisch.
Das Eis war gebrochen zwischen den beiden. Linthdorf kam auch gleich zur Sache und fragte direkt nach den Aktivitäten der »Planters & Crane« und der »Cygognia« in Biesenthal. Die Dame zog die Augenbrauen hoch. Es schien, als hätte Linthdorf in ein Wespennest gestochen.
»Also, ahnte ich es doch, dass mit denen etwas faul ist! Natürlich sind die mir bekannt. Ihre umtriebigen Mitarbeiter sind ja hier Sturm gelaufen. Es geht ganz konkret um Baugenehmigungen und Grundstückserwerb mitten im Naturpark Barnim. Die haben abenteuerliche Pläne mit internationalen Kapitalgebern und Förderungen. Gigantische Ausmaße. Arbeit für viele Leute, reiche Gäste, die Geld in den Kassen der einheimischen Geschäfte lassen und so weiter. Ich bin da aber immer ein biss-

chen skeptisch. Ich habe schon viele Märchenschlösser in sich zusammenbrechen sehen.«

Linthdorf nickte. Er wusste, wovon die Frau sprach. Gleich nach der Wende waren diese »Glücksritter« ins Land eingefallen und hatten die Köpfe der Leute mit ihren hochfliegenden Plänen verwirrt. Selbst hochrangige Politiker waren auf diese »Investoren« hereingefallen und leiteten die öffentlichen Geldströme in dunkle Kanäle, wo sie dann auf Nimmerwiedersehen verschwanden.

Die Dame hatte eine dicke Akte hervorgeholt. Auf dem Deckblatt stand in großen schwarzen Lettern »Projekt Kranichland - ein Vorhaben der Kranichland AG«.

Dann blätterte sie eine große Landkarte mit dem Bebauungsplan der Gegend auf. Darin eingezeichnet die Fläche, die von »Planters & Crane« erworben werden sollte, um ihr ehrgeiziges Projekt zu verwirklichen. Das Areal, das hier rot schraffiert war, erstreckte sich zu zwei Dritteln im Landkreis Barnim und zu einem Drittel im Landkreis Oberhavel. Die Fläche im Barnim lag zu einem Großteil im landschaftsgeschützten Naturpark.

Linthdorf studierte die Karte. Die betroffenen Dörfer verloren so fast ihr gesamtes ländliches Einzugsgebiet. Mitten in der schraffierten Fläche entdeckte Linthdorf einen Namen, der ihn stutzen ließ: Bogensee.

Er fragte die Wirtschaftsdezernentin, ob er von der Akte »Projekt Kranichland« eine Kopie bekommen könnte. Die zuckte mit den Schultern, das ganze Projekt war ihr suspekt, aber immerhin hatte sie die Verantwortung für die Daten und deren Schutz. Wenn nun aber schon Leute aus dem fernen Potsdam anrückten und spezielles Interesse an genau diesem Vorgang hatten, also, dann waren wohl höhere Kräfte im Spiel.

Ob sie etwas über die »Kranichland AG« sagen könne? Die stünde ja schließlich vorn auf dem Deckblatt.

Die Dame schüttelte den Kopf. »Die taucht nirgends mehr hier auf. Alle Aktivitäten werden von den beiden Tochterunternehmen gezeichnet. Die »Kranichland AG« gibt wahrscheinlich bloß das Geld.«

Linthdorf hakte nach: »Hat sich nicht einmal ein Mitarbeiter dieser Firma bei Ihnen vorgestellt? Immerhin ist das Projekt ja deren Vorhaben.«

»Nein, die einzigen Mitarbeiter beim Projekt »Kranichland«, die hier vorgesprochen hatten, waren von »Planters & Crane« und von der »Cygognia«. Es war sowieso alles recht seltsam. So richtig gesprächig waren die auch nicht. Ich würde mal sagen, es waren keine wirklichen Projektentwickler. Die treten anders auf. Wissen Sie, ich mach den Job schon ein paar Jährchen.«

Linthdorf nickte und machte sich ein paar Notizen.

Colli war in der Zwischenzeit beim benachbarten Katasteramt und hatte Einsicht in die Grundbücher genommen. Auch er schien zufrieden zu sein mit dem, was er dort erfahren hatte. Er warf Linthdorf vielsagende Blicke zu. Treffer! Wir sind auf der richtigen Spur.

Die beiden verabschiedeten sich von der Dame im Amt und bestiegen, jeder mit einem Stapel Papier unterm Arm, den Wagen. Die Jagd hatte begonnen. Linthdorf spürte eine ungewöhnliche Lust, sich in diese eigentlich recht trockene Materie einzuarbeiten und die verdeckten Linien zwischen den einzelnen Schauplätzen frei zu legen. Es begann sich ein feingesponnenes Netzwerk abzuzeichnen. Inmitten dieses Netzes schienen mehrere Personen zu sitzen, die die Fäden zogen.

Noch hatte er keine konkrete Vorstellung, wer da mit wem kungelte und wie die Geldströme durch welche Kanäle geleitet wurden. Immer mehr Namen und Orte tauchten auf. Wie die Personen und Lokalitäten zusammen passten, musste in mühsamer Kleinarbeit wie bei einem riesigen Puzzle zusammengesetzt werden.

Linthdorf spürte, dass ihm noch wesentliche Puzzleteilchen fehlten. Aber er wusste auch, es war nur eine Frage der Zeit, um das Bild zu erkennen. Er war auf alle Fälle jetzt schon erstaunt, was für Dimensionen die ganzen Ermittlungen anzunehmen schienen. Es waren fraglos unverhoffte Entwicklungen in diesem Fall, mit denen er es zu tun hatte.

Der Einsiedler

Der Kranich

Rauh ging der Wind, der Regen troff.
Schon war ich nass und kalt,
Ich macht' auf einem Bauernhof
Im Schutz des Zaunes halt.
Mit abgestutzten Flügeln schritt
Ein Kranich drin umher,
Nur seine Sehnsucht trug ihn mit
Den Brüdern übers Meer,
Mit seinen Brüdern, deren Zug
Jetzt hoch in Lüften stockt,
Und deren Schrei auch ihn zum Flug
In fernen Süden lockt.
Und sieh, er hat sich aufgerafft,
Es gilt erneutes Glück,
Umsonst, der Schwinge fehlt die Kraft
Und ach, er sinkt zurück.
Und Huhn und Hahn und Hühnchen auch
Umgackern ihn voll Freud,
Das ist so alter Hühner-Brauch
Bei eines Kranichs Leid.

Theodor Fontane

I

Das alte Chausseehaus im Wald zwischen Ladeburg und Lankenhorst
Sonnabend, 28. Oktober 2006

Das Anwesen verdiente eigentlich nicht den Namen. Es war ein altes Chausseehaus. Direkt an der nur wenig befahrenen Landstraße nach Ladeburg. Ein dunkelroter Bau, zweistöckig, eingewachsen in den Forst, durch den sich die einspurige Straße zog, ein Hauch von Gestern schien es gestreift zu haben. Auf dem Dach eine uralte Antenne, wie sie mal in den Siebziger Jahren gebraucht wurde. Die kleine Lichtung inmitten des Waldstücks wurde bereits durch nachwachsendes Gestrüpp und Unterholz mit unüberwindbaren Holzmonstern besiedelt.
Der Zustand des Hauses war bedenklich. Seit bestimmt zwei Generationen wurde an diesem alten Backsteinbau nichts mehr getan. Die Giebelfront machte noch einen sehenswerten Eindruck. Die Fenster waren intakt und die einst grün gestrichenen Fensterläden wirkten noch stabil und robust. Im Erdgeschoss waren sie geschlossen, nur die zwei oberen geöffnet.
Direkt neben dem Haus stand eine riesige Platane, deren gefleckter Stamm die hintere Hälfte des Hauses verdeckte. Ein Gartenzaun, der nur noch dank zahlreicher selbst gezimmerter Provisorien stand, wandte sich längs der Straße bis zu einer alten Bretterscheune. Die war zwar etwas windschief, schien aber aus gutem Holz gefertigt zu sein. Die vielen Winter und zahlreiche heiße Sommertage hatten das Holz nachdunkeln

lassen. Man könnte beim schnellen Vorbeifahren denken, dass dieses alte Chausseehaus leer stand.

Doch weit gefehlt!

Ein grauschwarzes Etwas bewegte sich im Halbdunkel der Scheune. Lautlos, zielsicher, schnell. Nein, es war kein Raubtier aus dem nahen Forst und es war auch kein Spuk aus der Phantasie der Kinder, die aus den umliegenden Dörfern mit ihren Fahrrädern öfters mal als Mutprobe zum alten Chausseehaus fuhren um einen scheuen Blick darauf zu werfen. Das grauschwarze Etwas hat grün leuchtende Augen und lange Schnurrhaare.

Damit konnte es sich auch im Dunkeln gut orientieren ohne anzuecken oder gar mit dem herumliegenden Krimskrams zu kollidieren. Ein grau getigerter, riesiger Kater machte sich hier zu schaffen.

Wahrscheinlich war die Scheune sein privates Mäusejagdrevier und Abenteuerspielplatz. Der graue Tiger schien zu dem Haus zu gehören. Sein Fell war glänzend und gepflegt, am Hals hatte er ein kleines Lederbändchen mit Messingschnalle.

Vor der Haustür standen zwei runde Näpfchen, die mit Katzenleckerlis gefüllt sind.

Eine Stimme ertönte aus dem Innern des Hauses. Ein sonorer Bass dröhnte durch die Abenddämmerung: »Kater!«

Der Tiger hielt inne. Es war die Stimme seines Herrn. Noch einmal ertönte das sonore »Kater!« Vorsichtig schnürte der so Gerufene über den Hof Richtung Hauseingang.

»Da bist du ja!«, freudig begrüßte ein älterer Mann seinen Mitbewohner. Auf den ersten Blick würde man diesen Mann in ein Grimm'sches Märchen stecken wollen, oder wenigstens in eine Preußlersche Hotzenplotz-Geschichte.

Struppiger Bart, buschige Augenbrauen, Knollennase, auf dem Kopf ein etwas speckiger Hut, das karierte Hemd wölbte sich über dem ansehnlichen Bauch und die etwas zu kurz geratenen O-Beine steckten in einer schlotternden Manchesterhose. Das Alter war schwer einzuschätzen. Er konnte um die sechzig sein, der Gang war etwas schwerfällig, aber die kleinen, braunen Augen schauten noch sehr lebendig aus dem geröteten Gesicht, er könnte auch noch als Mitfünfziger durchgehen.

Der Räuber Hotzenplotz hielt Ausschau. Er schien jemanden zu erwarten. Durch das alte Unterholz pfiff der kalte Herbstwind. Dem Manne fröstelte es. Sein Kater war schon längst ins Haus gehuscht. Just als er sich umdrehen wollte, erklang ein metallenes Geräusch.
Es gehörte zu einer Fahrradklingel. Diese war an einem etwas nostalgischen Damenrad befestigt. Auf dem Sattel saß eine große, kräftige Frau. Ein Regencape verbarg die Figur und eine tief ins Gesicht gezogene Kapuze ließ nur schwer erahnen, wer sich da dem alten Chausseehaus näherte. Dem Bewohner der Eremitage schien die Radfahrerin jedoch vertraut zu sein. Er winkte ihr kurz zu und die gut verpackte Radlerin grüßte ebenso kurz zurück. Eine Minute später lag sie ihm in den Armen.
Im Hause waren die Räume vollgestellt mit bemalten Leinwänden, Staffeleien, Farbnäpfen und Papierstapeln. Der Einsiedler hatte sein Domizil in einer Art und Weise eingerichtet, dass ein Außenstehender es als totales Chaos bezeichnen würde. Aber der Maler hatte sein ausgeklügeltes System lange Jahre zuvor schon entwickelt und bewegte sich sicher durch die scheinbare Unordnung.
Seine Besucherin folgte ihm wesentlich langsamer und vorsichtiger. Sie hatte wohl noch ein paar Bedenken beim Durchqueren der Räume. Schließlich gelangten die beiden in einen größeren Raum mit einem mächtigen Kachelofen in der Ecke und einem großen schweren Plüschsofa gleich davor. Die beiden Fenster schauten nach hinten in den kleinen Wald hinaus. Nur wenig Licht kam von dort herein.
Die dicht stehenden Bäume ließen nur fahles Dämmerlicht durchdringen. Eine Staffelei war aufgebaut und vor dem Sofa ein bunter Flickenteppich ausgebreitet.
Die Dame begann sich langsam auszukleiden. Sie hatte keinerlei Scham bei dieser Tätigkeit. Sorgsam legte sie die einzelnen Kleidungsstücke auf einen kleinen Hocker. Was zum Vorschein kam, war eine üppige Schönheit mit verwegenen Rundungen und kleinen, freundlichen Speckpölsterchen an den richtigen Stellen. Der Einsiedler schien das ganze Procedere sichtlich zu genießen. Er hatte ein kleines Kofferradio angeknipst, trällerte die Melodien der alten Schlager mit und begann laut schniefend und brummend mit der Vorbereitung seiner Farben und Pinsel.
Das Modell hatte es sich inzwischen bequem gemacht auf dem alten Plüschsofa, eine Attitüde wie ein Barockwesen eingenommen und war-

tete auf den Kommentar des Meisters. Der war von der lasziv sich räkelnden Göttin vollkommen überzeugt.
Mit heftigen, intensiv geführten Bewegungen verteilte er die Farben auf der Leinwand. Ein Dialog zwischen den beiden vertrauten Personen setzte ein:
»Warst lange nicht mehr hier, fast ne Woche, Gundel.«
»Du weißt doch, wir haben gerade jetzt viel zu tun im Schloss. Der alte Quappendorff macht Dampf. Es muss etwas passieren, sonst versiegen unsere Geldquellen. Er steht unter Zugzwang, muss Ergebnisse vorweisen können gegenüber der Bank. Der hat sich das auch alles etwas einfacher vorgestellt.«
»Tja, dass der Wiederaufbau einer alten Schlossruine etwas länger dauert als der Bau eines Häuschens müsste ihm doch schon klar gewesen sein.«
»Ach, es ist ja nicht bloß der Bau an sich. Er hat ja so viele Projekte angekurbelt. Das Archiv, die Galerie, das Heimatmuseum, der Park, die Musikabende, Lesungen, na du weißt ja, womit ich mich so rum schlagen muss. Es macht ja auch Spaß, aber jedes Mal sind schnell die Grenzen erreicht. Das Geld ist knapp und für umsonst macht keiner was. Das ist halt so.«
Der Maler nickte nur und pfiff leise vor sich hin.
»Felix, du bist doch Maler. Vielleicht kannst du ja mal mit ihm sprechen wegen seiner Galerie. Da liegt ihm doch so viel daran. Du kennst doch auch noch andere Leute.«
Ein resignierendes Kopfschütteln zeigte der üppigen Blondine, dass ihr Vorstoß wenig Erfolg hatte.
»Nee, nee, Meechen, das lass ma bleiben. Hab jenuch auf irgendwelchen Vernissagen rumjehampelt. Das ist viel Arbeit und es kommt nix bei raus. Die Bilder müssen gerahmt, gehangen, ausgerichtet und etikettiert werden, Listen müssen geschrieben werden, Einladungen, Faltblätter zum Mitnehmen und so weiter und so fort. Das bleibt alles beim Aussteller hängen, und ob man dann etwas verkauft, das ist meistens auch nicht sicher.
Bestenfalls bekommt man seine Unkosten wieder eingespielt, aber einen Gewinn macht man dabei nicht. Ich hab diese Spielerkens satt. Zumal die meisten Leute nur kommen um sich gratis durchzufuttern und sich

einen Schwips anzusaufen. Die Bilder interessieren keinen Menschen mehr. Ist alles übersättigt mit Videos und dem anderen Glitzerzeug, was da so produziert wird. Malerei ist was Marginales geworden. Ein paar Außenseiter wie ich interessieren sich noch, der Rest schaut gelangweilt auf diese Dinosaurier der Kultur. Ist ja janz ehrenwert, was dein Baron sich vorjenommen hat. Aber das ist was für Idealisten.«

»Ach Felix, du bist doch auch ein Idealist. Sonst würdeste doch nicht hier leben.«

»Das ist was janz anderes. Hier hab ich meine Ruhe und kann Bilder tuschen, wie es mir gefällt. Du kennst ...«

»Ja, ist ja jut. Klar weiß ich ...«

»Mal was anderes. Was war denn letzte Woche bei Euch fürn Auflauf. Polizei und andere Autos.«

»Hör bloß auf. Du hast doch von dem schweren Unfall bei Biesenthal letzten Montagmorgen was mitbekommen.«

»Nö, ick hör solche Schreckensmeldungen nicht mehr. Auf'm Radio dreh ich dann immer den Sender wech.«

»Na, das war den Baron seine Tochter. Die war ja bekannt dafür, dass sie immer so flott und schnell gefahren war. Und am Montach war's neblig, ziemlich sehr sogar. Da hat sie dann ihren Flitzer an der Allee vorn Baum gesetzt. Totalschaden. Sie soll ja sogar noch ein bisschen gelebt haben ...«

»So was ist immer schlimm.«

»Die Polizei war da. Ein Riesentrara, sag ich dir. Der Baron vollkommen fertich, alle anderen auch total bedröppelt. Wir hatten ja am Montach Stiftungssitzung, da war'n doch alle da, also die Quappendorffs und der Bankmensch. Da sollte es ja eigentlich um die weitere Finanzierung gehen. Aba wegen des Unfalls, also weil ja nun Irmi tot war, die gehörte ja auch zum Stiftungsrat, also, so richtig war nix raus gekommen beim Treffen. Alle blieben bis Mittwoch. Wir waren die janze Zeit rumjeschlichen wie Falschjeld. Also Rolfbert, der olle Zwiebel und ich, wir wussten ja nun nicht, was nun weita. Aba der Baron hatte sich schneller wieda jefangen als jedacht. Ab Mittwoch lief wieda allet nach Plan.«

»Schon seltsam, da verliert einer seine Tochter und macht weiter als ob nix wär.«

»Nee, nee, das kannste auch nicht so sagen. Das ist ihm schon an die Nieren jegangen. Er ist merklich stiller und in sich gekehrter. Aba das Leben geht weita ..., ist halt so.«
Der Maler hatte seine Arbeit auf der Leinwand ohne Unterbrechung vorangetrieben.
Inzwischen waren die verwegenen Rundungen seines Modells in expressiver Weise auf dem Geviert wiederzufinden. Leuchtende Farben füllten die vorher weißen Flächen aus. Zu der schönen Nackten hatte er noch eine Schale mit Obst gestellt. Der Gegensatz zwischen den grün und rot schimmernden Äpfeln und Birnen und der hellen Haut verlieh dem Bild eine eigentümliche Spannung. Die Pinselführung war grob und dennoch elegant. Das Bild lebte, führte ein Eigenleben jenseits der realen Welt und zog seine Betrachter mit hinein in diese Welt wilder Schönheit.
Der Erschaffer der neuen Farbwelt war sichtlich zufrieden. Innerhalb einer Stunde hatte er sich dieses kleine Kunstwerk aus dem Herzen gepinselt. Man merkte dem Bild an, das sein Erzeuger viel Erfahrung und Wissen über Formen und Farben hatte. Das blonde Modell kam ebenfalls von ihrem Sofa heran und betrachtete neugierig das Resultat ihrer Sitzung. Anerkennend nickte sie: »Mensch, Felix! Was für ein Bild!«
Der Maler winkte ab. „Willste es ham? Kannste mitnehmen. Aba trocknen lassen musste es noch. Is Acryl, dauert nich lange. Komm ich mach uns noch nen Kaffe.« Damit schlurfte er in Richtung Küche, die gleich neben dem Atelier lag.
Die Blondine tapste hinter ihm her. Die Aussicht auf einen warmen Kaffee nach dem anstrengenden Posieren in einer anfangs recht bequemen, doch im Laufe der Zeit immer lästigeren Lage war ihr ganz recht. Das linke Bein war eingeschlafen und der rechte Arm summte auch taub vor sich hin. Modell sein war ein anstrengender Job.
Letztes Frühjahr hatte Gunhild Praskowiak bei einer Radtour den einsamen Maler kennen gelernt. Er saß am Waldrand mit Zeichenblock und ein paar Pastellkreidestiften, skizzierte die Felderlandschaft mit ihren sanften Hügeln und pfiff vergnügt vor sich hin. Er sah aus wie ein Naturwunder, gewachsen aus der Erde, so als ob er schon immer hier saß und seinen Skizzenblock mit kraftvollen Strichen veredele.

Sie war neugierig hinzugetreten, höflich grüßend, schaute ihm über die Schulter, blätterte in seiner Skizzensammlung und schien ihm zu gefallen. Er lud sie ein. Sie war begeistert und kam.
Seither hatte sich zwischen den beiden ein eigenartiges Verhältnis entwickelt. Gunhild war Muse, Modell, Kritikerin und nach zwei Monaten auch Geliebte des Einsiedlers. Er genoss es sichtlich, jemanden zu haben, der sich mit ihm über Kunst austauschte, und auch gleichzeitig Objekt seiner Malleidenschaft war.
Eine seltsame Vertrautheit war zwischen den beiden entstanden. Für Gunhild waren die Stunden in dem alten Chausseehaus so etwas wie Urlaub. Nicht das sie ihren Job im Gutshaus nicht gern machen würde, nein, nein, sie liebte ihre Arbeit und kam auch gut mit den anderen Bewohnern des Schlosses zurecht, aber diese Ausflüge in die Einsiedelei des alten Malers waren ihr Geheimnis.
Einerseirs war sie stolz darauf, Muse eines Künstlers sein zu dürfen, andererseits hatte sie eine gewisse Scheu, sich gegenüber Dritten zu öffnen und noch mehr Angst hatte sie, dass jemand bei der Betrachtung der Bilder darauf kommen könnte, dass sie es war, die dem Maler als Modell für die teilweise sehr erotischen Posen diente, in denen sie dann in Acryl oder auch in Schwarz-Weiß in die Zweidimensionalität gebannt worden war.
Die Vorstellung, dass ihr Arbeitgeber, der alte Baron, durch Zufall auf die Bilder des einsamen Malers im Chausseehaus aufmerksam wurde und jedes Detail ihres Körpers durch seine runden Brillengläser studierte, war ihr ausgesprochen unangenehm.
Sie hatte auch schon mit Felix darüber gesprochen, falls es zu einer solchen Begegnung kommen sollte. Aber Felix hatte nur in seiner unnachahmlichen Art gelacht und den Kopf geschüttelt.
Kein Mensch interessiere sich ernsthaft für die wirklichen Personen beim Betrachten solcher Bilder.
Es wäre eine eigene Welt, jenseits der tristen Realität und wer sich darauf einließe, der würde sich für Farben, Formen und Pinselschwünge interessieren, aber nicht dafür, ob die gemalte Dame auch wirklich nen Leberfleck auf'm Hintern habe oder die Anzahl der Speckröllchen an den Hüften der wirklichen entspräche. Das beruhigte sie etwas und sie ließ sich auch weiterhin bereitwillig von ihm malen und zeichnen.

Gunhild hatte den großen Pott Kaffee, den Felix ihr gekocht hatte, fast ausgetrunken. Draußen peitschte ein typischer Herbstregen ans Fenster. Der Wind fuhr durch das alte Gemäuer und brachte die hölzernen Fensterläden zum Klappern. Gunhild überlegte, ob sie die ganze Nacht hier bleiben wollte oder doch noch vor Mitternacht zurück ins Schloss mit ihrem Rad strampeln sollte. Morgen früh war viel zu tun.
Der alte Quappendorff hatte bereits im Sommer die Idee eines »Tags der offenen Tür« und sich dafür einen Sonntag im Herbst auserkoren. Da hätten die Leute Zeit und kämen doch eher ins Schloss als an einem Wochentage.
Irmis Tod hatte den alten Manne nicht von seinem Plan abhalten könne. Das Leben habe weiterzugehen. Damit war er zur Tagesordnung zurückgekehrt.
Ein kleines Nachwuchsorchester der Kreismusikschule Oranienburg war eingeladen. Das Archiv und die ersten vier Räume des Schlossmuseums sollten geöffnet werden. Leuchtenbein war dafür zuständig. Im Park hatte Zwiebel ein paar Stationen aufgebaut: Bogen schießen, Dartpfeile werfen und Hufeisen trudeln. Ein Spanferkel grillen war Aufgabe von Mechthild, Zwiebels Frau, einer freundlichen, stillen Mittfünfzigerin mit großen sanften Rehaugen. In der kleinen Galerie hatten Maler der Granseer Künstlergruppe »Nordwind« ihre Werke ausgestellt. Gunhild war dafür in den vergangenen Tagen dauernd in Gransee gewesen, hatte Rahmen organisiert und Leisten, an denen die Bilder dann hängen sollten. Zwei Tage war sie nur mit der Hängung der Bilder beschäftigt gewesen.
Eine kleine Druckerei hatte bereits Plakate und Faltblätter gedruckt.
Und sie war zuständig für die Führungen durchs Schloss. Quappendorff hatte lange mit ihr darüber diskutiert, wie viel man dem Publikum zumuten könne, und was es unbedingt zu vermeiden galt beim Rundgang. Schließlich sollte sie die Gäste im Kostüm einer barocken Hausdame durch den linken Seitenflügel und die Kellergewölbe leiten.
Der rechte Seitenflügel mit den Privatzimmern des Barons, den Dienstwohnungen und Gästezimmern sollte ausgespart bleiben. Höhepunkt des Tages war das »Quappenessen« am Abend. Dem Namen verpflichtet fühlte sich der Schlossherr schon immer.

Die wohlschmeckenden Fische, die als Namensgeber derer von Quappendorff dienten, waren schon lange Zeit regelmäßiger Bestandteil des winterlichen Speiseplans auf Gut Lankenhorst. Hier, im Einzugsbereich der Oberhavel, waren Quappen allerdings nur sehr selten an der Angel. Aber die Familie hatte gute Beziehungen zu einem Gastwirt an der Oder, der von polnischen Fischern mit großen, prächtigen Quappen versorgt wurde. Diese wurden im Warthebruch gefangen. Dort konnten sich die Fischbestände, die zwischenzeitlich in Brandenburg schon als verschwundene Spezies galten, erholen und als Köstlichkeit in den späten Herbst- und Wintermonaten gefangen werden. Speziell für dieses Ereignis hatte Gunhild bei dem Gastwirt zwölf große Quappen, natürlich bereits filetiert, bestellt.
Der Baron hatte extra für diesen Abend zahlreiche Gäste geladen. Auch die Stifter und die Honoratioren der örtlichen Verwaltung waren natürlich dabei. Gunhild hatte vorab die Presse mit kleinen Artikeln versorgt und ein Team des »rbb« war auch informiert um einen kleinen Fernsehbericht für die abendlichen Kulturnachrichten zusammenzustellen.
Gunhild entschied sich, doch noch durch die kalte Regennacht zurückzufahren. Es wäre doch besser, rechtzeitig früh am Morgen schon fix und fertig zu sein und nicht erst auf den letzten Drücker einzutreffen. Der offizielle Beginn war auf zehn Uhr festgesetzt, aber der Baron wollte um halb Neun noch einmal alle Mitwirkende zu einer kurzen Besprechung sehen.
Sie wusste, dass Felix nicht sehr erfreut über diese Entscheidung sein würde, aber sie wusste auch, dass er Verständnis dafür habe. Er klammerte nicht. Das war ihr sehr angenehm. Die Verabschiedung war kurz und intensiv
Gunhild mummelte sich fest ein in ihre Regenmontur, kippte den Dynamo an und radelte davon. Felix schaute ihr noch kurz nach bis sie als kleines flackerndes Lichtpünktchen im Dunkel verschwand. Der graue Tigerkater schnurrte ihm ums Bein und miaute. Er hatte wohl Hunger.

II

Text von einem Faltblatt

»Märkische Nixen und andere Schönheiten – Malerei und Graphik von Felix Verschau«

Die Bilderwelten des Brandenburger Malers Felix Verschau sind in ihrer Klarheit und Intensität einzigartig in der hiesigen Kunstlandschaft.

Die Retrospektive aus Anlass des 60. Geburtstags des Malers gibt einen Überblick über das gesamte Oeuvre des Felix Verschau. Man merkt ihm seine Nähe zum Expressionismus an.

Farbigkeit und Duktus erinnern stark an die besten Jahre der »Brücke« ohne diese jedoch zu plagiieren. Verschau gelingt es, vollkommen neue Bilderwelten zu entwickeln. Er bezieht in seine Malerei einheimische Sagenmotive und die kargen, märkischen Landschaften ein. So entstehen Bilder, die auf einem schmalen Grat zwischen Realismus und Symbolismus balancieren und eine Spannung erzeugen, die den Betrachter in diese Scheinwelt hineinziehen. Laszive Nixen, scheinbar unnahbare Prinzessinnen und verwunschene Zauberwesen bevölkern das Verschausche Farbenuniversum.

Im Kontrast zu den Farbarbeiten stehen seine Graphiken. Strenge Schwarz-Weiß-Welten, mit Hand geschnitten in Holz und von ihm selbst gedruckt. So präsentieren sich die Holzschnitte und Collagen. Bei seinen graphischen Arbeiten überwiegen Illustrationen. Zyklen zu Werken von Stephan Heym, Günther Grass und André Gide sind in der Retrospektive vertreten.

Die Ausstellung ist vom 14. September bis zum 30.Oktober in der Galerie »Bolle & Boettcher« zu sehen.
Zur Vernissage am 12. September laden wir Sie herzlich ein!

III
Der Maler Felix Verschau

Felix war nicht immer ein Einsiedler. Früher war er ein geselliger Mensch, der sich gern mit Leuten umgab und auch sonst kein Kind von Traurigkeit war. Stets war er im Mittelpunkt geselliger Abende und auch sonst ein großer Organisator.
Seine Leidenschaft jedoch war die Kunst. Er war ein Besessener, brannte für seine Kunst und steckte all seine Kraft und Energie in seine Bilder. Man sah es ihnen auch an.
Immer mit Herzblut gemalt, immer mit dem letzten Quäntchen an Kraft geschnitten in Holz, geritzt in Kupferplatten, gekratzt auf Messing und gespachtelt auf Leinwand hatten seine Bilder allesamt etwas Unverwechselbares. Sein Pinselstrich war immer etwas grob und breit, oberflächlich betrachtet wenig filigran. Aber wer sich auf seine Bildsprache einließ, entdeckte eine erstaunliche Sensibilität im Umgang mit den Farben. Seine Bilder verströmten eine eigene Poesie. Pummelige Frauen tummelten sich inmitten archaischer Landschaften, bärtige Schäfer, ausgelassen tobende Kinder und traurig blickende Mönche füllten ganze Serien von Holzschnitten. Eine Menagerie von Tieren bevölkerte große Farbblätter und immer wieder tauchte ein Mann mit Hut in seinen Bildwelten auf: er selbst.
Ohne seinen Hut war er nur ein Schatten. Mit diesem alten, abgegriffenen Ding auf dem Kopf bekam er etwas Ehrwürdiges und Unikales.
Wer trug schon heutzutage noch Hut?
Und dazu noch mit einer solchen Konsequenz! Felix und sein Hut waren eine Einheit. Er verlieh ihm genau diese Aura, die er so sehr schätzte. Er fiel auf, egal, wo er auftauchte. Dazu ließ er dann stets sein dröhnendes Lachen ertönen, das alle Gespräche in seiner Umgebung verstummen ließ.

Durch den dichten struppigen Bart hindurch erzählte er seine Geschichten, die genau wie seine Bilder etwas derb, etwas frivol und dennoch von einer eigenen Poesie waren. Seine Kindheit im fernen Allenstein wurde wieder lebendig. Seine Flucht in der Nachkriegszeit, sein Studium in Dresden bei den bekannten Künstlern der Dresdner Schule, danach seine Zeit als Kulturhausleiter und Zeichenlehrer.

Felix hatte nichts anbrennen lassen. Schon früh hatte er geheiratet. Ein kleiner Sohn erblickte das Licht der Welt und Felix war glücklich. Später kam noch ein Töchterchen hinzu. Die Ehe allerdings hielt nicht lange. Als sein Sohn bei einem tragischen Unfall starb, verlor er die Freude am Eheleben. Der exzentrische und umtriebige Künstler, der so ungeeignet für ein kleinbürgerliches Familienidyll war, fing sich wieder und ging nach Berlin.

Später liierte er sich mit einer jungen Kunststudentin, die ihn als Mentor und künstlerischen Ziehvater ansah. Das Ergebnis dieser Liaison war wiederum ein kleines Töchterchen. Wieder war Felix sehr glücklich und genoss das kurze Familienglück. Denn auch hier war der Beziehung nur eine kurze Dauer beschieden.

Zu dominant war sein Charakter, zu umtriebig waren seine Eskapaden. Feierfreudig wie er war, sprach er auch dem Alkohol kräftig zu. Das war natürlich blankes Gift für seine Beziehungen. Aber der Rausch beflügelte ihn auch zu neuen phantastischen Bilderwelten. Seine Freunde, und davon hatte er sehr viele, verziehen ihm diese Abstürze.

Felix war inzwischen im Berliner Kulturleben fest eingebunden. Er gehörte mit zum legendären Volkskunststudio »Otto Nagel«, einer im Berliner Stadtbezirk Friedrichshain ansässigen Gruppe von Amateurmalern, die sich in den Siebziger Jahren etablierte.

Eine kleine Galerie wurde gegründet, diverse Werkstätten für graphische Drucktechniken eingerichtet und Zirkel für kunstbegeisterte Kinder und Jugendliche betrieben. Felix engagierte sich, bemalte mit seiner Gruppe Hauswände, porträtierte auf Volksfesten die Besucher, bestückte diverse Galerien mit Ausstellungen und knüpfte Beziehungen zu Galerien in anderen Ländern und Städten. Der Stadtbezirk war stolz und glücklich über seinen aktiven Kulturbetrieb. Landesweit kamen Besucher ins Studio »Otto Nagel« und die Medien berichteten ausgiebig über diese vorzeigbare Volkskunstwelt.

Es hagelte Auszeichnungen und Ehrungen. Felix nahm sie an wie etwas Natürliches. Er genoss diesen Ruhm und sonnte sich auch ein wenig darin. Aber er blieb bodenständig, ließ sich nicht zu sehr vereinnahmen vom offiziellen Kulturbetrieb.
Er kümmerte sich lieber seine zahlreichen Jünger, die in diversen Grundlagenkursen, Abendkursen und Wochenendkursen ihr Hobby zu einer Passion reifen ließen. Oft verreiste er mit ihnen sogar ins benachbarte Tschechien, damals noch die sozialistische Tschechoslowakei, oder bis hinunter ins warme Bulgarien. Immer dabei Skizzenblöcke, Farben, Pinsel. Diese Touren waren Höhepunkte seines Schaffens. Er lief dabei zu Höchstform auf, abends am Lagerfeuer sang er mit seinem sonoren Bass Moritaten und alte Bänkelsängerlieder, vom hochzeitswütigen Zickenschulze in Bernau, vom Barbier Fritze Bollmann, der auf dem Beetzsee angeln wollte oder vom bösen Schuster aus Treuenbrietzen, der das unschuldige Sabinchen verführte. Dazu erzählte er dann seine Geschichten und Schnurren.
Dann kam die Wende und alles wurde anders. Felix musste sich nach und nach von seiner geliebten Welt verabschieden. Die graphischen Werkstätten wurden geschlossen, zu teuer seien sie wohl im Unterhalt gewesen, die kleine Galerie im Friedrichshain war auch nicht mehr zu halten.
Jetzt hatte sich ein Nobelitaliener darin eingerichtet, der für viel Geld seine Miesmuscheln in Weißweinsauce anbot. Von seinen Malergruppen waren die Mitglieder in alle Himmelsrichtungen verstreut.
Die neue Zeit änderte Lebensläufe radikal. Zurück blieben nur ein paar wenige Standhafte, die sich mit Felix noch zu Teeabenden trafen, die er in seiner Wohnung hoch über den Dächern Friedrichshains veranstaltete. Doch auch diese geselligen Abende wurden immer seltener.
Alle hatten in dieser neuen Zeit plötzlich keine Zeit mehr. Allen war das Geldverdienen nun wichtiger, als alles andere. Bilder malen und Graphiken drucken, Wochenendtouren in die märkische Natur, abendliches Aktzeichnen mit Musik und Rotwein, all das hatte plötzlich keine Bedeutung mehr für die langjährigen Begleiter von Felix.
Auch seine beiden Töchter, inzwischen herangewachsen zu selbstbewussten, klugen Frauen, die in Deutschlands großen Städten studierten,

hatten nur noch wenig Zeit für ihren Vater. Ab und zu kam ein Postkartengruß von ihnen ins Haus geflattert. Aber das war's dann eben auch. Felix fühlte sich immer mehr auf verlorenem Posten. Hinzu kam der ständige Trouble mit seinem Arbeitgeber, dem Kulturamt des Stadtbezirks. Früher, ja, früher, da war die Finanzierung von Projekten kein Problem.

Für ein solches Vorzeigeunternehmen wie das Volkskunststudio »Otto Nagel«, das regelmäßig bei großen Ausstellungen vertreten war und Preise einheimste für vorbildliche Kulturarbeit, gab es stets grünes Licht. Jetzt waren die neuen Amtsmenschen plötzlich knauserige Bürokraten, die mit ihrem Ressort sehr sparsam zu wirtschaften hatten. Berlin war schließlich pleite und Sparen war die erste Bürgerpflicht. Kultur, speziell Kiezkultur, wie man diese Art neudeutsch zu nennen pflegte, galt da als einsparungswürdig.

Felix beobachtete den Niedergang seines Lebenswerks eine Zeit lang. Auch körperlich spürte er den Verfall. Das Studio war sein Lebensnerv und Kraftquell gewesen. Das Verwalten des Niedergangs ging ihm selbst ans Herz. Zahlreiche Zipperlein stellten sich ein. So richtig war er mit sich nicht mehr im Reinen.

Dann kam eines Tages ein Brief einer ihm unbekannten Anwaltskanzlei. Es war ein Legat. Ein alter Freund aus seiner Zeit als Kulturhausleiter hinterließ ihm das alte Chausseehaus draußen im Brandenburgischen.

Felix zögerte nicht lange und packte seine Siebensachen, zog hinaus in die Einsiedelei, breitete seine Schätze in den verlassenen Räumen aus und kümmerte sich um die Instandsetzung der wichtigsten, lebensnotwendigen Dinge wie etwa Strom, Wasser und intakte Fenster.

In der Scheune, vollgepackt mit Schrott und Trödel, entdeckte er ein kleines, grau getigertes Kätzchen, dass sofort Zutrauen zu ihm fasste. Er taufte es kurzerhand auf den Namen »Kater« und kümmerte sich um seine Aufzucht. So war er nicht ganz allein und hatte jemanden zum Sprechen, wenn er das Bedürfnis danach hatte.

Einmal alle acht Tage fuhr er mit dem Fahrrad nach Biesenthal, kaufte das Notwendigste ein und schaute kurz bei einem alten Freund vorbei, dem die kleine Imbissbude am Markt gehörte. Dort bekam er eine große Portion Pommes mit Curry umsonst und trank auch ein Bierchen dazu. Die Imbissbude war mit seinen Werken geschmückt. Ab und zu verkauf-

te der Wirt sogar ein Blatt. Felix hatte sich eingerichtet in seiner selbst gewählten neuen Welt. Er war etwas melancholisch geworden, blätterte oft seine alten Graphikmappen durch und träumte sich zurück in seine aufregende Zeit im Friedrichshain.
Als Gunhild in sein Leben trat, lebte er wieder auf, begann wieder zu malen und zu zeichnen, bearbeitete hölzerne Druckstöcke mit Kuhfuß und U-Eisen, um dann neue Graphiken zu drucken auf seiner kleinen Boston-Hochdruckpresse. Plötzlich war wieder Farbe und Leidenschaft in seinem Leben und er genoss es sichtlich, wieder angehimmelt zu werden. Das Leben meinte es wieder gut mit ihm.

IV
Auf dem Weg nach Gut Lankenhorst
Samstagnacht, 28. auf den 29. Oktober 2006

Gunhild war noch nicht lange unterwegs. Der heftige Regen hatte es aber bereits geschafft, sie bis auf die Haut zu durchnässen. Eine unangenehme Kälte machte sich in ihr breit. Sie trat kräftiger ins Pedal, um so gegen die Kälte anzukämpfen. Bis Lankenhorst waren es vielleicht noch knappe fünf Kilometer, wenn sie kräftig strampelte, würde es eine halbe Stunde dauern bis zum warmen Zimmer im Schloss.
In Gedanken war Gunhild noch im Chausseehaus bei Felix. Jedes Mal, wenn sie ihm Modell saß oder lag, bekam sie eine Gänsehaut. Die Luft war dann angefüllt mit einem erotischen Knistern, das sie förmlich zu hören glaubte, wenn der Maler mit seinen Farben anfing, ihre Kurven aufs Tapet zu bannen. Plötzlich wurde sie aus ihrem wohligen Wacht-

raum geschreckt. Etwas schien sich vor ihr bewegt zu haben. Durch den dichten Regen hatte sie so etwas wie einen dunklen Schatten wahrgenommen. Auf der Straße sah sie etwas liegen. Beim Näherkommen entpuppte sich das dunkle Etwas als ein großer toter Vogel. Gunhild schrak zurück. Das war ihr suspekt.

Gerade hatte sie noch diesen dunklen Schatten gesehen. Das konnte aber unmöglich der Vogel gewesen sein. Ein Motorengeräusch hatte sie auch nicht gehört. Aber einen Zusammenhang zwischen dem Vogelkadaver und dem Schatten musste es ja geben. Sie schaute sich um. Nichts Auffälliges war zu sehen. Nur Regen und Wald, dazwischen neblig dampfendes Unterholz und die dunkel schimmernde Straße, die hier schnurgerade durch den Ladeburger Forst verlief.

Eigentlich eine vollkommen unspektakuläre Gegend. Ein Käuzchen ließ aus der Ferne sein gellendes »Kiwitt-Kiwitt« erklingen.

Gunhild schaute sich den Vogel näher an, der da so hilflos vor ihr auf der Straße lag. Sie hatte wenig Ahnung von der einheimischen Vogelwelt, konnte gerade so einen Storch von einem Raben unterscheiden. Was da lag, war auf alle Fälle kein Storch, obwohl eine gewisse Ähnlichkeit vorhanden war. Das Federkleid war zerzaust und sah im Dunkel der Nacht eher grau als weiß aus. Der Schnabel des stattlichen Tierchens war zwar lang, aber für einen Storch doch eindeutig zu klein. Vorsichtig schob sie den Kadaver zur Seite und fuhr langsam weiter. Sie fühlte sich plötzlich unwohl und ihr fröstelte.

Etwas Böses hatte ihren Weg gekreuzt, davon war sie fest überzeugt. Dieses Böse hatte auch den armen Vogel da liegen lassen.

Sie erinnerte sich an die alten Spukgeschichten um Gut Lankenhorst, in denen eine »Weiße Frau« durch die Gemächer geisterte und hatte auch von der »Wilden Jagd« gehört, einem Spuk, der in den umgebenden Wäldern beheimatet war.

Ein kopfloser Reiter solle mit seiner Armbrust und einer Meute wilder Wölfe nächtens durch die Wälder jagen und alles, was sich ihm in den Weg stelle, überrennen. Eigentlich gehörte sie nicht zu der Gruppe von Menschen, die solchen Spuk für bare Münze hielt, aber im Moment schien es so, als ob das ganze doch recht spukhaft war.

Sie begann ein Selbstgespräch um sich Mut zu machen: »So ein Quatsch, ist doch alles nur ein dummer Zufall, ja ein Zufall ... Eigentlich ist ja nichts.«
Wieder glaubte sie etwas zu sehen. Konturenlos und schwarz. Ein Spuk! Sie trat abrupt auf die Rücktrittbremse. Und auch diesmal sah sie wieder etwas auf der Straße liegen. Sie ahnte, was das war. Nach wenigen Sekunden hatte sie Gewissheit. Es war genauso ein merkwürdiger Vogel wie einen Kilometer zurück mitten im Walde. Um Gunhilds Nervenkostüm war es inzwischen geschehen. Schwer atmend stand sie vor dem toten Tier.
Sie kreischte laut auf und begann ungehemmt zu weinen, denn sie spürte wieder die Präsenz des Bösen und konnte nichts dagegen tun. Vollkommen hilflos und in einem desolaten Zustand schob sie ihr Fahrrad neben sich her. Sie war unfähig darauf zu fahren, jedenfalls im Moment. Die Beine waren weich wie Glibber und ein Schauer nach dem anderen lief ihr den Rücken hinab. Es war hier etwas am Werk, dass ihr unheimliche Angst einjagte. Etwas, was sie total verstörte.
Ihr kamen die Bilder der letzten Woche wieder in den Sinn. Der plötzliche Unfalltod von Irmi, die Vogelkadaver im Park und das geheimnisvolle Auftauchen der »Weißen Frau«. Als ob dem Baron irgendetwas das Leben vergällen wollte. Dabei hatte der doch sowieso mit so vielen Hindernissen zu kämpfen. Es war ungerecht, was da passierte.
Endlich tauchten die Umrisse von Gut Lankenhorst auf. Rechts lag der Elsenbruch mit seinen gespenstischen Ruinen. Ihr war, als ob dort der dunkle Schatten verschwand.
Es war inzwischen schon ein Uhr nachts. Die Kirchturmglocke im nahen Dorf Lankenhorst erklang als dünnes Geläut durch die Regennacht. Gunhild schob ihr Rad in den kleinen Schuppen direkt hinter dem Torhaus. Die Zwiebels waren bereits zu Bett, überall waren die Lichter gelöscht. Nur in den Privatgemächern des Barons im rechten Seitenflügel konnte sie noch ein schwacher Lichtschimmer sehen.
Er konnte wohl wieder nicht schlafen und wälze wieder irgendwelche dicken Bücher. Gunhild wusste über diese Eigenart ihres Arbeitgebers. Oft kam sie erst spät nachts zurück aufs Gut von ihren Abstechern. Jedes Mal konnte sie auch den Lichtschein im ersten rechten Fenster sehen.

Es beruhigte sie im Moment außerordentlich, dieses Lebenszeichen zu entdecken. Plötzlich waren ihre Ängste verschwunden und sie ging deutlich entspannter Richtung Schloss. Der Weg unter den alten Eichen war nicht allzu lang. Vielleicht zweihundert Meter, alles war gut überschaubar, nur wenig Laub war von den Eichen herabgefallen.
Gunhild hatte schon die große Treppe, die von zwei Laternen angeleuchtet wurde vor Augen, als sie es wieder sah. Für Bruchteile einer Sekunde wurde das Licht der Laternen von etwas Dunklem verdeckt, das vorbei huschte oder schwebte. Gunhilds Herz begann heftig zu pochen. Die Angst war wieder zurück. Sie begann zu rennen, wollte nur noch schnell ins Haus und diesen gruseligen Spuk hinter sich lassen.
Auf den Stufen entdeckte sie dann auch wieder einen toten Vogel. Sie schrie auf, laut gellend und in einer Intensität, die man ihr nie zugetraut hätte. Überall im Schloss gingen die Lichter an. Als erster war Rolfbert Leuchtenbein bei ihr. Sie zeigte wortlos auf den großen, grauen Vogelkadaver. Der Archivar zog sie ins Haus und schloss die große Portaltür. Der Baron kam die Treppe herab, verstört hinter seiner Brille blinzelnd. Leuchtenbein ging auf ihn zu und beruhigte ihn. Nur ein toter Vogel, der auf der Treppe lag. Gunhild habe sich fürchterlich erschreckt.
Der alte Herr ging zum Portal und schaute ebenfalls kurz hinaus, schüttelte dann den Kopf und brummte etwas von Dummejungenstreichen, die hier immer mal für Aufregung sorgten. Dann ging er wieder langsamen Schrittes Richtung Schlafzimmer. Auch Leuchtenbein, dessen beide Zimmer direkt neben denen von Gunhild lagen, ging wieder nach oben. Gunhild ging noch einmal in die Küche um sich einen Pfefferminztee zu kochen. Sie war noch viel zu aufgeregt, um sich sofort schlafen zu legen. In ihrem Kopf rumorte es.
Da waren die verstörenden Bilder dieser Nacht, das bevorstehende Fest und natürlich die aufregenden Sitzungen bei Felix. Alles vermengte sich zu einem eigentümlichen Mischmasch in ihrem Kopf und als Extrakt des Ganzen blieb eine bedrohliche Nachricht hängen.
Etwas Böses bemächtigte sich des Schlosses. Etwas, was weder sie noch jemand anderer so einfach wieder verjagen konnte.
Nachdenklich ging sie mit ihrem dampfenden Pott Tee nach oben. Eine bleierne Müdigkeit schien sie zu überwältigen. Sie wollte nur noch in ihr Bett.

Im Dunstkreis des Bösen

Das Wetter und die Kraniche

Schon die alten Ägypter haben den Kranich als »Sonnenvogel« verehrt. Er zeigte den Menschen die Kraft der Sonne an, flog in die Sonne hinein und kehrte gestärkt von ihr zurück. Die Menschen im alten Ägypten ehrten ihn, indem sie ihn als Opfergabe für ihren Sonnengott züchteten. Eine symbolisierte Darstellung des Kranichs ist als Hieroglyphe sehr oft anzutreffen. Ägyptologen deuten das stark stilisierte Kranichsymbol als den Buchstaben B. Die altgriechischen Tempeldiener und Priester verstanden es, aus den Flugformationen der Kraniche die Zukunft zu lesen. Speziell zur Wettervorhersage, wurden die Kranich-Orakel genutzt. Hochfliegende Kraniche waren ein sicheres Indiz für schönes Wetter.

Allerdings, in der Ilias des Homer gab es menschenfressende Kraniche, die durch die skythischen Ebenen zogen und bis in das Innerste von Afrika ihr Unwesen trieben. Woher Homer diese aus der Reihe fallende Sicht auf die eigentlich sehr friedfertigen Vögel hatte, ist nicht bekannt. Mit Homers mystischen Horrorvögeln waren stets Dürre, Hungersnot und Seuchen verbunden. Hier kehrte sich der glückbringende Kranich in sein Gegenteil um. Irgendwie schon verstörend!

I

Gut Lankenhorst

Sonnabend, 28. Oktober 2006

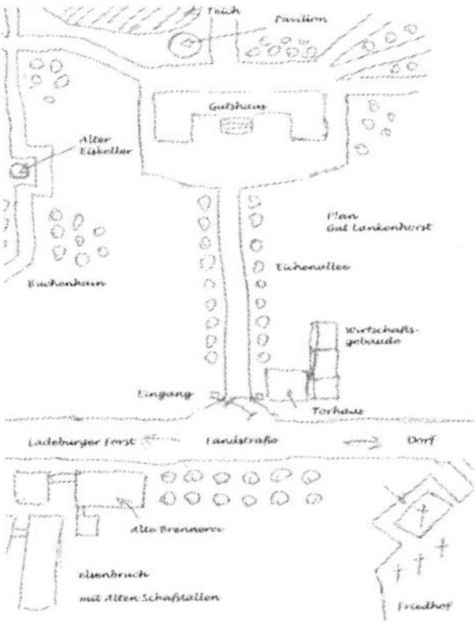

Der Tag war schon fast vorüber, es dunkelte bereits und alles verschwamm in weich zeichnenden Schatten, die im Lichte der Parklaternen ein Eigenleben begonnen hatten. Nur noch wenige Besucher weilten auf Gut Lankenhorst. Der Lärm, den die Gäste gemacht hatten, ebbte auf ein erträgliches Maß ab. Nur die Geräusche, die durch das geschäftige Abräumen der aufgebauten Tische und Stände entstanden, durchschnitten die milde Herbstluft.

Im Park schleppten Zwiebel, dessen Frau und Leuchtenbein die Kulissen des kleinen »Spektakels« zurück in den großen Geräteschuppen hinter dem Torhaus. Zwiebel rangierte mit einer Sackkarre zwischen den Tischen und Stühlen herum, seine Frau hatte sich mit einem großen blauen Müllsack daran gemacht, Papptellerchen und Becher einzusammeln und Leuchtenbein werkelte an der Bogenschießanlage herum.

Im Gutshaus hatten sich im Foyer die Familienmitglieder versammelt. Brutus pendelte wie aufgezogen schwanzwedelnd zwischen seinem Herrchen, dem alten Baron und den anderen geladenen Gästen. Hülpenbecker unterhielt sich mit dem Landrat, einem sich jovial gebenden, älteren Herrn, der in jungen Jahren gut und gerne als Türsteher gearbeitet haben könnte. Ihm zur Seite schwebte ein blondes Wesen, das eine

Art Mensch gewordene Barbie darstellte. Das war die persönliche Assistentin des Landrats.
Daneben wirkten die Konturen von Gunhild Praskowiak umso kräftiger. Sie kümmerte sich um drei unscheinbare Herren, die allesamt in mausgrauen Anzügen und dezent gefärbten Krawatten um den Preis des unauffälligsten Gastes wetteiferten.
Die drei Herren in Grau waren die Stellvertreter Hülpenbeckers von der Märkischen Bank. So, wie sie auftraten, so, hießen sie auch: Müller, Schulze und Meier. Man konnte sie nur an der Farbe ihrer Krawatten unterscheiden.
Müller trug eine dezent ocker-braun gestreifte, Schulze hatte sich eine diskret gepunktete olivfarbene Krawatte umgebunden und Meier war mit einer lachsroten, leicht changierenden Designerkrawatte angetreten. Gunhild schien diese aufregende Äußerlichkeit erwähnenswert genug. Sie hatte die drei blassen Banker in ein Gespräch über modische Accessoires gezwungen. Allen dreien fiel es sichtlich schwer, etwas Bemerkenswertes zum Thema beizusteuern.
Aber Gunhild schien sich einen Spaß daraus zu machen, dieses Gespräch nicht abreißen zu lassen.
Im großen Sofa am anderen Ende des Foyers waren die Tochter des Barons, Clara-Louise und ihr Mann sowie der frisch verwitwete Immobilienmakler Wolfgang Hopf eingesunken. Sie schwiegen und waren mit sich selbst beschäftigt. Der Unfalltod von Irmi war noch zu frisch.
Für das abendliche Quappenessen hatte der alte Baron extra den Koch von »Schechters Hof«, einem bekannten Gasthof im Märkischen Höhenland, engagiert. Der hatte schon seit Jahren das Vertrauen des Hausherrn für solch diffizile Ereignisse. Er kredenzte nur aus heimischen Produkten erzeugte Gerichte, die bei allen, die es einmal schafften, seine Kunst zu probieren, wahre Lobeshymnen hervorrief.
Nicht nur seine »Quappenfilets auf Wurzelgemüsebett«, auch die Vorsuppen und die Salate waren von einer außergewöhnlichen Qualität. Selbst das Dessert, ein Birnenschaum-Mousse, konnte mit der französischen Haute Cuisine wetteifern. Alle warteten auf das Glöckchen, mit dem der Küchenmeister zum Betreten des Speisesaals auffordern sollte.
Der prächtig dekorierte Saal im ersten Stock, direkt über dem Foyer, wurde nur sehr selten genutzt. Rochus von Quappendorff hatte nicht die

Mittel und die Energie, diesen großen Saal ständig in Betrieb zu halten. Natürlich, es war immer wieder ein beeindruckendes Erlebnis, wenn die großen Doppeltüren geöffnet wurden.
Der Saal hatte keine Ecken, alles war in einer fließenden, ovalen Form konstruiert worden. Die großen Fenster, die sowohl nach vorne auf den großen Platz am Ende der Eichenallee wiesen als auch nach hinten, wo sich eine englische Parklandschaft dem Auge des Betrachters bot. Ein riesiger flämischer Leuchter hing in der Mitte des Ovals und verströmte angenehmes Licht, das von zwei Reihen großer weißer Kerzen erzeugt wurde. An den Wänden waren weitere Leuchter angebracht, die mit großen Kerzen bestückt waren.
In den Nord- und Südkurven standen vier Ritterrüstungen. Der Baron hatte sie gleich nach der Wende bei einer Auktion in Tschechien günstig ersteigert. Eigentlich gehörten diese Prunkrüstungen nicht in die Mark Brandenburg. Es waren böhmische Arbeiten, die als reine Schmuckpanzer in der Spätrenaissance reichen Patriziern gehört hatten. Nie hatte ein wirklicher Ritter unter diesen fein ziselierten Platten gesteckt, aber das war dem Baron egal. Der optische Eindruck zählte und das war es schließlich, was man von einem echten Baron erwartete.
Sein Archivar, Rolfbert Leuchtenbein, hatte ihm in alten Chroniken Holzstiche gezeigt, wie seine Vorfahren im 12. und 13. Jahrhundert als Gefolgsleute der Askanier aussahen. Eher unspektakulär und formlos waren die damaligen Rüstungen. Man war eben mehr praktisch gewesen. Der Baron wurde aus seinen Erinnerungen gerissen. Gunhild war von hinten an ihn herangetreten. Mit gepresster Stimme flüsterte sie ihm etwas ins Ohr.
Lutger fehlte.
Er sah sich um.
Ja, sie hatte Recht, Lutger fehlte.
Den ganzen Nachmittag hatte er sich mit Bogenschießen und Dartwerfen draußen aufgehalten. Vielleicht war er noch im Park. Der Baron sah auf seine Taschenuhr, ein altes Erbstück, das er von seinem Onkel kurz vor dessen Tod bekommen hatte. Es war kurz vor acht Uhr.
Von draußen kamen die beiden Zwiebels und Rolfbert Leuchtenbein etwas verfroren mit geröteten Wangen und leuchtenden Augen herein. Das Glöckchen des Küchenmeisters erklang just in diesem Augenblick

und alle setzten sich langsam in Bewegung. Beim Hinaufgehen sprach der Baron kurz mit dem Hausmeister Zwiebel. Auch Zwiebel hatte Lutger von Quappendorff nicht mehr gesehen. Ob er sich aus irgendwelchen triftigen Gründen kurzerhand dazu entschlossen hatte, zurück nach Berlin zu fahren? Aber eigentlich sagte er dann ja immer Bescheid.
Kopfschüttelnd und etwas nachdenklich stieg der alte Herr die Treppen weiter hinauf. Im Moment hatte er sich auf die anwesenden Gäste zu konzentrieren.
Das Quappenessen war der alljährliche Höhepunkt im Kulturleben des Hauses. Von Jahr zu Jahr wurden diese herbstlichen Gelage opulenter und extravaganter. Die Kosten für dieses Festgelage explodierten förmlich, aber erstaunlicherweise fanden die Mitglieder des Stiftungsrates diese Entwicklung in Ordnung. Vielleicht lag es daran, dass sich alle durch dieses gemeinsame Quappenessen zugehörig fühlten zu einer alten Blutlinie, die ihre Wurzeln bis tief ins Mittelalter zurückverfolgen konnte. Der Name Quappendorff hatte diesen archaischen Bezug zu den inzwischen so selten gewordenen Fischen, die früher die märkischen Flüsse besiedelten.
Alte Chroniken berichteten, dass es in manchen Wintern so viele Quappen gegeben haben soll, dass man sie mit der Hand herausfischen konnte, da sie keinen Platz hatten, um weg schwimmen zu können. Heutzutage waren sie eine Rarität. Das feste, weiße Fleisch dieses dorschähnlichen Fisches galt als Delikatesse. Glücklicherweise gab es in einigen Flüssen wieder genügend davon, die von einigen Fischern auch geangelt wurden.
Der Wirt von »Schecherts Hof« hatte dieses Jahr wieder ein paar ausgesprochene Prachtexemplare organisiert. Die größten waren über einen Meter lang und brachten auch ein entsprechendes Gewicht auf die Waage. Wie erwartet waren die fünf großen runden Tische feierlich eingedeckt. Kerzenleuchter standen auf den Tischen, silberne Platten funkelten im Kerzenschein, mit Gemüse und Kartoffeln beladen. Weingläser im Römerstil rundeten das Bild ab. Quappendorff hatte extra für diesen Abend eine kleine Auswahl leichter Weißweine aus dem Werderaner Anbaugebiet vom Wachtelberg besorgt. Er mochte diese spritzigen Weine und wollte auch etwas dafür tun, dass diese Weine eine etwas größere Öffentlichkeit erlangten.

In seinem Hofladen bot er das gesamte Programm der Werderaner Winzer an. Die Gäste nahmen etwas umständlich Platz. Dabei fanden sich die Menschen zusammen, die auch sonst miteinander zu tun hatten. Die beiden Zwiebels, Leuchtenbein und Gunhild Praskowiak saßen links vom Baron. Rechts neben ihm hatte Wolfgang Hopf Platz genommen. Clara-Louise und ihr Gatte saßen direkt gegenüber neben Hülpenbecker und dem Landrat. Die drei Banker und das blonde Gift hatten am anderen Tisch Stellung bezogen.

Der Küchenmeister kam mit seinem silbernen Wägelchen hereingefahren, darauf zwei große silberne Halbschalen. Ein beifälliges Geraune ertönte im Saal, als die Silberglocken abgenommen und die köstlichen Quappenfilets sichtbar wurden. Ein feiner Duft durchzog den Saal. Der Baron entkorkte drei Flaschen besten Müller-Thurgaus vom Wachtelberg und ließ die Flaschen kreisen. Alle prosteten sich zu. Clara-Louise hüstelte kurz. Ein fragender Blick des Vaters ließ sie leise fragen: »Wo ist denn Lutger?«

Die Gäste blickten etwas verwirrt. Natürlich, Lutger war nicht da. Ein Platz war frei geblieben.

In dem Augenblick, als sich alle dem Essen wieder widmen wollten, ertönte im Park ein gellender Schrei, der überhaupt nicht mehr zu enden schien. Irgendwann ging der Schrei in ein unbändiges Heulen über. Alle liefen zum Fenster. Eigentlich dürfte niemand mehr im Park unterwegs sein. Das Tor war verschlossen worden und die Besucher waren längst gegangen. Doch was sich den erstaunten Beobachtern da bot, wirkte schon dramatisch.

Im Licht der Laternen waren zwei Figuren zu erkennen, die aufgeregt hin und her rannten. Es schien ein Pärchen zu sein, jedenfalls kannten sie sich, denn der männliche Part versuchte immer wieder beruhigend auf die vollkommen aufgelöste junge Frau einzuwirken. Die schien durch irgendein Ereignis vollkommen aus der Bahn geworfen zu sein.

Sie war auch die Quelle des unsäglich lauten, gellenden Schreis. Man konnte deutlich erkennen, dass sie am ganzen Körper bebte, als ob sie dem Leibhaftigen begegnet wäre.

Immer wieder durchzuckte ein neuer Weinkrampf ihren Körper. Und immer wieder trat der junge Mann an sie heran und umarmte sie. Schließlich sank sie zu Boden und schluchzte weiter vor sich hin.

Die blonde Assistentin des Landrats war die erste, die etwas zu diesem ungewöhnlichen Schauspiel im Park sagte: »Mein Jott, die Jugend ... Als ob se alleene uff die Welt wär'n! Liebeskummer lohnt sich nicht.«
Der Landrat blickte etwas entschuldigend in die Runde.
»Frau Sponholz, ich muss Sie doch bitten. Das sieht nicht wie ein Streit unter Liebenden aus.«
Die beiden Zwiebels und Gunhild Praskowiak waren inzwischen schon die Treppe hinunter geeilt. Etwas schien diese beiden jungen Leute vollkommen in Panik versetzt zu haben. Gunhild hatte sofort ihr Erlebnis der letzten Nacht im Kopf. Auch Meinrad Zwiebel hatte so eine Ahnung. Er hatte das Vogelmassaker im Park vor wenigen Tagen gesehen.
Als die Polizei wegen des Unfalls hier war, hatte er dem dicken Polizeihauptmeister davon berichtet. Der war sofort wie elektrisiert gewesen. Es mussten wohl des Öfteren schon solche Ereignisse in der Gegend aufgetreten sein.
Die anderen Gäste folgten inzwischen ebenfalls zögernd. Nur der alte Baron blieb zurück und beobachtete vom Fenster aus das Geschehen.
Gunhild war bei dem jungen Mädchen angekommen. Die Kleine war vollkommen aufgelöst. Ihre Frisur hatte sich in einen großen, nach allen Seiten stachelnden Punker-Skalp verwandelt und das Makeup hatte sich passend dazu in eine expressionistische Gesichtsbemalung gesteigert.
Schwarze Tränenspuren zogen über die tiefrot glänzenden Wangen und verliehen ihrem Aussehen die Verwegenheit von Alice Cooper.
Doch ihr äußerer Zustand konnte nicht darüber hinwegtäuschen, dass sie sich in einer vollkommen desolaten Gemütsverfassung befand. Frau Zwiebel hielt ihre Hand und streichelte sie.
Das junge Ding hatte Schwierigkeiten, irgendein Wort herauszubringen. Jedes Mal wenn sie ansetzte, erschütterte ein erneuter Weinkrampf den kleinen Körper. Der junge Bursche, wahrscheinlich ihr Freund, stand etwas rat- und hilflos daneben und ruderte dazu ungelenk mit seinen schlaksigen Armen. Zwischen zwei Schluchzern stammelte das Mädchen etwas.
Es waren nur wenige Worte: »Dort, dort ... am Teich!« dabei zeigte sie mit zittrigen Fingern auf den kleinen Parkteich, auf dem ein paar Enten und Blesshühnchen friedlich im Licht der beiden Parklaternen schwam-

men. Am Ufer hatten sich die beiden Schwäne bereits zum Schlafen eingerichtet. Eine friedliche Idylle.
Meinrad Zwiebel ging hinüber zum Teich. Er suchte das Ufer ab, konnte jedoch nichts entdecken. Schulterzuckend wollte er sich schon abwenden, aber etwas irritierte ihn bei einem letzten Blick über den kleinen Wassertümpel. Das Entenhaus, das so ziemlich in der Mitte des Gewässers stand, erschien eigentümlich verändert.
Normalerweise konnte man durch das Entenhaus hindurchschauen. Es war eine einfache Konstruktion. Eine im Wasser stehende Holzplatte, darauf vier kleine Vierkanthölzer darüber ein aufgesetztes Giebeldach – das war das ganze Entenhaus. Von allen Seiten war es normalerweise gut einsehbar. Die Enten gingen nur sehr selten in ihr Domizil. Dafür wurde das Bauwerk, das Zwiebel innerhalb eines Nachmittag gezimmert hatte, von zahlreichen Singvögeln genutzt, von denen es eine erstaunliche Vielfalt im Park gab.
Doch jetzt schien ein sehr kompaktes Wesen in dem Entenhaus zu sitzen. So richtig konnte Zwiebel nicht erkennen, was sich da breit gemacht hatte. Das Licht der Parklaternen schien von schräg oben auf das Dach der kleinen Hütte, so dass er nicht richtig sehen konnte, was sich genau im Entenhaus eingenistet hatte.
Er ging zurück, um seine Taschenlampe zu holen und hatte dabei ein mulmiges Gefühl. Das hysterisch heulende Mädchen und ihr ungelenk herum rudernder Freund, die toten Vögel im Park und der Spuk mit der »Weißen Frau«, den der alte Baron gesehen haben wollte – all das verdichtete sich jetzt zu einer unguten Vorahnung, die ihn vollkommen lähmte.
Seine Frau kam auf ihn zu.
»Radi, ist was mit dir? Du bist ja ganz blass!«
Er schüttelte nur den Kopf und kramte in seiner Werkzeugtasche, die er meist in seiner Nähe hatte und die auch jetzt im Foyer griffbereit in einem großen, hölzernen Schrank auf ihn wartete. Gerade als er mit der Taschenlampe wieder zum Teich eilen wollte, drang erneut ein Schrei an sein Ohr.
Diesmal war es Gunhild Praskowiak, die laut aufschrie und wie von einer Tarantel gestochen Richtung Gutshaus rannte. Die Blondine Isabel Sponholz, des Landrats Assistentin, kniete im Gras und übergab sich

hemmungslos. Hülpenbecker war von der Situation ebenfalls überfordert. Er wimmerte leise vor sich hin und saß neben dem Pärchen, das der Auslöser der Panik zu sein schien.
Zwiebel griff sich Leuchtenbein, der wie ein Schlafwandler zwischen den Menschen herumschlich.
»Komm Berti, wir schauen uns das mal an.«
Allein hatte ihn auch der Mut verlassen, zusammen mit dem Archivar reichte es jedoch, bis an den Teich zurückzukehren. Er richtete den Strahl der Taschenlampe auf das Entenhaus und sah den Kopf Lutger von Quappendorffs mit weit aufgerissenen Augen und halb geöffneten Mund, als ob er noch etwas sagen wollte, mitten im Entenhaus.
Überall war Blut. Der Kopf war fein säuberlich aufgestellt worden wie eine Bronzebüste, nur dass es sich hierbei um einen echten Kopf aus Fleisch und Blut handelte. Zwiebel machte die Lampe aus, sah zu Leuchtenbein, der völlig blass und stumm neben ihm stand.
»Was nu?«
»Polizei! Wir müssen die Polizei rufen. Nichts anfassen! Keiner darf mehr zum Teich ..., wegen Spuren, ja, Spuren sichern. Wird im Fernsehen auch immer so gemacht bei den Krimis.«
Der schmächtige Mann mit der runden Brille hatte als Erster wieder seine Handlungsfähigkeit zurückerlangt und lief zurück ins Gutshaus.
Am Fenster oben sah Rochus von Quappendorff dem ganzen Szenario zu und schien zu versteinern. Keinerlei Regung war in dem Gesicht des alten Herrn zu beobachten. Nur Brutus blickte mit seinen braunen Knöpfchenaugen auf die vielen Menschen, die aufgeregt hin und her liefen. Für den Hund war das ein sehr aufregender und interessanter Abend.

II
Gut Lankenhorst
Sonntag, 29. Oktober 2006

Der ganze Park war mit uniformierten Polizisten und den in weiße Overalls gekleideten Leuten der KTU übersät. Hundestaffeln durchkämmten das Gelände. Ein geschäftiges Treiben wie in einem Bienenstock hatte alle erfasst.
Im Gutshaus waren Kripobeamte aus Bernau zugange. Die Beamten befragten alle Beteiligten eingehend. So ein Kapitalverbrechen hatte man ja schließlich nicht alle Tage. Die meisten Bewohner und Gäste des Gutes standen noch unter Schock. Keiner wusste etwas Genaueres.
Irgendwann am späten Nachmittag war aufgefallen, dass Lutger fehlte. Aber das war bei ihm normal, da er immer viel beschäftigt war und dringliche Termine sein ganzes Leben ausfüllten. Oft war er schon kurzfristig zurück nach Berlin oder sonst wohin verschwunden. Keiner fand es daher merkwürdig, dass er weg war.
Alle Aussagen wurden akribisch protokolliert. Draußen im Park hatten die Hundestaffeln inzwischen auch den restlichen Körper gefunden. In dem kleinen Wäldchen, das sich im hinteren Teil des Parks befand, war auch der verfallene Eiskeller, den der alte Quappendorff zusammen mit seinem Parkwächter Zwiebel erst vor kurzem entrümpelt hatte.
Dorthin führten die Spuren des Verbrechens. Die provisorische Holztür war nur angelehnt. Im Innern des Eiskellers fanden die Spürhunde den kopflosen Körper. Die weißgekleideten Kriminaltechniker waren gleich ausgeschwärmt, um mögliche Spuren zu sichern.
Endlich, am Abend, waren alle wieder fort. Endlich verschwanden die unheimlichen Gestalten in ihren weißen Overalls und die Uniformierten

mit ihren Schäferhunden aus dem Park. Endlich waren auch die lästigen Befragungen vorbei. Endlich kam Ruhe über die Bewohner.
Sie legte sich wie ein großer, grauer Schleier über das ganze Haus. Zusammengesunken in seinem Sessel saß der alte Baron wie ein Schattenwesen. Die Verwandten hatten sich auf ihre Zimmer zurückgezogen. Nur Leuchtenbein und Gunhild Praskowiak sowie der getreue Brutus waren geblieben.
Alle schwiegen. Selbst der Hund spürte die bedrückende Stimmung und hatte sich zusammengerollt auf dem Teppich so klein, wie nur möglich gemacht, um nicht aufzufallen.
Nach zwanzig Minuten totaler Stille erhob sich der Baron mit zittrigen Händen, schlurfte zum Fenster, von wo er einen direkten Blick auf den kleinen Teich im Park hatte.
Es war nicht so, dass er Lutger sehr gemocht hatte. Aber Lutger war der Sohn seines Bruders und gehörte eben mit zur Familie. Lutger selbst hatte sich den Projekten seines Onkels auch nicht allzu sehr verpflichtet gefühlt. Aber er war immerhin im Stiftungsrat und das zählte für ihn.
Die Finanzen und die Buchhaltung der Stiftung machte er nebenbei mit. Eigentlich war der alte Quappendorff mit der Arbeit von Lutger nicht sonderlich zufrieden. Zu oft schlichen sich Flüchtigkeitsfehler in dessen Kalkulationen, die erst dann bemerkt wurden, wenn sie schmerzliche Mehrkosten nach sich zogen.
Außerdem waren die Bilanzen sowie Gewinn-und Verlustrechnungen der Stiftung meist von den Bankern, speziell von Hülpenbecker, als kritikwürdig befunden worden. Lutger winkte dann immer ab und brummte etwas von phantasielosen Provinzlern, die seine Art, großzügig und kühn zu kalkulieren, nicht verstanden.
Jetzt war er tot. Seine laxe Art war zwar nicht gerade der, den sich der Baron als Neffe gewünscht hatte, aber auf solch eine bestialische Art ermordet zu werden ..., nun, das hatte er wirklich nicht verdient.
Leuchtenbein trat an den alten Mann heran. Er wusste nicht so richtig, wie er beginnen sollte. Quappendorff bemerkte die unsichere Geste seines Archivars.
»Was ist los? Sprechen Sie ruhig, ich bin schon noch ganz richtig im Kopf.«

Leuchtenbein räusperte sich, hüstelte noch zweimal und holte tief Luft: »Herr Baron. Ich habe die ganze Zeit nachgedacht. Finden Sie nicht auch, dass es ein seltsamer Zufall ist, dass erst vor ein paar Tagen der furchtbare Unfall mit ihrer Tochter passiert ist und jetzt …«
Der Baron schaute Leuchtenbein in die Augen. »Genau das geht mir schon die ganze Zeit durch den Kopf. Aber ..., ich kann keinen Zusammenhang entdecken. Irmi starb aufgrund eines von ihr verursachten Fahrfehlers. Das haben alle Untersuchungen einstimmig ergeben. Es gab kein weiteres Fahrzeug, was beteiligt war. Und der Mord an Lutger war regelrecht zelebriert worden, wie ein grausames Ritual. Wahrscheinlich hatte sich Lutger mit zwielichtigen Gestalten eingelassen. Er hatte mir gegenüber erwähnt, dass er in komplizierten Verhandlungen stecke und mich gefragt, ob ich als Bürge für einen größeren Kredit zur Verfügung stehen würde.«
Gunhild war ebenfalls herangetreten. Sie schien sich auch ihre Gedanken gemacht zu haben. Etwas stockend berichtete sie von ihrem nächtlichen Erlebnis auf dem Rückweg vom Chausseehaus.
Der Baron musste wieder an die »Weiße Frau« denken und auch an die brutal massakrierten Großvögel. Die hatte er bisher nur als schlechte Scherze der Dorfjugend angesehen. Alles zusammengenommen machte schon einen eigenartigen Eindruck. So, als ob jemand es darauf angelegt hätte, das Werk des Barons zu vernichten. Doch wer sollte so etwas tun?
Die drei diskutierten noch bis tief in die Nacht. Ihnen war klar, dass es einen Zusammenhang zwischen den ominösen Vorgängen auf dem Gut und den beiden Todesfällen geben musste. Leuchtenbein schlug vor, das ab jetzt nachts immer zwei Personen im Park Streife laufen sollten, denn es sei wahrscheinlich, dass noch weitere Taten folgen würden. Er würde mit Gunhild die erste Nachtwache halten. Und der Baron solle sich erst einmal ausruhen.
Der Schock saß tief. Gunhild hatte zuerst geglaubt, einen etwas verfrühten Halloweenscherz gesehen zu haben. Zu bizarr war diese gruselige Installation, um sie als etwas Reales zu begreifen. Doch die Blutspuren, die überall am Entenhaus zu sehen waren, hatten dann für Gewissheit gesorgt.
Leuchtenbein und auch Zwiebel hatten den Kopf gleich für echt gehalten. Sie kannten auch Lutger von Quappendorff besser als sie. Er war

ihnen ja doch öfter begegnet als ihr. Erstaunlicherweise hatte sie zu dem Neffen des Barons bisher nur sehr wenig Kontakt und eigentlich nichts über ihn gewusst. Fast nie hatte sie mit ihm gesprochen.

Er hatte sie stets ignoriert. Sie passte nicht in sein Beuteschema. War wahrscheinlich zu alt und zu pummelig für seinen Geschmack. Und außerdem, der smarte Geschäftsmann hatte andere Interessen als das Kulturleben auf Gut Lankenhorst. Das ließ er sie durch seine vollkommene Ignoranz auch deutlich spüren. Für Gunhild war er ein »eitler Fatzke«, der sich eigentlich nur um sich selber kümmerte.

Leuchtenbein hatte sich bereits in seinen grauen Anorak gezwängt. Eine Taschenlampe und eine ebenfalls graue Schiebermütze vervollständigten seine Ausrüstung. Er nickte Gunhild zu. Sie verstand diese Aufforderung und zog ebenfalls ihren Parka an. Aus der Küche besorgte sie noch eine Thermoskanne mit heißem Kaffee und dann stapften die beiden selbsternannten Wächter los in die dunkle Herbstnacht.

III
Im Schlosspark von Lankenhorst
Nacht vom Sonntag zum Montag, 29. zum 30.Oktober 2006

Die Nacht war ungewöhnlich mild und der Park lag wieder friedlich im Lichte seiner Laternen. Nichts wies mehr auf die Ereignisse des vergangenen Tages hin. Zwei Schatten bewegten sich auf dem Parkweg Richtung Eingangstor. Die Schatten gehörten zu den beiden Parkwächtern Rolfbert Leuchtenbein und Gunhild Praskowiak. Beide trotteten schweigend die Eichenallee bis zum Torhaus. Dort waren die Lichter schon lange aus. Das Ehepaar Zwiebel schlief schon tief und fest.
Am Eingangstor leuchtete eine große Straßenlaterne und warf lange Schatten. Aufkommender Dunst ließ die Schatten tanzen. Gunhild schüttelte sich kurz. Sie hatte wieder dieses unangenehme Gefühl wie in der Samstagnacht, als sie mit dem Fahrrad unterwegs war.
Es war, als ob etwas Böses über Gut Lankenhorst herein gebrochen war. Dieses Böse war nicht fassbar, es war eher eine atmosphärische Störung, die von sensiblen Menschen wie ein Dunstschleier wahrgenommen wurde. Ein Dunstschleier, der den Sauerstoff blockierte und als schleichendes Gift aufgenommen wurde. Sowohl Gunhild als auch Leuchtenbein atmeten diesen Dunst des Bösen ein und spürten, wie die Angst langsam von ihnen Besitz ergriff.
Die große Frau fühlte sich plötzlich klein und wehrlos. Diesmal allerdings hatte sie Leuchtenbein neben sich, was irgendwie beruhigend wirkte. Noch einmal kamen die Bilder der letzten Nacht zurück; die toten Vögel auf der Straße, der flüchtige Schatten, der gellende Ruf des

Käuzchens. Instinktiv krallte sich Gunhild in den Arm des schmächtigen Archivars, der neben ihr wirkte wie ihr großer Sohn und eigentlich noch schutzbedürftiger war als sie selbst.
»Aua, du tust mir weh!«
Gunhild sah den kleinen Mann neben ihr mitleidig an. »Naja, so ne richtige Hilfe biste ja nicht. Wat machen wa, wenns jefährlich wird? Hauste dann ab oda vasteckste dir hinter meinem breitem Rücken?«
Leuchtenbein lächelte etwas verstört. Eigentlich war er ja kein Angsthase, jedenfalls glaubte er daran, dass er in brenzligen Situationen nicht kneifen würde. Gerade wollte er etwas erwidern, als seine Aufmerksamkeit auf etwas Sonderbares gelenkt wurde. Die Fernverkehrsstraße, die normalerweise um diese Uhrzeit still und verlassen war, hatte einen einsamen Gast. Eine Person ging schnellen Schrittes mitten auf der Straße entlang, aber dennoch fast lautlos.
Leuchtenbein stieß seine Begleiterin an und deutete auf den nächtlichen Wanderer. Seltsam bekannt kam Gunhild dieser Schritt vor, es war der Einsiedler aus dem Chausseehaus. Sie wollte ihn rufen, aber Leuchtenbein machte ihr ein energisches Zeichen, sich ruhig zu verhalten. Er hatte etwas bemerkt, was ihn noch viel mehr beunruhigte.
Direkt neben der Straßenlaterne, geschützt vom Schlagschatten des Laternenmastes, stand eine weitere Person, unverkennbar weiblich. Sie trug einen weiten Regenmantel mit Kapuze und begab sich zögernd Richtung Eingangstor. Sie gehörte wohl zum Haus, schien sich bestens auszukennen und ging schnellen Schrittes die Eichenallee zurück zum Schloss.
Leuchtenbein zog Gunhild zu sich in den Schatten der ersten großen Eichen. Als die geheimnisvolle Person in drei Meter Entfernung an ihnen vorbei ging, hielten beide die Luft an. Gunhild grübelte, wer diese seltsame Frau sein könnte. Eigentlich fiel ihr nur Quappendorffs Tochter Clara-Louise ein. Außer ihr übernachteten keine weiteren weiblichen Gäste im Schloss.
Das junge Pärchen, das den grausigen Fund gemacht hatte, war aus dem Dorf und von den Polizisten nach Aufnahme der Aussagen nach Hause gebracht worden. Die blonde Assistentin Isabel Sponholz war mit dem Landrat und den anderen geladenen Gästen ebenfalls wieder gefahren. Im Haus verblieben nur der verwitwete Wolfgang Hopf und Clara-Louise mit ihrem Mann.

Leuchtenbein hatte dieselbe Intention. Beide schauten sich einen Moment an und waren sich sicher, dass dieses geheimnisvolle Treffen vorerst ihr Geheimnis bleiben sollte. Den Baron wollten sie noch außen vor lassen.
Was Gunhild allerdings noch mehr verwirrte, war der Einsiedler Felix Verschau. Bisher hatte der jeglichen Kontakt zum Schloss strikt abgelehnt. Er verwies immer auf die sozialen Schranken, die ihn in sein Chausseehaus und die Leute vom Schloss eben dort hin verwiesen. Alle Versuche Gunhilds, ihn zu einem Besuch in der Galerie auf Gut Lankenhorst zu überreden, waren kläglich gescheitert.
Und nun traf er sich heimlich mit der Tochter des Barons. Sie war irgendwie enttäuscht von ihm. Was er von dieser Frau wollte, war ihr ebenfalls ein Rätsel. Clara-Louise Marheincke verkehrte normalerweise in anderen Kreisen und kam eigentlich nicht in die Nähe von sozialen Aussteigern wie Felix Verschau.
Nachdenklich trottete Gunhild neben Leuchtenbein durch den Park Richtung Eiskeller. Hier hatten die Kriminaltechniker den kopflosen Körper gefunden. Vielleicht war Lutger ja auch hierher gelockt und dann im Keller betäubt und getötet worden?
Den Kopf dann zum Entenhaus zu bringen war eine vergleichbar einfache Aufgabe. Leuchtenbein holte seine Stabtaschenlampe hervor. Während er dem Strahl der Taschenlampe folgte, erzählte er Gunhild mit leiser Stimme, was er im Archiv des Schlosses entdeckt hatte.
Es gab einen Geheimgang, der vom Schlosskeller quer durch den Park zu der kleinen Kapelle am anderen Ende des Wäldchens führen sollte. Die Kapelle gehörte nicht mehr zum Schlosspark. Obwohl sie einst ein Quappendorff erbauen ließ, gehörte sie nicht mehr zu deren Besitz. Als in der Kurmark im frühen 14. Jahrhundert die Pest wütete, die nicht nur die Armen dahin raffte, hatte der damalige Herr auf Lankenhorst, das zu der Zeit noch eine gut befestigte Wasserburg war, geschworen, falls seine Familie verschont bliebe, würde er aus Dankbarkeit zu Ehren Gottes eine Kapelle stiften.
Das Wunder trat ein. Nicht ein Mitglied der Familie fiel dem Schwarzen Tod zum Opfer. Der Burgherr hielt Wort und ließ eine Backsteinkapelle im damals modernen, gotischen Stil bauen. In den Wirrnissen des Dreißigjährigen Kriegs, als marodierende Söldner und Landsknechte brandschatzend und mordend die Gegend unsicher machten, ließ ein weiterer

Quappendorff den Geheimgang graben, um so eine Fluchtmöglichkeit zu haben, falls es zum Äußersten kommen sollte.
Doch Lankenhorst hatte wieder Glück. Der Gang wurde nicht gebraucht. Spätere Generationen vergaßen ihn und er verfiel. Aus der alten Wasserburg war inzwischen ein barockes Gutshaus geworden. Nur die Kellergewölbe der alten Wasserburg blieben erhalten. Bis heute steht Gut Lankenhorst auf einem frühgotischen Tonnengewölbe.
Erst als man im 18. Jahrhundert den Eiskeller im Park anlegte, stießen die Bauarbeiter auf den teilweise verschütteten Gang. Aus dieser Zeit hatte Leuchtenbein im Archiv auch einen Plan gefunden, den der damalige Baumeister angefertigt hatte und der detailliert genug war, um ihn in der Gegenwart zu nutzen. Umständlich kramte er in seiner grauen Anoraktasche und holte eine selbstgezeichnete Kopie des Plans hervor.
Gunhild warf einen Blick auf die akribisch gezeichnete Skizze. Leuchtenbein hatte aus der anderen Tasche noch einen kleinen Kompass hervorgeholt, den er jetzt auf das Papier legte und dann einnordete. Dann tappte er mit dem Plan in der Hand und der Taschenlampe im Mund los, zielstrebig ging er hinter dem Eiskeller den kleinen Hang hinauf. Gunhild folgte ihm. Leuchtenbein schaute sich um, hier musste der Gang durch den Park führen.
Auf der Rückseite des kleinen Hügels waren drei gleichmäßige Vertiefungen zu erkennen. Als ob hier einmal Stufen waren. Leuchtenbein hatte diese Vertiefungen sorgfältig untersucht, schritt dann vier Meter voran. In direkter Verlängerung einer gedachten Linie, die vom Eingang des Eiskellers über den Hügel mit den drei Einkerbungen zu einem kleinen kreisrunden Platz inmitten des Hains führte, blieb er stehen und starrte wieder auf seinen Plan. Früher stand hier einmal eine Statue, doch nur noch der moosbewachsene Sockel war übrig.
Vorsichtig ging der Archivar um ihn herum. Seine Finger tasteten über die Oberfläche des alten Sockels. Die stark verwitterten Rillen, die er spürte, konnten einmal Buchstaben gewesen sein. Jetzt war er sichtlich zufrieden mit seinen Recherchen.
»Genau wie beschrieben ...«, murmelte er vor sich hin. Gunhild folgte ihm auf Schritt und Tritt. Plötzlich blieb sie mit ihrem Schuh in etwas hängen so dass sie umknickte. Ein kleiner schriller Schrei, dann lag sie inmitten von Heidelbeergestrüpp und morschem Unterholz.
Leuchtenbein richtete den Taschenlampenstrahl auf sie. Gunhild wollte sich gerade wieder aufrichten als der Boden unter ihr nachgab und sie

mit einem noch schrilleren Schrei vom Erdboden verschwand. Sie schienen den unterirdischen Geheimgang gefunden zu haben.
Leuchtenbein machte seinem Name alle Ehre und leuchtete hinunter zu Gunhild, die in einem etwa zweieinhalb Meter tiefen Loch lag und leise vor sich hin fluchte. Der Boden des Gangs war mit stinkendem, schwarzbraunen Modder bedeckt und Gunhild hatte sich der Länge nach dort hingelegt. Tröstlich war nur, dass dieser stinkige Modder den Sturz so abgefedert hatte, dass sie sich nichts gebrochen hatte. Mühsam erhob sich Gunhild, sah an sich herab und stellte mit Entsetzen fest, dass sie aussah wie ein Wildschwein, das sich gerade in einer großen Suhle gewälzt hatte.
»Na nu hilf mia ma hier raus!«, fauchte sie den sichtlich amüsierten Leuchtenbein an. Der reichte ihr einen großen Knüppel, mit dessen Hilfe die kräftige Frau wieder an die Oberfläche zurück kletterte. Als sie schnaufend und ächzend vor ihm stand, hielt er sich erst einmal die Nase zu.
»Ich denke, wir werden morgen mit Gummistiefeln und Blaumann wiederkommen. Das macht jetzt eh keinen Sinn mehr. Du solltest übrigens unter die Dusche, besser noch in die Wanne und mindestens eine Flasche Shampoo ins Wasser machen.«
Gunhild sah an sich herab. »Mir reicht's! Ich will nur noch in mein Bett. Igitt!« Aus ihrem Hosenbein glitt etwas Glibbriges. Es schien sich zu bewegen. Eine große Kröte, die sich hier zur Winterruhe zurückgezogen hatte, krabbelte beleidigt zurück in ihr Winterlager. Auf dieses sinnliche Erlebnis hätte sie gern verzichtet. Ein Schuh von ihr steckte noch unten in dem stinkenden Glibber. Aber jetzt hatte sie auch keine Energie mehr, ihn heraufzuholen.
Sie humpelte zusammen mit dem etwas missvergnügt dreinschauenden Leuchtenbein zurück ins Gutshaus. Es war nachts um halb Drei und die beiden selbst ernannten Parkwächter waren vollkommen übermüdet aber dennoch mit Adrenalin so vollgepumpt, dass an Schlaf wahrscheinlich nicht mehr zu denken war.
Im Park erklang der höhnische Ruf des Käuzchens, der den beiden Helden tief unter die Haut drang. Was in den letzten vierundzwanzig Stunden auf Gut Lankenhorst passiert war, reichte aus für zahlreiche schlaflose Nächte und Gedankenspielereien.

Das Grauen kehrt zurück

Kopflose Gespenster

In der märkischen Sagenwelt sind Wesen ohne Kopf, wie etwa der berüchtigte »Kopflose Reiter« oder die zu Unrecht Enthaupteten beziehungsweise die »heimlich« Enthaupteten ein fester Bestandteil und mindestens so populär wie die »Weiße Frau«.

Eine besonders gruselige Spukgestalt war wohl der »Kopflose Reiter«. Er kam mit böhmischen und thüringischen Kolonisten in die Mark. Sein Erscheinen verhieß stets den Tod. Typisch für das Auftreten dieses Spuks waren stürmische Herbstnächte. Er soll wie aus dem Nichts erschienen sein, so wird jedenfalls in alten Sagen berichtet.

Manchmal kam er auch aus einer alten Gruft auf einem großen schwarzen Pferd hervor galoppiert. Mit dem Spuk des Kopflosen einher ging der Glaube an Wiedergänger oder Untote. Menschen, die zu Lebzeiten ein großes Unrecht verübt hatten, und deren Unrecht nicht gesühnt worden war, kehrten nach ihrem Tode als Wiedergänger zurück, oftmals als kopflose Reiter. Eine Berührung eines Lebenden mit solch einem Wiedergänger brachte ihm Tod und Leid. Es reichte schon aus, diesen Spuk zu sehen, um seine Lebenskraft zu verlieren und dann kläglich dahin zu siechen. Diese Kopflosen waren keine materielosen Geister. Sie waren körperlich präsent und übten auch entsprechende Gewalt aus.

In einigen Gegenden im Havelland und auch im Ruppiner Land wurden die Kopflosen häufig als Wiedergänger angesehen, die für ihre Sünden büßen mussten. Es waren Selbstmörder, zu Unrecht Enthauptete oder auch sogenannte »heimlich« Enthauptete, die ohne Gerichtsurteil hingerichtet worden waren.

Theodor Fontane hat in seinen »Wanderungen durch die Mark Brandenburg« solche markanten Fälle beschrieben. Speziell im Havelland soll es zahlreiche, namentlich bekannte Fälle von zu Unrecht Enthaupteten gegeben haben. In der Gruft der Falkenrehder Dorfkirche liegt der Sarg des Grafen zu Einsiedel, eines zu Unrecht Enthaupteten, und in Spandau ist die Sage vom Grafen Adam von Schwarzenberg, einem »heimlich« Enthaupteten, bekannt.

Eine andere Gruppe von Kopflosen waren ehemalige Grenzsteinversetzer. Das waren Bauern, die sich am Ackerland des Nachbarn bereichert hatten. Ein Delikt, das im Mittelalter ein großes Verbrechen war und mit einer fürchterlichen Todesart geahndet wurde. Grenzsteinversetzer grub man bis zum Hals in die Erde ein und dann fuhr der Geschädigte mit dem Pflug über dessen Kopf bis der nicht mehr auf dem Halse saß. Dieses grausame Zeremoniell aus dem frühen Mittelalter wurde nur sehr selten vollzogen.

Die so Hingerichteten waren ebenfalls Kopflose und spukten dann auf den Feldern als Albtraum der Bauern. Sie sollten als ewige Mahnung an die Lebenden auf den Feldern umgehen und sie durch ihre Erscheinung von Verbrechen aus Habgier und Eigennutz abhalten. Diese Kopflosen waren nicht blutrünstig, eher eine Art moralische Ermahnung.

Wahrscheinlich ist dieser Bedeutungswandel auf das Wirken der Kirche zurückzuführen, die mit den christlichen Schrecknissen des Fegefeuers den Aberglauben bekämpfen wollte. Kopflose konnte man demnach auch mit einem christlichen Gruß oder einem Gebet bannen. Die üblicherweise in schwarzer Kleidung auftretenden Spukgestalten verfärbten sich dann weiß und verschwanden.

I
Dorf Lankenhorst
Montagabend , 31. Oktober 2006

Halloween hatte sich inzwischen auch in der Mark Brandenburg als neues Volksfest durchgesetzt. Die Freude am Verkleiden, Leute erschrecken und das gemeinsame Erleben gruseliger Momente war eine Erfahrung, die anfangs nur sehr zögerlich, inzwischen aber vollkommen selbstverständlich auch in den Dörfern zelebriert wurde.
Überall in den Hauseingängen hingen Kürbislaternen. Oftmals waren auch die Erwachsenen mit einem spitzen Zauberhut oder einer grauenhaften Gummimaske ausgerüstet.
Abends herumziehen zu dürfen, hatte die Dorfjugend in wahres Entzücken versetzt. Laut herumtollende Vampire, kreischende Hexen und feierlich ausschreitende Magier zogen die Dorfstraße entlang. In jedem Haus wurde geklingelt und jedes Mal ertönte im Chor der ausgesprochen selbstbewusst vorgebrachte Spruch: »Gib uns Süßes, sonst gibt's Saures!«
Die Körbchen und Taschen füllten sich nach und nach mit Kaugummis, Lakritzstangen, Gummibärchen, Schokoriegeln und anderen Süßigkeiten.
Die kleineren Gespenster verabschiedeten sich so nach und nach aus dem Zug. Es war immerhin schon kurz nach acht Uhr. Der harte Kern der Halloweenjünger, vor allem ein paar dreizehnjährige Jungs, allesamt

im supercoolen Blade-Runner-Look, hatte die Idee, eine kleine Mutprobe zu veranstalten. Natürlich hatten alle von der gestrigen Bluttat auf dem etwas außerhalb des Dorfes gelegenen Gut gehört.
Die Jungen verabredeten sich, heimlich über den Zaun des Gutsparks zu klettern und dann am Ententeich ein paar Fotos zu machen, die als Halloweenstreich eine echte Bereicherung für die Handy-Displays sein könnten.
Der Weg führte an der kleinen Kapelle vorbei. Der Backsteinbau war immer schon ein etwas unheimliches Gemäuer. Ein Käuzchen nistete in der Nische des winzig kleinen Türmchens. Die Fenster waren mit hölzernen Läden gut verschlossen. Der Bau stand unter Denkmalschutz.
Der kleine Friedhof, der sich direkt neben der Kapelle anschloss, hatte schon seit fast neunzig Jahren kein Begräbnis mehr erlebt. Die wenigen Grabsteine, die hier noch standen, waren größtenteils verwittert. Kein Angehöriger existierte mehr, der sich um die hier liegenden Toten kümmerte.
Die vier Jungen, die noch übrig geblieben waren von der Halloweenparty, schlichen merklich stiller vorüber. Der mutigste der Vier pfiff leise vor sich hin. So dachte er, würden eventuelle wirkliche Gespenster fern von ihm bleiben. Der zweite Junge links neben ihm hatte eine Taschenlampe. Damit leuchtete er jetzt Richtung Friedhof. Die Gräber wirkten im gelben Licht des Lampenstrahls noch gruseliger als bei Tageslicht.
In Gedanken waren die vier schon bei der Mutprobe, als der Lichtstrahl noch einmal an der Backsteinwand der kleinen Kapelle entlang flackerte.
Die vier Jungs blieben wie angewurzelt stehen. Dort saß jemand. Er regte sich nicht.
Schlafen auf dem Friedhof?
Unwahrscheinlich.
Das war ein Toter.
Die Jungen berieten sich. Dann traten sie heran um den an der Wand lehnenden Toten noch einmal genauer anzuschauen.
Der kleinste der Vier stieß einen kleinen Schrei aus. »Den kenn ick. Das is der olle Einsiedler, draußen aus'm Chausseehaus. Der kommt manchmal zum Inkoofen in den »Trichter«. Mein Oller sacht, det is'n armet Schwein und packt ihm manchma wat umsonst zu.«

»Stimmt, das isser. Der fährt imma mit nem ollen, klapprigen Schrottfahrrad üba die Felda. Soll auch Bilda malen. Janz jute sogar.«
Der Größte der Vier holte sein Handy hervor.
»Das da is ne Nummer zu groß für uns. Ick ruf die Bullizei.«

II
Gut Lankenhorst
Dienstag, 1. November 2006

Die Aufregung der letzten Tage hatte den Alltag auf dem Gut durcheinander gebracht. Dennoch versuchte jeder, so gut er konnte, Normalität vorzutäuschen. Der Baron vertiefte sich in das Studium der Finanzen und die Buchhaltung, diskutierte mit Leuchtenbein und Gunhild Praskowiak über Machbarkeit und Effizienz diverser Projekte und erwähnte die Ereignisse des Wochenendes mit keinem Wort.
Die Verwandtschaft des Barons war wieder zurück nach Berlin gereist. Nur Clara-Louise blieb noch. Sie wollte sich um ihren Vater kümmern. Auf dem Gut war eine unnatürliche Ruhe eingekehrt.
Draußen im Park wirtschafteten Zwiebel und seine Frau. Wie jeden Morgen kam gegen elf Uhr der Postbote vorbei. Es war immer derselbe Mann, ein spitznasiger Mensch, dem die schlechte Laune tief ins Gesicht eingegraben war. Grußlos erschien er in seiner grellgelb-schwarzen Kluft, ein Basecap tief ins Gesicht gezogen und lieferte meist einen großen Packen Post, Zeitschriften und diverse Werbeblättchen ab.

Manchmal war Leuchtenbein derjenige, der den »Postillion«, so nannte der alte Baron diesen Griesgram immer, abfing. Manchmal erwischte es auch Gunhild, die ihm mit süßsaurer Miene den Packen Post abnahm. Selten wurden mehr als drei Worte gewechselt.

Auch heute früh klingelte der »Postillon« und Leuchtenbein eilte ihm entgegen. Der Griesgram schaute skeptisch auf den Archivar herab: »Na, jetzt hamwa ooch nen Toten im Dorf. Jetzt kommt der janze Spuk rüba zu uns.«

Leuchtenbein schaute etwas verdutzt den Boten an.

»Was für ein Spuk?«

»Na, die ham doch bei euch nen Kopflosen jefunden. Und jestan hamse uffm alten Friedhof hinter der Kapelle ooch nen Toten jefunden. Alladings mit Kopf.«

»Ein Unbekannter?«

»Wie man's will. Also eijentlich schon. Keena hatte mit ihm so richtig wat zu tun. Der olle Einsiedla draußen vom Chausseehaus wars. Was der uffm Friedhof zu schaffen hatte, um die Uhrzeit, weeß keena nich. Und woran der jestorbn is, och nich. Die Kinda ham ihn jefunden, beim Halloween. Dachten zuerst, dass da jemand uff se wartet, wechen dem Erschrecken und so. War aba nich. Saß einfach so da, mit weit uffjerissenen Glubschoogen und offenem Maul und sachte einfach nüscht.«

»Ach!«

»Jaa, isso, frachense doch die anderen. Bullizei is ooch schon dajewesen. Mein Jott, das Grauen hält Einzuch in der Jegend. Erst der schlümme Unfall, dann die toten Vöjel, am Sonntach dann der Kopflose, jestan dann der arme Einsiedla, ma sehn, wer der nächste is.«

Leuchtenbein schluckte und wandte sich von dem Postboten ab. Mit seinem Packen Post machte er sich auf den Weg zum Baron. Auf der großen Treppe begegnete ihm Gunhild. Er erzählte ihr kurz von den Neuigkeiten.

Sie sah ihn bestürzt an und brach in Tränen aus. Ohne etwas zu sagen, rannte sie davon Richtung Küche. Leuchtenbein war etwas irritiert. So nah am Wasser kannte er seine Kollegin nicht. Vielleicht war es auch einfach etwas zu viel für die sonst so starke Frau.

Der Archivar stapfte weiter Richtung Büro des Barons. Der wartete schon auf ihn. Es schien, als ob der alte Herr auf die Post dringend war-

tete. Jedenfalls blätterte er den Stapel Briefe schnell durch. Doch der erwartete Brief war nicht dabei. Leuchtenbein berichtete dem Baron von den Neuigkeiten, die der Postbote ihm so ganz nebenbei zusammen mit der Post übergeben hatte.
Als er den toten Einsiedler erwähnte, schaute der Baron ihn plötzlich mit einem Blick an, als ob er der Verkünder des Weltuntergangs sei.
»Woran ist er denn gestorben? War es ein gewaltsames Ende?«, fragte er dann nach ein paar Augenblicken, die er wohl benötigte um seine Fassung wieder zu erlangen.
Leuchtenbein zuckte mit den Schultern. »Mehr hat der Postillon nicht erzählt. Nur, das ihn die Kinder beim Halloween tot auf dem alten Kirchhof hinter der Kapelle entdeckt haben.«
Der alte Quappendorff sackte auf seinem Sessel merklich zusammen. »Können Sie mal ein Glas Wasser holen? Mein Kreislauf ist heute ...«
Leuchtenbein sprang los und reichte dem Baron das Wasserglas in dessen zittrige Hände. Ihm schien es, als ob der alte Herr in den letzten beiden Wochen um Jahre gealtert war. Mühsam nur erholte er sich von dem neuen Schock.
Leuchtenbein hatte bisher gedacht, dass der alte Quappendorff den Einsiedler nicht näher kenne, aber er schien sich getäuscht zu haben. Dessen Reaktion auf die Nachricht war heftig. Fast zu heftig. Etwas musste den alten Quappendorff mit dem menschenscheuen Maler verbunden haben.
Der Archivar druckste etwas herum: »Haben Sie ihn etwa gekannt?«
»Flüchtig. Nur flüchtig, leider. Es sind mir zu viele Todesfälle in den letzten Tagen. Das verstehen Sie doch hoffentlich?«
Leuchtenbein kam die Begegnung mit seiner Kollegin vorhin am Treppenaufgang in den Sinn. Wahrscheinlich hatte sie den Einsiedler ebenfalls gekannt, so heftig, wie sie auf die Nachricht reagiert hatte.
Mitten in sein Sinnieren kam die barsche Aufforderung seines Arbeitgebers, nun endlich wieder zu den Alltagsthemen zurück zu kommen. Der Archivar schrak zusammen und holte seine beiden dicken Aktenordner hervor. Zusammen mit dem Baron wollte er die Finanzplanung für die beiden nächsten Wochen durchsprechen. Auch hier gab es wieder eine Menge Probleme. Doch die waren lösbar. Leuchtenbein seufzte und begann in seinem Ordner zu blättern.

III
Dorf Lankenhorst
Dienstag , 1. November 2006

Trafen sich zwei Steinpilze im Wald.
Da sagte plötzlich der eine: »Na, wie geht's?«
Der andere entgegnete darauf: »Schnauze! Steinpilze können gar nicht sprechen, du Idiot!«

Ein Witz!

Die Nachricht vom Toten auf dem alten Kirchhof hatte sich wie ein Lauffeuer verbreitet. Alle wussten etwas zu dem Einsiedler zu sagen, doch keiner hatte wirklich mehr als die übliche Gerüchteküche an Fakten zu bieten.
Der menschenscheue Maler hatte nur wenige, wirkliche Vertraute im Dorf gehabt. Er war als Sonderling bekannt gewesen. Meistens sah man ihn nur mit seinem alten, speckigen Hut und einem großen Rucksack durchs Dorf schreiten. Einige hatten ihn wohl auch schon mal in der Umgebung angetroffen. Da hatte er meist seine Malutensilien aufgebaut und Skizzen gemacht. Ein Gespräch bahnte sich meist nur einseitig an. Es war ja nicht so, dass er seine Bilder versteckt hielt vor den neugierigen Passanten, aber er hausierte damit auch nicht.
Die Dorfjugend erzählte sich kichernd etwas über nackte Frauen, die im alten Chausseehaus herum springen würden. Und über unanständige

Bilder an den Wänden, auf denen ebenfalls nackte Frauen in aufreizenden Posen zu sehen wären. Die Erwachsenen schüttelten den Kopf über diese Vorstellung. Wer würde denn freiwillig zu dem alten Sonderling gehen und vor ihm nackt posieren?
Doch die beiden Mutigsten der Dorfjungen beharrten darauf. Der eine wollte sogar gesehen haben, wie im Garten eine üppige Blondine splitterfasernackt herumgetollt sei. Das war im Sommer gewesen und der Maler hätte eine Staffelei aufgebaut und sie gemalt, nicht mal schlecht sogar. Das Bild hatte dann noch lange in der Sonne gelegen zum Trocknen. Er habe es selbst gesehen.
Die Polizei war mit großem Aufgebot noch in der Nacht angerückt. Wahrscheinlich sensibilisiert durch den gruseligen Fund auf Gut Lankenhorst, waren zahlreiche Dienstfahrzeuge mit Kriminaltechnikern und sonstigen Beamten in Uniform am Fundort eingetroffen. Ein schon etwas in die Jahre gekommener Mann in Zivil befragte die Kinder eingehend über die Begleitumstände bei ihrer Entdeckung.
Auch alle anderen Dorfbewohner, die am Halloweenabend unterwegs waren, wurden befragt. Ob es denn etwas Ungewöhnliches zu beobachten gab und ob vielleicht unbekannte Personen im Dorf aufgefallen waren. Erst spät nach Mitternacht war der ganze Tross wieder abgezogen. Auf dem alten Kirchhof waren mit rot-weißem Plastikband die Fundstelle und ein paar umliegende Gräber markiert worden. Die Beamten wollten noch einmal wiederkommen. Erst wolle man jedoch den Befund durch die Obduktion abwarten.
Die Jungen, die am gestrigen Abend den Toten entdeckt hatten, waren nach der Schule zu ihrem üblichen Treffpunkt unter der Dorflinde zusammen gekommen. Dort standen ein paar Bänke, die von den Jugendlichen so zurechtgerückt waren, dass sie wie in einem Karree saßen.
Wortführer war natürlich der hochgewachsene Alf, der auch die Idee hatte, zum alten Kirchhof zu gehen. Er redete eindringlich auf seine drei Begleiter ein. Die saßen etwas verlegen auf den Bänken und schienen nicht mehr ganz so begeistert zu sein von den neuen Ideen ihres Anführers.
»Mein Oller hat jesacht, dass das so kommen musste. Weil der olle Penner aus dem Jeisterhaus nich janz richtich mehr tickte. Der wäre imma in der ollen Brennerei rumjekrochen. Hätte da Motive jesucht zum Malen.

Aba in Wirklichkeit soll er nich ein Bild mit die ollen Ruinen jemalt ham. Der hat doch nur nackeliche Weiba jepinselt.«
Dabei grinste er etwas verlegen. Es schien ihm doch etwas kühn, so frei über die Vorlieben des Malers zu sprechen. Die anderen Jungs nickten.
»Ja stimmt, Mein Vadda hat ooch jesehen, wie der imma in'n Elsenbruch mit seinem Rucksack und die Malermappe rin is. Der hat mir jewarnt, dass ich da bloß nich ooch noch rumtapern soll, wegen Einsturzjefahr und übahaupt.«
Die alten Backsteingebäude am Dorfende gehörten früher mit zum Besitz der Quappendorffs. Nach dem Krieg war der ganze Komplex mit Sägemühle, Ziegelei, Brennerei und zwei Schafställen, die zwischenzeitlich als Lager für landwirtschaftliches Gerät genutzt wurden, auf unerklärliche Weise in Flammen aufgegangen.
Man munkelte, dass sich dort die Nazis verschanzt hatten und heimliche Waffendepots angelegt hätten. Beim überstürzten Abzug der Wehrmacht hätten dann die Nazis selber den Brand gelegt, um so ihre Spuren zu verwischen.
Andere Leute behaupteten, dass die Russen die Brennerei beim heimlichen Schnapsdestillieren in Brand gesteckt hätten und dass der Brand auf die anderen Gebäude übergegriffen habe. Keiner hatte sich getraut zu löschen, da ja alles Militärgelände gewesen sei.
Der alte Lehrer Schmidt, der mit seiner Frau, die ebenfalls Lehrerin war, gleich neben den Ruinen in dem zugehörigen Wirtschaftshof lebte, hatte nach seiner Pensionierung angefangen, über die Geschichte des Ortes ein kleines Heftchen zu schreiben.
Für den Fremdenverkehrsverein, dessen Vorsitzender er auch war, sollte dieses Heftchen eine wichtige Grundlage werden. Dafür war er in alten Archiven in Bernau und Oranienburg und sogar in Berlin gewesen. Der Lehrer Schmidt habe jedoch herausgefunden, dass weder die Nazis noch die Russen schuld waren am Brand, sondern das es offensichtlich eine gezielte Brandstiftung durch unbekannte Täter in den späten fünfziger Jahren gewesen sein musste, die letztlich zum Verfall des historisch recht wertvollen Ensembles geführt hatte.
Von den sechs großen Gebäuden war die ehemalige Brennerei direkt am Straßenrand noch am besten erhalten. Das Dach war nur wenig beschädigt, selbst der hohe viereckige Schornstein war noch gut erhalten. Wie

ein mahnender Zeigefinger ragte er in den Himmel und bildete zusammen mit der schlanken Kirchturmspitze und dem Turm des Spritzenhauses die einprägsame Silhouette des Ortes.
Die beiden Lagerhallen hatten weniger Glück. Von ihnen standen nur noch die backsteinernen Giebelwände und die Reste der Umfassungsmauern. Die Dächer waren verschwunden und Bäume wuchsen aus dem Inneren hervor.
Das beim Brand in sich zusammengestürzte Gebälk hatte alle noch darin stehenden Maschinen unter sich begraben. In den Sechzigern hatten sich die Bauern noch brauchbare Ersatzteile herausgeholt, aber Regen, Schnee und Wind ließen die Metallteile der alten Dreschmaschine, der Mäher und Trecker, die noch als solche erkennbar waren, bald vollkommen unbrauchbar werden.
Nach der Wende hatten dann findige Metalldiebe so viel wie möglich von dem alten Eisenschrott abgeschraubt und weggeschafft, so dass jetzt nur noch die Reste des ehemaligen Maschinenparks inmitten der inzwischen hochgewachsenen jungen Birkenbäumchen und Hollerbüsche hervorragten.
Die Dorfkinder spielten manchmal noch in den Ruinen, aber seit es Spielkonsolen und Computer gab, waren auch diese letzten Nutzer der alten Ruinen verschwunden.
Etwas abgelegen war die ehemalige Ziegelei, die zusammen mit dem Sägewerk einen Komplex für sich bildete. Wie das Feuer von den Lagerscheunen und der Brennerei auf diese beiden Gebäude hatte übergreifen können, war damals allen ein Rätsel gewesen.
Der alte Lehrer Schmidt behauptete nun, da es Brandstiftung war, wäre das für die Feuerteufel kein Problem gewesen, zumal im alten Sägewerk noch große Mengen Schnittholz und alte Bretterstapel wie Zunder sofort in Flammen aufgegangen wären. Auch diese Backsteingebäude waren vollkommen ausgebrannt. Nur die Brennöfen der Ziegelei, die recht kompakt gemauert waren, hatten den Brand leidlich gut überstanden.
Alf hatte die Idee, noch mal zu den alten Ruinen zu pilgern. Vielleicht würden sie ja dort noch ein paar Überraschungen entdecken. Und die Polizei würde da ja auch noch ein spezielles Interesse daran haben. Möglicherweise könnte man ja eventuelle Fundstücke zu Geld machen. Üblicherweise gäbe es ja schließlich noch so etwas wie Finderlohn.

Die Aussicht auf einen Finderlohn stimmte die übrigen Drei ebenfalls wieder etwas optimistischer. Mit ihren Mountainbikes machten sie sich auf den Weg. Die Jungen waren innerhalb von zehn Minuten durch das langgestreckte Dorf gestrampelt und hatten ihre Bikes achtlos in den Sand gelegt. Die alten Ruinen wirkten an diesem grauen Nachmittag abweisend und verstörend wie Urzeitechsen, die in einem Endzeitdrama auf den einschlagenden Asteroiden warteten. Eine etwas beklemmende Atmosphäre herrschte immer hier.
Die alten Leute im Dorf munkelten, dass es im Elsenbruch, so wurde diese Ecke von den Einheimischen genannt, nachts spuke. Die Jungen kannten die Spukgeschichten und machten sich gegenseitig Mut, als sie die Brennerei betraten. Es roch muffig in den Kellerräumen. Durch die kleinen Fensterluken kam nur spärlich Licht herein und die Augen brauchten eine gewisse Zeit, um sich an das Halbdunkel zu gewöhnen. Einer der Vier hatte sein Handy zu einer Taschenlampe umfunktioniert und leuchtete die Ecken aus. Überall waren alte Lumpen verstreut, leere Glasflaschen rollten auf dem Boden herum und zeugten von Orgien, die hier vor längerer Zeit einmal stattgefunden haben mussten.
Inmitten des Mülls waren jedoch auch neuzeitliche Überbleibsel zu entdecken. Erst vor kurzem mussten Leute hier längere Zeit verweilt haben. Reste von Käseverpackungen, bunte Konservendosen, Colaflaschen und bunte Einwegtüten wiesen auf ein größeres Picknick hin. Der kleinste der Vier trat achtlos auf eine Tüte. Es knirschte unter seinen Füßen. Er bückte sich und hob ein silbrig glitzerndes Teil auf.
»Guckt ma, hier hat jemand sein Handy vajessen. Vielleicht jehts noch!«
Er begann auf der Tastatur herum zu hämmern. Doch nichts passierte.
»Gib ma her, Flocki.«, mit einem Satz war Alf bei dem einen Kopf kleineren Blondschopf und nahm ihm das Gerät einfach ab. »Du hast et kaputt jemacht. Bist druff jelatscht. Du Idiot!«
Der so titulierte Junge war beleidigt. »Menno, hab ick doch nich jesehn, das da nen Handy in die Tüte war. Tu ma nich so wichtig. Vielleicht könn wa ja die SIM-Karte retten und ma kucken, wem es jehört.«
Der dritte im Bunde, ein untersetzter, kräftiger Bursche mit Basecap und leichtem Bartansatz brummte etwas. Dann fingerte er aus seiner Tasche sein Handy hervor, klappte das Gehäuse auf und schob den kleinen Chip heraus. Die drei anderen assistierten ihm still und andächtig. Mit

geübtem Griff hatte er aus dem gefundenen Handy den Chip entfernt und in sein eigenes geschoben. Dann ertönte eine melodische Klangfolge von synthetischen Tönen. Das Gerät war an.
„Oh, Mist« ,stöhnte der Junge, »Die Pin, ohne Pin kommen wir nicht rein!« Enttäuscht fummelte er die SIM-Karte wieder heraus. Alf schnappte sich das Handy und die SIM-Karte. »Vielleicht könn wa das Janze ja noch jebrauchen.« Damit ließ er das Gerät in seiner Jackentasche verschwinden. »Kommt, wir haun ab.«

IV
Das alte Chausseehaus
Mittwoch, 2. November 2006

Verlassen war der Ort. Stille lag über dem Haus. Der einstige Bewohner war verschwunden. Melancholie hatte sich eingeschlichen und wie ein Grauschleier über alles gelegt. Auf dem alten Plüschsofa saß eine große, kräftige Frau. Tränen liefen ihr über die roten Wangen. Es war Gunhild Praskowiak, die hierhergekommen war, um sich um die zahlreichen Pflanzen und um den Kater zu kümmern.
Der graue Tiger war verstört. Er spürte, dass mit seinem Herrchen etwas passiert war. Unruhig strich er um die Beine der traurigen Frau. Die hob den schweren Kater schließlich zu sich auf den Schoß. »Ja Kater, nu isser wech, dein Dosenöffner. Kommste mit zu mir. Wir zwei werden schon jute Freunde miteinander, oda?«
Seufzend streichelte sie den Kater, der nach ein paar Augenblicken auch wirklich zu schnurren anfing.
Nach einer halben Stunde Kater streicheln begann sie die Bilder des verstorbenen Malers zu sortieren. Sie hatte mit dem alten Quappendorff vereinbart, eine Gedenkausstellung für Felix Verschau zu organisieren. Es sollte ein repräsentativer Querschnitt werden. Verschaus Bilder waren im ganzen Haus verteilt. Gunhild verschaffte sich vorab einen Überblick über die Verschauschen Farbwelten.
Es gab unzählige Landschaften, meistens Brandenburger Motive, aber auch Exotisches kam zum Vorschein. Gunhild war erstaunt, wo Felix

Verschau alles gewesen war. Akribisch hatte der Maler seine Bilder signiert und mit Titeln versehen. Neben der Jahreszahl konnte man recht einfach erkennen, wo das Bild gemalt wurde.

Es gab mexikanische Gebirgslandschaften mit Kakteen und Leuten mit Sombreros, orientalische Wüstenoasen und chinesische Reisfelder, auch kanadische Steppenlandschaften, die nur aus Weizenfeldern und einem unendlichen Himmel bestanden, Szenerien mit sattgrünen Regenwäldern und schneebedeckten Gipfeln, die er in Neuseeland gemalt hatte, afrikanischen Savannen, bevölkert mit Zebras und Giraffen, dazwischen immer wieder Motive aus Tschechien, Ungarn und Bulgarien.

Ganze Mappen waren mit Holzschnitten gefüllt. Illustrationen zu Romanen, derb dreiste Motive mit mittelalterlichen Sinnsprüchen, die Gunhild eine leichte Rötung ins Gesicht trieben und natürlich unzählige Frauenbilder, sowohl Portraits als auch Akte.

Oft erkannte sie sich wieder auf den Bildern, aber es waren offensichtlich auch noch viele andere Damen, die er da in aufreizenden Posen farbenfreudig zu Papier gebracht hatte.

Auf alle Fälle Material genug, um eine große Personalausstellung zu bestücken. Gunhild hatte mehrere große Stapel eingerichtet und sortierte die Bilder entsprechend der Thematik.

Eine etwas verblasste hellgrüne Mappe lugte hinter einem Stapel mit großformatigen Akten hervor. Gunhild zog sie hervor und blätterte darin. Die ersten Blätter waren offensichtlich Porträtskizzen einer Frau, die ihr irgendwoher bekannt vorkam. Die Gesichtszüge waren nicht ausgearbeitet, nur angedeutet. Dennoch begann in Gunhilds Kopf eine Suche nach diesem Gesicht. Leider erfolglos.

Dann folgten noch Skizzen mit Akten in sehr ungewöhnlichen Positionen, allesamt hart an der Grenze zum Obszönen. Verwirrend war das Datum, an denen diese Skizzen gezeichnet wurden. Die Blätter waren alle erst vor wenigen Tagen entstanden. Wieso er sie dann so weit weg gelegt hatte in diese grüne Mappe, war ihr schleierhaft.

Er hatte nie davon gesprochen, dass es noch eine zweite Muse neben ihr gab. Gunhild fiel in diesem Moment das ominöse Treffen des Malers mit der Tochter des alten Quappendorffs an der Toreinfahrt zum Gut ein.

Jetzt wusste sie auch plötzlich, wer diese schnell skizzierte Frau war: es konnte nur Clara-Louise Marheincke sein, die Tochter des Barons.

Was hatte Felix mit ihr zu schaffen?
Wieso zeichnete er sie?
Und waren diese erotisch angehauchten Aktskizzen …?
Nein, das wäre ja eine Ungeheuerlichkeit. Sie schaute sich noch einmal die Skizzen an. Der Körper war meist in ekstatischen Posen vollkommen verdreht und durch sehr eigenwillige Perspektiven schwer vorstellbar in Normalposition. Gunhild versuchte sich, Clara-Louise im Geiste vorzustellen. Sie sah weder zu üppig, noch sehr dünn aus. Eigentlich eine ziemlich normale Frau, etwas kräftig, aber immer noch als schlank anzusehen, in den frühen Vierzigern.
Betrachtete man die Skizzen, konnte man denken, es wäre ein junges Mädchen. Allerdings waren die Hüften ausgeprägt wie bei einer reiferen Frau. Junge Mädchen hatten meist schmale Becken. Diese Frau jedoch schien etwas breiter in den Hüften zu sein, obwohl Oberweite und der restliche Körperbau noch als jugendlich durchgehen konnten.
Gunhild sah sich zum Vergleich Bilder an, auf denen sie abgebildet war. Große Kurven dominierten. Man konnte deutlich erkennen, dass diese Frau bereits einiges an Lebenserfahrung mit sich brachte. Ihr war das auch nicht peinlich. Für ihr Alter sah sie noch beachtlich aus. Das wusste sie und entsprechend selbstbewusst ging sie mit ihrem Körper auch um.
Nachdenklich schloss sie die grüne Mappe wieder. Es schien so, als ob Felix Verschau ein Geheimnis hatte. Und dieses Geheimnis hatte er nun mit ins Grab genommen.
Gunhild war sich nicht sicher, ob sie dieses Geheimnis wirklich lüften wollte. Sie hatte Angst, dass ihr Bild von ihm vielleicht Kratzer bekäme.
Noch war der Schmerz über den Verlust des ihr so nahe gestandenen Menschen zu groß, um mit einer gewissen emotionalen Distanz sein Lebenswerk zu beurteilen.
Dass er enger mit den Quappendorffs verbandelt war, als er es ihr gegenüber je angedeutet hatte, wurde ihr jedoch immer mehr klar. Auch die Reaktion des alten Barons war ungewöhnlich. Er schien von dieser Todesnachricht betroffener zu sein als über den Tod seines Neffen Lutger.
Die Todesursache wurde vom untersuchenden Arzt als akutes Herzversagen beschrieben.

Der Arzt, den Gunhild auch als Hausarzt der Quappendorffs kannte, meinte bei seinem routinemäßigen Besuch auf Gut Lankenhorst am gestrigen Vormittag, dass Verschau wahrscheinlich vor etwas mächtig erschrocken sei und daraufhin das Herz, das auch nicht mehr das stärkste war, versagt habe. Eine Rettung wäre wahrscheinlich möglich gewesen, wenn man ihn rechtzeitig gefunden hätte, aber wer schaute schon in einer Herbstnacht auf dem Friedhof nach. Und vermisst habe ihn ja auch niemand. Er hatte ja allein gelebt.
Gunhild überlegte, ob sie noch weiter im Haus nach Bildern suchen sollte. Draußen war es inzwischen schon dunkel geworden. Sie schaute auf die Uhr. Es war schon spät. Die Zeiger standen auf kurz nach Neun. Eigentlich wollte sie an diesem Abend noch ein paar Sachen erledigen. Aber sie musste sich auch um die Pflanzen und den Kater kümmern. Auf ihrem Fahrrad hatte sie ein Katzenkörbchen geschnallt. Sie griff sich den großen Grauen und setzte ihn behutsam in das Körbchen, das wie ein Bienenkorb mit Fenster aussah.
Der Kater wehrte sich nicht, als er in das Körbchen kam. Ihm schien es vollkommen klar zu sein, dass ab jetzt die große Blonde, die sein Herrchen immer besucht hatte, für ihn zuständig war. Sorgfältig schloss Gunhild das Chausseehaus wieder ab, den Schlüssel nahm sie mit.
Es regnete leicht. Ein feiner Nieselregen hatte alles mit einem Wasserfilm benetzt. Die Straße war glatt und Gunhild spürte beim Radfahren, wie schlüpfrig der Untergrund dank des Wasserfilms war. Entsprechend vorsichtig trat sie auch nur in die Pedalen. Wieder musste sie an ihre unheimlichen Erlebnisse mit den toten Vögeln denken, als sie vom letzten Besuch bei Felix zurückkam. Es war wie ein schreckliches Omen. Tod hatte sich angedroht und Tod war auch gekommen.
Eine unselige Verkettung von Ereignissen, die wahrscheinlich allesamt nichts miteinander zu tun hatten, aber durch ihre zeitliche und örtliche Nähe dennoch in einem Zusammenhang zu stehen schienen.
Gunhild fröstelte. Eigentlich war sie kein Mensch, der auf metaphysische Effekte etwas gab. Aber ihr war das alles schon etwas unheimlich. Jäh wurde sie aus ihren Gedanken gerissen. Der Kater fauchte plötzlich in seinem Körbchen. Der Ton war tief und klang angstvoll. So hatte sie ihn jedenfalls noch nie erlebt. Gunhild stoppte.

»Was ist denn? Haste dir erschreckt? Och, armer Kater, wir sind doch gleich da.«

Das vollkommen verängstigte Tier sah sie mit großen Augen an, die Pupillen waren so geweitet, dass man das Grün kaum noch sehen konnte und das Fell hatte sich auch gesträubt. Gunhild merkte, dass es etwas gab, was das Tierchen vollkommen in Angst versetzte. Sie schaute sich um. Nichts war zu sehen.

Der feine Nieselregen ließ sowieso nur Sichtweiten von knapp zwanzig Meter zu. Vorsichtig fuhr sie weiter. Der Kater fauchte immer noch, als ob eine unsichtbare Kraft ihm zusetzte. Dabei begann er sich in dem Körbchen wild zu bewegen. Gunhild war erstaunt, welche Kräfte so ein kleines Tier entwickeln konnte. Sie stieg ab, um nicht zu stürzen. Dabei redete sie beruhigend auf den völlig außer Rand und Band geratenen Kater ein.

Endlich sah sie die Laternenlichter der Toreinfahrt zum Gut. Sie spürte, wie ihr Herzschlag sich langsam wieder beruhigte. Nicht etwa, dass sie Angst hatte, aber das Verhalten des Graugestreiften gab ihr schon zu denken. Als sie durch das Eingangstor kam, sah sie die Gestalt.

Es war eine Frau, vollkommen in Weiß. Gunhild erschrak. Sie hatte von dem alten Baron die Sage mit der »Weißen Frau« der Quappendorffs erzählt bekommen und innerlich darüber gelächelt. Auch Berti Leuchtenbein hatte ihr über den Spuk und dessen Bedeutung für die Quappendorffs berichtet.

Zwischen den alten Bäumen des Schlossparks schien die Gestalt dahin zu schweben. Sie bewegte sich schnell, außergewöhnlich schnell. Gunhild versuchte, einen Blick auf das Gesicht der Erscheinung zu bekommen.

Chancenlos. Der Spuk schien vor ihr zu fliehen.

Gunhild wusste, dass da hinten der Eiskeller war. Plötzlich war die Gestalt jedoch verschwunden. Wie vom Erdboden verschluckt.

Wieder musste sie an die Nacht denken, in der sie zusammen mit Leuchtenbein den Geheimgang im Park entdeckt hatte. Zwei Stunden hatte sie in der Wanne zugebracht, um den Gestank nach Modder und Fäulnis von ihrer Haut zu bekommen. Die Klamotten hatte sie nun schon drei Mal in der Waschmaschine durchlaufen lassen. Aber so ganz war der Geruch noch nicht weg.

Mit Leuchtenbein wollte sie eigentlich gestern noch einmal bei Tageslicht den Geheimgang erforschen. Doch dann kam die Nachricht, dass Felix Verschau tot aufgefunden worden war. Gunhild war für den Rest des Tages zu nichts mehr zu gebrauchen. Sie lag auf ihrem Bett und weinte bis keine Tränen mehr vorhanden waren. Dann war sie in einen tiefen, traumlosen Schlaf gefallen. Irgendwie hatte sie sich am frühen Morgen wieder aufgerappelt und ihre Arbeit gemacht.

In Gunhilds Kopf begannen die Gedanken sich neu zu ordnen. Was hatte der Arzt über den Tod des Malers erzählt?

Er müsse sich vor irgendetwas mächtig erschrocken haben? Konnte es vielleicht dieser Spuk gewesen sein, der ihm solch einen Schreck eingejagt hatte, dass er daran letztendlich verstarb?

Der Kater hatte sich beruhigt, nachdem der Spuk verschwunden war. Gunhilds Puls war auch wieder unter Hundert zurückgekehrt. Sie schob ihr Fahrrad in den kleinen Schuppen hinter Zwiebels Anwesen. Bei den Zwiebels war noch Licht. Sie überlegte kurz, klopfte dann ans Fenster bis Mechthilds zerzauster Kopf erschien. Gunhild hielt das Katzenkörbchen hoch und winkte. Mechthild ließ die beiden herein.

Die Wohnung der Zwiebels war gemütlich und zweckmäßig eingerichtet. Die beiden hatten es gut verstanden, mit nur wenig Aufwand eine angenehme Wohnatmosphäre zu schaffen. Mechthild bat Gunhild zu sich aufs Sofa.

Meinrad Zwiebel holte eine Flasche Bier aus dem Kühlschrank und schenkte ein. Gunhild trank gierig das Glas aus. Dann berichtete sie dem ungläubig lauschenden Ehepaar Zwiebel haarklein von ihrem Erlebnis mit der »Weißen Frau«.

Die Zwiebels waren ziemlich geschockt von den Ereignissen in ihrer direkten Nachbarschaft. Natürlich hatten sie Einiges mitbekommen. Die vielen Toten waren real. Aber viele Dinge hielten sie auch für Hirngespinste.

Mechthild bot der verstörten Gunhild an, die Nacht hier bei ihnen im Haus zu schlafen. Ein Gästebett stand oben im kleinen Dachkämmerchen bereit. Gunhild nahm dankend an. Sie fühlte sich gleich wohler. Meinrad Zwiebel goss ihr noch ein Glas Bier ein.

»So, nun haste auch die richtije Bettschwere und denkst nich mehr an de olle Spukjestalt. Den Grauen nimmste mit ins Bett, da biste nich alleene.«

Damit deutete er auf den großen Kater, der gähnend in seinem Körbchen saß. Gunhild nickte und griff sich das Katzenkörbchen. Der heutige Tag hatte es in sich gehabt. Sie wusste am Ende nicht einmal mehr, ob sie das alles nur geträumt hatte oder ob da wirklich ein Gespenst im Schlosspark umging. Das Bier zeigte Wirkung. Bleierne Schwere legte sich auf ihre Glieder und die Augenlider klappten herunter.

Noch mehr Verwicklungen

Etwas aus dem Leben der Kraniche

Kraniche sind sehr bodenständige Tiere. Sie kehren in einem festen Rhythmus immer wieder an dieselben Rastplätze zurück. Nachts schlafen sie auf Sumpfwiesen oder im Uferbereich von Teichen und Seen, am liebsten in knietiefem Wasser. Sobald das erste Tageslicht aufleuchtet, fliegen sie los und suchen sich abgeerntete Stoppelfelder, um dort nach etwas Fressbarem zu suchen. Am späten Nachmittag sammeln sie sich dann wieder auf den Schlafplätzen, um sich auf die Nacht einzustellen.

Im Herbst, Ende Oktober bis Mitte November, bereiten sich die scheuen Tiere auf ihren großen Flug Richtung Süden vor. Sie sammeln sich dann in riesigen Kolonien. Tausende der Großvögel sind auf den Feuchtwiesen anzutreffen. Die Luft ist erfüllt von dem Trompeten der Kraniche. Nebel und Regen hindern oftmals die Vögel am Abflug. So sind die großen Kranichkolonien manchmal bis Ende November auf ihren Rastplätzen zu beobachten. Wenn die Vögel wirklich gen Süden aufbrechen wollen, werden sie unruhig. Sie beginnen zu tanzen, fliegen auf und nieder, rufen ihre Artgenossen mit langgezogenen Gesängen. Ihr Tagesrhythmus kommt ins Wanken. Sie wollen los, weg in den Süden, so als ob sie spüren, dass es die Winterfröste ihnen unmöglich machen werden, noch etwas Fressbares zu finden.

Dann geht es los. Wie von Zauberhand fliegen sie, formieren sich zu Verbänden, die von der Erde aus betrachtet, riesigen Keilen ähneln. Manche Verbände flie-

gen auch in schrägen Reihen oder im Dreiecksverband, wobei sich die Vögel an der Spitze regelmäßig ablösen. Diese Formationen gelten als besonders effizient bei Langstreckenflügen. Der Luftwiderstand wird bei dieser Flugformation reduziert und ermöglicht den Vögeln, Kräfte zu sparen. Außerdem können sie so miteinander kommunizieren. Bis zu vierhundert Kilometer legen die Kraniche an einem Tag zurück.
In den letzten Jahren beobachteten die Vogelfreunde, dass die Großvögel immer früher aus ihren Überwinterungsgebieten zurückkehrten. Oft waren die Kraniche schon Ende Februar wieder da. Im Herbst verzeichneten sie ebenfalls einen verspäteten Aufbruch der Kraniche. Die Zahl der Überwinterer stieg stetig. Einige Wissenschaftler brachten diese Entwicklung mit dem Klimawandel in Zusammenhang.

I
Eine Meldung in den Morgennachrichten von Antenne Brandenburg
Montag früh, 31.Oktober 2006

Unser Reporter Waldemar Holzapfel vom Regionalstudio Barnim hat noch diese Eilmeldung zum Schluss unseres Nachrichtenblocks zu vermelden: Die Bernauer Kriminalpolizei hat in den Abendstunden des gestrigen Sonntags eine grausame Straftat festgestellt. Auf einem Gut unweit von Biesenthal wurde die Leiche eines jungen Mannes entdeckt. Der Kopf der Leiche war abgetrennt und befand sich in einem Entenhäuschen inmitten des Schlossteichs. Die Ermittlungen über die Todesumstände sind zum gegenwärtigen Zeitpunkt noch streng vertraulich. Nur so viel scheint wohl festzustehen, bei dem Toten handelt es sich um ein Mitglied der Familie, die auf dem Gutshof seit einigen Jahren ein regionales Kulturzentrum betreibt. Alle weiteren Informationen über den Tathergang sind zum gegenwärtigen Zeitpunkt noch unklar. Wir melden uns wieder, sobald neue Erkenntnisse vorliegen. Und damit geben wir ab an den Verkehrsfunk. Hallo Bodo, bitte melde dich!

II
Potsdam, Park Sanssouci
Montag, 31. Oktober 2006

Dieser Wochenanfang war für Linthdorf alles andere als geruhsam. Auf Arbeit stapelten sich inzwischen Aktenordner diverser Behörden. Sein kleines Büro war damit so zugestellt, dass er klaustrophobe Anwandlungen bekam. Nachdem er sich zwei Stunden durch die Stapel gewühlt hatte, bekam er das dringende Bedürfnis, raus in den Park gehen zu müssen. Sanssouci war ihm ein Rückzugsgebiet. Von seinem Büro aus brauchte er nicht einmal fünf Minuten bis zu dem kleinen Seiteneingang zum Park.

Sobald er den Park betrat, ließ er den Lärm und die Hektik des Potsdamer Alltags hinter sich. Der Park war zu jeder Jahreszeit schön. Jetzt im Spätherbst, und dazu noch an einem Montagmorgen, hatte er den Park fast für sich allein. Nur ein paar Parkgärtner waren dabei, die letzten Tropenpflanzen in ihren großen Kübeln Richtung Orangerie zu transportieren. Die Bäume zeigten noch einmal ihre gesamte Farbenpracht. Es roch angenehm nach Moder und Rauch. Linthdorf liebte diese Stimmung. Der Kopf wurde frei und er fühlte sich wieder offen für neue Gedankengänge.

Langsam ging er an dem kleinen Kanal entlang, der zum Chinesischen Haus führte. Manche Leute bezeichneten das an ein großes Zelt erinnernde Gebäude auch als Teehaus. Natürlich war das auffällige Gebäude, dass sich der Alte Fritz für die Präsentation seiner Porzellansamm-

lung hatte bauen lassen, jetzt geschlossen. Linthdorf konnte aber an so einem Tag endlich ungestört um den Pavillon herum laufen, die vergoldeten Figurengruppen betrachten, die ihm inzwischen allesamt gute Vertraute waren.
Sommers war es fast unmöglich, hier zu verweilen. Hunderte Touristen bevölkerten dann das Terrain, fotografierten, lösten ständig den nervigen Alarm aus beim Zunahekommen und lärmten einfach herum. In dieser Jahreszeit mied Linthdorf diese Ecke des Parks.
Er grüßte dezent die chinesische Prinzessin, die an der vorderen, linken Säule stand. Dann kamen die teeschlürfenden Mandarine an die Reihe. Auch ihnen lächelte der Kommissar kurz zu. Die Musikanten mit ihren exotischen Instrumenten waren schon fast wie Hauspersonal, denen man zurufen konnte, bitte noch mal aufzuspielen. Linthdorf hatte immer das Gefühl, dass diese vergoldete Gesellschaft eigentlich gar keine Chinesen waren. Ihre Gesichtszüge sahen merkwürdig europid aus. Auch ihre Kleidung erinnerte mehr an die Seidenstraße, denn an das Reich der Mitte.
Am Himmel, der heute wieder im besten Brandenburger Bleigrau erstrahlte, zogen zwei keilförmige Scharen Kraniche mit majestätischen Flügelschlägen Richtung Süden. Linthdorf schaute ihnen nach. Es war die Zeit des großen Aufbruchs für die schönen Vögel. Eigentlich wollte er ja noch einmal ins Linumer Bruch um seine gefiederten Lieblinge vor dem großen Abflug zu beobachten.
Aber dieses Wochenende war angefüllt gewesen mit Aktenstudium und langen Telefongesprächen mit den Teamleitern. Am längsten hatte Linthdorf mit Louise Elverdink gesprochen. Er seufzte. Natürlich hätte er gern etwas mehr Zeit für sie abknipsen müssen. Aber da waren seine und wahrscheinlich auch ihre Auffassungen über Arbeit und Prioritäten wohl zu konservativ.
Das Wochenende hatte er zu Hause zugebracht mit dem Studium der Akten des »Projekts Kranichland«. Je mehr er die Dimensionen von »Kranichland« anfing zu begreifen, desto mulmiger wurde ihm.
»Kranichland« war wahrscheinlich ein Millionengrab für tausende von Kleinanlegern und Investoren. Drei große Investmentfonds hatte »Planters & Crane« aufgelegt. Jeder der Fonds erbrachte knapp 25 Millionen Euro, die in das ehrgeizige »Projekt Kranichland« gesteckt werden soll-

ten. Schon nach drei Jahren, so wurde jedenfalls den Anlegern versprochen, sollten erste Gewinnausschüttungen erfolgen.
Die Fondsgesellschaften, die allesamt der »Planters & Crane« gehörten, waren im nichteuropäischen Ausland eingetragen. Die angegebenen Anschriften kamen Linthdorf sehr verdächtig vor. Cayman Islands, Turks- and Caicos Islands, BritishVirgin Islands ..., kleine Karibikinselchen, die eine sehr laxe Gesetzgebung hatten hinsichtlich der Besteuerung von Kapitalgewinnen. So spare man Steuern, wurde argumentiert, um die Menschen, die ihr Geld hier angelegt hatten, zu beruhigen.
Noch beunruhigender fand Linthdorf jedoch das Engagement von Bund und Land bei dem gigantischen Vorhaben. Erstaunlich war, dass in der Öffentlichkeit bisher fast nichts über dieses Großprojekt bekannt geworden war. Alle Unterlagen waren als »Streng vertraulich« eingestuft. Falls es zu einer Realisierung käme, würde ein ganzer Landstrich vollkommen umstrukturiert werden. Sowohl die Gebiete im Oberhavelkreis als auch im benachbarten Barnim waren als Trinkwasserschutzgebiet und als Naturpark ausgewiesen. Die Dörfer im Einzugsgebiet, die vor allem von der Landwirtschaft lebten, verlören ihre Einkommensbasis.
»Kranichland« versprach zwar eine ganze Menge neuer Jobs, aber Linthdorf konnte sich nur schwer vorstellen, wie ehemalige Bauern und Bäuerinnen plötzlich im Dienstleistungsgewerbe der Hotellerie und Gastronomie Fuß fassen sollten.
Da waren stillschweigend bereits Weichen gestellt und, in harmonischer Eintracht mit kommunalen Behörden, wesentliche Voraussetzungen geschaffen worden, um in Kürze mit umfangreichen Bauarbeiten anzufangen. Die Kreisverwaltung Oberhavel hatte bereits alles abgesegnet, was notwendig war, um zu beginnen.
Hier war vor allem das Wirken der »Knurrhahn & Partner« zu bewundern, die offensichtlich über beste Kontakte verfügte.
Im Landkreis Barnim bemühte sich eine andere Agentur um die entsprechenden Baufreigaben. Linthdorf hatte von dieser Firma noch nie etwas gehört. Neugierig schaute er in seinem Ordner mit dem Titel »Team 2 – Uckermark & Barnim« nach.
Dann fing er an, hektisch zu telefonieren. Ob denn die Kollegen schon etwas über eine Firma »Triple B - Real Estate and Financial Consultants Ltd. GmbH« mit Sitz in Bernau herausgefunden hätten? Hatten sie! Na,

prima! Ob es denn möglich wäre, mal kurz mit dem Kollegen...? Ja, prima!
Linthdorf hatte sich den Hörer in der Schulter ans Ohr geklemmt und notierte hastig, was ihm der Kollege da berichtete.
»Triple B« war eine hundertprozentige Tochter von »Planters & Crane«. Es gab nur einen fest angestellten Mitarbeiter, der als Geschäftsführer fungierte. Sein Name war Lutger von Quappendorff, ein bisher recht erfolgloser Investmentbanker, der seit vier Monaten diesen Job mehr schlecht als recht bewältigt hatte.
Linthdorf notierte Telefonnummer und Anschrift des Mannes, der unter der Flagge von »Triple B« im Barnim auf »Raubzug« war.
Dieser Lutger von Quappendorff hatte bei den Behörden im Amt Biesenthal und in den benachbarten Ämtern Wandlitz und Schorfheide bereits einen entsprechenden Ruf. Seine Auftritte waren geprägt von einer Mischung aus Großmannssucht und Drohungen. Speziell bei Frau Meyer war er da an die Richtige geraten. Bei ihr biss er auf Granit.
Linthdorf war inzwischen bei den Römischen Bädern angekommen. Hier pflegte er meist auf einer Bank etwas zu verweilen. Der Bau, den der Urgroßneffe des Alten Fritz, König Friedrich Wilhelm IV. knapp siebzig Jahre nach dem Chinesischen Haus in den neueren Teil des Parks erbauen ließ, wirkte elegant und zeitlos. Unverkennbar die Handschrift des großen Schinkel und seines Schülers Persius.
Der Romantiker Friedrich Wilhelm IV. war Zeit seines Lebens ein Italienliebhaber. So wie sein Urgroßonkel für alles Exotische und Fernöstliche schwärmte und sein Vater eine große Vorliebe für alles Russische hatte, so prägte dieser Preußenkönig eine vollkommen neue Phase in der Geschichte des Parks. Nach dem Alten Fritz hatte wohl kein anderer mehr hier so viel bauen lassen wie er.
Linthdorf atmete tief durch. Er dachte an seinen Besuch in Biesenthal. Etwas war ihm dort aufgefallen, was ihm aber aufgrund der vielen Fakten und Informationen wieder abhandengekommen war. Beim Sinnieren auf der gusseisernen Bank versuchte er noch einmal alles minutiös zu rekonstruieren. Wobei hatte er gestutzt? War es ein Name? Oder ein Ort? Was Linthdorf in dem Büro der Wirtschaftsdezernentin entdeckt hatte, war eigentlich nicht spektakulär, eher ein interessantes Detail am Rande.

Etwas Marginales, was schon einmal für Schlagzeilen gesorgt hatte. Es hatte mit der Karte zu tun, die Frau Meyer ausgebreitet hatte.
Linthdorf war zugesichert worden, eine Kopie der Karte nachgeschickt zu bekommen. Aufgrund der sperrigen Maße konnte sie die Karte nicht durch den kleinen Hauskopierer ziehen. Er war nur für A4-Formate ausgelegt. Sie wollte die Karte daher im ortsansässigen Copyshop kopieren lassen und ihm zusenden. Leider war sie bis jetzt noch nicht eingetroffen. Linthdorf wusste, dass er den Namen sofort wieder entdecken würde, wenn er die Landkarte vor sich sah.
Langsam schlenderte er weiter. Er sah auf die Uhr. Es war kurz nach Elf. Er musste wieder zurück ins Büro.
In einer halben Stunde hatte er einen Termin bei Nägelein. Knipphase wollte auch dabei sein. Automatisch beschleunigte Linthdorf seinen Schritt. Er wollte auf alle Fälle nicht zu spät eintreffen. Nägelein würde sonst wieder eine halbe Stunde lamentieren, wie es um die Pünktlichkeit und die ganze Arbeitseinstellung bei seinen Subalternen bestellt sei.
Er kam an der Orangerie vorbei. Hier gab es auch einen guten alten Bekannten: den Grünen Bogenschützen. Kein Parkbesuch, ohne an dieser großen Skulptur vorbei zu gehen. Linthdorf durchzuckte es, als er den Bogenschützen sah. Bogensee! Das war der Begriff!
Im Sturmschritt und mit wehendem Mantel eilte er ins Büro. Natürlich, das hatte ihn schon in Biesenthal stutzig werden lassen. Bogensee lag mitten in dem schraffierten Bereich. Und Bogensee stand für eine große Pleite in den Neunziger Jahren. Bogensee hatte eine bewegte Vergangenheit.
Viel früher, im Dritten Reich, hatte der Propagandaminister der Nazis, Joseph Goebbels, eine Sommervilla von der Stadt Berlin geschenkt bekommen. Nach dem Krieg wurde das Gelände umgebaut und erweitert. Bogensee wurde Kaderschmiede der FDJ, der staatlichen Jugendorganisation der DDR. Kein Geringerer als der berühmte Architekt Hermann Henselmann ließ hier in bester stalinistischer Manier prachtvolle Gebäude erbauen. Mitten im märkischen Kiefernforst entstand so ein Stück Vorzeigesozialismus.
Nach der Wende hatte eine ambitionierte Firma namens IBC das Areal übernommen und ein Kongress-Zentrum etablieren wollen. Diese hochfliegenden Ziele waren bald passé. Nur eine kleine Waldschule von ein

paar Naturfreunden war noch anzutreffen. Das hatte vor knapp zehn Jahren bereits für Schlagzeilen gesorgt.
Alle älteren Mitarbeiter konnten sich noch gut an diesen Flop erinnern. Es gab Schlagzeilen in der Presse, diverse Ermittlungen zum Thema Kreditbetrug und Steuerhinterziehung. Linthdorf wusste noch nicht alles über die Geschichte Bogensees, aber er hatte das Gefühl, auf der richtigen Fährte zu sein.

III
Potsdam, Landeskriminalamt
Montag, 31. Oktober 2006

Linthdorf hatte es gerade noch rechtzeitig geschafft. Nägelein und Knipphase warteten schon. Im Büro von Nägelein saß noch ein ihm unbekannter Mann. Ein drahtiger Typ mit grauem Dreitagebart und nur noch spärlichem Haarkranz, schwer einzuordnen hinsichtlich Alter und Intelligenz. Wache hellgraue Augen musterten Linthdorf. Knipphase stellte ihn als Oberkommissar Mohr aus Eberswalde vor.
Ohne Umschweife kam der soeben vorgestellte Polizist aus dem Barnim zur Sache. Er holte eine Akte aus seiner Tasche, die mit zahlreichen Computerausdrucken angefüllt war. Linthdorf verschlug es den Atem, als der Barnimer Kollege die Fotos ausbreitete. Ein abgetrennter Kopf, ein Torso, alles aus diversen Winkeln aufgenommen. Detailaufnahmen der Schnittstellen und der Fundstelle. Stumm reihte Mohr ein Foto nach dem anderen auf dem Tisch auf.
Knipphase räusperte sich. Linthdorf schaute etwas verwirrt auf die Fotos, dann auf die drei Männer.
»Was soll das? Wer ist dieser Mann?«
Knipphase sagte nur einen kurzen Satz: »Dieser Kopf gehörte einem Mann namens Lutger von Quappendorff.«
Siedend heiß überlief es Linthdorf als er diesen Namen hörte. Dieser Mann sollte eigentlich sein nächster Kandidat zur Vernehmung werden. Von Frau Meyer hatte er schon einiges über ihn gehört, was neugierig machte. Er schien eine ausgesprochen widersprüchliche Persönlichkeit

gewesen zu sein und sein bizarrer Tod schien diesen Eindruck noch zu verstärken.
Knipphase bemerkte beiläufig, dass er den Bericht Linthdorfs akribisch gelesen habe und als er auf den Namen Quappendorff gestoßen war, sei er stutzig geworden. Der ungewöhnliche Fund auf Gut Lankenhorst, der in Lichtgeschwindigkeit die Runde zu machen schien, hatte sofort auch im LKA für Gesprächsstoff gesorgt.
Ein kurzes Telefonat mit der Mordkommission von Eberswalde reichte aus, das sich umgehend ein Mitarbeiter der dortigen Dienststelle Richtung Potsdam in Bewegung setzte. Die speziellen Umstände des Todes, die Inszenierung in Form eines archaischen Rituals und die Verstrickungen des Opfers mit den aktuellen Ermittlungen der SoKo hatten Knipphase bewogen, Oberkommissar Matthias Mohr in die SoKo zu berufen.
Nach kurzer Beratung beschlossen die Polizisten, schnell zu handeln, da die bereits laufenden Ermittlungen einige Leute wahrscheinlich schon nervös werden ließen.
Wieso gerade Lutger von Quappendorff hatte sterben müssen, war vordringlich zu klären. Wollte man an die Hintermänner kommen, mussten sie jetzt den Druck verstärken. Linthdorf spürte, dass die Ereignisse an Dynamik und Dramatik gewannen. Er nickte Mohr zu: »Kommen Sie, wir fahren nach Lankenhorst.«
»Zuerst sollten wir aber bei den Bernauer Kollegen vorsprechen. Die haben die ersten Ermittlungen vor Ort gemacht und auch die Erstvernehmungen der Zeugen. Es ist auch ein gewisses Zeichen von Achtung gegenüber der Arbeit der Kollegen. Außerdem bekommen wir dort authentische Berichte aus erster Hand.«, damit reagierte Mohr erstaunlich selbstbewusst auf Linthdorfs Idee.
Der nickte. »Ja, sie haben Recht. Erst nach Bernau.«

IV
Bernau
Montagnachmittag, 31. Oktober 2006

Die Gegend nördlich von Berlin hatte für Linthdorf immer ein paar Pluspunkte mehr als der Süden Berlins aufzuweisen. Hier oben im Norden kam ihm alles etwas entspannter und lockerer vor als im Süden. Ob es daran lag, dass sich noch nicht allzu viele Nobelvillen nördlich der Berliner Stadtgrenze angesiedelt hatten oder, dass hier die Natur noch nicht so durchorganisiert war, wie in den stark wuchernden Vororten des Teltow und im Dahmeland?

Alles wirkte zwar auch hier von produktiver Menschenhand geprägt, aber eben doch mit etwas mehr Lässigkeit und einem langsameren Zeitmaß. Linthdorf genoss diese Atmosphäre. Es war schon keine Großstadt mehr aber auch noch nicht die melancholische Leere märkischer Ebenen.

Bernau lag etwas außerhalb der geschäftigen Wirtschaftszone, die sich rund um Berlin etabliert hatte. Der Eberswalder Kollege, der neben Linthdorf im Auto saß, schien sich auch sichtlich wohler zu fühlen, je weiter die Stadtgrenzen Berlins hinter ihm verschwanden.

Linthdorf war quer durch Berlin gefahren. Montagnachmittag kam man eigentlich immer ganz gut durch. Der Autobahnring war ihm suspekt. Meist gab es irgendwo immer einen Stau. Zu viele Baustellen machten es unmöglich, den Ring ohne Zeitverlust zu befahren. Dann schon lieber Stadtautobahn, auch wenn es da nur mit Tempo achtzig vorwärts ging.

Bernau präsentierte sich an diesem Montagnachmittag eher gemütlich als geschäftig. Die Polizeidienststelle war in einem alten Backsteingebäude direkt an der Ringstraße untergebracht, die Bernaus Innenstadt von den Außenbezirken trennte. Linthdorf sah schon den großen blauen Gasometer, der ein Wahrzeichen der Stadt geworden war. Gleich dahinter war das Polizeigebäude. Das letzte Mal, als er hier war, lag noch Schnee. Vor zwei Jahren war er zu einem Seminar eingeladen und hatte zu aktuellen Entwicklungen bei der Verbrechensbekämpfung im ländlichen Raum gesprochen.

Sein Eberswalder Kollege kannte sich ebenfalls bestens aus. Zügigen Schrittes steuerte Mohr die Räumlichkeiten der Mordkommission an. Avisiert waren sie bereits. Ein junger Ermittler empfing sie. In einem kleinen Saal waren die Bernauer Kripoleute versammelt. Der Abteilungsleiter begrüßte die beiden Ankömmlinge, fasste kurz zusammen, was bisher zusammen getragen worden war.

Dann berichtete Linthdorf, was er über das Opfer wusste. Der Bernauer Ermittlungsleiter pfiff leise. Schließlich kratzte er sich am Kopf. »Wir sind bisher von einem Familiendrama ausgegangen. Alles ziemlich theatralisch inszeniert. Aber, ehrlich gesagt, eigentlich tappen wir noch im Dunkeln. Jeder, der am Sonntag auf Gut Lankenhorst war, könnte Lutger von Quappendorff getötet haben. Es war »Tag der offenen Tür«. Hunderte Menschen waren an diesem Tag dort gewesen.

Alle Kollegen, auch die aus dem benachbarten Oranienburg, waren dabei, herauszufinden, wer alles in der fraglichen Zeit, also zwischen 16 und 20 Uhr, auf Gut Lankenhorst zu Besuch war.«

Linthdorf zog die Augenbrauen hoch. »Ich denke, wir sollten die Ermittlungen zweigleisig fortführen. Die Version, dass es sich um einen Racheakt eines gekränkten Familienmitglieds handeln könnte, ist nicht ganz abwegig.«

Mohr hatte Linthdorf auf der Herfahrt etwas über das Projekt und die Stiftung der Quappendorffs erzählt. Auch, dass es finanzielle Schwierigkeiten gäbe, war dabei zur Sprache gekommen.

Der Ansatz Linthdorfs, dass Lutger von Quappendorff in geheime Verstrickungen international agierender Finanzhaie eingebunden war und vielleicht jemanden durch unachtsame Äußerungen in Bedrängnis gebracht hatte, war ebenfalls realistisch. Auch wenn die ganze Inszenierung schon etwas merkwürdig war.

Aber vielleicht war die gruselige Installation auch als Warnung gedacht für andere, die diese Performance als Signal zu deuten wussten.
Den ganzen Abend bis spät in die Nacht diskutierten die Ermittler diverse Szenarien. Vollkommen übermüdet beendeten die Polizisten ihr Brainstorming.
Linthdorf wollte am nächsten Morgen weiter arbeiten und auf alle Fälle eine Tatortbesichtigung machen. Er glaubte zwar nicht, dass die Techniker etwas übersehen hatten, aber er war immer bestrebt, die Atmosphäre des Ortes zu ergründen.
Im Polizeigebäude gab es zwei Gästezimmer, in denen Mohr und Linthdorf übernachten konnten.

V
Gut Lankenhorst
Dienstag, 1. November 2006

Bei der Auffahrt zu Gut Lankenhorst dachte Linthdorf plötzlich an seine Kindheit. Er war schon mal hier gewesen. Kinderferienlager, irgendwann in den Siebziger Jahren. Damals standen kleine Holzbaracken mitten im Park. Im Gutshaus waren ein Kino und die Küche mit den beiden Speisesälen untergebracht. Linthdorf erinnerte sich sogar noch an die Filme, die er hier gesehen hatte: »Tecumseh« mit Gojko Mitic, eine französische Komödie mit Louis de Funés und einen seiner Lieblingsfilme, den er bestimmt schon siebzehnmal gesehen hatte: »Die tollkühnen Männer in ihren fliegenden Kisten«. Sofort hatte er auch die schmissige Filmmelodie im Ohr, die er jetzt leise vor sich hin pfiff.

Der Eberswalder Polizist schaute grinsend zu Linthdorf herüber. »Die tollkühnen Männer ...« Linthdorf grinste zurück. »Genau! In ihren fliegenden Kisten.«

Das Eis zwischen den beiden Männern war gebrochen. Man hatte etwas Gemeinsames gefunden, was verband: »Rummelschloss, wir gehen tauchen!«, schnarrte Linthdorf im typisch preußischen Militärjargon in Anspielung auf eine legendäre Szene aus diesem Film.

Mohr konterte mit leicht schnarrendem Akzent mit »Zu Befehl, Herr Generalmajor!« Beide lachten und liefen die Treppe hinauf.

Man einigte sich auf ein vertrauliches Du.

Der Hausherr, Rochus von Quappendorff, empfing die beiden mit versteinerter Miene. Er hatte in den vergangenen Stunden so viele Fragen beantworten müssen wie noch nie in seinem Leben. Zum Schluss war er nur noch genervt und wollte seine Ruhe haben.

Jetzt standen schon wieder Polizeibeamte vor ihm. Eigentlich hatte er schon alles gesagt, was zu sagen war. Er blieb daher auch kurz angebunden, nachdem die beiden sich vorgestellt hatten. Linthdorf hatte eine solche Reaktion erwartet. Nachdem er am vorigen Abend die Vernehmungsprotokolle studiert hatte, ahnte er es schon. Das Gespräch entwickelte sich zäh.

Linthdorf war aufgefallen, das nur eine Tochter zu dem großen Quappenessen erschienen war. Der alte Herr schluckte heftig, als er die fehlende Tochter erwähnte. Stockend berichtete er den beiden Beamten über den tragischen Verkehrsunfall, der sich vor wenigen Tagen ereignet hatte. In den Protokollen war zu diesem Unglück im Vorfeld der Tat nichts notiert gewesen.

Nur eine lakonische Randnotiz bei der Vernehmung von Wolfgang Hopf, dem Schwiegersohn und Witwer, wies auf eine weitere Tragödie in der Familie hin. Linthdorf hatte diesen Punkt nicht übersehen. Ihm war aufgefallen, dass von keiner Seite der Tod der Tochter Quappendorffs auch nur ansatzweise thematisiert worden war. So, als ob sie gar nicht existiert hätte, oder, als ob alle Beteiligten es tunlichst vermeiden wollten, eine frische Wunde wieder aufzureißen.

Lutger von Quappendorff hatte einen deutlich niedrigeren Sympathiewert als die verunglückte Irmingard Hopf. Ob es daran lag, dass seine Existenz der unglückseligen Liaison des Bruders von Rochus mit der

nicht standesgemäßen und viel zu jungen Frau zu verdanken war, oder eher an dem neureichen Lebensstil des Ermordeten, war schwer zu sagen. Der Baron ließ sich hierzu nicht aus der Reserve locken.
Linthdorf blieb jedoch am Thema dran. Er hakte nach.
Wusste der Baron etwas über den Verbleib der Mutter Lutgers? Immerhin müsste sie ja benachrichtigt werden. Der gramgezeichnete Mann schüttelte den Kopf. Das letzte Mal, als er sie gesehen hatte, war auf der Beerdigung von Hektor, seinem Bruder.
Lutger war damals zwölf Jahre alt gewesen. Er war dann in einem Schweizer Internat untergebracht worden. Die Mutter des Jungen hatte einen reichen Banker aus London kennengelernt, der sie tröstete und war kurzerhand zu ihm auf die Insel gezogen. Lutger, der eigentlich ein aufgewecktes, freundliches Kerlchen war, musste innerhalb kürzester Zeit den Verlust von Vater und Mutter verkraften. Es gab einen Knacks in der bis dahin so heilen Welt des Heranwachsenden. Er wurde ein introvertierter, wenig gesprächiger Eigenbrötler. Die fürsorgliche Obhut seines Onkels, der den Jungen in den Ferien zu sich holte, konnte diese Entwicklung nicht verhindern. Seine schulischen Leistungen sackten ab. Nur mühevoll schaffte er das Abitur.
Sobald er Achtzehn war, zog Lutger aus. Er suchte sich dubiose Freunde und lebte wohl in diversen Großstädten der Bundesrepublik. Lange Zeit hörte Rochus nichts von ihm. Doch vor fünf Jahren stand er plötzlich wieder vor der Tür von Gut Lankenhorst.
Er fuhr einen teuren Wagen, hatte seine Haare mit Gel gebändigt und trug einen Designeranzug. Rochus war beeindruckt. Das hätte er seinem Neffen nicht zugetraut. Lutger war auch sonst nicht mehr wiederzuerkennen. War er früher ein stiller, eher zurückhaltender Typ, so trat er jetzt als wortgewaltiger Strahlemann auf. Anglizismen beherrschten seine Sprache, und das, obwohl er mit Englisch in der Schule die größten Schwierigkeiten gehabt hatte.
Aus Lutger war ein smarter und ziemlich cooler Finanzmanager geworden. Er bot seinem Onkel an, ihn bei seiner Stiftung zu unterstützen. Immerhin, er konnte sich ja um die Finanzen kümmern und seine guten Kontakte spielen lassen, wenn es darum ging, Sponsoren zu finden. Auch die Kreditlinien waren von ihm mit eingefädelt worden.

Rochus wollte mit den Details nichts zu tun haben. Seine große Stärke war das Organisieren vor Ort, die Kontakte zu den kreativen Menschen, die seine Visionen mit Leben füllen sollten. Alles, was mit Zahlen und Bilanzen zu tun hatte, gab er daher nur allzu gern an Lutger ab.
Mohr schaltete sich in das Gespräch ein und fragte den Baron nach der finanziellen Situation seiner Stiftung. Der schaute ihn irritiert an.
Was denn das mit dem Tod Lutgers zu tun haben soll? Bei solchen Kapitalverbrechen seien eben alle Begleitumstände wichtig. Oftmals waren vermeintlich kleine Summen die Ursachen für brutale Morde. Vielleicht habe ja Lutger eine Unterschlagung zu verantworten oder auch die Bücher manipuliert?
Der alte Mann schüttelte wieder bekümmert den Kopf. Nein, nein, die Finanzen wurden von Hülpenbecker betreut und kontrolliert. Lutger war viel zu oberflächlich. Alle wichtigen Entscheidungen wurden in Absprache mit Hülpenbecker getroffen. Der wusste am besten über den finanziellen Stand der Stiftung Bescheid.
Linthdorf fragte dann noch, ob Quappendorff, schon einmal etwas vom »Projekt Kranichland« gehört habe. Für den Bruchteil einer Sekunde schien der alte Baron zu zögern. Dann schüttelte er entschieden den Kopf.
Nein, was das für ein Projekt sei? Ach, eine solch große Investition hier in direkter Nachbarschaft, da hätte man doch schon mal was vorher erfahren.
Dem Kommissar war das kurze Zaudern nicht entgangen. Er spürte, dass er heute nichts Neues mehr vom Baron erfahren würde. Er gab Mohr ein kurzes Zeichen. Ob man noch einmal einen kleinen Gang in den Park machen dürfe? Sie fänden den Weg schon, danke.
Wieder draußen an der frischen Luft, atmeten die beiden Polizisten tief durch. Mohr hatte ebenfalls die kleine Verunsicherung des Hausherrn bemerkt, als Linthdorf das »Projekt Kranichland« erwähnte.
Was wusste der Baron von diesem Projekt?
Hatte Lutger etwa mit ihm darüber gesprochen?
Hätte er das nicht tun dürfen?
Musste er vielleicht deshalb sterben?
In Linthdorfs Gedächtnis ratterte es. Das Gut Lankenhorst war ihm doch neulich schon einmal aufgefallen, ebenfalls ein Verkehrsunfall ... Er

schloss für einen kurzen Moment die Augen. Da sah er die Email von seinem Freund Boedefeldt.
Natürlich, im Zusammenhang mit dem Vogelmassaker im Linumer Bruch. Boedefeldt war überrascht, dass es hier, weitab der Kranichrastplätze, plötzlich tote Kraniche und andere Großvögel gab, die auf ihm unerklärliche Weise im Park des Gutes zu eigenartigen Stillleben arrangiert worden waren. Für einen schlechten Scherz waren diese Arrangements viel zu aufwändig.
Es schien mehr dahinter zu stecken. Ob eine Drohung von diesen verstörenden Kadavern ausging, konnte Linthdorf im Moment noch nicht einschätzen. Aber er war sich sicher, dass die toten Vögel etwas mit dem Tod Lutger von Quappendorffs zu tun hatten.
Die beiden Männer bemerkten nicht, dass sie beobachtet wurden. Zwei Personen standen im Schatten einer großen Eibe, so dass sie nicht sofort zu sehen waren. Eine Person, die Kleinere, war ein unscheinbarer grauer Schatten, die andere, etwas Größere, war vor dem dunklen Hintergrund der Eibe kaum zu erkennen. Sie trug einen dunklen Parka und hatte auch eine dunkle Mütze auf.
Mohr tippte Linthdorf kurz an. »Da drüben scheint sich jemand für uns zu interessieren.«
Linthdorf hatte die beiden Personen ebenfalls entdeckt. Mit langsamen Schritten näherte er sich dem seltsamen Paar. Mohr blieb auf dem Weg zurück. Beim Näherkommen erkannte der Kommissar, dass es sich um eine Frau und einen Mann handelte. Allerdings waren hier die Rollen verdreht. Die große, kräftige Person war eine Frau und die kleine, unscheinbare Person war männlich. Den beiden war es sichtlich unangenehm, dass sie von dem auf sie zu stapfenden Riesen entdeckt worden waren.
Er gehörte nicht zu den Leuten, die den ganzen gestrigen Tag im Schloss herumgeschlichen waren und auch nicht zu der Truppe, die den Park durchsucht hatte. Sowohl Leuchtenbein als auch Gunhild hätten sich an eine solche Erscheinung erinnert.
Der Mann mit dem schwarzen Ulstermantel und dem Borsalino auf dem Kopf wirkte wie aus einem englischen Krimi aus den Sechzigern, war aber einfach viel zu groß, um wirklich in so einen Film zu passen. Außerdem trug er eine Brille, schwarzgerändert, und hatte auch noch einen

Dreitagebart, seine Gesichtszüge waren eher intellektuell als abenteuerlustig.
Der erste Eindruck verflog schnell. Linthdorf grüßte höflich und stellte sich vor.
Die beiden Parkläufer blickten etwas irritiert auf den Polizisten, der sich nun direkt in seiner ganzen Größe aufgestellt hatte. Leuchtenbein antwortete als Erster: »Also, ja, wir sind, nein, wir gehören hier, sozusagen, zum Hause, ja. Meine Kollegin ...«, damit deutete er auf die kräftige Blondine neben sich, »also, ja, das ist Frau Praskowiak. Und ich, ja, also, mein Name ist Leuchtenbein. Wir arbeiten hier, also ja, ich bin Archivar und Gunhild, also Frau Praskowiak, beschäftigt sich mit den Kulturprojekten im Schloss, also der Galerie, den Lesungen und den Konzerten. Wir sind, also, ja, wir …, haben das alles miterleben müssen, am Sonntagabend, also, alles, was wir wissen, haben wir ihren Kollegen schon gesagt, ja, also ...«
Linthdorf lächelte den kleinen Mann an. Der schien eine kleine Angst vor ihm zu haben.
Vertrauensbildende Maßnahmen, so nannte es der Kommissar, der stets mit diesem Problem seiner Mitmenschen zu tun hatte. Lächeln, so fand er, baute immer eine Brücke. Und ein Riese mit freundlichem Lächeln verlor sofort an Bedrohlichkeit. Lächelnde Monster sind keine Monster mehr. Linthdorf hatte dazu einmal von einer Profilerin, die auf den schönen Namen Pepperkorn hörte, ein paar Tipps bekommen um in Vernehmungen seine Wirkung etwas zu entschärfen.
Sein Lächeln wirkte. Die bisher schweigend neben dem kleinen Archivar stehende Frau lächelte ebenfalls und knüpfte da an, wo Leuchtenbein aufgehört hatte: »Ach, wissense Herr Kommissar, das janze is allet janz schön gruselich. So mit diesem Kopf und der »Weißen Frau« und den toten Vöjeln ...«
Linthdorf stutzte. Was hatte die Frau da gerade gesagt? Tote Vögel? Er unterbrach ihren Redefluss, der gerade einsetzen wollte, um einer ihrer gefürchteten Monologe zu werden, in dem Gott und die ganze Welt vorkamen und alles zu einem unüberschaubaren Wörterbrei verrührt wurde.
»Welche toten Vögel?«

»Na, diese jroßen Biester, die hier seit ein paar Tachen dauernd herumliejen. Irjendwat mit langen Schnäbeln und alle furchtbar zujerichtet, Hals durchjeschnitten, janz brutal. Wir ham ümma jedacht, det macht so een Bengel von die frechen Dorfjugendlichen, aba, ick gloob det nich mehr. Sin einfach zu ville. Frachense ma olle Zwiebeln, den Hausmeesta, der hat schon etliche entsorcht.«
Linthdorf spitzte die Ohren. Er musste wieder an Boedefeldts Kraniche denken. Und er hatte die Fotos, die ihm der Linumer Kollege geschickt hatte im Hinterkopf.
»Gibt es Fotos davon?«
»Nee, is doch unappetitlich, tote Vöjel, also, leid tunse mir schon, aba knipsen, nee, det hätt ick mia nich jetraut.«
Leuchtenbein meldete sich mit zaghafter Stimme zu Wort: »Der Baron, also Herr von Quappendorff, hat jedesmal, wenn solche Kadaver gefunden wurden, Zwiebel beiseite genommen und ihn gebeten, die Tiere zu begraben. Und Zwiebel hat auch jedes Mal Fotos gemacht.«
»Ja, stimmt. Und Zwiebel weiß, wo die liejen ... Den könnse ma frachen, der weiss et.«
Linthdorf nickte. »Und was hat es mit der »Weißen Frau« auf sich?«
Wieder schien er auf ein streng gehütetes Hausgeheimnis gestoßen zu sein, von dem nichts in den Protokollen der Bernauer Kollegen erwähnt worden war. Vielleicht hatten die aber auch solcherlei Neuigkeiten in den Bereich »Mythen-Märchen-Spinnereien« gesteckt und herausgefiltert. Sie waren offensichtlich bemüht, seriöse Vernehmungsprotokolle abzuliefern und keine irrationalen Geistergeschichten.
»Tja, also, da gibt es so eine alte Sage … also, etwas historisch Verbürgtes ist ja dran ..., aber, man darf so etwas auch nicht allzu ernst nehmen.«, begann Leuchtenbein.
»Det is so'n Jaspenst, Mensch Berti. Sach et doch! Die Quappendorffs ham nen Hausjaspenst, ne Frau in weißen Walletüchern, die hier nächtens rumjeistan tut. Der olle Baron willse schon jasehn ham, als kleena Junge, wo sein Vadda jastorbn is un ooch noch ma späta, also wo seine Tochta, aba det wissense ja sicherlich schon. Uns is det allet janz schön unheimlich, könnse gloobn. Ick habse ooch schon jesehn. Könnse gloobn! War echt unheimlich. Un unsa Grauer, also det isn Katertier, dem hats janze Fell jesträubt wie ne Flaschenbürste. Also hujujuj!«

Der Archivar nickte heftig und bekräftigte das Ganze noch: »Immer, wenn jemand stirbt bei den Quappendorffs soll sie erscheinen. Der Baron ist fix und fertig, der hat sie nämlich gesehn. Nun schon zweimal innerhalb von nur ein paar Tagen.«
Linthdorf blieb ernsthaft als die beiden die Geschichte der »Weißen Frau« erzählten.
Er war erstaunt, unter welchen Umständen hier ein Verbrechen geplant und durchgeführt worden zu sein schien. Natürlich gab es keine übersinnlichen Kräfte, die das Schicksal der Menschen bestimmten. Aber es schien jemanden zu geben, der sich den Glauben an diese metaphysischen Mächte zunutze machte, um so Einfluss auf die Leute vom Gut zu nehmen.
»Sie sind wohl auf Gespensterjagd?«, fragte er die beiden und wies auf ihre Ausrüstung, die aus den Taschen des Anoraks und des Parkas lugten.
Leuchtenbein wurde rot. Es war ihm offensichtlich peinlich, Auskunft über ihre Recherchen zu geben. Das Vorhandensein von den langen Stabtaschenlampen, Seil und Gummistiefeln, die beide trugen, ließen durchaus solche Ideen aufkommen. Zumal es im Moment taghell und trocken war.
Gunhild rettete die Situation. »Nö, nö. Wir bereiten einen Abenteuerspielplatz vor. Nächste Woche kommen wieder ein paar Schulklassen, mit denen wir Programm machen. Da stecken wir immer vorab die Strecken ab.«
Linthdorf war aufgefallen, das die Blondine plötzlich im besten Hochdeutsch sprach. Irgendetwas schien an der Aussage nicht zu stimmen. Vorerst verabschiedete er sich höflich lächelnd von den beiden. Mohr wartete schon ungeduldig am Eingangstor.

VI
Auf dem Weg nach Linum , Gransee
Immer noch Dienstag, 1. November 2006

Das Wetter hatte es bisher ganz gut gemeint mit dem Tag. Milde Luft und nur wenig Wind waren für alle, die im Freien zu tun hatten, ein kleines Geschenk. Dazu kam die wunderbare Laubfärbung, die alle Bäume noch einmal in ihrer ganzen Pracht aufleuchten ließ. Sattgelb, feuerrot und ockerfarben hoben sich die Baumkronen gegen den mattgrauen Himmel. Auf dem Boden raschelte es.
Der Blätterfall hatte begonnen. Erste kühle Nächte verkündeten die Nähe des Winters. Jetzt, am späten Nachmittag, schlug das Wetter um. Ein feiner Nieselregen hüllte die Landschaft in einen dichten Schleier aus winzigen Tröpfchen, der im Dämmerlicht auf und ab waberte.
Linthdorf fuhr mit Fernlicht und Nebelscheinwerfern auf der einsamen Landstraße, die von Lankenhorst Richtung Gransee und weiter ins Rhinluch führte. Es war zwar noch hell, aber die Sicht war ausgesprochen dürftig. Neben ihm saß Mohr, der seinen Laptop vor sich auf den Knien hatte und eifrig etwas tippte.
Vor zehn Minuten, bevor sie aufgebrochen waren, hatte der Kommissar mit Roderich Boedefeldt telefoniert. Boedefeldt war wie elektrisiert, als Linthdorf ihm knapp schilderte, was sich auf Gut Lankenhorst ereignet hatte. Die beiden waren sich schnell einig, dass es hier einen Zusammenhang geben musste und Linthdorf wollte unbedingt mit Boedefeldt

über die toten Vögel sprechen. Am besten im Beisein von Professor Diestelmeyer, dem Ornithologen.

Mohr war ausgesprochen nachdenklich geworden. »Irgendwie passt das alles nicht richtig zusammen. Da ist ein offensichtlicher Ritualmord, der wahrscheinlich in einer Familientragödie seinen Ursprung hat. Und dann sind da noch deine Ermittlungen in Sachen Kreditbetrug und Steuerhinterziehung im großen Stil. Hier emotional aufgeladene Ereignisse, da vollkommen durchgeplante und raffiniert eingefädelte Intrigen und Geldgeschäfte. Das geht beides nicht miteinander zusammen. Vielleicht haben wir es ja hier mit zwei verschiedenen Verbrechen zu tun, die nur durch Zufall zeitlich und örtlich aufeinander treffen.«

»Ein bisschen viel Zufall, findest du nicht?«

»Ja, schon ...«

»Was wir noch gar nicht in unsere Überlegungen mit aufgenommen haben, ist der rätselhafte Unfalltod der Tochter des alten Quappendorffs, der zeitlich und örtlich nicht allzuweit von den übrigen Ereignissen ebenfalls hier passierte.«

»Aber das war doch offensichtlich ein Unfall, den sie selbst verursacht hatte.«

»Wir sollten trotzdem die Protokolle anfordern. Übrigens war Boedefeldt vor Ort, als der Unfall passierte. Da können wir etwas aus erster Hand erfahren. Boedefeldt ist ein kluger Beobachter. Ihm entgeht nichts.«

Mohr schaute etwas zweifelnd auf Linthdorf. Der schien ja sehr viel von dem Dorfpolizisten zu halten. Nichts gegen die Kollegen, die auf dem Lande einen oftmals nicht ganz leichten Dienst verrichteten. Aber mit Eigenschaften, die eher einem Sherlock Holmes zugestanden wurden, fielen diese Polizisten meist nicht auf.

Linthdorf sah gerade noch den Abzweig der Straße nach Gransee. Eigentlich hatte die ehemalige Kreisstadt eine großräumige Umfahrung. Linthdorf steuerte jedoch direkt die Innenstadt an.

Mohr schaute ihn irritiert an.

»Kannst du dich erinnern. Es gibt auch in Gransee eine Tochterfirma der »Planters & Crane«. Wenn wir gerade hier sind, können wir ja gleich mal schauen, was es mit dieser Firma auf sich hat. Wahrscheinlich auch wieder bloß ein Papiertiger. Die Firma heißt »Heron«, auch wieder so etwas mit Immobilien und Projektentwicklung. Adresse unweit des Marktes, Richtung Kloster. Ich hab mir die Eckdaten notiert, warte mal ...«

Linthdorf blätterte in seinem Handschuhfach einen Stapel Zettel durch. »Ja, hier haben wir es ja. Wir müssen zum alten Franziskanerkloster. Ich weiß, wo das ist, direkt an der alten Stadtmauer.«

Er kurvte inzwischen seinen SuV elegant über das alte Kopfsteinpflaster dieser märkischen Ackerbürgerstadt. Durch das Ruppiner Tor hindurch, das als »Waldemartor« im Mittelalter zu zweifelhaftem Ruhm gekommen war, vorbei am Luisendenkmal, einem der schönsten Schinkeldenkmäler, daran erinnernd, dass hier die viel zu jung verstorbene Königin Luise auf ihrem Weg zurück nach Berlin für eine Nacht aufgebahrt worden war, hin zum Franziskanerkloster.

Der trutzige Backsteinbau wurde lange Zeit vernachlässigt. Erst in den letzten Jahren hatten die Stadtväter begonnen, dieses historische Kleinod für die Öffentlichkeit wieder herzurichten. Umfangreiche Sanierungsarbeiten waren geplant. Der kleine Klostergarten im Schatten der alten Stadtmauer war bereits wieder intakt. Auch der große Platz vor dem Klostergemäuer hatte ein Lifting bekommen. Bäumchen wurden gepflanzt und Bänke aufgestellt. Hier parkte Linthdorf seinen Wagen.

Dann schauten sich die beiden Polizisten um. Die Häuser, die den Platz einrahmten, waren größtenteils saniert und leuchteten in frischen Farben. Linthdorf steuerte eines der restaurierten Häuser an. Wie in Oranienburg war auch hier ein diskretes Schild neben der Klingel und dem Briefkasten, was darauf hinwies, dass sich hier ein Büro verbarg. Der Briefkasten war leer, die Gardinen hinter den Parterrefenstern vorgezogen. Nichts deutete auf eine rege Geschäftstätigkeit hin. Auch die »Heron« schien ein Fake zu sein. Eine Briefkastenfirma, die keine wirklichen Aktivitäten in der realen Wirtschaftswelt vorzuweisen hatte.

Linthdorf schien so etwas schon erwartet zu haben. Mohr war etwas ratlos. »Kommt hier ab und zu mal jemand?«

»Wahrscheinlich schaut einmal in der Woche eine Sekretärin vorbei um die Post abzuholen.«

»Wollen wir jetzt auf die warten?«

»Ich glaube, das bringt nichts. Diese armen Hühnchen sind nur dafür angeheuert, nach dem Rechten zu sehen. Die wissen nichts. Bekommen

einen kleinen Obolus als Aufwandsentschädigung, so klein, dass sie ihn nicht mal versteuern müssen.«, dabei lächelte er.
»Komm, wir fahren weiter. Boedefeldt wartet.«
Die beiden Männer stiegen in den Wagen und fuhren langsam davon.

VII
Linum
Dienstagabend, 1. November 2006

Das kleine Dienstgebäude der ortsansässigen Polizei lag am anderen Dorfende. Licht brannte. Boedefeldt war im Büro.
Linthdorf parkte seinen Wagen direkt vor der Tür. Er kannte sich hier gut aus. Boedefeldt begrüßte die beiden Polizisten. In seinem Büro hatte er bereits frischen Kaffee aufgebrüht und etwas zum Knabbern aufgetischt. Boedefeldt winkte ihm zu.
»Ich hab da noch was Nettes ...«, damit drückte er dem Kollegen ein großes Paket in einer dunklen Plastiktüte in die Hand. »Versprochen ist versprochen!«
Linthdorf schnüffelte kurz in die Tüte. Ein unnachahmlicher Duft nach frischem Rauch schlug ihm entgegen. Natürlich, Boedefeldt hatte ihm ein Paket Räucherfisch zurechtgemacht. Er bedankte sich überschwänglich. Beinahe hätte er diese kleine Delikatesse vergessen. Dabei hatte ihm ja Boedefeldt noch extra ein Postskriptum zu seiner Email geschrieben.

Die Fotodateien fielen ihm in diesem Moment wieder ein. Die beklemmenden Bilder der toten Vögel, die wahrscheinlich von einem Tierquäler oder Psychopathen bestialisch getötet worden waren.
»Tja, Boedefeldt, es scheint, dass wir da auf etwas gestoßen sind, das vielleicht etwas mit den Vogelmassakern zu tun haben könnte. Sie haben bestimmt schon von dem spektakulären Tod auf Gut Lankenhorst gehört? Eine Enthauptung ...«
Er machte eine kurze Pause. »Wir wissen noch nicht allzu viel über den Tathergang und die möglichen Motive. Die Ermittlungen laufen auf Hochtouren. Es könnte sein, dass unser Kopfloser etwas mit den getöteten Vögeln zu tun haben könnte. Perfiderweise wurde der Kopf des Toten in einem Entenhaus inmitten des Schlossteichs platziert.
Die Begleitumstände sind alles andere als überschaubar. Es könnte sich um eine Familientragödie handeln. Auch ein Delikt aus dem Bereich des organisierten Verbrechens im Zusammenhang mit internationaler Wirtschaftskriminalität ist denkbar.«
Boedefeldt zog die Augenbrauen hoch. Er hatte natürlich von dem Verbrechen gehört. In den Medien war ausführlich darüber berichtet worden. Dass ein Zusammenhang zwischen dem Tod dieses Quappendorffs und den Vogelmassakern bestand, erschien ihm wahrscheinlich. Ihm ging noch einmal der Tag durch den Kopf, als er auf Gut Lankenhorst mit dem Hausmeister Zwiebel gesprochen hatte.
Eigentlich war er ja wegen dem tragischen Verkehrsunfall gekommen. Allerdings, wenn er sich jetzt noch einmal die Todesumstände der Quappendorfftochter durch den Kopf gehen ließ, also, da waren auch ein paar Unstimmigkeiten.
Boedefeldt berichtete, was ihm bei der Protokollierung des Unfalls seltsam vorgekommen war. Vor allem, was da seine junge Kollegin von der Verkehrswacht ihm erzählt hatte und was nicht mit im offiziellen Protokoll stand. Man hatte die letzten Worte der sterbenden Irmingard Hopf als letales Delirium nicht wirklich ernst genommen. Es war ja auch nur eine Bremsspur zu sehen gewesen.
Ein zweites Auto gab es nicht, obwohl Irmingard Hopf davon überzeugt gewesen war. Die junge Verkehrspolizistin hatte ihn beiseite genommen und noch einmal ausdrücklich auf diese letzten Worte hingewiesen. Wenn sie aber nun recht hatte? Wenn wirklich ein zweites Auto ...?

Dann war es kein Unfall, dann war es Mord!
Linthdorf und Mohr atmeten heftig. Der Kommissar schien so etwas geahnt zu haben, aber er wollte Gewissheit. Boedefeldt war kein Spinner. Wenn ihm etwas seltsam vorgekommen war, dann stimmte das auch. Noch konnte Linthdorf sich jedoch keinen Reim darauf machen, wie ein zweites Auto in diesen vom Ablauf her glasklar als Fahrfehler der Hopf nachgewiesenen Unfall passte. Es gab keinerlei Anhaltspunkte für eine Karambolage. Eine zweite Bremsspur gab es nicht. Ein Ausweichmanöver eines möglicherweise entgegenkommenden Wagens konnte nicht verifiziert werden.
»Vielleicht hat es da jemand auf die Quappendorffs abgesehen. Oder die sollen eingeschüchtert werden. Wer weiß, wem die in die Quere gekommen sind.«, Mohr überlegte halblaut vor sich hin.
Linthdorf schaute die beiden nachdenklich an, schlürfte einen Schluck Kaffee und entgegnete: »Vielleicht ist das Ganze auch nur ein riesiger Bluff, womit man ablenken will von etwas ganz anderem. Denkt mal an diese vielen Millionen Euro, die da noch herumgeistern und die ein guter Grund für den Tod von einigen Menschen sein könnten.
Wir sprechen hier nicht von zehntausend oder hunderttausend Euro, die als Grund für Mord und Totschlag ausreichen, wir sprechen hier von Beträgen, die noch ein paar Nullen mehr dranhängen haben. Da ist das Gewaltpotential viel höher. Man kann sich zum Beispiel professionelle Killer kaufen, die Morde wie Unfälle aussehen lassen können.«
Boedefeldt schüttelte sich. Solche Verbrechen gab es früher nicht! Da war ein Einbruch im Dorfkonsum schon ein Delikt, von dem die ganze Gegend sprach.
Er hatte mit seinem Freund, dem Emeritus Diestelmeyer, die Fotos mit den toten Vögeln aus Lankenhorst noch einmal genauer angesehen und analysiert, was für Vögel erkennbar waren. Dann hatten sie eine Liste erarbeitet und verglichen mit den jeweiligen Einzugsgebieten der Vögel.
»Einige Vogelarten, wie zum Beispiel Rohrweihen, Zwergdommeln, Grauammern, Saatgänse, Rothalstaucher und Seidenreiher sind bei uns nur sehr selten anzutreffen. Wir haben bei einigen Vögeln Beringungen entdeckt, die Aufschluss über das Brutgebiet des Vogels geben könnten.

Diestelmeyer hat schon begonnen, Recherchen anzustellen. Wir könnten dann die Gegend, wo die Vögel gefangen wurden, eingrenzen und vielleicht mit unseren Nachforschungen etwas gezielter suchen.«

Linthdorf nickte.

Mohr blätterte die Fotos noch einmal durch, die Boedefeldt in seiner Akte »Kranichtod« gesammelt hatte. Die meisten der toten Vögel waren Kraniche. Wahrscheinlich kamen der oder die Täter am besten an deren Rastplätze heran. Sie mussten sich hier in der Gegend gut auskennen, denn im Rhinluch gab es die größten Rastplätze der grauen Großvögel. Die seltenen Vögel, die Boedefeldt im Park von Lankenhorst fotografiert hatte, konnten aus ganz verschiedenen Reservaten stammen. Einige lebten sicherlich auch im nahen Naturpark Barnim.

Linthdorf musste unwillkürlich lächeln, als er den Titel der Aktensammlung las. »Kranichtod, das erinnerte ihn an das Projekt »Kranichland«, dessen Verwirklichung ebenfalls fraglich war. Und die ominöse Firma, die das Projekt angeschoben hatte und betreute, hörte auf den schönen Namen »Planters & Crane«, zu Deutsch: »Pflanzer & Kranich«.

Linthdorf entdeckte in Boedefeldts Sammlung auch ein Briefpapier aus dem Hause Quappendorff. Der alte Baron hatte da etwas über die grausigen Funde geschrieben. Es war eine kurze Anweisung an Zwiebel, die Tiere im Park zu beerdigen. Den Kopfbogen zierte ein aufwändig gestaltetes Wappen.

Das Familienwappen derer von Quappendorff wies auch zwei Kraniche auf. Das Mittelstück des Wappens bildete ein geteiltes Feld. Im Unterteil schwamm eine stilisierte Quappe in blauen Wellen, im Oberteil stand eine gotische Burg, gerahmt von drei heraldischen Kleeschwängeln. Das ganze Wappen trug eine üppige Helmzier und wurde von den beiden Kranichen links und rechts flankiert. Merkwürdig viele dieser friedlichen und freundlichen Vögel waren in den Fall verwickelt.

Linthdorfs Gedanken kreisten um diese seltsame Häufung. Etwas schienen ihm die Kraniche sagen zu wollen. Aber im Moment konnte er diese Chiffre noch nicht entziffern. Auf alle Fälle sollte er auf dieser Spur weiter nachforschen.

Sein Handy dröhnte und riss ihn aus den Gedanken. Vor ein paar Wochen hatte sein Sohn das Handy mit coolen Klingeltönen aufgerüstet. Jedes Mal, wenn sich das kleine Gerät meldete, bekam Linthdorf einen

Schreck. Viel zu laut und aufdringlich erklangen jetzt synthetisch erzeugte Klänge, die an populäre Fernsehserien erinnern sollten. Mal war es die »Star Wars«-Fanfare, mal die Anfangssequenz von »Bonanza«, sogar »Star Trek« und aus unerfindlichen Gründen die russische Nationalhymne erklangen des Öfteren. Bisher hatte er es noch nicht geschafft, diese Programmierung zu löschen.

Mohr grinste, als er die Anfangstakte von »Star Trek« im Büro vernahm. Linthdorf schaute entschuldigend in die Gesichter der beiden und meldete sich.

Er lauschte mit versteinertem Gesicht der unsichtbaren Person am anderen Ende des Äthers. Dann antwortete er: »Okay, wir kommen.«

Es klickte.

»Wir haben noch einen Toten in Lankenhorst. Ein Einsiedler ist unter merkwürdigen Umständen tot aufgefunden worden. Er saß angelehnt an einen Grabstein auf dem alten Kirchhof des Gutes. Herzversagen. Wahrscheinlich. Wir sollten unbedingt hinfahren.«

Sie verabschiedeten sich von Boedefeldt und fuhren los. Lankenhorst war nur eine knappe halbe Stunde entfernt von Linum.

Der Schrei des Hechts

Hechte gelten unter Anglern als wirklich gute Beute. Nicht nur, dass diese großen Raubfische ein äußerst schmackhaftes Fleisch haben, nein, Hechte sind auch schlaue und verschlagene Jäger, denen oft nicht so leicht beizukommen ist.
In der märkischen Sagenwelt tritt auch der Wassermann als großer Hecht in Erscheinung, der die Menschen foppt und narrt.
Als Fisch zeichnet sich der Hecht als aggressiver Jäger aus, der selbst vor seinen eigenen Artgenossen nicht zurückschreckt. Hechte können blitzschnell beschleunigen und ihr Opfer, das manchmal fast genauso groß wie sein Jäger ist, verschlingen. Der schnabelförmige Kopf mit den messerscharfen Zähnen erinnert ein wenig an urzeitliche Kreaturen. Hechte können bis zu dreißig Jahren alt werden. Ausgewachsene Hechte werden bis zu zwei Meter lang und können bis zu 25 kg Lebendgewicht wiegen. Sie leben sowohl in Flüssen als auch in Seen. Ihr Revier liegt meist in Ufernähe, wo sie dann versteckt zwischen Wasserpflanzen reglos ausharren, bis ein Beutefisch ahnungslos an ihnen vorbeizieht. Aus dem Hinterhalt schnappen sie dann blitzschnell zu.

I

Hellmühle am Hellsee, unweit Lankenhorst

Samstag, 4. November 2006

Nebel lag schwer auf dem See. Die Morgendämmerung ließ das Wasser langsam in einem bleiernen Farbspiel durch die Nebelschwaden aufleuchten. Kein Windhauch kräuselte die spiegelglatte Oberfläche. Auf einem umgestürzten Baumstamm saß eine dunkle Gestalt und starrte reglos auf den See hinaus. Neben dem Mann, der sich in schwarzen Gummihosen und dunkelblauem Anorak dick eingemummelt hatte, stand ein großer Eimer. Diverse Angelruten waren fachmännisch ausgeworfen und ein grüner Kescher lehnte griffbereit neben dem Angler. Der Mann am See schaute etwas missmutig drein. In seinem Eimer waren nur ein paar Plötzen, Rotfedern und Bleie. Allesamt keine großen Fische. Grätenreich und geschmacklich eher bieder.

Eigentlich wollte er ja auf Hecht angeln. Seine beiden großen Angeln hatte er mit Wobblern bestückt und mit großer Sorgfalt durch das Wasser bewegt. Jeder normal begabte Hecht hätte die Wobbler sofort entdeckt und zugebissen.

Der Angler schwor auf seine Wobbler. Er hatte sie selbst gefertigt, er vertraute den kunstvollen Industriewobblern, die es im Angelfachgeschäft für teures Geld zu kaufen gab, nicht so richtig.

Wobbler waren Köder in Form kleiner Fischchen, die wegen einer raffinierten Schaufelform im Wasser hin und her zuckten oder, wie der Petrijünger zu sagen pflegt: wobbelten, um dem Hecht zu suggerieren, hier gäbe es leichte Beute in Form eines kranken, kaum mehr fliehenden Fischleins. Der Angler wusste, dass hier im Hellsee noch ein paar sehr stattliche Burschen zu fangen waren. Aber die waren schlau und gerissen.

Ihre etwas dümmeren Artgenossen waren schon allesamt in der Pfanne gelandet. Nur noch die wirklich großen Hechte, die, die über anderthalb Meter lang waren, die standen noch im See. Der Ehrgeiz des Jägers war erwacht. Er wollte unbedingt eines dieser Prachtexemplare herausholen. Doch dieser Morgen war wieder einmal ein Rückschlag. Entweder er stand an der falschen Stelle oder die Hechte hatten seine Methode durchschaut und ignorierten seine selbst gefertigten Wobbler. Der Angler seufzte und holte seine Angeln ein.

Der feuchte Nebel schaffte es nach und nach in jede noch so kleine Ritze zu kriechen. Mit dem Nebel zog auch die Kälte in die Beine und fraß sich langsam den Rücken hinauf. Dem Angler fröstelte es. Kopfschüttelnd packte er seine Utensilien zusammen. Vorne an der alten Hellmühle hatte er seinen Wagen geparkt. Der kleine Weg, der direkt am Ufer des Sees entlangführte, war mit Laub bedeckt und an diesem Morgen etwas glitschig. Vorsichtig schritt er aus, er wollte ja schließlich nicht noch ausrutschen.

Die letzten hundert Meter lief er immer schneller. Er konnte durch die Schwarzerlen, die das Ufer säumten, schon die Hellmühle sehen. Nur eine Kurve noch und er war wieder auf der Straße. Eine kleine Bucht, die in der Sommerzeit ein idealer Badeort war, tauchte hinter einer großen umgestürzten Buche hervor. Normalerweise war die kleine Bucht immer ein heller Platz. Feiner, weißer Sand ließ das Wasser silbern leuchten. Doch an diesem Morgen lag ein dunkler Schatten in der kleinen Bucht. Der Angler stutzte. Als er vor zwei Stunden hier vorbeigekommen war, verdeckte nichts die kleine Bucht. Neugierig schaute er nach.

Der Schatten entpuppte sich als eine Person, die im knöcheltiefen Wasser lag. Das Gesicht war nicht zu erkennen. Der Körper lag bäuchlings im Wasser. Es schien ein Mann zu sein, nicht sehr groß, eher klein und schmächtig. Die Kleidung machte einen extravaganten Eindruck. Feines Tuch, Anzug, teure Schuhe. Ein Hut, ebenfalls modisch elegant und von dezenter Noblesse, trieb im Wasser. Direkt am Ufer waren zahlreiche Fußspuren im Matsch zu erkennen. Zwei rostige Bandstahlenden ragten aus der Erde. Ein großer, flacher Stein, der ein Stück vom Ufer entfernt aus dem Wasser ragte, war mit Blut befleckt.

Der Angler durchlebte einen Augenblick der Fassungslosigkeit, doch reagierte er schnell. Mit seinem Handy telefonierte er mit diversen Leuten und harrte der Dinge, die da nun folgen sollten.
Kurze Zeit später trafen ein Rettungswagen, ein Feuerwehrfahrzeug, zwei Polizeidienstwagen und ein Zivilfahrzeug an der Hellmühle ein. Der Angler hatte sich vorn auf der Straße postiert und lotste die Eintreffenden zur kleinen Bucht.
Die Uniformierten eilten mit routinierter Geschäftigkeit den kleinen Uferpfad entlang. Die Ruhe wich einer hektischen Betriebsamkeit, die in dieser friedvollen Landschaft seltsam fehl am Platze schien. Der Angler hatte seine Kapuze herabgezogen. Ein hagerer, dennoch rüstiger Charakterkopf kam zum Vorschein. Ein alter Bekannter der Polizei, niemand anderes als Professor Dr. Horst Rudolf Diestelmeyer, Emeritus der Humboldt-Universität zu Berlin, Experte für einheimische Vogelarten, speziell Lemikolen, engagierter Naturfreund und Umweltschützer und Helfer bei kniffligen Problemen.
Diestelmeyer war nicht nur begnadeter Ornithologe, in seinen letzten Jahren als aktiver Biologieprofessor hatte er sich auch eingehender mit der Unterwasserwelt beschäftigt. Das lag nahe, denn seine so sehr verehrten gefiederten Freunde ernährten sich oft von den Bewohnern des Wassers. So kam er zum Angeln. Und natürlich – als Perfektionist – hatte Diestelmeyer in kürzester Zeit alle notwendigen Prüfungen abgelegt, war Mitglied im Anglerverband geworden und engagierte sich hier ebenso aktiv wie bei den Vogelkundlern. Der angenehme Nebeneffekt war nicht nur der Stolz über den gefangenen Fisch sondern auch die fast noch größere Freude an einer schmackhaften Fischmahlzeit.
Jetzt war Professor Diestelmeyer wieder voll in seinem Element. Wortreich beschrieb er den Polizisten, wie und wann er die im Wasser liegende Person entdeckt hatte. Inzwischen waren auch Leute in weißen Kitteln eingetroffen, die feststellten, dass dieser Mann wohl ertrunken sein müsse. Langsam wurde es wieder still am See.
Die Fahrzeuge fuhren wieder ab bis auf den Zivilwagen und den Kombi des Professors. Der Petrijünger bot den beiden Herren im Zivil noch an, auf eine Tasse Kaffee in der Hellmühle vorbeizuschauen. Die stimmten sofort zu. Vielleicht hatten die Bewohner der Hellmühle ja etwas gesehen.

II
In der Hellmühle
Samstag, 4. November 2006

Die Hellmühle existierte an dieser Stelle schon seit Ewigkeiten. Über 700 Jahre klapperte hier schon das Wasserrad. Es waren wohl Bredows, die diese Mühle bauen ließen. Diese umtriebige Adelsfamilie war in ganz Brandenburg zu finden. Den kleinen Bach, der auch als Hellmühlenfließ bekannt war, hatten sie im Mittelalter aufgestaut und ein zusätzlich angelegter Mühlgraben sorgte dafür, dass das Wasser wieder abgeleitet werden konnte. Irgendwann im 16. Jahrhundert ging der Besitz über auf die Stadt Berlin.

Im Dreißigjährigen Krieg wurde das Anwesen niedergebrannt. Später bauten es die zurückkehrenden Anwohner wieder auf. Als Mühle diente der Hof noch bis in die zwanziger Jahre des letzten Jahrhunderts. Aus der ursprünglichen Wassermühle war im Laufe der Jahrhunderte ein großes Anwesen geworden mit Wirtschaftsgebäuden, Stallungen, Gärten und einem Wohnhaus, das schon eher einem Gutshaus glich, denn einem einfachen Bauernhaus.

Die Quappendorffs waren letztendlich die Besitzer der Hellmühle. Ihr Besitz reichte direkt bis an das Westufer des Sees. Die Hellmühle lag am Ostufer. Durch geschicktes Verhandeln gelangte der Mühlenhof in den Familienbesitz. Der Hellsee war damit vollkommen von Quappendorffschen Land umgeben. Die Mühle mitsamt Besitzungen gehörte dann

auch zur Konkursmasse, als 1871 der letzte vermögende Quappendorff seinen Besitz in der Gründerzeitkrise verlor.
Nach Kriegsende wurde der Besitz erneut enteignet. Die Hellmühle und ein Großteil der ehemaligen Quappendorffschen Besitzungen wurden dem neugegründeten Volkseigenen Gut von Lankenhorst zugesprochen. Aus der Mühle wurde ein Landschulheim. In den sechziger Jahren baute man die Hellmühle zu einer Jugendherberge um. Nach der Wende jedoch kam das Aus. Wo vorher Kinderlachen und Tanzmusik erklangen, war plötzlich Stille. Das Anwesen verfiel.
Eine Gruppe von Naturfreunden und Umweltschützern nahm sich der Mühle an. Sie gründeten einen Verein, der sich zum Ziel setzte, inmitten des Barnimer Naturparks ein Informationszentrum zu schaffen, wohin Schulklassen Ausflüge machen konnten, um etwas über ihre nähere Heimat zu erfahren, wo großstadtmüde Landflüchter aus Berlin eine Tasse Kaffee trinken konnten und wo naturbegeisterte Enthusiasten und Idealisten endlich ein Domizil bekamen, um ihrer Leidenschaft zu frönen.
Einer der führenden Köpfe dieses Vereins war natürlich Professor Diestelmeyer. Er war ein Tausendsassa, wenn es um die Organisation solcher Projekte ging. Dank seiner Tätigkeit als Fachbereichsleiter an der Humboldt-Universität von Berlin hatte er beste Kontakte zu Behörden und überregionalen Verbänden, die er geschickt zu nutzen wusste für seine Projekte. Diestelmeyer konnte stolz sein auf seine Erfolge. Er setzte die Einrichtung von Naturschutzgebieten durch, trotz massiver Einwände aus der Wirtschaft, die sich durch die Auflagen gestört fühlten. Oftmals kämpfte er mit seinen Gesinnungsgenossen auf verlorenem Posten, aber er blieb hartnäckig. Auch der Naturpark Barnim war mit Hilfe seines Wirkens entstanden.
Und jetzt war die Hellmühle wieder mit Leben ausgefüllt. Eine rege Bautätigkeit hatte begonnen. Dächer und Fenster wurden als erstes wieder instand gesetzt, das alte Fachwerkgemäuer bekam eine Runderneuerung und auch die inzwischen fast vollkommen verschlammten Mühlgräben und das Hellseefließ hatten die Naturfreunde gereinigt. Eine Fischtreppe ermöglichte es den Fischen, den See zu erreichen, ohne durch die Hölle des Wasserradkastens schwimmen zu müssen.

Der Hellsee wurde mit Fischbrut besetzt und ein kleines Anglerparadies entstand. Diestelmeyer selbst hatte dafür gesorgt, das wieder ausreichend Zander, Welse, Schleie und auch Hechte im See lebten.
Die Mühle hatte auch neue Bewohner bekommen. Ein paar Idealisten waren aus der Stadt hierher gezogen und kümmerten sich um die Wiederbelebung des Hofes.
Diestelmeyer kannte die Familie, die in der Mühle lebte. Schon oft war er bei ihnen zu Gast und war stets freundlich aufgenommen und bewirtet worden. An diesem Novembermorgen kam er jedoch im Gefolge zweier Polizeibeamter in Zivil.
Der drahtige Polizist mit dem grauen Dreitagebart telefonierte die ganze Zeit. Diestelmeyer konnte einen Namen aufschnappen, der ihm bekannt vorkam: Linthdorf.
Diestelmeyer tippte dem Zivilbeamten auf die Schulter. Der hielt inne und schaute fragend auf den Professor. »Geben Sie mir mal schnell ihr Telefon. Wenn das Inspektor Linthdorf ist, dann kenn ich ihn. Ein guter Freund meinerseits.«
Etwas zögerlich gab Mohr Diestelmeyer das Telefon. Woher kannte dieser Naturmensch den Potsdamer Ermittler Linthdorf?
»Herr Inspektor Linthdorf, ich bins, Diestelmeyer, der Vogelfreund. Wir kennen uns.«
»Ja, natürlich, Linum. Ich erinnere mich bestens. Was machen Sie denn am Hellsee?«
»Angeln. Aber das ist eine andere Geschichte. Wir haben hier einen Toten. Also, ich habe ihn gefunden. Sie müssen kommen, da ist was faul. Ein Unfall war das sicherlich nicht.«
»Ich komme. Bin schon auf dem Weg. Bleiben Sie bitte noch bei meinem Kollegen. Geben Sie ihn mir noch mal.«
»Mach ich, Herr Inspektor.«
Mohr sprach noch knapp eine Minute mit Linthdorf, dann legte er auf. »Übrigens, Herr Professor Diestelmeyer, hier bei uns in Deutschland gibt es Kommissare und keine Inspektoren. Die ermitteln in England.«
Diestelmeyer schaute verdutzt auf den Mann neben sich. Er schien doch etwas mehr Humor zu haben als sein Aussehen vermuten ließ.
Inzwischen waren die drei Männer an der Hellmühle angekommen. Auf dem kleinen Türmchen auf dem Dach des großen Wirtschaftsgebäudes

blinkte eine goldene Wetterfahne. Beim Näherkommen entpuppte sich die Wetterfahne als ein kunstvoll geschnittener Fuchs, der seinen buschigen Schwanz in den Wind streckte.
Aus dem Gebäude kam eine junge Frau in Arbeitskleidung. Sie schaute die drei Männer fragend an. Diestelmeyer lief aufgeregt auf sie zu. Er sprach kurz und heftig mit ihr. Die Frau nickte nur dauernd. Dann winkte der Professor die beiden Zivilpolizisten heran. Die Frau bat sie ins Wohnhaus, das gegenüber dem Stall die andere Längsseite des Hofes bildete.
Der Hof war eine einzige Baustelle. Überall stapelten sich Baumaterialien, die Fassade des Wohnhauses war eingerüstet. Baufahrzeuge standen herum und mitten im Hof war eine Mischmaschine platziert, die wie ein großes Kunstwerk das Areal dominierte.
Auch im Innern des Wohnhauses waren die Bauarbeiten noch im Gange. Unverputzte Rigipswände, lange Bretter als provisorische Fußböden und offene Kabelkanäle, in denen sich schon zahlreiche Elektroleitungen zu dicken Strängen vereinigt hatten, machten einen provisorischen Eindruck. Zwei kleine Kinder tobten laut kreischend durch die Räume. Drei Stühle um einen Tisch, der mit benutzten Kaffeetassen und Tellern bedeckt war, wurden den dreien angeboten. Die Frau entschuldigte sich kurz, band die Schürze ab, wusch sich die Hände und räumte das schmutzige Geschirr weg. Dann holte sie sich einen dreibeinigen Schemel hervor und setzte sich zu ihnen.
Mohr räusperte sich und fragte, ob sie etwas mitbekommen habe von dem Leichenfund drüben in der kleinen Bucht. Verwundert schüttelte die Frau den Kopf. Sie war etwas irritiert von den vielen Autos, die da plötzlich herumstanden. Das eine Leiche im See gefunden worden war, hatte sie gar nicht mitbekommen. Sie dachte, es wäre mal wieder ein Unfall in dem Trafohäuschen. Da seien in den letzten Monaten öfters mal Probleme aufgetreten. Zweimal habe es da drin gebrannt. Irgendwelche schlampig verlegten Leitungen wären verschmort gewesen und hätten Kabelbrände verursacht. Jedes Mal war die Freiwillige Feuerwehr aus Lankenhorst angerückt und hatte gelöscht.
Ob hier in den vergangenen Wochen mal unbekannte Leute herumgeschlichen seien, konnte die Frau nicht bestätigen. Nein, nur die Leute

vom Naturverein und die Angler. Unbekannte Gesichter wären in dieser Jahreszeit eher die Ausnahme.
Der Lebenspartner der Frau war hereingekommen. Er hatte die Tiere gefüttert und war erst jetzt fertig geworden. Mohr stellte ihm dieselben Fragen wie seiner Frau. Auch er hatte nichts Außergewöhnliches bemerkt. Doch, einmal hatte er hier ein ungewöhnliches Auto beobachtet. Einen teuren Benz. Der schien sich verfahren zu haben. Das war vor ein paar Tagen, aber genau könne er sich nicht erinnern, wann das war. Der Benz hatte drüben am Trafohäuschen geparkt. Eine halbe Stunde später war er wieder weg. Nein, auf das Nummernschild hatte er nicht geachtet. Zwei Personen müssen es wohl gewesen sein, Stadtmenschen mit dunklen Mänteln und Hüten. Aber genauer habe er sie sich nicht angesehen.
Mohr bedankte sich für die Auskünfte. Dann nickte er seinen beiden Begleitern zu. Zeit zum Aufbruch. Auf dem Weg zurück gingen die drei am Trafohäuschen vorbei. Das Trafohäuschen war noch ein altes Relikt aus Ostzeiten. Die Stromversorgung für die Hellmühle und die paar Häuser, die zur Siedlung hier am See gehörten, wurde schon seit den siebziger Jahren über dieses Trafohäuschen gesichert. Es war ein typischer Bau in Form eines fensterlosen Quaders mit schwarzem Flachdach und grauer Rauputzfassade. An der Straßenseite war eine kleine Tür. Die war nur angelehnt. Ungewöhnlich. Normalerweise waren solche Türen geschlossen und nur für wenige Zuständige zugänglich.
Mohr ging in das Häuschen. Seine Augen brauchten einen Moment bis sie sich an das Halbdunkel gewöhnt hatten. Linkerhand entdeckte er einen Lichtschalter. Das Innere des Häuschens wurde jäh aus seiner Dunkelheit gerissen. Mohr staunte, wie viel Technik in so einen mickrigen Bau passte. Das meiste waren summende Aggregate. Auf den ersten Blick war nicht zu erkennen, ob hier etwas manipuliert worden war. Das mussten Experten klären. Mohr forderte per Telefon Leute von der KTU an. Dann knipste er vorsichtig das Licht wieder aus und sicherte den Eingangsbereich provisorisch ab. Diestelmeyer und sein stiller Assistent halfen ihm dabei.
Mohr hatte stets ein paar Meter Bindfaden in einer seiner Taschen. Die waren jetzt hilfreich als provisorische Absperrung. Der Professor lächelte

mit einem pfiffigen Gesichtsausdruck: »Sie wappnen sich wohl auch gegen den Schrei des Hechts?«
Mohr sah den drahtigen Herrn etwas zweifelnd an. »Seit wann können denn Fische Laute von sich geben?«
»Mein Gott, junger Mann, nun seien Sie mal nicht so pingelig mit die Fische.«, dabei grinste der Professor hintergründig.
»Was hat es denn nun auf sich mit dem Schrei des Hechts?«
»Eigentlich gar nichts. Bleiben Sie nur ruhig. Natürlich können Hechte nicht schreien. Selbst wenn sie wollten, könnten sie nicht, haben ja auch keine Stimmbänder...
Es ist nur altes Anglerlatein. Wer den Schrei des Hechtes hört, muss zu ihm kommen in den See. Man sagt es zu Petrijüngern, die unfreiwillig ein Bad im See genommen haben. Passiert manchmal, wenn man einen kapitalen Fisch, also einen großen Hecht oder Wels an der Angel hat. Die entwickeln ganz schöne Kräfte und können einen schon mal ins Wasser ziehen. Clevere Angler haben daher immer eine Strippe dabei, mit der sie sich anbinden können am Ufer. Habe aber noch nie davon gehört, dass es einmal jemand gemacht hat.
Beim Hochseeangeln, draußen im Ozean, da gibt es Fische, also, da müssen Sie wirklich angegurtet sein, sonst gehen Sie über Bord. Da geht es dann wirklich auf Leben und Tod. Und nicht immer gewinnt der Angler.«
»Tja, vielleicht hat unser Unbekannter ja den Schrei des Hechts gehört. Was hat so ein Mann an diesem See zu suchen? Und wieso ist der im knietiefen Wasser ertrunken? Die Kopfwunde, die wahrscheinlich durch das Umfallen verursacht wurde, war weder tödlich noch hatte sie eine Bewusstlosigkeit herbeigeführt. Er muss schon vorher ohne Bewusstsein gewesen sein. Doch wodurch hat er es verloren? Wir müssen abwarten ...«, Mohr unterhielt sich fast mit sich selbst.
Die Anspielung des Professors mit dem Hechtschrei hatte Mohr wieder an die ungewöhnlichen Begleitumstände dieses Todesfalles erinnert. Es war ja noch nicht einmal geklärt, ob es nur ein Unfall war, ausgelöst durch eine Verknüpfung unglücklicher Faktoren oder ob es sich um ein weiteres Tötungsdelikt, perfide geplant und eiskalt ausgeführt, handelte.

Ein silberner Geländewagen näherte sich dem See. Der Weg führte etwas bergab und man merkte dem Fahrer an, dass er solche Wege gern fuhr. Mohr nickte nur. »Da kommt Linthdorf.«
Diestelmeyer lief schon aufgeregt auf ihn zu. »Herr Inspektor, nein, Herr Kommissar, wir warten hier schon die ganze Zeit ... Also, das Aufregendste haben Sie schon verpasst.«
Linthdorf blieb entspannt und begrüßte kurz die drei noch übrig gebliebenen Ermittler. Mit einem fragenden Blick auf die provisorische Bindfadenverspannung am Trafohäuschen wollte Linthdorf gerade ansetzen, etwas zu sagen, als Mohr ihn kurz über die merkwürdigen Begleitumstände bei diesem Todesfall aufklärte.
Ein Unfall am Wasser war natürlich nicht auszuschließen. Aber sowohl der Zeitpunkt, die unmittelbare Nähe zu Gut Lankenhorst und die unpassende Kleidung des Toten ließen eigentlich nur einen logischen Schluss zu: Mord.
Mohr grübelte gar nicht mehr, ob es ein Mord war, sondern wie er ausgeführt worden war. Es schien etwas mit dem Trafohäuschen zu tun zu haben. Der Barnimer Polizist war sich ziemlich sicher, dass hier jemand die Leitungen manipuliert hatte.
Linthdorf wollte noch sehen, wo der Tote gefunden worden war. Die Ermittler trabten im Gänsemarsch hinter dem Professor her. Der kannte sich hier bestens aus.
»Hier in der kleinen Bucht hat er gelegen.«
»Mit dem Gesicht nach unten?«
»Ja, er muss wohl gestürzt sein. Auf dem großen Stein im seichten Wasser war Blut zu sehen.«
»Wieso er gestürzt ist, war nicht zu erkennen?«
Der stille Assistent von Mohr, der sich bisher kaum zu Wort gemeldet hatte, sprach plötzlich: »Vielleicht ist er über diesen aus der Erde ragenden Bandstahl gestolpert.«
Dabei zeigte er auf zwei rostige Stahlbänder, die wie zwei störrische Schlangen ungefähr vierzig Zentimeter in die Luft ragten. Man konnte sie gegenüber dem rötlich schimmernden Lehmboden nur schwer entdecken. Sie waren mit einer dicken Schicht Rost überzogen. Eine perfekte Tarnung.

Linthdorf kratzte sich am Kopf. Seinen Hut hatte er abgenommen. Wind wehte die spärlichen Haare durcheinander. Er näherte sich den beiden Bandstahlenden mit gehörigem Respekt. »Das sind Nullleiter, die leiten Überspannungen ab ins Erdreich. Da haben wir die Verbindung zum Trafohäuschen.«

Er hatte solche Bandstähle schon einmal gesehen. Da war er mit seinem fotografierenden Freund Freddy Krespel unterwegs. Irgendwo in der Uckermark. Linthdorf war über ein solches Bandstahlstück gestolpert und hatte sich der Länge nach hingelegt. Krespel klärte ihn daraufhin über den Sinn solcher Fallen auf. Auch dort war ein kleines Trafohäuschen in unmittelbarer Nähe.

»Und wenn er nicht nur gestolpert ist? Wenn er einen Stromstoß bekommen hat, der ihn bewusstlos werden ließ?«

»Dann haben wir es hier mit einem perfekt geplanten Verbrechen zu tun.«

»Tja, da bleibt noch die Frage zu klären, ob dieser Mann eher zufällig hier herumspazierte oder ob er ganz gezielt ausgeschaltet werden sollte. Vielleicht wurde er ja hierher bestellt. Die Aufmachung lässt darauf schließen, dass dieser Mann keinen Ausflug ins Grüne geplant hatte.«

Vorn am Weg waren die Kollegen der KTU inzwischen eingetroffen. Ihre weißen Overalls blitzten durch die Bäume. Man konnte denken, dass hier Wesen aus dem All gerade die Erde entdeckten. Die Polizisten und der Professor trabten wieder im Gänsemarsch zurück zur Straße. Mohr erläuterte kurz, wo das Team speziell nach Spuren suchen sollte. Dann räumten sie das Feld.

Kranichland

»Merke du auf, sobald du des Kranichs Stimme vernommen,
Der alljährlich den Ruf von der Höh' aus den Wolken dir sendet
Bringt er die Mahnung doch zum Säen, verkündet des Winters Schauer...«

Hesiod

Der Wolf und der Kranich

Ein Wolf hatte ein Schaf erbeutet und verschlang es so gierig, dass ihm ein Knochen im Rachen stecken blieb. In seiner Not setzte er dem jenigen eine große Belohnung aus, der ihn von dieser Beschwerde befreien würde.
Der Kranich kam als Helfer herbei; glücklich gelang ihm die Operation, und er forderte nun die wohlverdiente Belohnung.
»Wie?«, höhnte der Wolf, »du Unverschämter! Ist es dir nicht Belohnung genug, dass du deinen Kopf aus dem Rachen eines Wolfes wieder herausbrachtest? Gehe heim, und verdanke es meiner Milde, dass du noch lebst!«

Aesop

I

Potsdam

Montag, 6. November 2006

Es regnete. Es regnete schon seit 24 Stunden ohne Unterbrechung. Der ganze Sonntag war im wahrsten Sinne des Wortes ins Wasser gefallen. Linthdorf hatte fast den ganzen Sonntag verschlafen. Die letzten Tage hatten genug Aufregung und Stress mit sich gebracht.

Nach dem neuesten Stand der Ermittlungen waren noch mehr Fragezeichen hinter allen Ereignissen als zuvor. Der neueste Todesfall, der unbekannte Mann vom Hellsee, gab zusätzliche Rätsel auf. Die Gerichtsmedizin beschäftigte sich bereits mit ihm. Seine Identität konnte bisher noch nicht geklärt werden. Sowohl der Erkennungsdienst als auch die Leute vom Polizeiarchiv hatten keine Hinweise zur Person gefunden.

Es kam Linthdorf so vor, als ob er inmitten eines riesigen Datennetzes säße und überall kämen neue Fakten hinzu, die aber allesamt kein stimmiges Bild ergeben. Überall sah er neue Rätsel und spürte, dass alles auf eine geheimnisvolle Art und Weise miteinander verbunden zu sein schien.

Auf einem großen Bogen Papier hatte er die Schauplätze der Ermittlungen und die Personengruppen eingetragen. Er machte Pfeile zwischen den Leuten, die sich offensichtlich kannten. Erstaunt sah er, dass wirklich alle in irgendwelchen Beziehungen zueinander standen. Da waren zuerst die Leute von Gut Lankenhorst, die allesamt verbunden waren mit den Opfern, wahrscheinlich auch mit dem Unbekannten vom Hellsee, aber das musste Linthdorf noch klären.

Er machte ein Ausrufezeichen bei diesem Punkt. Hier schien alles auf eine Familientragödie hinzudeuten. Es gab die verunglückte Tochter, deren Unfall wahrscheinlich keiner war, den enthaupteten Neffen, dessen Tod offensichtlich inszeniert worden war, und den zu Tode erschreckten Einsiedler Verschau, der allerdings auf dem alten Kirchhof direkt vor dem Familiengrab der Quappendorffs gefunden worden war. Allesamt gestorben innerhalb von knapp zwei Wochen. Die Täterhandschriften waren nicht einer einzigen Person zuzuordnen. Vielleicht war das auch so gewollt.

Dann hatte Linthdorf noch die Personen, die mit dem großen Millionendeal zu tun hatten, hinzugefügt. Es gab einen direkten Berührungspunkt zum Gut Lankenhorst. Das war der tote Lutger. Seine Rolle war noch nicht vollständig klar.

War er eine tragische Figur, die nur durch Zufall im Wege war oder gehörte er mit zu den Drahtziehern?

Und war seine Exekution, denn so sah sein Tod ja aus, ein Signal für die anderen Beteiligten?

Wenn ja, was für ein Signal?

Stillzuhalten?

Zu schweigen?

Mitzumachen bei einer Sache, die wahrscheinlich nicht ganz koscher war?

Wurde dieses Signal von den anderen verstanden?

Hatten sich nach dem Tode Lutgers die Leute vom Gut anders verhalten als zuvor?

Linthdorf erinnerte sich an seinen Besuch im Schloss. Der etwas zugeknöpft wirkende alte Baron, die beiden Mitarbeiter, die im Park herumschlichen und augenscheinlich etwas vor ihm verheimlichten ...

Auch die Spukgeschichten von der »Weißen Frau kamen ihm wieder in Erinnerung. Alles wirkte in eine Richtung. Die Hauptattacke schien sich gegen den Hausherrn von Gut Lankenhorst zu richten.

Betrachtete man noch die jeweiligen Zeitpunkte der Todesfälle, so waren die mit Bedacht gewählt. Irmis Tod kam genau zum Quartalstreffen der Stiftung. Lutgers Tod war perfekt zum traditionellen Quappenessen arrangiert worden. Das Auftauchen der »Weißen Frau« und die Vogel-

massaker verstärkten den Eindruck, dass es hier jemand auf den alten Quappendorff abgesehen hatte.
Es ging nicht darum, ihn auszuschalten, das wäre wohl zu einfach. Ein toter Baron konnte wohl weniger nutzen als ein gefügig gemachter. Hier wollte jemand den Menschen zerstören, sein Lebenswerk zunichtemachen.
Der Hausherr von Lankenhorst musste unter großem psychischen Druck stehen. Alles trug er bisher mit einer gewissen tragischen Würde, ließ sich nichts anmerken. Linthdorf grübelte, wie lange der alte Herr das noch durchhalten konnte. Wahrscheinlich waren auch die beiden anderen Todesfälle auf bisher noch nicht geklärte Art enger mit dem Baron verbunden als bisher bekannt. Er musste auf alle Fälle noch einmal mit ihm sprechen.
Linthdorf hatte auf seinem weißen Papierbogen das Projekt »Kranichland« eingezeichnet. Er hatte es mitten zwischen all die bisherigen Orten seiner Ermittlungen gesetzt. Wenn er Linien zwischen all den Orten zog, befand sich »Kranichland« im Schnittpunkt der Linien. Oranienburg, das Linumer Bruch, Gransee, Biesenthal, Lankenhorst mit der Hellmühle und dem alten Friedhof, alles gruppierte sich um dieses riesige Gelände. Am Rande des beanspruchten Geländes lag auch noch die vergessene Siedlung Bogensee mit ihren leerstehenden Stalinbauten und dem Goebbels-Landsitz. Geschichtsträchtiges Gelände.
Linthdorf beschloss, Bogensee einen Besuch abzustatten. Vielleicht lag ja da der Schlüssel für das Projekt »Kranichland« In welchem Zusammenhang die Quappendorffs und Bogensee standen, war bisher nicht ersichtlich.
Da waren wieder die Ermittlungsstränge, die sich voneinander fort zu bewegen schienen, anstatt zusammen zu laufen. Heute Mittag hatte Linthdorf eine Zusammenkunft der ermittelnden Kollegen angeordnet. Vielleicht gab es da ja etwas Neues.
Aldo Colli hatte einen Riesenstapel mit Bilanzpapieren von der Steuerberatung »Knurrhahn & Partner« mitgenommen. Vielleicht konnte der ja etwas über die Wege der Steuergelder erzählen. Die Computerleute hatten sich hinter die Spuren der »Planters & Crane«-Töchter geklemmt. Der Verdacht, dass es sich hier um Scheinfirmen handelte, die nur zum Geldtransfer genutzt wurden, war groß.

Matthias Mohr sollte heute früh gleich zur Gerichtsmedizin in Eberswalde. Vielleicht hatte er herausbekommen, wer der geheimnisvolle Unbekannte vom Hellsee war.
Linthdorf holte sich einen Kaffee und schaute auf die Uhr. Er hatte noch drei Stunden bis zum Meeting.
Von Diestelmeyer hatte er inzwischen eine umfangreiche Dokumentation über die toten Vögel geschickt bekommen. Der Ornithologe hatte sich mit einer Lupe auf die Jagd nach den Ringinschriften gemacht. Bei vier Vögeln war er fündig geworden. Sie hatten allesamt Markierungen der Beringungszentrale Hiddensee, die für den gesamten Osten der Republik und damit auch für Brandenburg zuständig waren.
Die Ringe aus Aluminium waren so angebracht, dass man sie gut sehen konnte, wenn man die Vögel aus der Ferne durch Feldstecher beobachtete. Das wusste Diestelmeyer, und er hegte nicht umsonst die Hoffnung, die jeweiligen Vögel identifizieren zu können. Die gestanzten großen Zahlen gaben ihm Aufschluss über Geburtsjahr, Herkunft und Geschlecht des Vogels. Anhand dieser Zahlen und Buchstabenkombinationen konnte er die Brutplätze dieser Vögel eingrenzen und zuordnen. Sie stammten allesamt aus dem nördlichen Rhinluch, das zum größten Teil im Naturpark Stechlin lag.
Linthdorf suchte also nach einem oder mehreren Tätern, die sich mit Fallenstellerei und Vogelfang auskannten, wahrscheinlich im Rhinluch oder dessen Einzugsbereich lebten und einen Hang zu provokativen Taten hatten.
Am besten, er sprach einmal mit Regina Pepperkorn, der Profilerin, die offiziell als operative Fallanalytikerin beim LKA arbeitete. Ihre Analysen hatten ihm schon im letzten Winter bei der Jagd nach dem Psychopathen Peregrinus und dessen Bruder geholfen. Auch diese Taten wiesen eindeutig psychopathische Züge auf. Was sich dahinter verbarg, würde sie ihm schon sagen können. Der Personenkreis konnte nach ihren Hinweisen bestimmt eingeschränkt werden.
Psychopathische Züge hatte auch die Enthauptung Lutgers. Ob die Vogelmassaker und der Mord an dem jungen Mann etwas miteinander zu tun hatten?
Die Vermutung lag nahe, insbesondere da es ja auch im Vorfeld der grausigen Tat Funde von mutwillig getöteten Vögeln im Park des Gutes

Lankenhorst gab. Wie eine Art Menetekel, oder vielleicht ein kryptisches Symbol, nur verständlich für jemanden, der mit diesem Bild etwas anfangen konnte.
War vielleicht der Empfänger dieser geheimnisvollen Botschaft gar nicht der alte Baron, sondern sein Neffe?
Immerhin, er war anwesend, als die Vogelkadaver gefunden wurden. Vielleicht galten sie ja ihm, sollten ihm Angst machen oder Druck auf ihn ausüben. Da kam auch die rationale Komponente des Falls zum Tragen. Wenn es sich wirklich um mafiöse Strukturen bei den Finanzhaien handelte, dann schreckten die sicherlich auch vor drastischen Kapitalverbrechen nicht zurück, um so ihre Ziele durchzusetzen.
Abschreckung und Einschüchterung gehörten mit zum Repertoire dieser speziell für solche Jobs angeheuerten »Leute für's Grobe«. Das sich die feinen Herren in den Nobelanzügen nicht selber ihre Finger schmutzig machten, war anzunehmen.
Linthdorf erhob sich mühsam. Beim Sinnieren war ihm das rechte Bein eingeschlafen. Jetzt kribbelten tausende Ameisen durch die Blutbahnen. Knipphase und Nägelein warteten.

II

Bogensee

Dienstag, 7. November 2006

Linthdorfs silberner Wagen rollte fast geräuschlos durch den Herbstwald, der von einer einspurigen Asphaltstraße zerteilt wurde. Spärlich drang das Tageslicht durch das Laubdach. Erste Frostnächte hatten das Blätterwerk ockerfarben und rötlichbraun gefärbt. Auch auf der Straße hatte sich ein buntes Gesprenksel aus herabgefallenen Blättern gebildet. Linthdorf spürte, wie rutschig die Straße durch die nassen Blätter war. Behutsam steuerte er sein Gefährt durch die Kurven.

Die Straße war früher mal in einem besseren Zustand gewesen. Seitdem Bogensee zu einer Geistersiedlung herab gesunken war, hatte sich auch kein Amt mehr um die Instandsetzung der Straße gekümmert. Nur wenige Jahre reichten aus, um aus einer ehemals vorbildlich gepflegten Landstraße eine Holperstrecke zu machen. Der jährliche Wechsel von Frost und Hitze hatte große Schlaglöcher in der Oberfläche entstehen lassen. Risse zogen sich quer über die Straße.

Linthdorf konnte sich wieder selbst beglückwünschen, einen geländegängigen Wagen zu chauffieren. Sein alter Daimler hätte diese Straße wahrscheinlich nicht mehr überlebt.

Heute war der Kommissar allein unterwegs. Er wollte unbedingt einen Eindruck von diesem geheimnisvollen Ort bekommen. Sein Instinkt sagte ihm, dass dieser unscheinbare Punkt auf der Landkarte eine wichtige Rolle in diesem Fall spielte. Er hatte keinerlei Bilder zu Bogensee im Kopf. Bei seinen Touren übers Land hatte er diesen Ort bisher immer ignoriert. Ob es die Geschichte, die mit Bogensee verbunden war, oder die kläglich gescheiterte Reanimation der Immobilie durch eine Projektgesellschaft. Kurzum, Linthdorf fühlte sich nicht angezogen von Bogensee. Alte, verfallene Schlösser und vor sich hin schlummernde Ruinen von Ziegeleien, Brennereien oder Gutshöfen, ja, so etwas hatte für Linthdorf eine große Anziehungskraft. Stundenlang konnte er in solchen Ruinen herumstöbern, die Atmosphäre der Lokalität genießen und ab und zu ein paar Fotos schießen. Manchmal kam sein alter Freund Freddy Krespel mit, manchmal seine beiden Söhne.

Bogensee war nicht romantisch. Bogensee war traurig. Die großen Gebäude schienen allesamt noch in einem leidlich guten Zustand zu sein. Alle Fenster waren intakt, die Fassaden gestrichen, Schilder wiesen aus, um welches Haus es sich handelte.

Jedes Gebäude hatte den Namen einer europäischen Stadt bekommen: es gab Haus Budapest, Haus Wien, Haus Reggio di Calabria. Das größte Gebäude hieß natürlich Haus Berlin. Es thronte etwas erhöht am Ende des Ensembles. Treppen, inzwischen von kleinen Graspflanzen bedeckt, wiesen darauf hin, dass hier nur noch selten jemand hinauf ging.

Linthdorf stutzte. Da stand jemand.

Mitten im leicht verwilderten Park, der einmal mit viel Aufwand angelegt worden war, stand eine Person. Seltsam, sie schien sich überhaupt nicht zu bewegen. Er schob seine Brille zurecht und musste grinsen. Es war eine Skulptur. Eine vietnamesische Frau mit dem typischen Reisstrohhut. Wahrscheinlich ein Überbleibsel aus den Zeiten, als Bogensee noch FDJ-Hochschule war.

Die FDJ war die staatlich gelenkte Jugendorganisation der DDR und verfügte über Strukturen ähnlich einer Partei. Damals weilten hier auch zahlreiche ausländische Jugendliche, die in das Einmaleins des Sozialismus eingeweiht wurden.

Vietnam war eines der Schwerpunktländer. Man nannte das Solidarität zu einem Brudervolk. Nun ja, mit den Nachwirkungen dieser Solidarität hatten Linthdorf & Co. noch heute zu kämpfen. Der gesamte Zigarettenschmuggel, eine sehr einträgliche Geschäftsidee, die Umsätze wie ein Großkonzern aufwies, war fest in vietnamesischer Hand. Es gab dafür spezielle Ermittlerteams, die sich nur mit dem Thema befassten.

Gerade wollte er erleichtert weitergehen, als ihm der Atem erneut stockte. Es war eine Bewegung, lautlos und flüchtig, die er aus seinen Augenwinkeln wahrgenommen hatte. Er überlegte kurz, für das Ziehen einer Waffe war es zu spät. Alle Muskeln waren angespannt um sofort reagieren zu können. Just in diesem Moment hörte er ein vertrautes Geräusch, das vollkommen ungefährlich war.
Hinter Linthdorf miaute es. Der Kommisar schaute sich um. Ein kleines, bunt geschecktes Kätzchen saß vor ihm und sah ihn erwartungsvoll mit seinen leuchtend grünen Augen an.
Er lächelte. »Na, Miezekatze, freuste dich, dass mal jemand vorbei kommt?«, dabei bückte er sich und kraulte dem Pelztier den Nacken. Gleich setzte der Schnurrmotor ein. Linthdorf lief weiter, jetzt in Begleitung eines kleinen Vierpfoters.
Die Gebäude wirkten nicht wirklich unbewohnt. Mehr so, als ob sie für eine kleine Weile in Tiefschlaf gefallen wären. Es bräuchte eigentlich nur jemand kommen und den ganzen Komplex wach küssen. Linthdorf schlenderte durch das Gelände. Eine unnatürliche Stille umgab ihn. Nur die kleine Katze folgte in einem kleinen Abstand. Hielt er inne, setzte sich auch die Katze auf ihre Hinterpfoten.
Der Kommissar hatte die Bauten aus den fünfziger Jahren hinter sich gelassen. Etwas abseits entdeckte er ein vollkommen anderes Gebäude. Viel kleiner, dennoch gediegen und nobel. Das weiß gestrichene Haus mit dem schlichten Schriftzug »Bogensee« über dem Eingangsportal war die alte Goebbels-Villa.
Den Vorplatz schmückte eine Figurengruppe, die ein sozialistisches Liebespaar zeigte. Linthdorf lief einmal um die weiße Villa herum. Auf der Rückseite gestatteten große Fenster einen Blick ins Innere. Polierte Parkettböden, alte Sessel, ein paar Tischchen, nichts Ungewöhnliches.
Inmitten des Waldes, der die Siedlung umgab, musste auch der Namensgeber dieses Ortes liegen: der Bogensee. Linthdorf marschierte einen kleinen Waldweg entlang.
Nach fünf Minuten stand er vor dem kleinen See. Glaskar, tiefblau und verwunschen präsentierte sich das Gewässer. Auf einem umgestürzten Baum nahm der Polizist Platz. Er war beeindruckt. Dieser Blick auf den stillen See ließ ihn alles vergessen, was er an Vorbehalten gegen Bogensee hatte.

Auch die kleine Katze war da. Sie umschnurrte Linthdorfs Beine und schien sich sichtlich wohlzufühlen. Er musste an seine Kindheit zurückdenken. Katzen gehörten damals fest zu seinem Leben. Behutsam ergriff er das Tierchen und streichelte es.
Gerade als er sich wieder auf den Baumstamm setzen wollte, durchschnitt ein pfeifendes Geräusch die Luft, direkt neben seinem linken Ohr. Er spürte förmlich den Luftzug, der durch ein Projektil verursacht worden war, das just in diesem Augenblicke krachend in den dürren Ast der Kiefer direkt hinter seinem umgestürzten Baum einschlug. Der Ast krachte herab. Die kleine Katze sprang aufgeschreckt davon und kauerte sich in sicherer Entfernung auf den Boden. Linthdorf wälzte sich instinktiv sofort auf den Boden. Es wurde auf ihn geschossen!
Wer um alles in der Welt schoss da?
Er grübelte, von wo der Schütze geschossen haben konnte. Eigentlich gab es nur eine Richtung: gegenüber, vom anderen Ufer des Sees. Es waren gut und gerne zweihundert Meter bis dahin. Der Schütze musste über eine Diopterwaffe verfügen, um so treffsicher auf diese Entfernung sein zu können. Linthdorf spießte seinen Hut auf einen Stock und hielt ihn vorsichtig über dem Stamm. Keine Sekunde später pfiff es wieder schneidend durch die Luft. Der Schuss hatte den Hut glatt durchlöchert. Der Zeigefinger des Polizisten passte durch das kreisrunde Loch hindurch. Das Austrittsloch war noch etwas größer. Eindeutig kleinkalibrige Patronen. Konnte ein Jagdgewehr oder auch eine Sportschützenwaffe sein. Zumal der Schuss nur als ein leichtes Ploppen zu vernehmen war.
Intuitiv verhielt er sich ruhig. Abwarten war im Moment das Einzige, was er tun konnte. Die kleine Katze war mit einem Sprung zu ihm gekommen und schmiegte sich an ihn. Sie spürte, dass es bei dem großen Manne am sichersten war. Der Tierfreund musste trotz seiner misslichen Situation lächeln.
Knappe zwanzig Minuten blieb er so liegen. Es war nicht unbequem, hier im geschützten Winkel, hinter dem großen Baumstamm. Der Boden war weich und gut gepolstert, nur etwas feucht wurde es langsam. Die Herbstnebel hatten sich auch hier schon eingenistet.
Im Zeitlupentempo begann sich Linthdorf zu bewegen. Er wollte nicht durch eine unachtsame Geste den Schützen dazu animieren, noch einmal abzudrücken.

Er machte erneut den Test mit dem Hut. Vorsichtig hielt er den Stock nach oben. Der Hut müsste eigentlich gut sichtbar sein. Es passierte nichts. Stille. Trügerische Stille. Linthdorf traute dem Frieden jedoch nicht. Langsam robbte er ans Ende des Baumstammes. Den Stock mit dem Hut hatte er an seiner ursprünglichen Position belassen.
Die kleine Katze folgte ihm vorsichtig. Sie hatte wahrscheinlich gespürt, dass hier etwas nicht stimmte. Instinktiv verhielt sich das Tierchen richtig, blieb in Deckung und verriet sich nicht durch ängstliches Gemaunze. Glücklicherweise trug Linthdorf seinen schwarzen Lodenmantel, der eine wirksame Tarnung war. Er schien mit dem dunklen Boden zu verschmelzen. Selbst ein geübter Schütze könnte ihn so nur sehr schwer sehen. Ihm war dieser Vorteil bewusst. Hoffentlich blieb die kleine Katze, deren buntes Fell wahrscheinlich weithin sichtbar war, in der Deckung hinter dem Baumstamm.
Wieder vergingen fünf Minuten. Linthdorf verblieb in angespannter Haltung am Boden, jederzeit bereit sich wieder hinter den schützenden Stamm zu wälzen. Weit entfernt hörte er ein Auto davon fahren. Die Batterie schien nicht mehr in bester Verfassung zu sein. Es brauchte mehrere Versuche, bis schließlich der Wagen ansprang. Ein kurzes, heiseres Aufheulen und dann war wieder Stille. Wahrscheinlich war das der Wagen des geheimnisvollen Schützen.
Linthdorf verharrte noch ein paar Minuten, erhob sich dann, schüttelte kleine Ästchen, Tannennadeln und das trockene Laub ab und holte seinen durchlöcherten Hut vom Stock. Dann untersuchte er noch die Bäume hinter dem liegenden Stamm. Richtig! Eine Kugel hatte sich in den weichen Stamm einer Kiefer gebohrt. Ein kleiner Trichter, vielleicht drei Zentimeter tief. Das Geschoss hatte die Rinde und die oberen Holzschichten weggesprengt. Mit seinem Taschenmesser, das er immer in seiner Manteltasche bei sich trug, polkte er vorsichtig das Projektil aus dem Kiefernholz. Die Leute von der KTU würden schon etwas damit anfangen können. Für ihn war es nur ein Stückchen Metall, das nach einer extremen Beschleunigung vollkommen zu einem deformierten Klümpchen mutierte.
Seine kleine Begleiterin meldete sich mit einem neugierigen Miauen. »Na, Mieze, da ham wa ja noch mal Glück gehabt.« Vorsichtig nahm er das Kätzchen hoch und machte sich auf den Rückweg.

Die kleine Katze schnurrte sofort, spürte wohl, dass sie hier endlich jemanden gefunden hatte, der es gut mit ihr meinte. Solche Vierbeiner hatten oft einen siebten Sinn, wenn es darum ging, zu überleben. Wahrscheinlich spürte das Kätzchen den nahenden Winter.
Zeit, sich eine warme Bleibe mit Zuwendungen, Streicheleinheiten und regelmäßigem Futter zu suchen. Das Tierchen hatte sich spontan für den dunklen Riesen entschieden. Auch Linthdorf spürte das.
In seinen Kinderjahren hatte er stets Katzen um sich. Seine Großmutter war der Meinung, dass Katzen auf einen Bauernhof gehörten. Schon allein wegen der vielen Mäuse.
Später dann, als Linthdorf schon längst in der Stadt lebte, dachte er oft mit einem gewissen Bedauern an diese glücklichen Jahre, die immer mit diesem intensiven Schnurren von diversen Katzen in Omas Küche verbunden waren.
Mit seinem Wagen fuhr er noch eine Runde durch die Geistersiedlung. Er suchte den Platz, wo der Wagen des Schützen stand. Vielleicht waren noch ein paar Spuren vorhanden. In seinem Gedächtnis hatten sich die Startgeräusche fest eingeprägt. Er hatte eine ungefähre Ahnung, aus welcher Richtung dieses Motorengeräusch erklungen war. Nur hier, am äußersten Rand des alten Hochschulgeländes, konnte der andere Wagen gestanden haben.
Linthdorf war ausgestiegen. Die kleine Katze blieb im Wagen zurück und schaute neugierig aus dem Fenster. In dem feuchten Sand waren die Reifenspuren deutlich zu erkennen. Mit seiner Handykamera machte er Fotos von den Spuren. Als Größenmaßstab legte er seinen Kugelschreiber daneben.
Wer fühlte sich so unter Druck gesetzt, dass er mit einer Waffe auf den Ermittler losging?
Oder war es ein eiskalt geplanter Anschlag?
Bogensee war ein idealer Ort dafür. Hier verirrte sich so schnell keine Menschenseele her und die Schüsse verhallten im nahen Forst ohne dass sie Aufsehen erregen würden. Zufällige Wanderer würden sie einer Jagdgesellschaft zuordnen. Linthdorf musste schlucken. Wer einem Menschen das Haupt abschlug und massenhaft friedliche Vögel massakrierte, der hatte wohl auch wenig Skrupel, einen Menschen aus sicherer Entfernung zu erschießen.

Aber ein echter Profi war es vermutlich nicht. Der hätte Vollmantelgeschosse benutzt und nicht die Teilmantelmunition, die Linthdorf aus dem weichen Kiefernholz gepolkt hatte. Ein Killer hätte sich außerdem dessen versichert, dass er seinen Auftrag ausgeführt hatte und wäre zu seinem Opfer gelaufen, um sicher zu sein, dass es tot war. Was für ein Typus Täter war dieser Schütze? Und war dieser Schütze auch der Täter in den Mordfällen in Lankenhorst?
Linthdorf hatte das Gefühl, dass er eine wichtige Spur verfolgte. Aber er konnte noch nicht sagen, wohin sie ihn führen würde. Irgendwem war er mit seinen Nachforschungen sehr nahe gekommen, so nah, dass dieser Unbekannte sehr nervös wurde.

III

Potsdam, Landeskriminalamt
Mittwoch, 8. November 2006

Das Telefon schrillte. Linthdorf ergriff leicht gereizt den Hörer. Kurz angebunden gab er Auskunft. Es war Knipphase. Der war von Linthdorfs Ausflug nach Bogensee und den Schüssen auf den Kommissar über Nägelein informiert worden.
Vorhaltungen, da allein hingefahren zu sein, hatte Linthdorf schon von Nägelein gemacht bekommen. Natürlich konnte er nicht damit rechnen, dass ihm jemand folgen und auf ihn schießen würde. Er war sich bis zu

diesem Zeitpunkt auch noch nicht bewusst, dass seine Ermittlungen jemanden so nervös machten.
Gestern war er noch bei den Kriminaltechnikern, hatte das Projektil zur Untersuchung übergeben und die Fotos der Reifenspuren auf deren Computer überspielt. Die Leute von der KTU wollten noch am selben Abend die Spuren auswerten und ihm die Ergebnisse mitteilen. Am frühen Morgen bekam er per Mail einen ersten Bericht. Das Projektil wurde eindeutig als Jagdmunition identifiziert. Eine typische Büchsenmunition, Teilmantel, 8 x 57er. Diverse Waffen kamen für solche Munition in Frage. Wahrscheinlich war es aber eine Antonio Zoli Corona, eine Diopterwaffe aus Italien, die sich bei den Jägern zunehmender Beliebtheit erfreute. Allein in Brandenburg gab es mehr als 270 zugelassene Exemplare.
Die Reifenspuren waren etwas komplizierter zuzuordnen. Es waren geländegängige Sommerreifen der Firma Cooper vom Typ Discoverer AT3, die auf vielen Autos aufgezogen waren und die aufgrund ihrer Vielseitigkeit und Robustheit viel auf dem Lande gefahren wurden. Besitzer von Stadtautos bevorzugten andere Typen.
Linthdorf überlegte kurz, was er für Reifen auf seinem Auto hatte. Ihm war das bisher gar nicht so bewusst, dass man anhand des Reifentyps feststellen konnte, ob es ein Stadtauto oder ein Landwagen war.
So richtig befriedigend waren die Ergebnisse für ihn jedoch nicht. Zu breit war die Streuung der Merkmale, um den Personenkreis einkreisen zu können.
Heute Mittag wollte er sich mit der Profilerin Regina Pepperkorn treffen. Vorher hatte er noch ein Meeting mit den Leuten der SoKo. Aldo Colli schien Einiges aus den Unterlagen von »Knurrhahn & Partner« herausgefunden zu haben. Jedenfalls hatte er ihm schon eine Email vorab geschickt, das es interessante Neuigkeiten gebe.
Auf dem Gang kam ihm Dr. Nägelein entgegen. Linthdorf ahnte, dass er ihm Bericht zu erstatten hatte. Der Blick seines Chefs war für ihn vielsagend. Immer wenn Nägelein diesen etwas missmutigen Blick aufsetzte, hatte Linthdorf ein ungutes Gefühl. Nägelein dirigierte Linthdorf in sein Büro.
»Setzen Sie sich. Sie nehmen ja das ganze Licht weg so ...«

Linthdorf hatte sich auf dem unbequemen Sessel am Fenster niedergelassen. Nägelein stolzierte wie ein Schreitvogel vor ihm hin und her. Seine spitze Nase hatte bedrohliche Ähnlichkeit mit einem Krummschnabel angenommen. Endlich begann er: »Knipphase hat mich gerade informiert über die dramatische Zuspitzung bei ihren Ermittlungen. Warum bin ich der Letzte, der davon erfährt? Was haben Sie für Erklärungen für einen solch stümperhaften Alleingang?«

Der Kommissar schluckte. Ihm lag schon eine patzige Antwort auf der Zunge, aber er verkniff sie sich. Er hatte im Moment keine Lust auf einen langwierigen Kleinkrieg. Dafür war zu viel zu tun und er musste sich und seinen Leuten den Rücken frei halten.

Also setzte er eine zerknirschte Miene auf und seufzte mehrmals vernehmlich. Dann gab er mit seidenweicher Stimme ein paar Platitüden zum Besten, die Nägelein etwas versöhnlich stimmen sollten. Doch sein Chef blieb skeptisch.

»Linthdorf, seien Sie vorsichtig! Das ganze könnte ganz schnell ne Nummer zu groß für uns werden. So wie es sich jetzt darstellt, ist das eigentlich etwas fürs BKA. Wir haben da in ein Wespennest gestochen und wissen noch gar nicht, wen wir da noch aufgeschreckt haben. Es gibt inzwischen erste Anfragen von oben, was da bei uns los ist.«

»Wer hat da Interesse an unseren Ermittlungen?«

»Nun ..., der Generalstaatsanwalt. Und da gibt es auch eine informelle Nachfrage aus dem Innenministerium. Ein Staatssekretär Dr. Kranigk, der zuständig ist für Wirtschaftsdelikte und Betrug im Zusammenhang mit Staatsgeldern, hat auch Wind von ihren Ermittlungen bekommen.«

»Wie können die etwas von diesen streng vertraulichen Ermittlungen erfahren haben? Gibt es bei uns eine undichte Stelle? Oder ist das Ganze doch nicht so streng vertraulich?«

Nägelein atmete tief durch.

»Mein Gott, Linthdorf! Sind Sie so naiv oder tun Sie nur so? Natürlich haben wir unsere SoKo von oben absegnen lassen. Wir brauchen dafür die Bereitstellung von Personal, Akteneinsicht in sehr vertrauliche Unterlagen und natürlich auch entsprechende Vollmachten. Wir ermitteln hier nicht gegen Hühnerdiebe und Hustensaftschmuggler.«

Nägeleins Begründung klang plausibel. Dennoch war Linthdorf sensibilisiert. Wenn das, was er gerade machte, solche Kreise zog, dann war auf alle Fälle äußerste Vorsicht geboten. Es schien, als ob viele Augen sehr argwöhnisch darauf schauten, was da von ihm ans Licht geholt wurde.

IV

Aus dem Bericht von Aldo Colli über die Auswertung der Bilanzen der »Knurrhahn & Partner GmbH & Co. KG«

... kann abschließend festgestellt werden, dass durch massive Manipulationen sowohl der Jahresbilanzen als auch der dazu gehörigen »Gewinn- und Verlustrechnungen« o.g. Fa. eine Bonität und Liquidität vorgetäuscht hat, die ihr Zugang zu größeren Kreditlinien bei diversen Bankhäusern und der öffentlichen Hand verschafft hatte.

Größte Gläubiger der »Knurrhahn & Partner« sind nach Auswertung der Bilanzen (geordnet nach Höhe der Schulden):
1) das Land Brandenburg, vertreten durch die landeseigene Fördergesellschaft für Immobilien und Liegenschaften
2) die Märkische Bank, Kreisfiliale Oranienburg
3) die Märkische Bank, Filiale Bernau
4) das Amt Biesenthal
5) die Europäische Kreditanstalt,
   Abt. Strukturentwicklung der neuen Bundesländer
6) Denkmalpflege des Landes Brandenburg

Insgesamt hat die »Knurrhahn & Partner« einen Schuldenstand in Höhe von 17.45 Mio. Euro. Bei einem jährlichen Umsatz von gerade einmal 0,63 Mio. Euro ist diese Schuldensumme als ausgesprochen kritisch zu bewerten. Normalerweise müsste die Fa. schon längst insolvent sein. Durch geschickte Finanzjongliererei ist ein Verfahren mit Verdacht auf Insolvenzverschleppung bisher schon zwei Mal abgewendet worden. Als stiller Teilhaber hatte die »Planters & Crane« kurzfristig Geld in das marode Unternehmen transferiert und damit eine Insolvenz abwenden können.

Die Besitzverhältnisse bei »Knurrhahn & Partner« sind ebenfalls sehr kritisch zu bewerten. Weder der amtierende Geschäftsführer, Werner Knurrhahn, noch sein Partner Klaus Brackwald, sind als Gesellschafter beim Handelsregister eingetragen. Haupteigner ist vielmehr eine Firma namens »Kranichland AG«, deren Sitz in Vaduz/Liechtenstein eingetragen ist. Neben der »Kranichland AG« sind mit kleineren Anteilen noch folgende Firmen als Kommanditisten beteiligt:

1) »Planters & Crane Development & Financial Services GmbH & Co. KG«, Sitz Oranienburg
2) »Cygognia Dienstleistungen & Consulting UG«, Sitz Oranienburg
3) »Triple B - Real Estate & Financial Consultants Ltd. GmbH«, Sitz Bernau
4) »Heron Real Estate & Management KG«, Sitz Gransee

Die Gesellschafter dieser Firmen scheinen allesamt Strohmänner zu sein. Wahrscheinlich existieren sie nur auf dem Papier. Es handelt sich stets um drei Personen mit den Allerweltsnamen Meier, Müller und Schulze. Diese Personen zu suchen, wird wenig sinnvoll sein. Es ist die sprichwörtliche Jagd nach der Nadel im Heuhaufen.

Am sinnvollsten wäre eine Überprüfung der »Kranichland AG«. Hier scheinen viele Fäden zusammen zu laufen. Leider konnten zu dieser Firma auf dem offiziellen Weg keinerlei neue Informationen gewonnen werden. Allerdings deuten einige Indizien darauf hin, dass es sich um eine Briefkastenfirma handeln könnte.

V
Berlin-Friedrichshain
Donnerstagabend, 9. November 2006

Freddy Krespel war bei Linthdorf zu Besuch. Er kam öfters vorbei, um mit seinem Freund ein Fläschchen Rotwein zu trinken und Fotos anzuschauen. Fotos waren Krespels Leidenschaft. Er hatte sich im Laufe der Jahre eine ziemlich professionelle Ausrüstung zugelegt und einen riesigen Fundus an Fotos angesammelt. Seine Lieblingsmotive waren Birkenwäldchen und bizarr geformte Wolkenformationen. Stundenlang konnte Krespel dem Zug der Wolken zuschauen und deren eigenartige Verwandlungen auf seinen Kameras festhalten.

Mit großer Begeisterung zeigte er dann Linthdorf die spektakulärsten Ergebnisse seiner Wolken-Sessions, so nannte er diese Fotojagden.

Einmal hatte er von seinem Balkon herab den Lauf des Mondes durch eine Wolkennacht fotografiert. Alle sechzig Sekunden drückte er ab. Dann montierte er die Fotos auf seinem Computer zu einer kleinen Fotoreihe, die er zeitlich so verdichtete, dass ein kleiner Film entstand: Die Reise des Mondes am Berliner Nachthimmel. Krespel war sichtlich stolz auf sein kleines Kunstwerk und auch Linthdorf war angetan von dem kurzen Filmchen.
Die beiden Männer saßen an diesem Abend in Linthdorfs kleinem Wohnzimmer. Krespel hatte sein Laptop mitgebracht. Der Hausherr hatte Matjesheringe und Pellkartoffeln vorbereitet. Beide wussten einen guten Fisch zu schätzen. Krespel hatte seine Fotos von dem letzten Ausflug ins Linumer Bruch dabei.
Auf den Monitor sahen sich die beiden die Fotos an. Nicht nur die Vogelwelt der Linumer Teiche hatte Freddy Krespel in zahlreichen Schnappschüssen festgehalten, auch beim kleinen Volksfest an der Fischerhütte hatte er fotografiert. Linthdorf entdeckte Boedefeldt und Diestelmeyer auf den Aufnahmen. Seine große Portion Räucherfisch war ins Bild gesetzt worden und auch seine beiden Söhne tauchten ab und zu auf. Doch etwas ließ ihn plötzlich stutzen. Es waren zwei Gesichter im Hintergrund. Etwas unscharf, aber dennoch gut erkennbar: Lutger von Quappendorff in Begleitung seiner Cousine Clara-Louise Marheincke.
War das ein Zufall, dass die beiden Quappendorffs in Linum aufkreuzten? Und wieso diese beiden gemeinsam? Was hatte Lutger mit seiner Cousine zu schaffen?
Krespel hatte mitbekommen, dass sein großer Kumpel da etwas entdeckt hatte. »Na, kennste da noch mehr Leute als den ollen Dorfsheriff und den Vojelprofessor?«
»Es scheint so. Kannst du mir die Fotos überspielen?«
»Ja, klar. Mach ich doch.«
Dann widmeten sich die beiden alten Freunde ihren Matjesheringen, die sie mit großer Begeisterung aufaßen. Krespel staunte nicht schlecht, als plötzlich eine kleine bunte Katze laut schnurrend um seine Füße strich.
»Wo kommt die den her?«
»Das ist Katze Tiffany vom Bogensee. Die ist mir zugelaufen. Armes Tierchen.«

»Mensch Theo, haste noch nich jenuch am Hals? Und jetzt noch so ne Miezekatze. Such dir lieber ne Frau, da haste wenigstens was von. Um ne Katze musste dich kümmern. Hast doch eh keine Zeit. Aba ick füttere nich, nee, nee!«

Linthdorf war etwas irritiert, blieb aber friedlich. Wieso sollte er sich eine Frau anstelle einer Katze zulegen?

Krespel verabschiedete sich kurz nach Mitternacht.

Linthdorf saß noch eine Zeitlang wach auf seinem Sofa. Ihm fiel ein, dass die Profilerin Regina Pepperkorn heute früh ein paar Seiten mit Notizen zusammengestellt hatte. Er hatte sich am Montag mit ihr getroffen und ihr kurz das Phänomen der Vogelmassaker im Zusammenhang mit seinen aktuellen Ermittlungen geschildert. Sie war ausgesprochen interessiert, murmelte etwas von mittelalterlichen Ritualen und kommunikativer Symbolik. Dann sagte sie ihm, dass sie darüber etwas nachdenken müsse und ihm in den nächsten Tagen mehr berichten könne.

Linthdorf blätterte die paar Notizen durch und vertiefte sich in Reginas Ausführungen.

VI

Aus den Notizen »Symbolische Aspekte von archaischen Ritualen im Zusammenhang mit den Funden toter Vögel« (R. Pepperkorn)

Vieles weist bei der Beschreibung des Phänomens auf mittelalterliche Rituale hin. Eine für uns Menschen der Moderne kaum noch zu entziffernde Chiffre, die in ihrer symbolischen Zeichensprache typisch war für die dunklen Jahrhunderte vor der Renaissance.

Hier im brandenburgischen Raum, der für lange Zeit im Mittelalter als gesetzlose Gegend galt, wo nur das Recht des Stärkeren letztlich über Wohlergehen oder Tod bestimmte, waren solche symbolischen Rituale sehr verbreitet.

In der sogenannten »Quitzowzeit« (ca.1390 bis 1415) war die Mark Brandenburg ein rechtloser Raum, der von Raubrittern nach Gutdünken ausgeplündert wurde.

Da damals kaum jemand des Lesens und des Schreibens mächtig war, hatten drastische Bildsymbole eine hochrangige Aussagekraft. Nicht

umsonst wird von dem italienischen Semiotiker und Symbolforscher Umberto Eco diese Zeit als das »Zeitalter der Zeichen« charakterisiert.
Anhand von symbolischen Bildern konnten die Eingeweihten ihre Stellung innerhalb der damaligen Hierarchien ausdrücken. Sie dienten zur Kommunikation bei Fehde und Kriegszügen, konnten Sieg oder Unterwerfung anzeigen.
Blutige Opferrituale haben meist ihre Wurzeln in noch früheren, archaischen Epochen. Aus Funden in altgermanischen und slawischen Gräbern ist bekannt, das bestimmte Tieropfer den Verstorbenen auf ihre Reise ins Jenseits mitgegeben wurden.
Insgesamt sollte man aber die Ritualforschung nicht überbewerten. Rituale sind keine Emotionsäußerungen und werden auch nicht als bewusst kalkulierte Tat eingesetzt.
Und nun zu den toten Vögeln:
Vögel gelten seit alters her als symbolbesetzte Tiere. Intuitiv hat man den Wesen, die es aus eigener Kraft schaffen, sich in die Lüfte zu erheben und damit den Göttern näher als jegliches andere Getier zu sein, spezielle Kräfte zugeschrieben. Vögel gelten als intelligent, kommunikativ und rein. Über 10.000 Arten mit mehr als 35.000 Unterarten sind bekannt. Mit einer speziellen Symbolik sind allerdings nur sehr wenige Vogelarten seitens des Menschen belegt worden.
Im Mittelalter spielen auch sogenannte mythische Vögel eine große Rolle. In alten Wappen und Buchillustrationen haben sie überlebt. Bekannt sind u.a. der Greif (eine Mischung aus Adler und Löwe), der Phönix (ein unsterbliches Wesen, das sich selbst verbrennt und dann wieder aus seiner Asche aufersteht), der Vogel Roch (ein Riesenvogel, dessen Flügel den Himmel verdunkeln können), die Harpyien (Vögel mit Menschenköpfen) und die Zauberraben Hugin und Munin, die den alten germanischen Gott Wotan begleitet haben.
Fazit:
Die toten Vögel sind als Chiffre nur einem Menschen verständlich, der sich in der Geschichte des Mittelalters auskennt und der genügend Intelligenz hat, diese Chiffre auch zu erkennen. Anhand der Vogelarten, die getötet wurden, kann man noch weiter gehen. Es handelt sich um Kraniche und andere Großvögel. Diese wurden oftmals als Wappentiere ver-

wandt. Es lohnt also, nach Orts- und Familienwappen mit Kranichen und anderen Großvögeln zu forschen.
Die rituelle Tötung dieser Wappentiere kann auf eine Auslöschung eines Geschlechts, die einen solchen Wappenvogel führen, hindeuten. Man könnte diese Chiffre daher als unmissverständliche Todesdrohung interpretieren.
Die drastische Art der Darstellung der toten Vögel (durchschnittene Hälse) lässt auf einen entschlossenen, vor nichts zurück schreckenden Täter mit psychopathischen Zügen schließen. Es könnte ein Mensch aus dem ländlichen Umfeld sein, männlich, vertraut mit der Natur (vielleicht ein Jäger), gebildet (gute Kenntnisse der regionalen Geschichte und Geographie), eher ein Einzelgänger als ein Familienmensch. Antrieb seiner abwegigen Mordlust scheint der Hass auf eine Familie bzw. auf einzelne Mitglieder der Familie zu sein. Er muss daher in irgendeiner Weise mit der als Opfer betroffenen Familie verbunden sein.

VII
Potsdam – Landeskriminalamt
Freitag, 10. November, 2006

Etwas aufgeregt ging Linthdorf in den Tag. Es war der Tag, an dem sich die Teamleiter der regionalen Ermittlerteams der SoKo treffen sollten. Vergangenen Freitag hatte er den Teamleitern eine flächendeckende Suche nach weiteren Tochterunternehmen der ominösen »Planters & Crane Development & Financial Services GmbH & Co. KG« ans Herz gelegt.
Deren Netzwerk schien sich über das ganze Land zu erstrecken. Möglicherweise gab es noch mehr dieser Projekte, die mit viel Aufwand und unter Verwendung öffentlicher Fördermittel in strukturschwachen Regionen entstehen sollten. Es zeichnete sich ab, dass diese Projekte riesige Geldwaschmaschinen waren und dass keine wirklichen Investitionen getätigt wurden.
Es gab zwar Ankäufe von Grundstücken und großartige Planungen, eben alles, was getan werden musste, um den Behörden vorzuspielen, dass es sich um seriöse Investoren handelte. Wenn die Projektplanungen zur Begutachtung eingereicht wurden, konnten die »Investoren« bereits

getätigte eigene Kapitalaufwände vorweisen. Grundstücksankäufe, die wiederum auf komplizierten Finanzierungen basierten.
Schaute man genauer hin, waren auch diese Käufe nur auf Pump, oder wie man neudeutsch sagte, fremdfinanziert worden. Eine Reihe von Strohmännern, die hier im Lande unterwegs waren, fädelten diese Käufe ein.
Das Schema war klar, nach dem hier gehandelt wurde. Linthdorf hatte den Steuerfahnder Aldo Colli instruiert, die Mechanismen dieser modernen Art von Wirtschaftsverbrechen den Teamleitern nahe zu bringen. Heute sollten die Teams erste Resultate vorlegen. Der Kommissar wollte unbedingt als erster im Konferenzsaal eintreffen, doch es war bereits jemand da: Louise Elverdink. Linthdorfs Herz begann schneller zu schlagen, als er den Raum betrat und sie erblickte. Die Kollegin hatte ihre schwarzen Haare wie Nana Mouskouri streng gescheitelt und trug auch eine schwarz geränderte Brille, die ihn an die griechische Sängerin erinnerte.
Linthdorf musste lächeln, als er diese Ähnlichkeit feststellte. Er mochte die romantischen Schlager der Mouskouri. Louise schien etwas irritiert, als sie den selig lächelnden Riesen erblickte.
»Mögen Sie »Weiße Rosen aus Athen«?«
Louise blickte noch verstörter.
»Ach, vergessen Sie es. Es ist nicht wichtig.«
»Meinen Sie das Lied?«
»Ja.«
»Mag ich.«
»Schön, passt auch irgendwie gut zu Ihnen, also diese Musik.«
»Woher wissen Sie ...?«
»War nur so eine Idee, also manchmal habe ich so etwas wie eine Eingebung, eine Melodie, die mir einfällt, so spontan.«
»Ach so ...«
»Ja, eigentlich wollte ich Sie ja nur noch einmal einladen. Vielleicht zu einem Griechen?«
»Gern. Heute Abend?«
»Ja, nach Dienstschluss. Ich hole sie ab.«
»Prima. Bin in der Pension »Amelie«, Voltaireweg.«
»Kenn ich ...«

»Na denn ...«
Linthdorf fühlte sich nach diesem Dialog wie im siebten Himmel. Mein Gott, er hatte sich angestellt wie ein absoluter Anfänger! Nach dem ersten Satz mit den »Weißen Rosen aus Athen« wäre er am liebsten im Boden versunken. Wie konnte man eine intelligente Frau nur so plump ..., also, er hatte wirklich keine Übung mehr im Flirten. Dass er noch einmal elegant die Kurve gekriegt hatte, war ein echter Glücksfall.
Aber vielleicht hatte die schöne Louise ja nur darauf gewartet, von ihm angesprochen zu werden? Egal, es hatte ja alles geklappt. Durchatmen und los!
Langsam füllte sich der Konferenzsaal. Neben den sechs Teamleitern waren auch Dr. Knipphase und Dr. Nägelein und zwei Leute aus dem Innenministerium zu diesem Meeting eingetroffen. Linthdorf schwang sich mit jugendlichem Elan auf das kleine Podium, begrüßte alle und berichtete kurz über den Stand der Ermittlungen in seinem Team. Die seltsamen Verquickungen mit den Todesfällen Irmingard und Lutger von Quappendorff ließ er außen vor. Das war eine Ermittlung, die er als Spezialist für komplizierte Kapitalverbrechen soweit wie möglich separat führen wollte. Falls erforderlich, würde er die Teams noch informieren.
Sein Handy piepste wie eine Kohlmeise. Eine Email war angekommen. Es war Matthias Mohr. Eigentlich sollte der Eberswalder Ermittler heute hier in Potsdam mit dabei sein.
Er hatte die Identität des Toten vom Hellsee klären können. Es war der Partner von Werner Knurrhahn: Klaus Brackwald. Was dieser Mann am Hellsee verloren hatte, war noch ungeklärt. Ob er sich dort mit jemandem treffen wollte oder dorthin bestellt worden war, konnte Mohr bisher noch nicht klären. Nur so viel war gewiss: Brackwald hatte sich mit Knurrhahn entzweit und die Firma verlassen.
Linthdorf hatte so etwas geahnt. Er gab den Teamchefs einen kurzen Bericht über die neuen Ergebnisse. Knipphase war sichtlich angetan von der ganzen Entwicklung. Er rieb sich die Hände. »Meine Herren, meine Damen. Es wird Zeit, dass wir Knurrhahns Laden noch einen Besuch abstatten.
Diesmal machen wir das ganze Programm. Durchsuchung der Geschäftsräume, Beschlagnahmung aller Computer und elektronischer Speichermedien. Was wir im Vorfeld ermitteln konnten, reicht für eine

Verhaftung Knurrhahns und eine Schließung seiner Bude. Außerdem werden wir uns die ganzen Briefkastenfirmen noch einmal genauer ansehen. Mit gerichtlichem Durchsuchungsbefehl!«
Die Teams hatten noch mehrere Scheinfirmen ermittelt. Insgesamt war ein Netzwerk von mehr als zwanzig Briefkastenfirmen über ganz Brandenburg verteilt, die allesamt miteinander verflochten waren, große Geldmengen hin und her schoben, und sich bei diversen Kommunalbehörden als potentielle Investoren vorgestellt hatten.

VIII
Potsdam
Freitagabend, 10. November, 2006

Eigentlich wollte Linthdorf ja mit Louise zum »Griechen«. Er kannte da in der Innenstadt eine nette Lokalität namens »Akropolis«, die er schon mehrmals besucht hatte.
Doch dann stand er mit ihr vor verschlossener Tür. »Heute geschlossene Veranstaltung«, stand auf einem kleinen Aushang. Buzukiklänge und schwermütiger Männergesang drangen aus dem schummrig beleuchteten Inneren.
Schulterzuckend lächelte die große Dame an Linthdorfs Seite. »Okay, dann eben kein Souflaki ...«
Der etwas ratlose Mann improvisierte. »Was halten Sie von einem Besuch im »Gastmahl des Meeres« vorn am Luisenplatz?«

Louise zögerte einen kurzen Moment, dann nickte sie freudig. »Ja, Fisch ist gut. Ich liebe Fisch.«
Linthdorf war begeistert. Er hatte sich gar nicht getraut, Louise etwas über seine diskrete Leidenschaft für Fischgerichte zu erzählen. Und jetzt stellte sich heraus, dass auch sie Fisch mochte. Was für eine glückliche Fügung.
Leichtfüßig beschwingt führte er seine Prinzessin durch die inzwischen schon merklich geleerte Fußgängerzone der Landeshauptstadt. Nur noch Spätbummler waren um diese Uhrzeit unterwegs, die meisten Geschäfte hatten schon geschlossen. In den vielen kleinen Cafés tummelten sich verliebte Pärchen und Touristen in trauter Eintracht. Potsdam hatte einen leicht provinziellen Charme, verglichen mit der großen Schwesterstadt im Nordosten. Aber Linthdorf mochte diese angenehme Atmosphäre von Vertrautheit und Behaglichkeit. Leider war er in den letzten Jahren immer seltener abends unterwegs.
Jetzt war er für den Augenblick vollkommen glücklich. An der Seite dieser Frau kam er sich endlich wieder wie ein vollständiger Mann vor. Seit Jahren hatte er dieses Gefühl vermisst. Dabei war noch gar nichts passiert. Vielleicht passte sie ja doch nicht ...
Linthdorf schob diesen Gedanken beiseite. Im Moment passte es ganz wunderbar!
Louise summte vor sich hin. Sie war ebenfalls gutgelaunt an diesem Abend. Und es schien ihr zu gefallen, hier an seiner Seite durch die Innenstadt von Potsdam zu laufen.
Es war zwar November, aber das war nicht von Bedeutung. Das etwas großgewachsene Paar bewegte sich inmitten der Leute, die abends unterwegs waren, wie Wesen von einem anderen Stern. Ehrfürchtig wichen die Passanten vor den Übergrößen aus. Linthdorf musste lächeln und Louise ebenfalls. Ein Effekt, den beide seit ihrer Jugend kannten. Sie gingen nicht unter in der Masse, sie ragten darüber hinaus. Man konnte sie nicht übersehen. Stets zogen sie Blicke auf sich. Das prägte für den Alltag. Man brauchte eine gesunde Portion Selbstbewusstsein, um damit souverän umzugehen.
Im »Gastmahl des Meeres« war ein kleiner Tisch für zwei, direkt am Fenster, frei. Das Studium der Karte mit den vielen exotischen Fischgerichten bereitete den Liebhabern wohlschmeckender Flossentiere eine

besondere Freude: Rochenflügel in Weißwein-Kapern-Sauce, Steinbutt auf Schwarzwurzelbett, Seezunge in Dill-Sahneschaum, Dorsch, filetiert und im Pinienkernmantel gebacken, Seeteufel, flambiert und im Apfel-Möhren-Soufflé gebacken …

Linthdorf entdeckte auch noch aufregende Vorspeisen: Jakobsmuscheln, Flußkrebsschwänze, Sardellenröllchen …

Überwältigt vom Angebot sah Louise auf. »Wissen Sie, ich vertraue Ihnen vollkommen. Sie werden schon etwas auswählen, was schmeckt.« Dann lächelte sie und klappte die Karte zu.

Linthdorf räusperte sich kurz. Dann nahm er seinen ganzen Mut zusammen und sagte: »Eigentlich können wir uns ja auch duzen. Also, ich bin Theo ...«

»Angenehm, und ich heiße Louise.«

Spontan beugte sie sich über den Tisch und gab Linthdorf einen flüchtigen Kuss.

IX
Vaduz im Fürstentum Liechtenstein
Montag, 13. November, 2006

Kalter Nebel hüllte die Bergwelt ein, die das kleine Fürstentum Liechtenstein umgaben. Eigentlich bestand ganz Liechtenstein nur aus einem Kerbtal, in dessen Grund der Rhein entlang floss. Der Rhein war hier noch ein wilder Alpengießbach, grünlich milchig, nicht wirklich tief, dafür aber schon mit einer reißenden Kraft, die ihn später zu einem der größten Ströme Europas werden ließ.

Linthdorf war am frühen Morgen von Berlin nach Zürich geflogen und war dann mit einem Mietwagen vom Flughafen die 120 Kilometer in knapp zwei Stunden herauf nach Vaduz gefahren.

Die Schweizer Straßen waren in einem tadellosen Zustand und der Verkehr war am Montagmorgen überschaubar. Der Kommissar war mit einer Sondervollmacht des Brandenburger Innenministeriums ausgestattet, die Knipphase ihm besorgt hatte. Damit konnte er offiziell vorsprechen bei den Liechtensteiner Behörden, die sich erstaunlich kooperativ erwiesen.

Wahrscheinlich war es die eigenartige Art und Weise, wie Linthdorf sich bei den Behörden des Fürstentums vorstellte. Normalerweise, und das hatte Knipphase ihm im Vertrauen berichtet, blockten die dortigen Offiziellen alles ab, was seitens der Bundesrepublik Deutschland an sie herangetragen wurde.
Sie fürchteten um ihren Ruf als Steuerparadies und Oase für Schwarzgelder und damit um ihren Wohlstand. Der riesige Mann mit dem schwarzen Mantel und dem Borsalino auf dem Kopf, der höflich und zurückhaltend hier vorgesprochen hatte, passte nicht so recht in das Feindbild der Liechtensteiner.
Umständlich musste sich der Brandenburger Polizist ausweisen, die Vollmacht des Innenministeriums wurde sorgsam geprüft. Dann wurde er in ein separates Büro gebeten, wo bereits ein Kaffee auf ihn wartete. Zehn Minuten später kam ein korrekt uniformierter Polizist in das kleine Büro und sprach ihn in einem etwas umständlichen Deutsch an. Linthdorf merkte, dass es dem Liechtensteiner Beamten sichtlich schwer fiel, sich auf Hochdeutsch auszudrücken.
Linthdorf hatte eine Mappe mit. In der Mappe waren Fotos der massakrierten Vögel, der verunglückten Irmi, dem abgetrennten Kopf von Lutger und des ertrunkenen Klaus Brackwald. Er breitete die Fotos vor dem Liechtensteiner Polizisten aus, der mit sichtlichem Unbehagen auf die Fotos schaute.
Dann berichtete er kurz und sachlich, was ihn hierher geführt hatte. Dass es eine Spur gab, die zur »Kranichland AG« führte und dass eben diese ominöse Firma wahrscheinlich nicht nur eine riesige Finanzschwindelei war, sondern auch mit immenser krimineller Energie hinter diesen grausamen Morden stand. Noch konnte er nicht sagen, welche Personen hinter der »Kranichland AG« standen, aber genau deshalb war er ja jetzt hier.
Der Liechtensteiner Polizist kratzte sich nachdenklich am Kopf. Was da vor ihm ausgebreitet lag, war eine Ungeheuerlichkeit. Natürlich hörte bei so etwas jegliche Diskretion auf. Er nickte und formulierte langsam ein paar Sätze, die Linthdorf problemlos verstand. »Jaah, aalsoh, daa können wiir etwaas ... Natüürlich, wiir heelfen Ihnen!«
Er schnappte sich die Fotos mit einem fragenden Blick, so als ob er noch auf eine Einwilligung warte, doch Linthdorf nickte ihm zu. Ja, sollten es

doch die Behörden hier sehen, womit er sich herum schlug und was herzlose Geldgier im armen Nordosten Deutschlands so auslöste.
Nach einer endlos sich hinziehenden halben Stunde kam der Liechtensteiner Polizist zurück. Er hatte eine beigefarbene Akte mitgebracht. Darauf war eine Zahlenkombination, die mit einer römischen Ziffernfolge anfing. Linthdorf konnte die drei ersten Ziffern gerade noch lesen: XVI – sechzehn …
Dann schlug der Polizist die Akte auf. Er schob Linthdorf ein Blatt mit engbedrucktem Text hinüber. Es war eine Zusammenstellung von Daten über die »Kranichland AG«. Das Wichtigste war der Abschnitt über die Besitzverhältnisse der AG. Einziger Aktionär war eine Stiftung. Linthdorf war etwas überrascht, dass die Stiftung anonymisiert war.
Der Liechtensteiner Polizist erklärte ihm in seinem umständlichen Deutsch, wie die hiesige Rechtslage sei. Eine liechtensteinische Stiftung kann ein Vermögen von den tatsächlichen Eigentümern trennen. Die dadurch erfolgte Anonymisierung erschwert es, die wirklichen Besitzer dieser Stiftungen zu ermitteln und damit das in der Stiftung befindliche Kapital eindeutig zuzuordnen.
Liechtensteinische Stiftungen können des Weiteren jederzeit von ihren Stiftern wieder aufgelöst werden. Der Staat, also das Fürstentum, besteuert diese Stiftungen lediglich mit einer jährlichen Pauschale von gerade einmal tausend Schweizer Franken. De facto können sich hier Schwarzgeldbesitzer und andere dubiose Geschäftemacher ohne Kontrolle tummeln und in aller Seelenruhe Gelder parken, ohne dass der Fiskus Zugriff auf sie bekommt.
Eine trübe Brühe, in der alle möglichen Finanzhaie schwimmen und nichts zu befürchten haben. Linthdorf war schockiert, dass im aufgeklärten 21. Jahrhundert solche rechtlichen Konstrukte noch mitten in Europa existieren konnten.
Es schien ein riesiger Sumpf zu sein, in dem sich die Spuren von Schwarzgeldern und sonstigen zu Unrecht erworbenen Vermögen verloren. Linthdorf ahnte, dass diese Nummer zu groß für ihn war. Hier musste Druck von Seiten der Bundesregierung und aller anderen europäischen Regierungen gemacht werden, um den Sumpf trocken zu legen. Seine Ermittlungen im Umfeld der »Kranichland AG« waren da wohl nur »Peanuts«.

Aber da waren eben auch die ungeklärten Todesfälle. Dieser Gedanke brachte seine Tatkraft und Energie zurück, die ihn für einen kurzen Moment verlassen hatten.
Der Liechtensteiner Kollege ahnte, was in dem deutschen Polizisten vorging. Er hatte die Fotos verinnerlicht. Was sich da hinter der Stiftung verbarg, die auch als »Kranichland AG« in Erscheinung trat, waren anonyme Nummern, unbrauchbar, um sie zu befragen, unnütz für die Ermittlungen.
Aber er konnte dem deutschen Kollegen eine Adresse nennen, die als Sitz der Stiftung angegeben war. Die Adresse befand sich außerhalb von Vaduz in Schellenberg, knapp zehn Kilometer nördlich. Da es nur eine große Straße gab, die das Fürstentum querte, war Schellenberg leicht zu finden. Er beschrieb Linthdorf den Weg. Und er sagte noch etwas, das den deutschen Kommissar aufhorchen ließ. Die Liechtensteiner Polizei wolle die dortige Adresse überprüfen lassen. Wer das Büro gemietet habe, und ob es dort Leute gäbe, die Auskunft über etwaige Besucher geben können. Kapitalverbrechen seien nun mal eben keine Kavaliersdelikte. Linthdorf dankte für die Kooperation, die er so nicht erwartet hatte.
Zehn Minuten später saß er wieder in seinem Mietwagen und reihte sich ein in den Berufsverkehr, der das ganze Fürstentum erfasst hatte. Vaduz bestand vor allem aus modernen Bankgebäuden. Nur an dem Berghang, der sich linkerhand hinaufzog, waren ein paar vorbildlich renovierte alte Häuser zu entdecken.
Linthdorf schaute sich interessiert um. Ihm kam Liechtenstein wie ein einziges Gewerbegebiet vor. Überall sah er moderne Produktionshallen und Gewerbeparks, namhafte Firmen hatten hier ihren Sitz. Die Straßen waren voll mit großen Trucks und Lieferwagen. Seine Klischeevorstellung von einem beschaulichen Ländchen hinter den sieben Bergen war gründlich ausgemerzt worden. Links über ihm thronte wie ein dunkles Relikt aus einer archaischen Vorzeit die Burg. Dort lebten bis heute die Fürsten des Ministaates und ließen sich nicht in die Karten schauen.
Gerade sah er das Ortseingangsschild von Schaan. Wo Vaduz aufhörte und Schaan anfing, war nur durch das Schild markiert. Auch die nächsten Orte, Planken und Mauren reihten sich nahtlos aneinander. Die Ortschaften ähnelten einander sehr. Alles sauber, gediegen, einfach wohlhabend. Kein Vergleich zu Brandenburger Verhältnissen. Feldkirch

wurde ausgeschildert, das war schon in Österreich. Kurz vor der Grenze bog die Straße ab Richtung Schellenberg. Auch dieser Ort machte denselben Eindruck wie die eben durchquerten Dörfer. Linthdorf suchte die angegebene Adresse.

Es war einfach, diese zu finden, da Schellenberg nur wenige Straßen besaß. Eine moderne Villa mit exakt geschnittenen Buchsbaumhecken und zugezogenen Vorhängen verbarg sich hinter der Hausnummer 76. Nichts deutete auf Bewohner hin. Linthdorf nahm das Gebäude in Augenschein. Das dezente Schild über der Klingel wies darauf hin, dass es sich hier um den Firmensitz der »Kranichland AG« handelte. Etwas unschlüssig drückte er auf den Klingelknopf. Er war sich ziemlich sicher, dass niemand da war. Gerade wollte er sich abwenden, als eine freundliche Frauenstimme erklang. »Wäär ischt daa?«

Linthdorf stellte sich kurz vor. Dann passierte erst mal nichts. Nach gefühlten tausend Minuten öffnete eine ältere Dame. Etwas verwundert öffnete sie die Tür.

Ein deutscher Polizist, noch dazu so ein großer, löste bei ihr Ängste aus. Linthdorf fragte, ob die »Kranichland AG« schon lange in dieser Villa residiere. Ein Lächeln huschte über das Gesicht der Dame. Im besten Hochdeutsch erklärte sie, dass diese Firma nur eine Adresse hier im Fürstentum besitzen müsse, wegen der Gesetze sei das wohl vorgeschrieben. Sie bekomme dafür pro Monat ein kleines Salaire, sammle die Post und schicke sie an eine Adresse in Deutschland. Ob er die Adresse erfahren …

Ja, es wäre wichtig.

Umständlich suchte sie die Adresse aus einem Stapel von Notizzetteln hervor. Es war eine Bank in Oranienburg. Linthdorf staunte nicht schlecht. Die »Märkische Bank« war eine kleine Regionalbank.

Was hatte die in Liechtenstein zu schaffen?

Er bedankte sich und fuhr zurück gen Zürich. Seine Recherche vor Ort hatte mehr Fragen als Antworten gebracht.

X
Potsdam - Alexandrowka
Dienstag, 14. November, 2006

Übermüdet trat Linthdorf an diesem trüben Novembermorgen seinen Dienst an. Er war gestern spät abends in Tegel angekommen. Seine Maschine hatte fast zwei Stunden Verspätung. In Zürich war so eine dicke Nebelsuppe, dass ein Start lange Zeit unmöglich war. Der dortige Flughafen war berühmt berüchtigt für seine Wetterkapriolen.
Lange nach Mitternacht war er endlich in seiner stillen Wohnung angekommen. Dort wartete seit Kurzem eine neue Mitbewohnerin auf ihn. Die kleine Katze, die er in Bogensee aufgesammelt hatte, war bei ihm eingezogen. Er hatte ein Katzenklo und ein Katzenkörbchen gekauft, dazu diverse Leckereien und auch ein paar Spielsachen, die er für Katzen als geeignet erachtete. Die kleine Katze hatte er Tiffany getauft. Ihr buntes Fell erinnerte ihn an eine Tiffanylampe.
In seinem Büro wartete bereits Matthias Mohr aus Eberswalde. Der war schon seit einer knappen Stunde hier. Linthdorf fragte ihn, wann er denn in Eberswalde losgefahren sei. Mohr grinste. Er fuhr lieber in aller Herrgottsfrühe los, umso dem Berufsverkehr zuvorzukommen. Außerdem habe er so viel Neues in Erfahrung gebracht, dass es sich lohnen würde, schon am Morgen die Fakten zu diskutieren um den Tag noch auszunutzen.
Linthdorf schaute auf seine Uhr: es war knapp nach Zehn. Um ihn herum wuselte die gesamte Abteilung in hektischer Betriebsamkeit. Telefone schrillten im Takt. Aktenordner wurden von eifrigen Beamten hin

und her geschoben. Aus einem Vernehmungsraum drang hysterisches Gelächter. Der Alltag hatte ihn umsponnen mit all seinen Nervigkeiten. Ein Lächeln huschte ihm übers Gesicht. »Komm, wir gehen in die Stadt. Ich kenn ein nettes Haus, wo man um diese Uhrzeit ungestört sitzen kann bei einem starken Glas Tee und mit ein paar netten Knabbereien dazu.« Mohr schaute erst etwas verdutzt, bemerkte in dem Moment ebenfalls den Geräuschpegel, der die ganze Etage gleichmäßig ausfüllte und sah in die Gesichter der schon am Montagmorgen verbissen und genervt daherkommenden Kollegen. Er nickte.
Die beiden Polizisten waren unterwegs durch die Innenstadt von Potsdam. Linthdorf fühlte sich urplötzlich wieder wohl und entspannt. Im lockeren Plauderton erklärte er seinem Kollegen, was es Neues in der Landeshauptstadt gab. Beim Queren des Alten Marktes, einem großen Platz im Zentrum der Altstadt, fiel dem Eberswalder Polizisten ein einsames Portal auf, das die große Leere des Platzes noch verstärkte. Linthdorf hatte den Blick Mohrs bemerkt.
»Hier wird das Stadtschloss der Hohenzollern wieder aufgebaut. Letztes Jahr wurde der Wiederaufbau beschlossen. Das Fortuna-Portal ist sozusagen der Beginn.«
»Wieso baut ihr ein Schloss wieder auf, das eigentlich schon längst vergessen ist?«
»Oh, so einfach ist es nicht. Es wird nur die historische Hülle gebaut. Drinnen kommt ein ganz modernes Interieur hinein. Der Landtag soll mal da tagen. Die sitzen immer noch oben in der alten »Parteizentrale« auf dem Brauhausberg. Kann ich irgendwie auch verstehen, dass die von da oben weg wollen. Ein Parlament sollte im Zentrum der Stadt präsent sein als weit entfernt über ihr zu thronen; wir leben ja nicht mehr im Feudalismus.«
Linthdorf musste an seinen gestrigen Abstecher in das Fürstentum Liechtenstein denken und an die dunkle Zwingburg über Vaduz.
»Kann ich mir ganz gut vorstellen. Und der zugige Platz wäre auch verschwunden. Irgendwie bin ich bei großen Plätzen immer etwas skeptisch. Meistens dienen sie doch nur als seltsame Machtdemonstration. Erinnerst du dich an unsere alten Ostzeiten? Was sind wir damals immer auf solchen riesigen Plätzen aufmarschiert ...«

Natürlich erinnerte sich Linthdorf noch sehr gut an diese Zeit. Er war damals ebenfalls einer der vielen Uniformierten, die hier im Stechschritt zu den damaligen Feiertagen Paraden abhielten. Wochenlang wurden die Bürschchen gedrillt, um dann wie eine riesige Maschinerie exakt und zackig ihr Können zu demonstrieren.
Es war eine unheimliche Kontinuitätslinie, die schon vor dreihundert Jahren begonnen hatte, als der Soldatenkönig seine »Langen Kerls« hier exerzieren ließ.
Die berühmten »Roten Grenadiers« von Friedrich Wilhelm I., so der eigentliche Name des »Soldatenkönigs«, bestimmten damals das Stadtbild. Sicherlich wäre auch Linthdorf damals einer von denen gewesen. Mit einer lichten Höhe von 204 Zentimetern ein prima Gardesoldat.
Später waren dann alle preußischen Eliteregimenter, vor allem die Garderegimenter hier beheimatet: die Garde-Husaren, die Garde-Ulanen und natürlich das Garde du Corps. Immer war Potsdam eine Garnisonsstadt gewesen. Im 20. Jahrhundert hatte hier das berühmte Infanterieregiment Nummer Neun seinen Sitz. Es war das Regiment, aus dem zahlreiche Offiziere des Widerstands stammten.
Zu DDR-Zeiten wimmelte es ebenfalls von Uniformierten in der Stadt. Prägend waren jetzt die olivgrünen Uniformen der Sowjetischen Weststreitkräfte, die zahlreiche Kasernen rings um Berlin und Potsdam besaßen. Zwischen den exotischen Uniformen der damaligen Besatzungsmacht sah man aber auch die steingrauen Uniformen der DDR-Soldaten.
Einer, der damals über Potsdams Pflaster marschierte, war der junge Linthdorf. Beseelt von der Idee der eigenen Wichtigkeit im komplizierten Räderwerk der sozialistischen Hierarchie stapfte der schlaksige Teenager zusammen mit anderen jungen Burschen in Uniform abends durch die Innenstadt auf der Suche nach amourösen Abenteuern und dem wahren Leben. Meist endeten diese Abende jedoch in einer der zahlreichen Bierkneipen der damaligen Bezirksstadt.
Mit einem Lächeln erinnerte sich der jetzt so seriös daherkommende Kommissar an seine Sturm- und Drangzeit. Die Welt war damals zwar viel grauer und trister, aber er kannte sie nur so und empfand alles als wunderbar. Seine erste Liebe, seinen ersten Kuss unter einem blühenden Kastanienbäumchen im Park, die nächtlichen Spaziergänge am Havelufer. Er verband die besten Jahre seiner Jugend mit Potsdam.

Schon damals war er gern durch die Russische Kolonie Alexandrowka geschlendert. Dort gab es ein kleines Restaurant, das von Nachfahren der russischen Kolonisten betrieben wurde, die einst als Geschenk Zar Alexanders III. an seinen ihm freundschaftlich verbundenen Preußenkönig Friedrich Wilhelm III. hierher gekommen waren. Der Name der kleinen Kolonie war eine Hommage auf den russischen Zaren, der gleichzeitig auch der Schwiegersohn des Preußenkönigs war.
Die Kolonie bestand aus einem Dutzend bunt verzierter Blockhäuser, zu denen noch Obstgärten mit uralten Apfel- und Birnenbäumen gehörten. Die Äpfel waren klein und ausgesprochen schmackhaft, wahrscheinlich Sorten, die inzwischen gar nicht mehr kultiviert wurden. Ab und zu holte er sich einen Korb mit Äpfeln bei einem der Alexandrowker Obstbauern.
Auch heute führte er Mohr Richtung Alexandrowka. Der staunte nicht schlecht über diese grüne Oase inmitten der Stadt. Der Verkehrslärm war hier nur noch gedämpft zu hören. Man tauchte ein in eine Märchenwelt, in der man erwartete, Baba Jaga auf ihrem Besen durch die Luft jagen zu sehen und die schöne Warwara unter einem Baum sehnsüchtige Lieder singen zu hören. Linthdorf dachte an ein Märchenbuch aus seiner Kindheit. Russische Volksmärchen, ein Weihnachtsgeschenk seiner Patentante, mit zahlreichen bunten Illustrationen von sehr wunderlichen Gestalten und kühnen Recken, die unglückliche Prinzessinnen aus den Klauen widerlicher Finsterlinge befreien mussten. Hier waren diese Märchen zuhause.
Die blonde Kellnerin mit dem typisch russischen Gesichtsschnitt begrüßte den Kommissar und seinen Begleiter freundlich. »Dobroe utro, gaspadin Linthdorf. Tol'ko tschaj ili tak'sche nemnoschkije na jest'j. Malenkij savtrak?«
Sie wusste, dass Linthdorf Russisch sprach. Natürlich konnte sie auch Deutsch, schließlich war sie hier aufgewachsen, aber es machte ihr sichtlich Spaß, sich mit ihrem Stammgast auf Russisch zu unterhalten. Mohr staunte nicht schlecht. »Du kannst ja noch Russisch? Mein Gott, ich hab alles vergessen. Schon zu lange her.«
Linthdorf nickte der Blondine mit den hohen Wangenknochen freundlich zu. »Pabrobywajem, tschaj i warenije i malenkije slad'ki. U was mischki kosolapije?«

Die Kellnerin strahlte, sauste los, kam innerhalb weniger Sekunden mit zwei großen Gläsern dampfenden Tees und einem Schälchen mit einer tiefroten Glibbermasse an den Tisch. Dann brachte sie noch zwei reich verzierte Schälchen mit buntverpackten Schokowäffelchen und Keksen.
Linthdorf strahlte. »Bedien dich!« Mohr war begeistert. Die beiden waren so früh am Morgen die einzigen Gäste. Es war gemütlich warm in der Gästestube, aus einem kleinen Lautsprecher kamen Balalaikaklänge, draußen hatte sich der Morgennebel in einen freundlichen Novemberregen verwandelt.
Kurzum, es war ein ideales Umfeld, um ungestört wichtige Details auszutauschen und neue Gedanken zu entwickeln. Mohr berichtete, was er über den Toten vom Hellsee in Erfahrung gebracht hatte.
Brackwald, der Tote vom See, war die Nummer Zwei in der Hierarchie von »Knurrhahn & Partner«. Er stand für das schöne Wörtchen »Partner«, war mit Knurrhahn schon viele Jahre geschäftlich liiert und galt als das »Gehirn« der Firma.
Er hatte den Überblick über alle wichtigen Aktivitäten, wusste Bescheid über die aktuelle Finanzsituation und dirigierte auch die Geldströme.
Seit ein paar Monaten soll es zwischen Brackwald und Knurrhahn gekriselt haben. Der Grund für die Reibereien war wohl die prekäre Finanzlage, die von Brackwald mehrfach gegenüber seinem Seniorpartner angemahnt worden war. Die Schulden wuchsen. Brackwald wurde die ganze Angelegenheit zu heiß. Er wollte aussteigen.
Knurrhahn konnte es sich nicht leisten, Brackwald zu verlieren. Ohne Brackwald lief der Laden gar nicht mehr. Und das wusste Knurrhahn. Er war unter Zugzwang.
Linthdorf hörte schweigend dem Bericht Mohrs zu. Ab und zu schlürfte er einen Schluck des Tees, nickte und knabberte Kekse. Mohrs Bericht hatte bei ihm etwas ausgelöst. Diese »Papiertiger«, die so gekonnt mit immensen Geldsummen jonglierten und Aktivitäten vortäuschten, hatten bisher in aller Verborgenheit und Stille ihre »Geschäfte« abgewickelt. Die Öffentlichkeit hatten sie gemieden und jegliche Medienpräsenz verhindert.

Doch plötzlich rückten die Aktivitäten der »Kranichland AG« und ihrer Töchter ins Blickfeld der Behörden, speziell der Finanzämter. Plötzlich waren die Scheinfirmen in kriminelle Delikte verwickelt, plötzlich wurden die Menschen hinter den anonymen Namen sichtbar. Als ob es da eine Kraft gab, die der ganzen Blase die Luft entzog. Waren es interne Machtkämpfe? Oder war da von außen eine neue Gruppe auf dem Vormarsch, welche die einträglichen Pfründe der »Kranichland AG" übernehmen wollte?

Linthdorf und Mohr diskutierten alle möglichen Fallentwicklungen durch. Aber es waren jedes Mal zu viele unbekannte Größen im Spiel, um eine halbwegs verlässliche Theorie zu entwickeln.

Was sich als wichtige Aufgabe herauskristallisierte, war den Zusammenhang zwischen den Vorgängen auf Gut Lankenhorst und den Machenschaften der »Kranichland AG" herzustellen. Es musste eine Verbindung zwischen den Quappendorffs und den ominösen Betreibern der »Kranichland AG« geben. Vielleicht waren es ja die Quappendorffs selbst, die dahinter steckten? Weder Linthdorf noch Mohr konnten sich allerdings den alten Baron Rochus als die treibende Kraft hinter den Finanztransaktionen vorstellen.

Draußen nieselte es noch immer. Vom nahen Pfingstberg drang Glockengeläut. Es war zwölf Uhr. Zeit zum Gehen. Der Büroalltag wartete.

XI
Berlin-Mitte
Freitag, 17. November, 2006

Linthdorf war mit seinem alten Freund Voßwinkel verabredet. Bernie Voßwinkel war schon seit mehr als zwanzig Jahren Linthdorfs guter Freund und ein Berater bei kniffligen Problemen. Wie Linthdorf war auch Voßwinkel Kriminalist.

Er war allerdings in Berlin bei »Mord und Totschlag« tätig. Mit dieser etwas flapsigen Bezeichnung umschrieb er elegant die etwas hölzern klingende Bezeichnung »Mordkommission III«, bei der er als Kriminalhauptkommissar arbeitete.

Erst letzten Winter hatte er seinen großen Potsdamer Kollegen tatkräftig unterstützt bei der Suche nach dem »Nixenmörder«, der unheimlichen

Todesserie, bei der vier Frauen in vier verschiedenen Flüssen tot aufgefunden wurden.

Der schmale, quirlige Voßwinkel lief immer in einem etwas verwegenen Wildwest-Outfit herum. Eine Lederweste, Jeans, kariertes Hemd und ein nur schlecht verstecktes Pistolenhalfter, dazu eine zerwühlte Haarpracht prädestinierten ihn eher für einen Street-Gang-Chef als einen Beamten der höheren Ebene im seriösen Polizeidienst.

Aber eine Stadt wie Berlin benötigte genau solche Ermittler, um die immensen Probleme, die durch die explosive Mischung der verschiedenen sozialen und ethnischen Gruppierungen auftraten, halbwegs in den Griff zu bekommen. Linthdorf kannte die dunklen Seiten der Glitzerhauptstadt. Er lebte hier seit mehr als zwanzig Jahren und er ging mit offenen Augen durch die Stadt. Mit seinem Kumpel Bernie Voßwinkel wollte er um nichts in der Welt tauschen.

Die beiden so verschiedenen Polizisten harmonierten in ihrer Herangehensweise und Weltsicht. Sie brauchten keine großen Anläufe, um ein Problem zu lösen. Man vertraute sich. Linthdorf kam auch gleich zur Sache. Er hatte nur ein paar Namen auf einem kleinen Zettel notiert.

»Kannst Du diese Leute mal für mich etwas unter die Lupe nehmen?« Voßwinkel sah sich den Zettel an. Die Namen und ihre Anschriften deuteten auf gutbürgerliche Herkunft. Frohnau und Alt-Köpenick waren noble Wohngegenden. Da brauchte man schon etwas mehr Kleingeld, um dort eine Bleibe zu bekommen.

»Wie schnell brauchst du die Informationen?«

»Sehr schnell!«

»Okay, ich werde mich mal umtun. Worauf kommt es bei den Leuten an? Haben sie Dreck am Stecken?«

»Das weiß ich noch nicht. Es kann sein, dass die Namen in dubiosen Geschäften auftauchen. Prüf doch mal die Finanzlage und was für einen Umgang die so pflegen. Ob sie über ihre Verhältnisse leben oder hoch verschuldet sind. Das wäre interessant für mich.«

Voßwinkel nickte und schob den Zettel in seine Westentasche. »Was für abenteuerliche Ermittlungen habt ihr denn in eurem Potsdam zu laufen?

Neulich habe ich angerufen, da bekam ich als Antwort, du seist in Vaduz in Liechtenstein. Was hast denn du bei den Geldsäcken zu schaffen? Bist du nicht mehr zuständig für Kapitalverbrechen?«

»Ach Bernie, ist alles hochkompliziert. Angefangen hat es mit einer flächendeckenden Steuerfahndung, bei der wir zu assistieren hatten. Befehl von ganz oben, konzertierte Aktion mit den Steuerfahndern, Computerfuzzis und auserwählten Mitarbeitern des LKA.

Es ging wohl ursprünglich um Steuer- und Kreditbetrug sowie Veruntreuung von öffentlichen Geldern, unglaubliche Summen, sag ich dir! Daraus hat sich dann ein ganz eigentümlicher Mordfall entwickelt.

Eine der Schlüsselfiguren dieser ganzen Finanzbetrügereien ist auf bestialische Weise hingerichtet worden. Haste bestimmt von gehört: der Kopflose von Lankenhorst. Inzwischen haben wir vier Tote, alle im Umfeld dieses Gutes Lankenhorst. Allerdings sind die Tötungsdelikte vollkommen verschieden von ihrer Machart.

Ein als Verkehrsunfall getarnter Mord, sehr professionell ausgeführt, für mich bisher noch vollkommen rätselhaft, wie es jemand schafft, ein auf gerader Strecke fahrendes Auto an einen Baum zu dirigieren. Dann ein zu Tode erschrockener Einsiedler, der in der Halloweennacht auf einem alten Friedhof gefunden wurde und kurz darauf ein Buchhalter, der in knietiefem Wasser ertrunken ist.

Bei meinen Nachforschungen war ich draußen in Bogensee, der alten FDJ-Kaderschmiede, die jetzt als Geisterstadt vor sich hin dümpelt. Dort muss jemand sich von mir gestört gefühlt haben. Jedenfalls pfiffen mir die Kugeln um die Ohren und das war kein Spaß. Seitdem trage ich meine SIG Sauer jedenfalls wieder vorschriftsmäßig am Mann und achte auf alle möglichen durchgeknallte Typen, die diesen irren Blick haben.«

»Mein Gott, Theo! An was bist du da denn geraten? Klingt ja noch schlimmer und komplizierter als letzten Winter.«

»Ja, das Ganze ist noch nicht mal rational fassbar. Auf Gut Lankenhorst spukt es. Eine »Weiße Frau« geht nachts um, tote Vögel liegen wie ein Menetekel herum. Manchmal fange ich inzwischen auch an, den ganzen Hokuspokus zu glauben.«

Voßwinkel konnte sich ein Grinsen nicht verkneifen.

»Na, da geistern wohl noch die Nixen durch deinen Kopp.«

»Ach, die waren dagegen harmlos. Hier geht's um viel Geld. Richtig viel Schotter. Millionenbeträge. Dafür stehen dann auch mal ein paar Gespenster auf und murksen harmlose Kraniche ab. Nein, natürlich ist das Spinnerei, aber die Vorgänge auf dem alten Gut sind alles andere als harmloser Spuk. Es scheint da ein paar dunkle Geheimnisse zu geben, die im direkten oder indirekten Zusammenhang mit diesen Geldtransfers und den Kreditbetrügereien stehen. Deshalb sollst du ja auch diese Namen überprüfen.«

Regulas Fluch

Eigentümliche Steine

Quer durch Brandenburg kann man an den Außenwänden von alten romanischen und frühgotischen Feldsteinkirchen ungewöhnliche Steine erkennen. Es handelt sich dabei um sogenannte Schachbrettsteine. Meist sind die durch ihr Schachbrettmuster leicht zu erkennenden Steine, direkt in der Nähe der Eingangstür oder an gut einsehbaren Ecken. Anfangs hielt man sie für einen speziellen Bauschmuck, aber dafür waren sie zu unscheinbar. Man rätselte lange Zeit, was für eine Bedeutung diese eigenartigen Schachbrettsteine haben.
Die Leute auf dem Lande sagten, es wären »Teufelssteine«, die daran erinnern sollen, dass hier der »Herr« mit dem Teufel um die toten Seelen Schach gespielt hätte und der Teufel verloren hatte. Als Zeichen seiner Niederlage soll der Teufel dann immer einen »Schachbrettstein« hinterlassen haben, der als »Siegestrophäe« in die Kirche mit eingefügt wurde.
Seriöse Forscher ordnen die Schachbrettsteine den frühen Askaniern zu. Die hatten in ihrer besten Zeit ein Karomuster im Wappen geführt. Die meisten Kirchen, die solche Steine aufwiesen, waren in der Zeit entstanden, als die Askanier die Mark erobert hatten. Auch den Zisterziensern wird nachgesagt, dass sie geheime Zeichen in den von ihnen christianisierten Ländereien hinterließen. Die Schachbrettsteine wären wohl als ein solches Geheimzeichen für das Wirken dieses Ordens zu deuten.

Anhänger einer etwas profaneren Theorie erklären, dass es sich bei diesen Steinen um Zunftzeichen von Bauhütten und Maurerzünften handeln könne. Dagegen spricht jedoch, dass normalerweise Großbuchstaben für eine solche Kennzeichnung genutzt wurden. Ein aufwändig erzeugtes Schachbrettmuster wäre zu kompliziert.

Eine neuere These geht davon aus, dass solche Steine - in Anlehnung an die Volkssage von den »Teufelssteinen« – eine Unheil abwendende Wirkung haben sollten und daher bevorzugt in Kirchenbauten Verwendung fanden.

Andere Steine, die man oft in alten Kirchen und Kapellen antrifft, sind sogenannte Steinkreuze oder Kreuzsteine. Die monolithischen, das heißt, aus einem einzigen Steinblock hergestellten, recht klobig geformten Steinkreuze sind meist noch älter als die frühen Feldsteinkirchen. Früher standen sie an Wegkreuzungen oder direkt am Wegesrand.

Viele von ihnen sind verschwunden, da sich ein alter Zauber um diese alten Steine rankt. Ein abgeschlagenes Stück vom Steinkreuz oder auch sogenanntes »Steinkreuzmehl«, also abgeschabtes Material, sollte Gewässer vor Vergiftung und Äcker vor Unfruchtbarkeit schützen. Viele dieser Kreuze verschwanden so im Laufe der Jahrhunderte. Einige überlebten, indem man sie in die Kirchenwände einmauerte. Oft ist in diese Steinkreuze auch etwas eingraviert. Man findet auf ihnen manchmal krakelige Buchstaben oder auch einfache Zeichnungen, oftmals Dolche, Pfeile oder andere Waffen.

Das lässt darauf schließen, dass die Steinkreuze im Zusammenhang mit Verbrechen, meistens Mord und Totschlag, errichtet worden waren. Um viele Steinkreuze ranken sich daher auch zahlreiche Sagen und Legenden. Bei Streitereien, die im barbarischen Mittelalter oftmals tödlich endeten, musste der Schuldige für sein Verbrechen sühnen. Als Zeichen seiner Reue hatte er dann ein Sühnekreuz aufzustellen.

I
Lankenhorst
Montag, 13. November 2006

Ein großer schwarzer Hund schnüffelte im Morgengrauen dieses Novembertages im herabgefallenen Laub. Voller Befriedigung über das aufregende Spiel mit den Blättern schniefte und fiepte er hemmungslos vor sich hin. Nichts erinnerte in diesem Moment an die Würde des großen Tieres, das sonst treu an der Seite seines Herrchens den gegenwärtigen Schicksalsschlägen trotzte.
Natürlich, es war Brutus.
Brutus wurde an diesem Morgen von den beiden selbst ernannten Parkwächtern Rolfbert Leuchtenbein und Gunhild Praskowiak ausgeführt. Die beiden hatten sich mit Blaumann, Seil, Taschenlampen und hohen Gummistiefeln ausgerüstet. Es war ihr dritter Anlauf, endlich Licht in das Geheimnis des unterirdischen Gangs zu bekommen.
Beim ersten Versuch waren den beiden der Potsdamer Kommissar und sein Kollege dazwischen gekommen. Die Fragen, die ihnen der schwarz bemantelte Hüne stellte, hatten die beiden verunsichert.
Was wusste der von den Quappendorffs?
Wieso war der Ermittler an den alten Spukgeschichten interessiert?
Keiner der anderen Polizisten wollte darüber etwas wissen. Die stellten nur immer wieder dieselben Fragen über den möglichen Tathergang, Ort

und Zeit, eben, die Fragen, die man von den langweiligen Krimiserien im Fernsehen immer schon kannte.
Nachdem die Polizisten weg waren, hatten die beiden ihre Suche abgebrochen. Ihnen war an diesem Tag das Herz in die Hose gerutscht, obwohl sie sich nichts vorzuwerfen hatten.
Dann hatten sie es noch einmal am Samstag probiert. Gerade als sie sich fertig gemacht hatten, kamen die beiden Zwiebels ganz aufgeregt angelaufen und berichteten von dem Leichenfund unten am Hellsee.
Ein Unbekannter sollte es sein, ausgerutscht wahrscheinlich auf einem Stein und dann bewusstlos im flachen Wasser in der kleinen Bucht vor der Hellmühle ertrunken. Jede Hilfe kam zu spät. Polizeiautos waren da und Krankenwagen und auch viele Zivilpolizisten. Wahrscheinlich war es wohl kein gewöhnlicher Unfall.
Der Baron wusste auch schon Bescheid. Die Frau von der Hellmühle, die Jutta, hatte angerufen. Rochus von Quappendorff war erneut am Boden zerstört. Der Tod war im Moment allgegenwärtig.
Wieder hatten die beiden Forscher ihr Vorhaben resigniert aufgegeben und sich zum Krisentreffen bei den Zwiebels zum Kaffee eingefunden. Mechthild hatte Kuchen gebacken. Kuchen war eine der großen Leidenschaften des Hausmeisterehepaars. Erstaunlich, was da für Kreativität und Phantasie freigesetzt wurden. Jedenfalls saßen die vier den ganzen Nachmittag in der warmen Küche. Draußen war es ungemütlich geworden. Es regnete in Strömen. Kein Wetter für diffizile Forschungen.
Am Sonntag war Programm. Die Veranstaltungen liefen unbeirrt von den Todesfällen weiter. Quappendorff hatte darauf bestanden. Es war die Struktur, die er dringend benötigte, um nicht zusammenzubrechen. Solange der Veranstaltungsplan die Tagesabläufe auf Gut Lankenhorst prägte, war alles in Ordnung und alle konnten sich ablenken.
Aber jetzt sollte es klappen mit dem Geheimgang! Ein bisschen Angst war auch dabei. Immerhin, der Gang war schon viele Jahrhunderte nicht mehr benutzt worden, wer weiß, was sie da unten erwartete. Vielleicht waren ja auch Teile des Gangs eingestürzt, aber probieren mussten sie es.
Leuchtenbein war eine etwas zaudernde Natur, ohne die resolute Gunhild würde er wohl kneifen. Beide zusammen brachten genug Mut auf, um den Gang zu erforschen. Außerdem hoffte Gunhild, ihren verlorenen

Schuh aus dem Modder ziehen zu können. Leuchtenbein hatte eine ausziehbare Leiter aus Leichtmetall organisiert, damit konnten sie gefahrlos hinab steigen.

Die Öffnung, die sie durch Zufall entdeckt hatten, war nicht so leicht wieder zu finden. Leuchtenbein hielt die Karte in der Hand. Ein rotes Kreuz war neu hinzugekommen. Dieses Kreuzchen markierte den Einstieg. Nach ein paar Minuten jedoch standen die beiden vor dem schwarzen Loch von der Größe eines Gullydeckels.

Leuchtenbein leuchtete mit seiner extralangen Maglite-Lampe hinein in den Höllenschlund. Der Lichtkegel fiel auf eine bizarre Szenerie. Der Gang war mit Backsteinen ausgemauert, den Boden bedeckte eine schwarzgrüne Modderschicht. Die Wände waren mit dicken, weißen Kalkausblühungen überzogen.

Etwas bewegte sich da unten auch. Es konnte nichts wirklich Großes sein. Aber ein mulmiges Gefühl bemächtigte sich Rolfbert Leuchtenbeins.

»Brutus, du bleibst hier sitzen und passt auf. Wenn jemand kommt, bellst du!«, damit instruierte Gunhild ihren vierbeinigen Beschützer.

Gunhild hatte die kleine Leiter ausgezogen und versenkte sie geschickt in dem Loch. Dann schwang sie sich auf die oberste Sprosse und kletterte hinab.

»Na, nu leucht' ma schön, damit ich nicht daneben trete.«, damit übernahm sie die Führung bei der Erkundung. Unten angekommen, versank die Frau fast knietief im Modder. Obwohl sie Gummistiefel trug, spürte sie wie der kalte Glibber in die Stiefel schwappte. Leise fluchte sie vor sich hin. Von oben ertönte Leuchtenbeins Stimme: »Alles okay?«.

»Jaja, komm nur runter.«

Eine Minute später stand der Archivar neben ihr. Vorsichtig erkundeten die beiden die Lage. Von oben hingen zahlreiche Spinnweben herab, der Modder roch unangenehm nach Fäulnis und Fäkalien. Gunhild kannte den Geruch bereits. Immerhin hatte sie bei der Entdeckung des Gangs schon damit Bekanntschaft schließen dürfen.

Zwei Stunden lag sie in der Wanne und dennoch hatte sie das Gefühl immer noch zu stinken wie ein altes Klo. Die Klamotten durchliefen dreimal die Waschmaschine, ehe Gunhild sie als geruchsfrei einstufte.

Leuchtenbein zog zwei Wollmützen aus seinem Blaumann. »Hier setz' auf.«

Gunhild griff dankbar zu. Nicht auszudenken, wenn alte Spinnweben ihr ins Haar ... Ein Schauer durchzuckte sie. Möglicherweise war ja sogar noch eine Spinne ..., igitt!

Dann hatte der Archivar wieder seine Karte hervorgeholt, dazu den Kompass und nach ein paar Sekunden wies er in eine Richtung. »Dahin müssen wir zuerst.«

Gunhild marschierte vorneweg. Marschieren war vielleicht zuviel gesagt. Es war ein mühsames Vorankommen durch den Modder. Immer wieder blieben sie stecken. Ratten waren ihre ständigen Begleiter. Immer wieder huschten die großen grauen Nager vor ihnen davon in ihre unsichtbaren Verstecke.

Gunhild brabbelte dauernd vor sich hin. Leuchtenbein schwieg. Ab und an schaute er auf seine Karte und korrigierte mit einem Bleistift ein paar Linien.

Eine halbe Stunde kämpften sie sich voran. Sie hatten nicht das Gefühl, wirklich eine größere Strecke geschafft zu haben. Die Dunkelheit, die nur von den Leuchtkegeln ihrer Taschenlampen durchbrochen wurde, löschte jedes Gefühl von Raum und Zeit. Leuchtenbein sah ab und zu auf seine Uhr. Maximal eine Stunde hatte er veranschlagt für die Erkundungstour. In einer Stunde konnte man unter solchen Bedingungen vielleicht tausend Meter vorankommen.

Die kleine Kapelle lag aber nur knapp fünfhundert Meter entfernt vom Schlosspark. Falls seine Annahme richtig war und der Gang wirklich vom Schlosspark zu dem kleinen Friedhof führte, müssten sie eigentlich schon längst da sein. Aber der Gang führte immer weiter.

Ab und zu schaute der skeptische Archivar auf seinen Kompass. Die Nadel war unbestechlich. Der Gang führte mittlerweile Richtung Nordwest. Die Kapelle lag aber in nordöstlicher Richtung vom Eiskeller aus gesehen. Sie entfernten sich mit jedem Schritt weiter von ihrem vermuteten Ziel.

Die kalte Feuchtigkeit, die hier unten herrschte, kroch langsam aber sicher von den moddrig feuchten Füßen über die Beine nach oben. Die beiden unerschrockenen Forscher hatten schon geahnt, dass die Erkundung eines unterirdischen Geheimganges kein Zuckerschlecken sein

würde, aber dass es so unangenehm und eklig war, hatten sie sich nicht vorgestellt.
Nach den Korrekturen, die Leuchtenbein auf seiner Karte eingezeichnet hatte, mussten sie jetzt ungefähr den Elsenbruch über sich haben. Führte der Gang zu den alten Feldsteinscheunen, die als Ruinen im Elsenbruch standen? Der Gang schien hier aber keinesfalls nach oben zu führen. Missmutig arbeiteten sich die beiden weiter voran.
Gunhild, als die größere von den beiden, hatte zuerst das Gefühl, dass der Gang immer niedriger wurde. Immer öfter musste sie den Kopf einziehen: »Merkste das? Der Jang würd imma kleena.«
Leuchtenbein nickte. Ihm machte der Verlauf des Ganges zu schaffen. Er entsprach überhaupt nicht dem in den alten Chroniken beschriebenen Geheimgang. Vielleicht war es ja auch ein zweiter Geheimgang, der bisher noch nirgends dokumentiert worden war?
»Wir kehren um. Das bringt nichts.«
Gunhild schaute den Archivar entsetzt an. Sollte die ganze Schinderei umsonst gewesen sein? Sie hatte einen etwas sportlicheren Ehrgeiz als der Archivar.
»Bertchen, die leuchtest jetzt hier. So einfach lassen wir uns nicht ...«
Sie hielt mitten im Satz inne. Der Kegel der Leuchtenbeinschen Taschenlampe fiel auf einen seltsamen Stein, der hier mitten im mit Kalk überzogenen Mauerwerk seine Konturen offenbarte. Es schien ein grob behauenes Kreuz zu sein. Vielleicht Achtzig Zentimeter breit und einen knappen Meter hoch.
Leuchtenbein kratzte mit seinem Multifunktionsmesser am Kalk. Unter der porösen Kalkschicht kam dunkles, sehr hartes Gestein zum Vorschein. Granit. Es war ein Steinkreuz.
Die Form des Kreuzes erinnerte an das »Eiserne Kreuz« aus der Zeit der Preußenkriege, aber es musste deutlich älter sein. Es schien auch eine Jahreszahl eingeritzt zu sein und zwei Großbuchstaben waren mit ungelenker Handschrift im Schaft des Kreuzes zu erkennen. Leuchtenbein zog vorsichtig die Linien nach, indem er ein Blatt Papier fest auf die Kalkoberfläche presste und mit seinem Bleistift jede Vertiefung schraffierte. Mit viel Phantasie konnte man die Buchstaben R und C erkennen, dazu die Zahlen 14 und 18.
Gunhild brabbelte vor sich hin.

»Det würd imma unheimlicha ... Ick gloob langsam ooch schon an Jespensta. Wat is das allet nur forn Zeugs?«
Leuchtenbein kratzte sich am Kopf. »Was das zu bedeuten hat, weiß ich auch noch nicht.« Er holte eine kleine Kamera heraus und fotografierte alles noch einmal. Dann klopfte er mit einem Geologenhammer, den er ebenfalls aus den Tiefen seines Rucksacks hervorgekramte, die Wände ab. Dem Kompass nach mussten sie sich direkt unter den alten Ruinen im Elsenbruch befinden.
Unweit des eingemauerten Steinkreuzes änderte sich der Klopfton. Es schien, als ob hinter dem Mauerwerk ein Hohlraum sei. Der Leuchtkegel der Taschenlampe wanderte zentimeterweise am Gemäuer entlang. In dem Mauerwerk zeichnete sich eine Spalte ab. Leuchtenbein folgte dieser Spalte, die sich als Kontur eines Vierecks entpuppte. Die Abmessungen passten zu einer Tür. Allerdings war nicht ersichtlich, wie sich diese Tür öffnen ließ. Verdrießlich wandte sich Leuchtenbein ab.
Seine Begleiterin hatte mit großem Interesse zugesehen, wie professionell der Archivar hier unten herumhämmerte. Er war ja doch zu mehr zu gebrauchen, als nur für seine alten Bücher.
Gunhild hatte das ominöse Viereck ebenfalls gesehen. »Ne Jeheimtür! Ick werd' irre!« Sie drückte mit ihren Händen gegen das Mauerwerk. Nichts bewegte sich. Just als sie sich wieder abwandte, klappte das geheimnisvolle Viereck mit einem quietschenden Geräusch nach hinten weg. Die Blondine erschrak und quiekte wie ein Meerschweinchen in Todesangst. Muffige, kühle Luft strömte aus dem dunklen Loch. Leuchtenbein hatte sich als erster wieder gefangen. Mit seiner Taschenlampe leuchtete er ins Schwarz.
Die Konturen eines großen Raumes zeichneten sich ab. Wasser stand auf dem Boden. Schwer einzuschätzen, wie tief es war. Die Tür war eine Art Klappe. Die Scharniere waren gut versteckt gewesen. Der schmächtige Leuchtenbein kletterte durch den Eingang. Mit einem beherzten Sprung stand er in dem dunklen Raum. Das Wasser am Boden war knietief. Seine Gummistiefel reichten bis knapp unter die Knie. Sie liefen voll. Ein Schauer jagte ihm über den Rücken. Adrenalin pur. Leuchtenbein konnte nicht sagen, ob der Schock über das eiskalte Wasser, das an seine Füße drang oder das Gefühl in einem unbekannten Raum zu stehen, der viel-

leicht Dinge enthielt, die er nicht zu träumen wagte, dafür verantwortlich waren.

Wieder gab es ein Platschen. Gunhild war gesprungen und stand neben Leuchtenbein. Ein »Iiiieeehhh!« entwich ihr. Auch ihre Gummistiefel waren nicht hoch genug.

Vorsichtig tasteten sich die beiden voran. Das Wasser wurde immer tiefer und war inzwischen fast hüfthoch. Der Adrenalinschub verhinderte, dass die zwei froren. Der Lampenstrahl glitt über die Wasseroberfläche. Spiegelglatt und tiefschwarz lag sie vor ihnen. Das andere Ende des Raumes war, etwa zehn Meter entfernt, schwach zu erkennen. Der Raum schien keinerlei Fenster oder Türen zu haben.

Seltsam. Was war das für ein Raum?

Wer hatte ihn gebaut und wozu?

Leuchtenbein blickte nach oben. Die Decke war ein klassisches Tonnengewölbe. Solche Tonnengewölbe hatte man im 12. und 13. Jahrhundert gebaut. Sollte dieser Raum zu einer uralten Burg gehört haben? Lankenhorst stand ja auf den Fundamenten einer alten, romanischen Burg, besser gesagt eines Festen Hauses. Ein Festes Haus war so etwas wie eine kleine Burg für den ärmeren Kleinadel. Hier im Brandenburgischen waren solche Festen Häuser häufiger anzutreffen als Burgen.

Viele dieser Kleinburgen verschwanden wieder im Laufe der Zeit. Der Kleinadel starb aus. Ihre Hinterlassenschaften wurden dann kurzerhand umgebaut zu Verwaltungshäusern oder Wirtschaftshöfen.

Natürlich, der Elsenbruch, das war früher mal ein Raubnest. Erst als die Quappendorffs kamen, wurde es ausgeräuchert. Leuchtenbein hatte in der alten Chronik darüber ein paar Bemerkungen gelesen. Ein Henning, Edler von Schneidemühl, soll hier sein Unwesen getrieben haben. Eigentlich war es nur ein wegelagernder Raubritter, der sich im späten 14. Jahrhundert diversen Dienstherren angeschlossen hatte und so mehr schlecht als recht über die Runden gekommen war. Sein Domizil war ein Festes Haus, das allerdings nie gefunden wurde. Man nahm an, dass es bis auf die Grundmauern zerstört worden sei.

Vielleicht war der Elsenbruch der Standort seines Raubnestes. Und vielleicht hatten die Quappendorffs es zerstört und dann auf den Überresten ihre Wirtschaftshöfe gebaut. Jetzt hatten die beiden durchfrorenen Gestalten wenig Sinn für solche Überlegungen.

Vorsichtig wateten sie durch den dunklen Raum. Das Wasser wurde wieder flacher. Das andere Ende war erreicht.
Zwei Treppenstufen, die unter Wasser lagen, führten zu einem weiteren Viereck, das sich undeutlich vom Mauerwerk abhob. Dieses Viereck war deutlich schmaler als das Pendant auf der anderen Seite. Vielleicht sechzig mal sechzig Zentimeter. Eher eine Fensterluke als eine Tür. Gunhild probierte wieder mit ihren Händen Druck auf das Viereck auszuüben. Wieder quietschte es und wieder klappte das Viereck einfach so nach hinten. Fahles Licht drang herein. Sie zwängte sich vorsichtig durch das enge Loch.
Wieder war ein Raum auf der anderen Seite, diesmal aber etwas Vertrauteres als der düstere Wassersaal mit dem Tonnengewölbe. Es war ein neuzeitlicher Keller. Überall standen Ackergeräte herum, teils verrostet, teils zerbrochen. In einer Ecke stapelten sich alte Matratzen. Durch ein halbblindes Fensterchen kam spärliches Tageslicht herein. Gunhild mühte sich, ihre zweite Hälfte durch das enge Viereck zu zwängen. Vergeblich. »Berti, nu hilf doch mal!«
»Ja, was soll ich denn machen?«, ertönte die etwas hilflose Stimme Leuchtenbeins aus dem Off.
»Schieb doch mal!«
Er nahm all seinen Mut zusammen und stemmte sich mit voller Kraft gegen Gunhilds ausladendes Hinterteil. Mit einem ächzenden Geräusch glitt die kräftige Frau durch die Luke. »Mensch, Berti. Ein bissken mehr Sensibilität hätt ick dia ja zujemutet. Det tut doch weh.« Dabei rieb sie sich ihre lädierten Hüften und richtete ihren verrutschten Blaumann.
Leuchtenbein kam hinterher gekrochen. Er sah sich um und war ebenso erstaunt wie seine Begleiterin.
»Weißt du, wo wir sind?«
»Nö.«
»Das ist die Alte Brennerei im Elsenbruch. Wir sind im Keller der alten Brennerei. Weißt du, was wir hier entdeckt haben? Die alten Kellergewölbe der Schneidemühlschen Burg, dem Vorgängerbau des Quappendorffbaus.
Es galt als verschollen.
Und auf dem Steinkreuz, die Initialen R und C mit der Jahreszahl 1418. Das C könnte auch ein Q gewesen sein.

Weißt du, was das bedeutet?
Regula von Quappendorff – sie hatte hier gelebt und war nicht in der Prignitzer Burg verbrannt. Sie war wohl doch mit dem Herrn von Schneidemühl vermählt und dann geflohen oder getötet worden.
Ein Sühnekreuz mit ihren Initialen, das sind doch wirkliche Belege für ihre Existenz hier in Lankenhorst.
Regula kann nicht die »Weiße Frau« sein, wie es in der Sage beschrieben wurde.«
Die beiden gingen vorsichtig die Treppen hinauf und standen plötzlich unter freiem Himmel. Das Schloss lag knapp dreihundert Meter entfernt schräg gegenüber und der Park schloss sich dahinter an.
Zerzaust und vollkommen durchnässt und verdreckt standen sie nun da. Leuchtenbein putzte seine Brillengläser und schaute sich um. Vor dem Schlosseingang machte sich Zwiebel zu schaffen. Er winkte den beiden zu. »Wie seht ihr denn aus? Wart ihr auf Wildschweinhatz?«, dazu ließ er ein wieherndes Lachen erklingen. Gunhild war geknickt. Sie fühlte sich vollkommen erschöpft. Leuchtenbein erging es ebenso.
Brutus kam in großen Sprüngen herangehetzt. Er hatte seine beiden Spielgefährten schon vermisst.
Zwiebel erkannte den Zustand seiner beiden Kollegen. »Macht euch erstma früsch, Dann kommt ühr zu uns zum Kaffe. Mechthild hat Kuchen jebacken.«
Die beiden Entdecker trotteten Richtung Schloss. Für heute reichte es ihnen.

II
Immer noch Lankenhorst
Montagnachmittag, 13. November 2006

Auf dem Sofa im kleinen Wohnzimmer der beiden Zwiebels saßen Rolfbert Leuchtenbein und Gunhild Praskowiak. Beide waren frisch geduscht, hatten zivile Kleidung an und mampften friedlich den frischgebackenen Streuselkuchen.

Die Zwiebels saßen ihnen gegenüber auf zwei Plüschsesseln und nippten an ihren großen Kaffeepötten. Man merkte ihnen an, dass sie neugierig waren und darauf warteten, berichtet zu bekommen, was die todesmutigen Forscher herausgefunden hatten.

Gunhild würgte den letzten Bissen hinab. Sie war hungrig und hatte schon zwei Stücken gegessen. Noch ein Schluck Kaffee und dann legte sie los: »Ihr könnt et nich glooben, wat wia da unten jefunden ham. Also, der Jang, der Jeheimjang, also, der führt jar nich zu die olle Kapelle, wie Berti zuerst dachte. Und kalt und stinkig war et da unten, nee, also kein Ort zum Erholen. Der janze Boden mit Modda bedeckt, feuchter Glibba, und Ratten jibt es und noch anderes Jetier, also ..., ick sache nur: Ekelhaft!«

Leuchtenbein nickte nur bestätigend und ließ seine Kollegin weiter erzählen.

»Na, und dann, wo wia schon nich mehr konnten, also, wia warn fertich. Loofen im Modda is kein Spaß, echt nich. Also wie jesacht, fast ne Stunde warn wia da unten rumjekrochen, da ham wa so'n ollet Steinkreuz entdeckt. Muss uralt sein, Bertchen hat ne Jahreszahl entdeckt, wahrscheinlich vierzehnhundert und noch wat ... also, ne olle Klamotte. Und dann hat Bertchen mit seinem Hamma janz Profi, also der hat da ne Jeheimklappe entdeckt. Mit nem janz dusteren Saal dahinter, also echt schaurich. Wassa, arschkalt, also das Wassa, knietief! Und dann standn wa plötzlich im Kella der ollen Brennerei drü'm im Elsenbruch.«

Mechthild Zwiebel war beeindruckt. Niemals hätte sie daran gedacht, dass Gut Lankenhorst noch Geheimnisse hatte. Aber ihr Mann schien mehr zu wissen. Meinrad Zwiebel hatte aufmerksam gelauscht. Ihn schien das, was Gunhild erzählte, nicht ganz so zuüberraschen.

»Der Baron, der hat mir gegenüber ma anjedeutet, dass es da noch so'n paar olle Jemäuer gibt, die sich unterm Park lang ziehen. Er war als kleena Jung ja hier noch rumjesprungen. Mit seinem Bruder und seiner Cousine hatte er jeden Winkel im Park erkundet und dabei wohl ein paar alte Gemäuer entdeckt. Doch dann mussten die Quappendorffs flüchten. Und jetzt war der alte Herr auf der Suche nach diesen geheimen Orten.«

Er hatte ihm, also Zwiebel, aufgetragen, dass er, wenn er im Park unterwegs war, darauf achten sollte und etwas Ungewöhnliches ihm sofort mitzuteilen. Und er solle sich zurückhalten bei der Erkundung solcher Gemäuer. Die seien inzwischen stark Einsturz gefährdet und es wäre nicht ratsam, da auf eigene Faust zu recherchieren. Der Baron hatte ihn regelrecht davor gewarnt, in so ein geheimnisvolles Gemäuer einzusteigen.

»Ihr habt da wohl was entdeckt, das der Baron schon seit langem sucht.«

Leuchtenbein horchte auf. »Ja, stimmt.«

Er räusperte sich hörbar. »Also, ich soll ja immer in den alten Papieren, die aus der Familienbibliothek der Quappendorffs gerettet werden konnten, Hinweise suchen, die über den Bau der alten Quappendorffschen Burganlage Auskunft geben. Originalpapiere aus der Frühzeit der Familie gibt es nicht mehr.

Damals, als die Quappendorffs noch in der Prignitz bei den Quitzows und Putlitz' mit ritten, war ihr Besitz von den Söldnern des Reichsgrafen Friedrich von Hohenzollern gestürmt worden. Alles, was bis dahin existierte, verbrannte. Auch wichtige Dokumente über Lehen, Schenkungen, Heirat und Erbschaften.

Lankenhorst war den Quappendorffs nach der Befriedung der Mark Brandenburg zugesprochen worden. Der ursprüngliche Besitzer des Gutes, ein marodierender Raubritter namens Henning von Schneidemühl, war nach einem bösartigen Gelage, wobei es zahlreiche Tote gegeben haben sollte, zum Vogelfreien erklärt und des Landes verwiesen worden.

Burg Lankenhorst sollte auf den Grundmauern des alten Schneidemühlschen Raubnestes errichtet worden sein. Aber alle Nachforschungen seitens des Barons konnten kein älteres Mauerwerk als das, was sein Urahn hier gebaut hatte, zu Tage bringen. Das ominöse Feste Haus derer von Schneidemühl blieb im Nebel der Vergangenheit verschollen.«

Leuchtenbein hatte in den alten Dokumenten jedoch ein paar Urkunden entdeckt, die ein sehr eigenartiges Licht auf die alten Quappendorffs warfen. Demnach war Lankenhorst den Quappendorffs durch eine Heirat zugefallen und nicht durch eine Schenkung seitens des Hohenzollerngrafen.

Regula, die unglückliche Tochter des damaligen Edlen Konradin von Quappendorff, war gar nicht in den Flammen der ersten Quappendorffburg in der Prignitz umgekommen, sondern mit Henning von Schneidemühl vermählt worden. Die Liaison stand unter einem schlechten Stern. Regula bekam keine Kinder und Henning verstieß seine junge Frau nach drei Jahren.

Die Heiratsurkunde erklärte er für ungültig, da die Frau ja nicht tauge, um einen Stammhalter zu gebären. Im Mittelalter war eine solche Praxis nicht ungewöhnlich. Um seinen Rechtsanspruch aktenkundig zu machen, wollte er im fernen Havelberg bei seinem Lehnsherren, Diedrich von Quitzow vorsprechen. Auf dem Weg dorthin verschwand er jedoch auf geheimnisvolle Weise.

Die verstoßene Regula lebte als Witwe dann noch im Festen Haus. Aber auch sie verschwand kurze Zeit später auf ominöse Weise. Es gab weder Hinweise auf ihr Ableben noch mögliche Notizen zu einer Neuvermählung Regulas.

Ich habe dem alten Herrn diese Dokumente gezeigt. Er hat die Nase gerümpft und von plumpen Fälschungen gesprochen. Natürlich waren es keine Originalpergamente aus dem Mittelalter. Die sind unbezahlbar und seltener als Mondstaub. Aber die Kopien, die ein Schreiber aus dem

17. Jahrhundert angefertigt hatte, wahrscheinlich damals auch im Auftrag eines Quappendorffs, machten einen ausgesprochen glaubwürdigen Eindruck. Sowohl die Sprache, die eigenartige Wortwahl und typische Wortschreibweisen wiesen auf einen authentischen Text aus dem Mittelalter hin.
Der alte Quappendorff müsste das auch wissen. Er war Geschichtslehrer am Gymnasium, hatte sich seit seinem Studium auf das Mittelalter spezialisiert und verfügt über ein Wissen, das ich als außergewöhnlich beschreiben würde. Vielleicht passte ihm ja diese Interpretation der alten Familiensage mit der »Weißen Frau« nicht.
Wenn Regula nicht in den Flammen der alten Burg in der Prignitz gestorben ist, dann macht ihr Fluch auch keinen Sinn mehr. Oder es hat sich noch etwas anderes zugetragen, was noch eine viel schlimmere Auslegung des Fluchs rechtfertigt. Vielleicht hat das gefundene Dokument damit zu tun.«
Mechthild und Meinrad Zwiebel lauschten etwas verwirrt den Ausführungen des Archivars. Natürlich hatten sie vom Auftauchen der »Weißen Frau« im Vorfeld der Todesfälle gehört.
Die Zwiebels waren praktische, bodenständige Leute. Von all dem Spuk und den metaphysischen Welten, die hier auf dem Gut eine solch immanente Rolle zu spielen schienen, hielten sie nicht viel. Für sie war das Gutshaus ein altes Bauwerk, das nach und nach wieder instand gesetzt wurde und der alte Park ein Stück Kulturland, das sie mit viel Arbeit und Liebe wieder zu einem vorzeigbaren Garten verwandelten.
Mit diesem Sinn für das Pragmatische hatten die beiden die alten Räume im Torhaus zu einer gemütlichen Wohnung umgebaut und auch den kleinen Garten hinter dem Torhaus wieder auferstehen lassen. Der Baron schätzte den praktischen Handwerkssinn des Hausmeisters und hatte auch eine Vorliebe für die Backkünste von Mechthild Zwiebel entwickelt.
Mechthild kümmerte sich auch um das kleine Café, direkt neben der Galerie, bestückte die Vitrine mit ihren selbstgebackenen Kuchen und Muffins und kochte dazu Kaffee und Tee. Mit Gunhild wechselte sie sich dann während der Öffnungszeiten der Galerie ab. Mal war sie im Café, mal Gunhild. Die beiden Frauen verstanden sich ganz gut.

Mechthild wollte eigentlich nur in einem netten Ambiente arbeiten und leben. Mit ihrem Mann hatte sie es sich so schön ausgemalt, in einem richtigen Schloss mit einem echten Baron zu arbeiten. Und nun gab es Mord und Totschlag, dazu noch Gespenster und unterirdische Verliese wie in einem Edgar-Wallace-Film aus den sechziger Jahren.
Sie seufzte. Wer weiß, was noch alles ans Tageslicht kommen würde. Die beiden ihr gegenüber waren ja Feuer und Flamme bei der Suche nach weiteren Geheimnissen hier auf dem Gut. So richtig konnte sie mit den spektakulären Entdeckungen der beiden selbsternannten Detektive nichts anfangen.
Ihr Mann hatte ähnliche Gedanken. Ihm war das ganze Spukhafte ausgesprochen suspekt. Er gruselte sich immer noch, wenn er an die vielen toten Vögel dachte, die er im Park begraben hatte.
Er konnte sich noch genau an die Reaktion des alten Barons erinnern, als der ihm die toten Vögel gezeigt hatte. Beim ersten Mal trug er es noch mit Fassung, beim zweiten Mal hatte er bereits eine Spur von Panik in der Stimme und die letzten Vogelfunde hatte Zwiebel dem alten Mann gar nicht mehr gezeigt.
Durch Zufall war Quappendorff einmal dazu gekommen, als er mehrere Kraniche begrub. Ganz weiß war der Baron geworden im Gesicht. Zwiebel hatte ihm einen Schluck aus seinem Flachmann angeboten, damit sein Chef wieder zu Kräften kam. Dann hatte Quappendorff ihm etwas Seltsames erzählt. Von den Kranichen im Familienwappen und davon, dass ihm jemand durch das Töten der Kraniche den Untergang und die Auslöschung der Familie signalisiere.
Die anderen lauschten Zwiebels Ausführungen und fühlten sich bestätigt, dem alten Baron nichts von ihren Forschungen zu berichten. Leuchtenbein biss einen großen Happen von seinem Kuchen ab und schluckte ihn schnell hinunter. Dann räusperte er sich hörbar. Alle starrten ihn an.
»Ja, also, wir müssen unsere Nachforschungen verstärken. Es ist nunmehr wohl allen klar, dass hier eine Intrige gegen das Gut mit all seinen Bewohnern und Projekten gesponnen wird. Man will uns hier weg haben. Egal wie. Das sind alles Einschüchterungsmaßnahmen. Und diese Leute schrecken vor nichts zurück. Wir müssen vorsichtig sein! Die toten Vögel, die geheimnisvolle »Weiße Frau«, der abgetrennte Kopf Lutgers, das sind alles Warnungen an die Adresse des alten Quappendorffs. Viel-

leicht gibt es noch etwas in seiner Biographie, was nur er und ein kleiner Kreis ihm Nahestehender wissen. Das müssen wir herausfinden. Ich fange noch heute Abend an, in der Hausbibliothek zu suchen.«

»Ja, aber wer macht so was? Es kann ja nur jemand aus dem direkten Umfeld sein, der sich auskennt mit den Familienverhältnissen und dem Schloss. Jemand, den wir vielleicht sogar kennen. Mein Gott! Ein Psychopath auf Lankenhorst ...«

Gunhild war vollkommen aufgelöst und vergaß für einen Moment, ihren Kuchen weiter zu essen. Mechthild fing an zu weinen. Ihr war das alles viel zu dramatisch. Sie konnte die ganzen Ereignisse der letzten Wochen nicht verstehen und hatte inzwischen nur noch Angst. Der sonst so friedliche Ort war völlig aus den Fugen geraten. Im Dorf wurde schon getuschelt, wenn sie einkaufen war. Mitleidige Blicke und ab und zu auch ein paar aufmunternde Worte von Bekannten trösteten zwar etwas, aber die schlimmen Bilder waren fest abgespeichert und suchten die sensible Frau nachts heim.

Leuchtenbein meldete sich noch einmal zu Wort.

»Wir sollten systematisch vorgehen. Es sind verschiedene Probleme, die wir lösen müssen. Und wenn wir erst einmal den Anfang haben, rollen sich alle anderen Fragen wie von selbst auf. Da haben wir vor allem diesen Spuk mit der »Weißen Frau«.

Ich glaube, unsere Entdeckung des alten Geheimgangs hat damit etwas zu tun. Es würde erklären, wie sie es schaffte, plötzlich aufzutauchen und wieder zu verschwinden. Vielleicht birgt der Geheimgang ja noch ein paar Überraschungen. Wir sollten noch einmal einsteigen und diesmal in die andere Richtung laufen. Meinrad sollte auf alle Fälle dabei sein.«

Dabei nickte er Richtung Zwiebel.

Der kratzte sich am Ohr und brummelte etwas von Einsturzgefahr. Aber als er merkte, dass alle Augen auf ihn gerichtet waren, rang er sich ein zustimmendes Lächeln ab.

»Heute Abend noch?«

»Ja, so schnell wie möglich. Die ganze Sache scheint sowieso schon aus dem Ruder zu laufen. Wir sollten uns beeilen ...«

Gunhild hatte sich gefangen und ihre Tatkraft gewann wieder die Oberhand. »Und wat machen wa mit olle Quappi? Der is doch völlig durch'n Wind. Wir müssen ihm wat sachen!«
Leuchtenbein schüttelte den Kopf. »Keine gute Idee. Vielleicht ist der ja tiefer in die ganze Sache verstrickt, als wir bisher dachten. Es hat immerhin zwei Familienmitglieder erwischt. Und den ollen Einsiedler schien er auch gekannt zu haben. Der ist ja auch tot, seltsamerweise.«
»Mensch, Berti! Gloobste, dass olle Quappi ...? Also, der ist doch der Leidtragende. Wieso sollte der seine Tochter ... Und dann noch seinen Neffen, von dem er doch immer so große Stücke hielt? Also, nee ..., kann ick mia nich vorstelln.«
Mechthild wehrte sich ebenfalls gegen einen solchen Gedanken. »Nööh, glaub ich auch nicht. Aba Quappi is vielleicht in was rin jeraten, wo er alleene nich mehr rauskommt.«
Gunhild holte tief Luft und setzte zu einer erstaunlichen Beichte an. »Also, ick muss euch wat sachen. Is vielleicht doch wichtich. Also, der Einsiedler, der Felix ..., det war n juter Freund von mia. Wir ham uns ma zufällich hinten im kleinen Birkenwäldchen am Forstweg jetroffen. Un der Felix, also der ist doch Künstla, also, un ick mach doch die Jalerie ..., also, kurz und schmerzlos, wir waren ein Liebespaar ..., so, nun isses raus. Un der Felix muss olle Quappi jekannt ham, woher, wees ick nich. Er hat sich jedenfalls mit Händen und Füßen dajejen jewehrt, seine Bilda uffm Schloss zu zeijen. Ick hätt ne tolle Ausstellung mit ihm jemacht, ab er wollte nich, aus irjend einem Grunde hatte er ne Aversion.«
Leuchtenbein nickte. »Erinnerst du dich? Wir haben ihn auch in der Nacht gesehen, vorne am Tor mit der Tochter vom Baron, der Clara ...«
Gunhild verdrückte sich eine Träne und schnäuzte sich geräuschvoll in ihr großes Marienkäfertaschentuch. »Ick hab im Chausseehaus aufjeräumt. Da hab ick so ne Mappe jefunden, mit Skizzen und kleinen Portraitzeichnungen. Da war auch ne ziemlich jute Studie von Clara bei. Clara hat ihm Modell jesessen.«
Meinrad Zwiebel goss sich noch einen Kaffee ein. »Mir ist der Einsiedler auch öfters aufgefallen. Der war oft im Park unterwegs mit seinem Malerzeug. Aber nicht im vorderen Teil, wo man ihn vom Schloss aus hätte sehen können. Nee, meistens im hinteren Teil, runter Richtung Hellsee zu. Mir kam es immer so vor, als ob er etwas suche.«

Die vier Hobbydetektive tranken ihren Kaffee und diskutierten noch den ganzen Nachmittag, was am Sinnvollsten wäre. Letztendlich verabredeten sie sich für eine weitere Expedition durch den Geheimgang.

III
Gut Lankenhorst - Im Schloss
Montagnachmittag, 13. November 2006

Baron Rochus von Quappendorff saß grübelnd in seinem Sessel und starrte mit sorgenvollem Blick aus dem Fenster. Bei ihm war Clara-Louise, seine Tochter. Sie hatte es sich bereits am Vormittag bei ihm auf dem Sofa häuslich eingerichtet. Sie war erstaunlich ruhig und gefasst. Die Ereignisse der letzten Wochen waren scheinbar ohne erkennbare Schäden an ihrer Seele abgeglitten. Der alte Mann blickte etwas sorgenvoll auf seine Tochter, die nun, nach dem schrecklichen Tod Irmis, sein einziges Kind war.
Wenn er an die Kindheit der beiden Mädchen dachte, hatte er schon immer das Gefühl, dass Klärchen im Gegensatz zu der stets plappernden und schrillen Irmi oft weit weg war mit ihren Gedanken. Als ob ihre Seele ganz woanders weilte und nur noch die physische Hülle ihrer selbst anwesend war.
Diesen seltsamen Zustand hatte sie im Moment wieder angenommen. Eine beunruhigende Situation, fand der Baron.

Wo wanderten die Gedanken dieser Frau jetzt herum?
Was grübelte sie nur andauernd?
Jedes Mal, wenn er versuchte, mehr als ein paar oberflächliche Höflichkeitsfloskeln mit ihr auszutauschen, entglitt sie ihm. Er fand keinen wirklichen Zugang mehr zu ihr und damit auch nicht zu ihrem Herz. Manchmal glaubte er, dass sie gar keins besaß. Und manchmal dachte er auch, dass er sie noch nie richtig verstanden hatte. Solche Gedanken machten ihm Angst.
Er hatte sich immer vorbildlich um seine beiden Töchter gekümmert, war großzügig, wenn sie abends weg wollten, gestattete ihnen zahlreiche Extravaganzen, die andere Väter ihren Töchtern nie erlaubt hätten, und war auch sonst ein toleranter und liberaler Vater.
Clara-Louise saß immer noch merkwürdig abwesend auf dem Sofa und blickte mit ihren großen, wasserblauen Augen auf einen imaginären Punkt irgendwo im Raum.
Das Verrinnen der Zeit war für den Baron fast schmerzhaft spürbar. Jede Sekunde, die verging, dauerte Minuten, jede Minute schien sich Stunden hinzuziehen.
Es geschah nichts. Diese Leere, die Unmöglichkeit, seine Trauer mit dem ihm am nächsten stehenden Menschen zu teilen, wurde zu einer spürbaren seelischen Qual, die wie ein böses Tier tief in ihm nagte und ihm die Kraft entzog.
Er räusperte sich. Irgendetwas musste er sagen, um diese furchtbare Stille zu beenden.
»Clara, mein Kind.«
Clara drehte zeitlupenartig den Kopf Richtung Stimme. Sie musterte ihren Vater, als ob sie ihn zum ersten Mal in ihrem Leben sah. Noch einmal erklang die Stimme.
»Klärchen, was sollen wir bloß machen?«
»Ach, Papa. Die Zeit wird es schon richten. Wir werden der Zeit vertrauen müssen. Alles muss sich erst einmal wieder beruhigen. Die Leute, die Polizei, der ganze Spuk im Schloss, die Sorgen mit der Bank …, du machst dir da wahrscheinlich auch zu viel Sorgen. Die Toten sind tot, die werden nicht wieder lebendig.«
»Bist du dir da so sicher?«

»Papa! Du und deine Gespenster! Natürlich sind sie tot. Das ist schlimm und auch nicht so einfach zu begreifen.«
»Weißt du, nachts im Traum, da kommen sie zu mir. Die Irmi, der Lutger, der Maler vom Chausseehaus, die Kraniche … Sie schauen mich an und sagen etwas, das ich aber nicht verstehe. Ich schicke sie weg, doch sie gehen nicht. Wenn ich nach oben schaue, sehe ich sie immer kreisen. Mal etwas tiefer, mal etwas höher. Ihr Trompeten geht mir nicht mehr aus dem Kopf. Ich werde langsam wahnsinnig.«
»Papa, hast du etwas mit der Sache zu tun? Weißt du etwas?«
»Nein, ich weiß nichts.«
»Papa, wenn du doch ...«
»Nein, Clara, nein. Es ist nur … Alles hat sich gegen mich verschworen. Alles ...«
»Das scheint dir nur so. Schau, das Schloss. Es wächst und gedeiht. Alle staunen darüber, was du da aufgebaut hast in so kurzer Zeit.«
»Ach, Mädchen, wenn du nur wüsstest ...«
»Papa, was läuft da?«
»Klärchen, das alles hat nichts mit den Ereignissen zu tun, die zur Zeit unseren Alltag belasten. Das liegt nun alles schon lange zurück. Aber die Geister von damals holen mich wieder ein. Die toten Kraniche ...«
»Was ist mit den toten Kranichen?«
»Das waren damals andere Zeiten. Kriegszeiten. Die Menschen waren verroht durch die langen Kriegsjahre. Man kann das mit heute nicht vergleichen. Damals hatten wir uns über jedes bisschen Fleisch gefreut. Es gab ja nichts. Alle hungerten. Es waren schreckliche Zeiten. Kind, sei froh, dass du das nicht erleben musstest.«
»Was war also mit den toten Kranichen?«
»Wir haben damals mit Drahtschlingen Kraniche gefangen und auf dem Schwarzmarkt als Geflügel verkauft. Meine Cousine Henriette, meine Mutter, meine Tante, mein Bruder und ich. Es war eine einträgliche Geschäftsidee. Geflügelfleisch stand hoch im Kurs, besonders bei den Städtern in Berlin, die hatten ja gar nichts mehr.
Der Unterschied, ob da nun ein Kranich in der Röhre schmorte oder eine Pute, war den meisten gar nicht mehr bewusst. Die alten Ägypter schätzten den Kranich schon als edlen Speisevogel, und im Mittelalter wurden Kraniche ja auch bejagt, und das nicht nur wegen ihrer Federn.«

»Wer wusste von eurem Kranichfang?«
»Keiner! Wir achteten darauf, dass kein Dritter etwas davon mitbekam. Wir gingen nur nachts auf die Jagd. Immerhin war es ja unsere Überlebensversicherung. Im Herbst 45 hatten wir unzählige der schönen Tiere gefangen. Es war ganz einfach. Kraniche waren damals noch nicht so scheu wie jetzt. Und verboten war es auch nicht, gab ja keine Förster oder Polizisten mehr in der Zeit direkt nach dem Krieg.«
Clara schüttelte den Kopf. Vieles hatte sie ihrem alten Vater zugetraut. Aber ein solch brutales Verhalten gegenüber diesen schönen, friedfertigen Tieren …
»Und jetzt glaubst du, dass da jemand ist, der über damals Bescheid weiß und dich mit deiner Vergangenheit konfrontiert. Der vielleicht auch Irmi auf dem Gewissen hat, und Lutger … und diesen armen Einsiedler.«
Der alte Quappendorff nickte nur.
»Papa, das ist doch voll pervers! Deshalb bringt man doch keine Leute um! Du solltest der Polizei davon berichten. Vielleicht haben die andere Möglichkeiten, so einen perversen Typen dingfest zu machen.«
»Es gab da einen Zwischenfall. An den muss ich dauernd denken. Einmal war Henny, meine Cousine, bei einer Hamsterfahrt nach Berlin an ein paar betrunkene Soldaten geraten. Die haben ihr den ganzen Sack voller Kraniche abgenommen und sie dann auch noch verprügelt und ihr noch viel Schlimmeres angetan.«
»Wurde sie vergewaltigt?«
»Ja.«
»Habt ihr die Soldaten angezeigt?«
»Wir haben es versucht. Aber es waren russische Soldaten. Keine Chance auf eine wirkliche Strafverfolgung. Das war damals das Schicksal vieler junger Frauen. Henny war sechzehn und ein bildhübsches Mädchen. Danach war sie nicht mehr wiederzuerkennen. Sie wurde ein stilles, verschlossenes Mauerblümchen, mied jegliche Feierlichkeiten, war richtig menschenscheu. Kurze Zeit später zog sie mit ihrer Mutter, also meiner Tante Amalie nach Angermünde zu einem Verwandten.
Dort hatte sie in einem kleinen Bäckerladen gearbeitet, Henny wohl auch. Aber sie wurde nicht mehr glücklich. Sie hat sich dann mit Anfang dreißig das Leben genommen. Da lebten wir schon im Rheinland. Wir

erfuhren davon in einem Brief meiner Tante, die damals schon eine ziemlich alte Frau war. Kurze Zeit später starb sie auch, wohl aus Gram.«

»Warst du mal in Angermünde?«

»Ja, hab die Gräber besucht: Amalie und Henny liegen dort zusammen auf dem alten Städtischen Kirchhof. Ich hab ein paar Blumen aufs Grab gelegt. Aber das ist ja alles schon lange vorbei. Und hat nichts mit den jetzigen Vorgängen zu tun.«

»Wovor hast du Angst?«

»Ich hab keine Angst. Wie kommst du denn darauf?«

»Papa! Mach mir nichts vor. Ich spüre das doch. Du bist ja nicht mehr wiederzuerkennen. Seit Irmis Unfall bist du nur noch ein Schatten deiner selbst.«

»Ach, Mädchen ...«

»Hör auf, rum zu jammern. Erzähl mir lieber, was da abgeht. Was hatte Irmi angestellt, dass sie sterben musste. Irmi war ein dummes Huhn, oberflächlich und plapprig, aber alles andere als gefährlich, dass man sie auf diese Art und Weise aus dem Wege räumen musste. Lutger …, gut, da kann ich mir irgendwie schon zusammenreimen, warum der ein solch schreckliches Ende nehmen musste. Aber Irmi …?«

»Ich weiß es nicht. Ich weiß es wirklich nicht.«

»Was hattest du mir dem Einsiedler zu schaffen? Weshalb seid ihr euch so aus dem Wege gegangen?«

»Nichts, wir sind uns auch nicht aus dem Wege gegangen. Aber wir hatten eben auch nichts miteinander zu schaffen.«

Clara hob zweifelnd die Augenbrauen. Sie schien da wohl besser informiert zu sein. Mit einem Ruck stand sie auf. »Ich leg mich noch ein bisschen hin.«

Dann schlurfte sie in ihren samtweichen Plüschpantoffeln übers Parkett aus dem Zimmer. Der alte Quappendorff blieb zurück, noch verstörter als zuvor. Was hatte Clara-Louise da alles zur Sprache gebracht? Dinge, die der Baron jahrzehntelang verdrängt hatte. Er schüttelte den Kopf. Das war ihm alles zu viel.

Familiengeheimnisse

I

Aus der Familienchronik der Quappendorffs
oder. »Was es über eine märkische Adelsfamilie noch zu berichten gibt«

Aus den Aufzeichnungen des Familienchronisten Dubslav von Kruge aus dem Jahre 1807, von Rolf Bertram Leuchtenbein aus dem Mittelhochdeutschen in modernes Deutsch übertragen, säuberlich geordnet und niedergeschrieben im Jahre 2006

Erstmalige Erwähnung des Namens

Aus Flandern ist das Geschlecht derer von Quappendorff in den seligen Zeiten des Liudolfingers Heinrich I. zusammen mit vielen anderen Edelleuten nach Osten zur Bezwingung der Wenden gezogen. Das war anno Domini 926. Der erste namentlich erwähnte Träger des Namens war ein Quap van Meulebeeke. Er ritt unter dem Legaten Bernhard von Höhbeck. Unstrittig sind seine Verdienste

In der Schlacht bei Lunkini, dem heutigen Lenzen in der Prignitz, anno Domini 929, gehörte Quap van Meulenbeeke zu den Ersten, die auf der Slawenfeste das Banner der Christenheit hochhielten. Unter Führung des kaiserlichen Legaten Bernhard von Höhbeck stürmten Quap und seine Mannen das Wendenlager und zeichneten sich durch Kühnheit und Umsicht aus.

Als Vasall des Grafen Thietmar von Sachsen wurde Quap für seine Taten mit dem Flecken Linnerowe, wohl einst ein slawisches Fischerdorf an der Stepenitz, belehnt. Das Lehen gehörte zur neu eroberten Vormark, die später dann auch Prignitz genannt werden sollte. Graf Thietmar erhob Quap in den Adelsstand. Von nun an führte er den Namen Edler Quap auf Linnerowe. Er erbaute ein Festes Haus zu Linnerowe und heiratete die älteste Tochter Aglaia aus dem Hause des Linonenfürsten Drasco von Huwenowe. Aus der Ehe mit Aglaia gingen sieben Kinder hervor. Der älteste Sohn, Quapo trat in den Dienst der Ottonen und ritt 951 mit gen die Lombardenfürsten. Für seine Verdienste wurde er zum Ritter geschlagen. Er nannte sich von nun ab Ritter Quapo zu Quapenburghe.

Die Quappendorffs unter den Askaniern 1100 bis 1170

Zur Zeit der Wendenkreuzzüge waren die Quappendorffs als treue Vasallen der Askanier fest an der Seite Albrechts von Ballenstedt, genannt des Bären, zu finden. Thumbald zu Quapenburghe, der direkte Nachfahre des glücklichen Quapo, war bei der Rückeroberung der Nordmark dabei und ritt an der Seite von Johann Gans Edler Herr zu Putlitz. Sein Bruder Gisbert zu Quapenburghe, ebenfalls ein Vasall derer von Putlitz, trat nach dem Siege gegen die Aufständischen dem neugegründeten Kloster zu Lehnin als Mönch bei. Dort wirkte er bis zu seinem Tode als eifriger Missionar und Verkünder der wahren Lehre Gottes.

Der Stammsitz Thumbalds, das Feste Haus und das Lehen zu Linnerowe, fielen 1137 bei einem Scharmützel mit den Hevellern dem Feuer zum Opfer. Für seine Tapferkeit wurde er später von Albrecht, dem Bären, mit einem neuen Lehen bedacht. Am Oberlauf der Stepenitz gründete Thumbald 1139 eine neue Siedlung, die er Quapendorf nannte. Auch hier errichtete er ein Festes Haus.

Als Titel führte er nun den Namen Edler Ritter zu Quapendorf. Im Wappen erschienen neben der Quappe erstmals zwei Kraniche als Symbol für stete Wachsamkeit. Quapendorf gehörte mit zu den Grenzburgen am Nordrand der neugegründeten Mark Brandenburg. Übergriffe der Mecklenburger und Angriffe der verbliebenen Elbslawen galt es abzuwehren. Thumbald und die Seinen standen unter speziellem Schutz derer von Putlitz. So konnten sie in diesen unruhigen Zeiten überleben. Thumbald heiratete 1142 Miranda von Freyensteine, eine Tochter des Truchsesses der nördlichen Grenzburg Freyenstein, die ihm acht Nachkommen gebar. 1157 bekam Albrecht die neugegründete Markgrafschaft

Brandenburg als kaiserliches Lehen zugesprochen. Thumbald ward so einer der ersten Ritter der neuen Markgrafschaft.
Die Quappendorffs während der Quitzowzeit 1385 bis 1415

Eng waren die Quappendorffs verbunden mit den Edlen zu Putlitz. Die Edlen Gans zu Putlitz standen unter Lehnshoheit des Bischofs von Havelberg. Sie hatten als einziges Prignitzer Adelsgeschlecht eine besondere Stellung. Die Quappendorffs als direkte Vasallen derer von Putlitz konnten durch die erhabene Stellung ihrer Lehnsherren ebenfalls gewinnen. Robrecht zu Quappendorff, direkter Nachfahre des Thumbald, war nicht nur Kastellan auf der Burg zu Putlitz, er ehelichte zudem eine Nichte aus dem Hause derer zu Putlitz und hatte zahlreiche Kinder mit ihr. Die Quappendorffs waren damals angesehene Edelleute in der Terra Putlitz.

Die enge Bindung des Hauses Putlitz an die in der südlichen Prignitz herrschenden Quitzows führte dazu, dass auch die Quappendorffs bei den Raubzügen dieser unseligen Brüder involviert wurden. Die Quitzows waren damals eines der mächtigsten Adelsgeschlechter der Mark. Nach dem Tode des Luxemburger Königs Karl IV., der die Askanier nach ihrem Aussterben in der Mark Brandenburg beerbt hatte, war das Land ohne wirkliche Herrscher. Die Quitzows nutzten diese anarchische Zeit ab 1404, um selber als potentielle Herrscher die Macht zu ergreifen. Mit ihren Verbündeten, den Putlitz', den Rochows, den Bredows, den Stechows, den Gadows und natürlich auch den Quappendorffs überrannten die Quitzows befestigte Städte, plünderten ganze Landstriche und legten sich mit den eilends herbei gesandten Kaiserlichen an.

Erst der fränkische Reichsgraf Friedrich von Hohenzollern, der auf Geheiß des Kaisers in die Unruheprovinz gesandt wurde, konnte den Quitzowspuk beenden. Er begründete 1415 als oberster Verweser der Mark ein neues Herrschergeschlecht für Brandenburg. Die Quitzows schwuren ihm die Treue und auch die Quappendorffs traten diesem neuen Bund bei. Die Besitzungen der Quappendorffs waren vom Reichsgrafen konfisziert worden.
Nach dem Treueschwur des Konradin von Quappendorff, dem ältesten Sohne des Robrecht, bekamen sie ein neues Lehen zugewiesen: den Flecken Lankenhorst im damals noch dürftig besiedelten Barnimer Land.

Die Quappendorffs unter den Bredows 1460 bis 1600

Die Errichtung der Bischofsburg zu Ziesar und der Wiederaufbau des Doms zu Havelberg brachten den damaligen Bischof Dietrich in große Geldnot. Er veräußerte daher im Jahre 1460 zahlreiche Lehen an den Friesacker Burggrafen Hans von Bredow. Zu den Erwerbungen des Hans von Bredow gehörten neben den großen Besitzungen im Löwenberger Land auch Hoppenrade, Badingen, Liebenberg und die weiter östlich gelegenen wüsten Feldmarken Kerkow, Lanke, Neuendorf und Lankenhorst. Die Herren zu Quappendorff wurden so direkte Vasallen des Hans von Bredow. Die Zeit war schwierig für die Menschen. In Brandenburg wütete die Pest. Auch vor den Quappendorffs machte diese Geißel Gottes nicht halt. Nur der jüngste Spross des Hauses, Helmbrecht von Quappendorff, überlebte. Und das auch nur, weil er zur Erziehung als Page am Hofe des dänischen Königs weilte. Nach seiner Rückkehr im Jahre 1485 gründete Helmbrecht von Quappendorff eine neue Familie mit der Tochter des dänischen Gesandten am Hofe Joachims II., Amalia von Esbjorg. Seine Söhne waren die Ahnherren der vier Familienzweige der Quappendorffs, die allesamt in der Mark Brandenburg ihren Sitz hatten.

Zu den Familienzweigen der Quappendorffs 1630 bis 1800

Während des Dreißigjährigen Krieges teilte sich das Geschlecht derer von Quappendorff in drei Linien auf. Die Hauptlinie beginnt 1647 mit

Wilke von Quappendorff, diese Linie zweigte sich 1664 in zwei Nebenlinien auf: die der Edlen Herren zu Quappendorff-Tremelow und die der Freiherren von Quappendorff zu Glampe. Beide Linien erloschen nach dem Siebenjährigen Kriege, da keine männlichen Nachkommen mehr vorhanden waren. Der Besitz der beiden Familien ging auf die beiden anderen Nebenlinien der Quappendorffs über.
Die zweite Linie der Familie beginnt 1648 mit Friedhelm von Quappendorff. Diese Linie teilte sich nicht und blieb bis 1800 bestehen. Die Mitglieder dieser Familienlinie dienten allesamt als redliche Offiziere bei den Gardekürassieren der Preußenkönige. Ihr Landsitz lag nur unweit entfernt vom Stammsitz Lankenhorst in Blessenthal. Während der Napoleonischen Okkupation wurde Gut Blessenthal leider Opfer einer Feuersbrunst, die von unachtsamen Marodeurs entfacht worden war, als sie versuchten, ein Lagerfeuer in den Viehställen zu entzünden. Der letzte Herr zu Blessenthal, Major Wenzeslaus von Quappendorff fiel 1806 bei Jena.
Die dritte Linie der Familie ist die bis heute noch existierende Linie der Lankenhorster Quappendorffs, begründet von Nikolaus von Quappendorff im Jahre 1653. Auch die Lankenhorster Quappendorffs waren allesamt Offiziere. Sie dienten im Dritten Ulanenregiment zu Potsdam und waren an zahlreichen Kämpfen und Schlachten beteiligt.

Ein Nachtrag von Ferdinand von Quappendorff

Kammergerichtsrat Ferdinand von Quappendorff heiratete 1912 eine Baroness Gösta auf Pohjola aus einem alteingesessenen baltischen Adelsgeschlecht. Da sie die letzte Trägerin dieses Titels war, ging der Baronentitel auf die Quappendorffs über. Der Besitz von Lankenhorst war allerdings zu dieser Zeit schon vakant. Bereits dessen Vater, Neidhardt von Quappendorff, musste 1871 das Gut veräußern. Spekulationen beim großen Strousberg-Bankrott hatten ihn in finanzielle Bedrängnis gebracht. Allerdings sicherte sich der alte Rittmeister Neidhardt von Quappendorff das Wohnrecht auf Gut Lankenhorst für seine Familie.

II
Lankenhorst
Im April des Jahres 1945

Die Zeichen waren bedrohlich. Es stand schlecht um das Großdeutsche Reich. Fern im Osten konnte man schon die Kanonen der heranrückenden Roten Armee hören. Auflösungserscheinungen an der Heimatfront verstärkten dieses Gefühl einer Untergangsstimmung. Seit gestern war der Ortsgruppenleiter der Partei verschwunden. Man munkelte, er hätte sich aufgehangen. Andere sagten, er wäre stiften gegangen, zusammen mit dem Dorfgendarmen und dessen Frau, die als BdM-Führerin auch eine unrühmliche Rolle gespielt hatte.

Auf Gut Lankenhorst herrschte eine gespannte Stimmung. Alle Bewohner des Gutes waren wie gelähmt. Die Kriegsgefangenen, die im Schloss untergebracht waren, hatte die SS schon vor ein paar Monaten abtransportiert.

Von den Quappendorffs waren nur noch Frauen und Kinder da. Die Männer waren irgendwo im Krieg. Sie hatten keine Lebenszeichen mehr bekommen, weder gab es normale Briefpost noch andere Meldungen, schon seit Wochen funktionierte der Alltag nur noch sehr eingeschränkt.

Die Frauen auf Lankenhorst, das waren Hermine von Quappendorff und ihre Schwägerin Amalie, ebenfalls von Quappendorff. Beide Frauen waren vorzeitig gealtert. Sie waren erst Mitte Dreißig, hatten aber ihre Blütezeit schon hinter sich. Der ständige Trennungsschmerz und die existentiellen Ängste, die dem Kriegsverlauf geschuldet waren, hatten Harm und Trostlosigkeit in ihre einstmals schönen Gesichter gezeichnet. Harte Falten hatten sich um die schmallippigen Münder gelegt und die Augen-

ringe waren zu ständigen Begleitern geworden. Sie zeugten von schlaflosen Nächten und tränenreichen Stunden des Alleinseins.
Zu den beiden Frauen gehörten die Kinder Henny, eine hübsche Fünfzehnjährige mit großen braunen Rehaugen und kastanienbraunem Haar, die beiden Jungen Rochus und Hektor, acht und fünf Jahre alt, und die kleine, erst zweijährige Friederike-Charlotte, von allen nur Friedel genannt.
Und da gab es noch die Großmutter, eine würdevolle Dame jenseits der Sechzig, die stets die Contenance bewahrte und sich nicht anmerken ließ, dass gerade alles den Bach runter ging. Gösta von Quappendorff, geborene Baronin von Pojohla, Letzte eines stolzen Adelsgeschlechts deutschbaltischer Abstammung, Mutter von Konrad und Leberecht von Quappendorff, die als Offiziere irgendwo an den immer näher rückenden Fronten kämpften. Gösta achtete auch in den Zeiten des Verfalls auf Etikette, sorgte sich umsichtig um den Haushalt und organisierte Lebensmittel und andere Waren, die auf dem Gut gebraucht wurden.
Sie verstand es, sich mit den Behörden gut zu stellen ohne sich anzubiedern. Immer hielt sie eine gewisse Distanz zu den Repräsentanten des Dritten Reichs. Viel hielt sie nicht von diesen Emporkömmlingen und ihrer kruden Weltsicht. Die rigorose Vernichtungswut und die Grausamkeiten der braunen Machthaber ekelten sie an. Sie hatte eine klassische Erziehung an einem humanistischen Lyzeum in Riga genossen und war von dem völkischen Pathos nur angewidert. Doch ihre beiden Söhne erlagen den Verführungen des Nationalsozialismus. Begeistert durchliefen sie die Militärausbildung, schlugen die Offizierslaufbahn ein und meldeten sich freiwillig zum Frontdienst.
Jetzt hatten sie Karriere gemacht. Leberecht von Quappendorff gehörte als Offizier der Leibgarde des Reichspropagandaministers Goebbels an und war in Bogensee, der Sommerresidenz des drittwichtigsten Mannes des Reichs stationiert und dort für dessen Sicherheit zuständig. Gösta war beruhigt über diese Position ihres Sohnes, immerhin war er so nicht den direkten Kampfhandlungen ausgesetzt.
Konrad, ihr Ältester, war da komplizierter. Er war ein Draufgänger, ein furchtloser Soldat und kühner Kopf. Ihm waren solche dubiose Posten suspekt. Er wollte stets an vorderster Front kämpfen. Ruhm und Ehre waren ihm wichtiger als alles Geld der Welt. Konrad hatte sich ausgiebig

mit der Familiengeschichte beschäftigt. Seine Vorfahren, die als furchtlose Ritter kämpften, waren seine Vorbilder. Er fühlte sich ihnen ganz tief im Innersten seiner Seele verbunden, spürte ihr Blut in seinen Adern pulsieren. Als er das letzte Mal auf Heimaturlaub bei ihnen war, das war zum Jahreswechsel, hatte Gösta das unbestimmte Gefühl, ihren ältesten Sohn das letzte Mal lebend zu sehen. Als dann Anfang April die Nachricht kam, dass Konrad an der Ostfront gefallen war, blieb sie gefasst. Ihre Schwiegertochter brach still in sich zusammen. Sie hatte nur noch wenig Energie.

Gestern war Leberecht plötzlich aufgetaucht. Er war in Zivil. Dass er es geschafft hatte, mit dem Motorrad durch die von Kampfhandlungen bereits stark betroffenen Straßen und Wege zu kommen, grenzte an ein Wunder. Es schien etwas Ungewöhnliches passiert zu sein. Er wirkte zutiefst verstört und reagierte einsilbig auf alle Versuche, mit ihm zu kommunizieren.

Gösta war ratlos. Etwas schien in ihrem Sohn zerbrochen zu sein. Sah sie ihn an, wurde es ihr schmerzlich bewusst.

Die nackte Angst war in sein Gesicht gezeichnet. Angst vor dem Morgen, Angst vor dem Jetzt. Leberecht war völlig orientierungslos, sein gesamtes Weltbild brach in sich zusammen und er wusste nicht, wie er diesen Kollaps aufhalten sollte.

»Mutter, was wird nur aus uns?«

»Junge, du solltest jetzt an deine Familie denken.«

»Ja, du hast Recht. Wir sollten zusammenhalten.«

»Geh nicht wieder zurück nach Bogensee. Es ist kein guter Ort. Dort wartet nur der Tod.«

»Ich muss noch einmal dorthin. Es wird nur für kurze Zeit sein. Goebbels will nach Berlin in den Führerbunker. Er ist besessen und will alle mit in den Untergang ziehen, seine Frau, die Kinder.«

»Lass ihn. Seine Zeit ist vorüber.«

»Er faselt die ganze Zeit etwas von Selbstmord. Und das die Barbaren seine Schätze nicht bekommen dürfen. Ich soll sie in Sicherheit bringen. Aber es gibt nirgends mehr eine Möglichkeit, Richtung Süden oder zu den Häfen an der Küste durchzukommen. Es ist vorbei ...«

»Junge, lass diese Schätze in Ruhe. An ihnen klebt Blut und das nicht zu knapp. Du weißt, unrecht Gut gedeihet nicht. Diese Leute haben weder

Anstand noch Moral. Alles, was die als ihr Eigen bezeichnen, wurde Anderen weggenommen, gestohlen, geraubt.«
»Bogensee ist nicht weit von hier. Ich fahr in der Nacht und bin morgen früh wieder hier.«
»Tu, was du nicht lassen kannst. Aber meinen Segen hast du dafür nicht. Du solltest an deine Familie denken und nicht an die Wahnvorstellungen eines bereits Toten.«
Gösta wandte sich ab von ihrem Sohn. Sie ahnte, dass sie auch ihn verlor. Leberecht hatte einen großen Koffer mitgebracht. Er schien diesem Koffer viel Achtung entgegenzubringen. Nervös rannte er durch die Räume des alten Gutshauses. Er suchte ein Versteck für den Koffer.
»Sag mal, Mutter, in den alten Familienchroniken taucht doch ein Geheimgang auf. Konrad hat öfters davon gesprochen und ihn auch gesucht. Gibt es ihn wirklich?«
»Ach Junge, das sind doch Märchen.«
»Nein, das sind keine Märchen. Es muss ihn geben. Ich habe in Konrads Nachlass eine alte Karte gefunden, da ist er drauf eingezeichnet.«
»Wo hast du die Karte gefunden?«
»In der großen Kommode, die in der Bibliothek steht. Dort hat Konrad seine gesamten Schriften und Chroniken aufbewahrt. Zwischen alten Rechnungsbüchern und Grundstücksplänen, die noch aus der Zeit des seligen Dubslav von Kruge stammten.«
»Dubslav war ein Fantast. Der hat alles aufgeschrieben, was sein Dienstherr, dein Ururgroßvater, gern lesen wollte. Du weißt doch; wess' Brot ich ess', dess' Lied ich sing. Dubslav war ein solcher Sänger.«
»Ist das alles nicht wahr, was er geschrieben hatte?«
»Junge, du bist jetzt Mitte Dreißig und immer noch so naiv. Was denkst du denn?! Dieses ganze Heldengedöns, das da von einem wunderlichen Schreiberling zu Papier gebracht worden ist. Es ist Blödsinn. Die Quappendorffs waren unbedeutende Landleute, einfache Gutsbesitzer, ohne jegliche Ideen von Karriere oder Staatsraison. Der Baronentitel ist angeheiratet worden und Gut Lankenhorst wurde von deinem Großvater schon verkauft, weil er pleite war. Wir leben hier auf Miete! Und können froh sein, dass wir noch da bleiben dürfen.«
»Du darfst so nicht reden, Mama! Du machst alles kaputt mit deinem Pessimismus. Es ist sowieso schon alles egal.«

Gösta schüttelte den Kopf. Sie wusste nicht mehr, was sie ihm noch sagen sollte. Die beiden Enkel kamen um die Ecke gefegt. Leberecht wandte sich den Jungs zu. Er war ein Familienmensch. Der Tod seines Bruders hatte ihn tief getroffen. Die beiden Neffen brauchten etwas Zuwendung und er mochte die beiden aufgeweckten Jungs.
»Kommt, wir gehen in den Park. Bogenschießen.«
»Au ja, prima. Ich hol die Zielscheibe und die Pfeile.«
Leberecht ließ sich von den beiden Jungs in den Park ziehen. Die beiden Knirpse kannten sich bestens aus. Der Park war ihr Abenteuerspielplatz und ihr Rückzugsgebiet, wenn mal wieder dicke Luft im Hause war.
»Onkel Leberecht, triffst du mit dem Bogen auch einen Tiger oder einen Löwen?«
»Ja, wieso denn nicht?«
»Na, die sind doch gefährlich und schnell. Die ducken sich, wenn man auf sie schießt.«
»Ja, aber ich bin schneller.«
»Hast du schon mal richtig geschossen. Mit ner Pistole?«
»Ja, klar. Das wisst ihr doch.«
»Und hast du auch schon mal ein Gespenst gesehen? Gespenster kann man nicht erschießen, nicht mit dem Flitzebogen und auch nicht mit der Pistole.«
»Es gibt doch gar keine Gespenster.«
»Gibt es doch! Ich hab schon eins gesehen.«
»Wo hast du ein Gespenst gesehen?«
»Na, als Papa gestorben ist. Da hab ich die »Weiße Frau« gesehn. Kannste glauben. Mama und Henny glauben mir auch. Oma hat gesagt, Gespenster gibt es in Wirklichkeit gar nicht. Aber ich hab sie gesehn, wirklich. Da hinten ist sie gestern Abend lang geschwebt.«
Dabei zeigte der Kleine mit seinem Zeigefinger in Richtung Eiskeller.
Leberecht lief zu dem kleinen Wäldchen mit dem Hügel, an dessen Nordseite der Eingang zum Eiskeller war. Er hatte diesen abgeschiedenen Winkel des Parks nur selten betreten. Zuviel Unterholz verleidete ihm das Spazierengehen in diesem Bereich. Vorsichtig öffnete er die alte Holztür des Eiskellers. Es roch modrig und feucht. Der Boden war leicht glitschig. Leberecht zündete ein Streichholz an.

Im flackernden Licht des Feuers entdeckte er im hintersten Winkel des Kellers etwas, was ihn aufmerksam werden ließ. Er zündete ein zweites Zündhölzchen an. Ein Schachbrettstein war zwischen den Feldsteinen eingefügt.
Leberecht kannte die Schachbrettsteine nur aus alten Kirchenbauten und Kapellen. Es waren Hinweise von den Baumeistern. Verwundert, hier in einem profanen Eiskeller einen solchen Stein zu finden, betastete er den ungewöhnlichen Stein. Er schien sich bewegen zu lassen. Erst versuchte er ihn herauszuziehen. Das funktionierte nicht. Dann drückte er mit seinem Handballen sanft gegen den Stein. Wie von Geisterhand öffnete sich eine Tür, die so geschickt in die Wand gefügt war, dass man keinerlei Konturen erkennen konnte.
Muffige Luft schlug ihm entgegen. Ein eiskalter Lufthauch schien durch den Eiskeller zu ziehen. Leberecht pfiff leise. Es schien den Geheimgang wirklich zu geben. Draußen standen die beiden Jungs und riefen nach ihm. Er kam wieder zurück ins Tageslicht.
»Wo sind denn eure Zielscheiben? Los, jetzt wollen wir mal sehen, wer der beste Bogenschütze ist.«
Am Abend sah man ihn mit dem großen Koffer durch den Park schleichen. Eine Stunde später knatterte das Motorrad mit Leberecht davon Richtung Bogensee.
Es war seine letzte Tour. Am nächsten Tag bekam die Ehefrau Leberechts einen kurzen, maschinegeschriebenen Brief. Oberleutnant Leberecht von Quappendorff, zuletzt als Leiter der Außengruppe VIII der Leibgarde des Ministers zuständig für die Sicherheit der Sommerresidenz Bogensee, war bei der Verteidigung der Residenz gefallen.
Wieder war der Kummer auf Gut Lankenhorst groß. Wieder weinte eine Frau die ganze Nacht. Wieder sahen einige Bewohner des Gutes die »Weiße Frau«. Nur Gösta von Quappendorff blieb scheinbar ungerührt von den Ereignissen. Es war wohl ihr Schicksal, ihre beiden Söhne zu überleben.
Die beiden Jungen hatten die Entdeckung, die ihr Onkel in dem Eiskeller gemacht hatte, niemanden weitererzählt. Doch, eine Person hatten sie eingeweiht: Henny, die Tochter Leberechts. Sie war jedoch nur verstört, als sie ihr das dunkle Loch zeigten, das irgendwo in die Unterwelt zu führen schien.

Wenige Tage später war der Krieg zu Ende. Die verbliebenen Quappendorffs flohen Richtung Westen. Mit ihnen verschwand auch das Wissen um den geheimnisvollen Gang, der im Eiskeller seinen Anfang nahm.

III
Lankenhorst
Im Sommer des Jahres 1990

Der Mann, der durch den Park wanderte, war etwas unschlüssig. Das Gut und der Park waren in einem seltsamen Zustand von zeitloser Starre gefangen. Draußen peitschte das neue Leben einen unüberhörbaren Takt in die bisher so friedfertige Welt von Lankenhorst. Die Wende hatte neue Tatsachen geschaffen. Wieder war eine Periode vorüber, die sich selbst als die siegreiche Epoche bezeichnet hatte. Noch waren die Spuren der sozialistischen Ära überall bemerkbar. Große, rote Schilder mit pathetischen Parolen waren an der Hauswand abgestellt worden, nachdem die neuen Hoffnungsträger sie in einem theatralischen Akt abmontiert und dafür überall bunte Plakate mit den neuen Helden angepinnt hatten.
Er wirkte wie ein Wesen aus einer längst schon vergangenen Zeit, die lange vor den Ereignissen lag, die das Schicksal Lankenhorsts jetzt zu bestimmen schienen. Auf seinem Kopf saß ein Strohhut, ein großkariertes Hemd leuchtete unter einer hellen, grobfaserigen Leinenjacke hervor. Die Beine steckten in hellgrünen Gummistiefeln. Unter dem Arm klemmte eine Malermappe und auf dem Rücken baumelte ein Rucksack

aus abgewetztem Leder. Vom Gesicht war wenig zu erkennen. Ein dunkler, struppiger Bart bedeckte die Hälfte des Gesichts. Unter buschigen Augenbrauen blitzten kleine, braune Augen hervor. Man könnte denken, ein Waldschrat sei der märkischen Sagenwelt entsprungen.

Der Schrat lief mit flinken Schritten auf den dichtbewachsenen Parkwegen entlang. Er schien etwas zu suchen. Sein Blick schweifte ständig in die verwilderte Parklandschaft. Immer wieder verglich er seine Position mit einer Karte, die er in seiner Hand hielt, schüttelte den Kopf und fluchte leise vor sich hin.

Es war nicht der erste Tag, an dem der einsame Wanderer den Park durchquerte. Bereits seit einer Woche war er hier zugange. Doch den Dorfbewohnern war es nicht aufgefallen, dass jemand so viel Interesse am Gut hatte. Immer wieder marschierte er die Routen ab, die seine Karte auswies. Aber etwas passte da nicht. Die eingezeichneten Wege stimmten nicht mit den wirklich vorhandenen überein. Waren die jetzigen Wege vielleicht erst neu entstanden? Wenn ja, dann mussten die alten Wege noch im Unterholz erkennbar sein.

Der Forscher hatte angefangen, den Park sorgfältig nach Hinweisen zu durchsuchen, die auf das alte Wegenetz hinwiesen. Er hatte sich dazu in das verwilderte Wäldchen im hinteren Teil des Parks begeben. Hier glaubte er, fündig zu werden, denn in diesem Teil des Parks waren schon seit vielen Jahren keine baulichen Veränderungen mehr vorgenommen worden.

Er wusste, dass in den Siebziger und Achtziger Jahren ein Kinderferienlager auf dem Parkgelände eingerichtet worden war. Extra für diese kleinen Sommergäste hatte man Bungalows gebaut. Die verkohlten Reste dieser Bungalows hatte er schon entdeckt. Sie waren in den letzten Jahren nicht mehr genutzt worden. Im Frühling sollten hier provisorische Wohnungen für die aus dem Westen angereisten Beamten eingerichtet werden. Ein Feuer, wahrscheinlich von ein paar verbitterten Leuten gelegt, hatte die Bungalows vernichtet. Die örtliche Feuerwehr hatte zu tun, dass das Feuer nicht auf das Schloss und die Verwaltungsgebäude übergriff.

Der Pavillon, der sich unweit des zugewachsenen Ententeichs befand, hatte die Aufmerksamkeit des Mannes auf sich gezogen. Auf seiner Karte war um den Pavillon ein roter Kreis gezogen. Mehrfach hatte er hier schon nach etwas Außergewöhnlichem Ausschau gehalten. Doch jedes Mal war er enttäuscht. Da war nichts, absolut nichts, was ihm aufgefallen war. Aber da musste etwas sein! Der rote Kreis war doch nicht umsonst um den Pavillon gezogen worden.

Wieder stand er vor dem unscheinbaren Pavillon. Unter dem gusseisernen Dach war eine kleine Plattform, vielleicht drei mal drei Meter, die von einem hölzernen Geländer umrahmt war. Ein dreistufiges Treppchen führte auf die kleine Plattform. Zwei Holzbänke, bereits stark gezeichnet von Wind und Wetter standen dort. Nichts deutete auf einen geheimen Eingang in die Unterwelt oder sonstige Geheimfächer hin. Schnaufend setzte sich der Mann auf die eine kleine Holzbank. Sechs Pfeiler trugen die Dachkonstruktion, die an einen chinesischen Sonnenschirm erinnerte.

Alle Pfeiler waren kunstvoll verziert. Ein Pfeiler jedoch hatte seine kunstvollen Ranken aus Gusseisen verloren. Wahrscheinlich hatten sich hier ein paar Randalierer zu schaffen gemacht. Der Mann sah sich die Bruchstelle genauer an. Sie war noch frisch. Als ob hier jemand versucht hatte, mit aller Gewalt etwas zu bewegen. Er entdeckte eine feine Linie, die waagerecht rings um den Pfeiler lief. Es schien ein Mechanismus zu sein, der da auf seine Entschlüsselung wartete. Höchstwahrscheinlich hatte der Randalierer auch versucht, diesen Mechanismus in Gang zu setzen. Leider erfolglos.

Vorsichtig tastete er zentimeterweise den Pfeiler ab. Nichts passierte. Entmutigt wandte er sich ab. Seine Malermappe hatte er an den gegenüberliegenden Pfeiler gelehnt. Beim Aufnehmen der Mappe sah er an diesem Pfeiler einen unscheinbaren Knopf, der sich inmitten der kunstvollen Verzierungen befand und daher auch nicht auffiel. Der Mann frohlockte. Endlich!

Er drückte den Knopf. Der Pfeiler auf der gegenüberliegenden Seite drehte sich. Mit dem Pfeiler bewegte sich auch eine der Bodenplatten. Ein dunkles Loch tat sich auf. Der Mann schaute sich um. Niemand war zu sehen. Aus dem Rucksack holte er eine Taschenlampe hervor, mit der er in das dunkle Loch hinein leuchtete. In knapp zwei Meter Tiefe war der Grund zu sehen. Feucht und modrig war es in dem geheimnisvollen Loch. Der Mann zwängte sich durch den schmalen Einstieg. Dann ging er zielstrebig den Gang Richtung Norden.

Vierzig Minuten später mühte sich der Mann wieder aus dem Einstiegsloch. Ein großer sperriger Gegenstand, vielleicht so etwas wie ein Koffer, wurde von ihm zuerst heraufbefördert. Dann spähte er in alle Richtungen. Niemand nahm Notiz von ihm. Sorgsam verschloss er wieder den Einstieg. Mit seiner Beute verschwand der Wanderer zwischen den Bäumen des Parks. Ein Käuzchen meldete sich lautstark. Abendlicht brachte die Dämmerung hervor. Bald umfing die laue Sommernacht alles im Park und schluckte jede Bewegung.

IV
Ein Artikel im »Oberhavel-Kurier«
vom Samstag, 11. November 2006

Finanzielle Probleme beim Aufbau des regionalen Kulturzentrums in Lankenhorst

Die Probleme beim Ausbau des regionalen Kulturzentrums in der Gemeinde Lankenhorst werden immer größer. Wie bereits mehrfach von uns berichtet, sind die inzwischen nicht unbeträchtlichen Finanzierungslücken, die von dem Stiftungsrat, der als Betreiber des eigennützigen Vereins »Kultur-Gut Lankenhorst e.V.« fungiert, und dem Gemeindeverband Liebenwalde, der ebenfalls als mitverantwortlich für den gegenwärtigen Zustand des Projekts zeichnet, auf eine Größe angewachsen, die ein Weiterführen bzw. ein Fortbestehen von Gut Lankenhorst in Frage stellen.
Bei einem Gespräch mit dem stellvertretenden Bürgermeister des Gemeindeverbands, Herrn Hans-Joachim Müngerstedt (parteilos/57 J.) wurde noch einmal das Thema Unterfinanzierung angesprochen. Müngerstedt verwies auf die Erfolge, die der Verein und die Gemeindemitglieder in fast zwölfjähriger Aufbauarbeit vorzuweisen hätten und das der gegenwärtige Engpass nichts am grundlegenden Wirken der diversen Projekte auf Gut Lankenhorst Einfluss habe.
In dem Zusammenhang wurde von Müngerstedt ausdrücklich abgelehnt, die zahlreichen unerklärlichen Todesfälle im Umfeld des Vereins im Kontext dieser Finanzprobleme zu sehen. Es handele sich dabei eher

wohl um eine tragische Verknüpfung von Schicksalsschlägen, die speziell die Familie des Vereinsvorsitzenden und Eigentümers des Gutes, Herrn Rochus v. Quappendorff, beträfen, aber in keinerlei Hinsicht etwas mit der prekären Situation der Finanzierung von Gut Lankenhorst zu tun habe.

V

Ebenfalls ein in der Wochenendbeilage des »Oberhavel-Kuriers« erschienener Artikel vom 11. November 2006

Neues bei der Suche nach dem »Henker von Lankenhorst«

Der Pressesprecher des LKA Potsdam verwies bei einer erneut angesetzten Pressekonferenz auf Fortschritte bei der Suche nach dem als »Henker von Lankenhorst« bekannt gewordenen Täter.
Wie bereits ausführlich berichtet, hatte sich am Sonntag, dem 29. Oktober auf Gut Lankenhorst (Gemeindeverband Liebenwalde) ein grauenvolles Kapitalverbrechen ereignet. Ein offensichtlich psychisch gestörter Mann hatte das alljährlich auf Gut Lankenhorst stattfindende »Herbstfest« genutzt, um sich unerkannt unter die Gäste zu mischen und einen der Besucher zu töten. Die spezielle Grausamkeit seiner Tat (dem Opfer wurde der Kopf abgetrennt) hat für landesweite Aufmerksamkeit gesorgt.
Inwieweit diese Tat im Zusammenhang mit weiteren unerklärlichen Todesfällen im Umfeld der Familie des Opfers zu tun hat, konnte vom Pressesprecher nicht bestätigt werden. Auch ein Zusammenhang zu dem vor zwei Wochen auf dem alten Friedhof der Gemeinde tot aufgefundenen Felix V. und dem vor einer Woche am Hellsee tot aufgefundenen Klaus B. wurde nicht ausgeschlossen.
Die Ermittlungen haben erste Ergebnisse erbracht. Konkrete Informationen jedoch konnten nicht genannt werden. Eine Sonderkommission des LKA mit Hochdruck arbeite im Moment an der Lösung des Falls. Der Pressesprecher verwies hierbei auf gegenwärtig noch laufende Verfahren.

VI
Gut Lankenhorst - Im Schloss
Montagabend, 13. November 2006

Rochus von Quappendorff saß noch lange grübelnd in seinem Sessel. Das Gespräch mit Clara-Louise hatte längst schon vergessene Ereignisse wieder aufleben lassen, die ihn jahrelang verfolgt und die er erfolgreich verdrängt hatte. Plötzlich war diese Zeit wieder so beklemmend nah, als ob alles erst gestern passiert wäre.

Diese unheimliche Atmosphäre der letzten Kriegstage, die Ungewissheit, was die nächste Zukunft wohl bringen würde und die Angst vor den neuen Machthabern, die ihm als die schlimmsten Barbaren geschildert worden waren. Rochus war in Gedanken wieder der kleine Junge, der damals staunend alles registrierte und versuchte, in seine kleine Welt einzuordnen.

Die ganze Brutalität der Nachkriegszeit mit dem Hunger und der Angst vor Plünderungen, der Tod von Vater und Onkel noch in den letzten Kriegstagen, die unsägliche Vergewaltigung von Henny und die toten Kraniche, alles war wieder da. Wie eine unsichtbare Last trug der alte Baron diese Bilder seiner Kindheit mit sich herum. Mit keinem Menschen konnte er sich darüber mehr austauschen. Sein Bruder war tot, auch Friedel war kein Gesprächspartner. Sie war damals zu jung, um die Ereignisse zu verstehen. Ihre Erinnerungen setzten erst lange nach der

Flucht ins Rheinland ein. Und jetzt lag sie mit Alzheimer in einer Seniorenresidenz.
Seine Cousine Henny war ein ganz trauriges Kapitel. Rochus hatte sie noch zweimal besucht. Es waren erschütternde Momente. Henny war nicht mehr wiederzuerkennen. Aus dem lebensfrohen, hübschen Backfisch war ein verhärmtes Mäuschen geworden. Sie lachte nicht mehr und blieb einsilbig. Ihre Mutter schüttelte nur den Kopf.
Ein Arzt hatte versucht, Henny in ein Sanatorium einzuweisen. Mit Händen und Füßen wehrte sie sich dagegen. Keiner schaffte es, die unsichtbare Mauer, die sie um sich errichtet hatte, zu durchbrechen. Auch er nicht. Nach dem zweiten Besuch fuhr er mit einem unguten Gefühl wieder zurück ins Rheinland. Vier Wochen später war sie tot.
Seufzend lehnte sich der alte Baron zurück. Angefangen hatte alles mit dem Fallenstellen bei den Kranichen. Als ob durch das mutwillige Töten der Glücksvögel auch das Glück aus dem Leben der Quappendorffs verschwand. Seine Großmutter Gösta hatte damals diese perfide Idee. Sie stammte aus dem Baltikum.
Dort wurden Kraniche als normale Jagdbeute angesehen und geschossen. Es gab unendlich viele dieser Großvögel in den dünnbesiedelten Weiten Livlands und Kurlands. Bis zu ihrem Tode sprach Oma Gösta von den damals bereits unabhängigen Staaten Litauen, Lettland und Estland nur von Livland und Kurland und Ingermanland, als ob das 19. Jahrhundert noch gegenwärtig sei. Rochus musste lächeln, wenn er an diese alte Grande Dame dachte. Sie hatte ihre Würde bis ins hohe Alter bewahrt und stets auf Etikette geachtet. Trotz aller Widrigkeiten schaffte sie es immer, entsprechende Reserven locker zu machen, um die Familie über die Runden zu bringen.
Die Vergangenheit hatte ihn eingeholt. Er war inzwischen der Letzte, der die dunklen Zeiten noch bewusst erlebt hatte. Irgendjemand hatte sich vorgenommen, die Familie büßen zu lassen. Wofür, war ihm jedoch nicht klar. Er hatte sich viel mit der Familiengeschichte beschäftigt. Vor allem aber mit den weit in der Zeit zurückliegenden Vorgängen.
Ihn faszinierte das Mittelalter und auch noch die glorreiche Preußenzeit, aber mit den dunklen Kapiteln des 20. Jahrhunderts hatte er sich nur marginal beschäftigt. Inwieweit seine Familie in die Vorgänge im Dritten Reich verstrickt war, wollte er eigentlich auch gar nicht so genau wissen.

Dennoch schien genau dieses Kapitel sich bis in die Gegenwart zu erstrecken. Die Schatten der Vätergeneration verdunkelten immer noch die Geschicke der lebenden Quappendorffs.
Die Kirchturmuhr im Dorf schlug sieben Mal. Der Baron erhob sich mühsam aus seinem Sessel. Es war Zeit für einen Abendspaziergang durch den Park. Er rief nach Brutus, der auch gleich schwanzwedelnd zur Stelle war. Der Hund kannte die Zeiten, wann er mit seinem Herrchen unterwegs sein durfte. Für ihn waren das immer die Höhepunkte des Tages.
Auch der Baron genoss diese Spaziergänge. Er mochte es, die vertrauten Wege im Park mit dem Hund entlangzulaufen, dabei das Rascheln der herabgefallenen Blätter zu hören und die klare, kühle Luft zu atmen. Beim Laufen konnte er am besten nachdenken.
Brutus trottete neben ihm her, schnüffelte geräuschvoll im Laub herum und gab wohlige Grunzlaute von sich. Plötzlich jedoch schlug seine Stimmung um. Mit einem tiefen Knurren nahm Brutus Witterung auf. Unweit des kleinen Pavillons wurde er fündig und schlug laut an. Etwas hatte er gefunden, was da nicht hingehörte. So schnell er konnte, eilte der alte Baron herbei.
Auf einer Länge von rund zwanzig Metern war ein Grabeneinbruch zu sehen, der gleich hinter dem kleinen Pavillon anfing und Richtung Nordwesten verlief. Quappendorff ahnte, was hier passiert war. Der alte Geheimgang hatte wahrscheinlich nicht mehr genügend Stabilität. Befürchtet hatte er es schon lange. Als er damals als kleiner Junge mit seinem Bruder in dem unterirdischen Labyrinth herumtollte, dessen Eingang sie durch Zufall im Eiskeller entdeckt hatten, konnte er die morschen Stützbalken sehen. Er hatte ein ungutes Gefühl und traute sich mit seinem Bruder nicht allzu weit hinein in die unterirdische Welt.
Nun war es also passiert. Der Baron rief Brutus zurück, aber der große Hund blieb vor dem Graben und ließ sich nicht beirren. Dabei knurrte er, als ob da unten noch etwas war. Irritiert von der Reaktion des klugen Tiers überlegte der alte Herr, ob da vielleicht noch mehr war als nur der Einsturz des Ganges. »Brutus, such!«
Der Hund hatte nur auf diesen Befehl gewartet und stürmte los. Er fing an zu wühlen und zu buddeln, zeigte einen bemerkenswerten Eifer. Wer weiß, was da verschüttet war?

Oder vielleicht war ja auch ein vorwitziger Besucher verschüttet worden? Hatten nicht Leuchtenbein und Praskowiak nach dem Geheimgang gesucht? Er wollte sich sowieso bei den Beiden erkundigen, wie weit ihre Erkundungen inzwischen gediehen waren. Schlimm, wenn die beiden da unten lägen.
Der alte Mann hastete zurück ins Schloss. Bereits auf der Treppe kamen ihm seine beiden Mitarbeiter entgegen.
»Hach, bin ich froh, euch so lebendig zu sehen.«
»Wieso? Wir sind doch immer recht lebendig ...«
»Bitte, kommt mit. Brutus buddelt wie wild hinterm Pavillon. Da ist ein Grabenbruch entstanden, wahrscheinlich ist der Geheimgang eingestürzt. Brutus wittert was. Vielleicht ist da jemand verschüttet.«
Gunhild reagierte hektisch. »Mein Jott! Wir müssen die Polizei holen, und nen Krankenwajen … vielleicht lebt er ja noch!«
Leuchtenbein war etwas verwirrt. Wer sollte da unten noch herumirren? Keinem hatten sie von ihren Forschungen berichtet, nur die Zwiebels wussten noch von dem Gang. Ob Meinrad Zwiebel auf eigene Faust ...?
Leuchtenbein gab Gunhild einen Stups.
»Ich schau mal nach den Zwiebels.«
Gunhild nickte und trabte mit dem schmächtigen Archivar zum Verwaltungsgebäude. Es brannte Licht. Das beruhigte die Beiden etwas. Beim Eintreten kam ihnen Mechthild entgegen.
»Na? Was habt ihr noch entdeckt?«
Die beiden schauten sie etwas verstört an.
»Wo habt ihr denn Meini gelassen? Ist der noch da unten?«
Leuchtenbein fasste sich ein Herz. »Du, Mechthild, wir glauben, dass Meinrad allein in den Gang ...«
Er konnte seinen Satz nicht beenden. Mechthild sah ihn mit weit aufgerissenen Augen an und fing an zu heulen.
Gunhild nahm sie in ihre Arme. »Nu wart ma ab. Vielleicht is ja jar nüscht passiert und er lebt noch ...«
Aber Mechthild schien vollkommen trostlos zu sein. »Und ich sach noch, er soll da nich runnta … Det is jefährlich. Aber der olle Zusselkopp muss ja imma ...« Wieder brach es erneut tränenreich aus ihr hervor.

Ein Geräusch überlagerte den Tränenausbruch Mechthilds. Es waren die Sirenen der herannahenden Feuerwehr. Der alte Baron hatte diese telefonisch gerufen.
Die beiden Einsatzwagen bogen gerade um die Ecke, als sich die drei Richtung Unglücksort aufmachten. Brutus sprang dort bereits aufgeregt herum und wühlte mit seinen Vorderpfoten im Dreck.
Die Feuerwehrleute kamen mit Spaten und Spitzhacken herangestürmt und begannen sofort an der Stelle, die Brutus bereits mit seinen Pfoten bearbeitet hatte, weiter zu graben. Zehn Minuten später zogen sie den verschütteten Meinrad Zwiebel hervor. Er war ohnmächtig, aber er lebte. Die drei Sanitäter des ebenfalls eingetroffenen Rettungswagens kümmerten sich um den Verletzten. Die Feuerwehrleute sicherten noch das eingestürzte Gelände und verstauten ihre Werkzeuge. Zwiebel wurde auf eine Trage gepackt und mit dem Rettungswagen ins nächste Krankenhaus nach Oranienburg gefahren.
Die ganze Aktion hatte nur dreißig Minuten gedauert. Zurück blieben die verstörten Bewohner des Gutes. Was wollte der Hausmeister allein da unten in dem Gang?
Er war doch sonst ein besonnener, eher ängstlicher Mann. Hatte ihn der Teufel geritten, als er beschloss, auf eigene Faust Nachforschungen anzustellen?
Ratlos standen alle um den Baron herum. Nur Brutus war froh, dass alles wieder ruhig war.

VII
Gut Lankenhorst – Im Schloss
Montagnacht, vom 13. zum 14. November 2006

Ruhe war wieder eingekehrt auf Gut Lankenhorst. Der alte Quappendorff hatte sich zurückgezogen auf sein Zimmer. Aus dem kleinen Eckschrank holte er eine Flasche Bowmore Single Malt hervor, goss sich ein Zylinderglas halbvoll mit dem dunkelbernsteinfarbenen Inhalt ein und schnupperte daran gedankenverloren.

Der fein rauchige Duft des hochprozentigen Getränks regte die Phantasie des Genießers an. Es war die Entsprechung zum Wetter und zur Jahreszeit. Wie wenn der Herbst destilliert worden wäre und sich in einen edlen Extrakt seiner selbst verwandelt hätte. Mit geschlossenen Augen flogen seine Gedanken weg von hier in die neblige Welt der schottischen Westküste mit ihren unzähligen Inseln und Inselchen. Die Luft erfüllt vom Gekreische der Sturmvögel und dem dunklen Geknarre der Basstölpel.

Der alte Baron war regelmäßig im Sommer nach Schottland gereist. Er liebte diese unwirkliche Abgeschiedenheit fernab der Zivilisation und verbrachte mit seiner Frau den Jahresurlaub mit ausgedehnten Wanderungen in den Hochmooren der Highlands oder mit Bootstouren auf den schottischen Seen. Seit dem Tod seiner Frau war er jedoch nie wieder dorthin zurückgekehrt. Nur ab und zu streifte er in Gedanken noch zurück in diese wundervolle Welt des Entrücktseins und der paradiesischen Stille.

Insgeheim hatte er gehofft, hier im Brandenburgischen eine ähnlich stille und entrückte Welt anzutreffen wie in Schottland. Als er das erste Mal hierher kam, es war im März, empfing ihn die Mark mit Nebel, feinem Nieselregen und einer unglaublichen Stille. Und als er dann noch das alte Gutshaus in dem verwilderten Park sah, war er innerlich schon von der Gegend eingenommen und konnte sich gut vorstellen, hier zu bleiben. Doch Brandenburg war kein Schottland und schon gar nicht eine paradiesische Idylle.

Eine schmerzliche Erkenntnis. Alles hatte in seinen Träumen so leicht und unbeschwert ausgesehen. Es erwies sich jedoch als ein zähes Ringen hart an den Grenzen der finanziellen und der physischen Kräfte.

Und nun kam noch der Psychoterror hinzu.

Zuviel!

Viel zu viel!

Rochus von Quappendorff war am Ende. Er konnte nicht mehr. Dieses Gefühl einer Ohnmacht hatte in den letzten Wochen mehr und mehr von ihm Besitz ergriffen und lähmte seine Gedanken, ließ keine Ideen mehr entstehen. Alles drehte sich nur noch um die schrecklichen Ereignisse, die wie Kanonenschläge das Umfeld des alten Mannes in ein Schlachtfeld verwandelten. Angst hatte sich in ihm festgesetzt, dass er es hierbei mit übernatürlichen Schicksalsfügungen zu tun habe. Schwer war für ihn noch nachzuvollziehen, was metaphysischem Ursprungs und was irdisch war. Das alte Gutshaus und der Park hatten nichts Schützendes mehr, wirkten bedrohlich und unheimlich.

Die Flucht des Barons in die Bücher seines geliebten Familienarchivs entlarvte lange gepflegte Trugbilder. Die alten Chroniken und Familiendokumente, die er inzwischen gesichtet hatte, waren mit den überlieferten Familiensagen leider nicht vereinbar.

Seine Vorfahren, auf die er so große Stücke hielt, erwiesen sich allesamt als banale Landjunker und subalterne Vasallen diverser Kleinfürsten. Verarmter Kleinadel in einer armseligen Gegend. Die Erzählungen seiner Mutter und seiner Tante aus seiner Kindheit waren allesamt nur Märchen, gutwillige Wortgespinste, die ihm eine intakte Welt vorgaukelten, in der er sich wohl aufgehoben und behütet finden sollte. Was für ein Irrtum!

Je mehr er sich der Gegenwart näherte, desto trivialer wurde die Historie. Da waren keine Helden zu entdecken. Alles war so mittelmäßig und erschreckend banal. Ob sein Urgroßvater, der das Gut in der damaligen

Gründerzeitkrise leichtfertig verspielt hatte, oder sein Großvater, der als Beamter nichts weiter als eine staatliche Pension sein eigen nennen konnte, er fand keinen Quappendorff, den es lohnte, hervorgehoben werden zu sollen.

Rochus war sich schmerzlich bewusst geworden, dass sein innigster Wunsch, als Herzstück des kleinen Museums im Schloss eine historisch korrekte Chronik derer von Quappendorff zu präsentieren, nicht so zu realisieren war, wie er es sich gedacht hatte. Als ausgesprochen problematisch erwies sich nicht nur das Tun und Wirken derer von Quappendorff in der alten Zeit, die niemanden mehr wirklich interessierte, sondern vor allem das Wirken der Vätergeneration, vor allem deren Engagement im Dritten Reich. Da gab es nur Mitläufer, beseelt vom Ungeist dieser Zeit. Fast alle anderen wichtigen märkischen Adelshäuser hatten standhafte und moralisch integre Männer und Frauen vorzuweisen, die im Widerstand aktiv waren oder durch sonstige mutige Eskapaden auffielen.

Die Quappendorffs erwiesen sich als vollkommen angepasste und systemkonforme Männer. Alles, was der Baron bisher über seinen Vater und seinen Onkel gelesen hatte, lief darauf hinaus.

Das einzige Familienmitglied, das Distanz zu den braunen Machthabern hielt, war sein Großmutter, Baronin Gösta auf Pohjola, keine echte Quappendorff, eine angeheiratete baltische Adlige, die immerhin den Baronentitel mit in die Familie gebracht hatte.

Nur dunkel konnte er sich noch an sie erinnern. Eine hochgewachsene Frau, die voller Verachtung für alles Triviale und Dumme war. Sie tadelte mehr, als sie lobte und sie hatte nichts übrig für die braunen Emporkömmlinge. In ihr war noch der archaische Geist des elitären Blaublüters erhalten geblieben, veredelt durch eine umfassende Bildung und Erziehung, die sie genossen hatte. Sie hielt Distanz auch zu ihren Enkelkindern. Ihr waren sie zu »Quappendorffisch« geraten, zu wenig »Baltenblut«. Was immer das auch bedeutete. Die Kinder hatten immer gebührlichen Respekt vor ihrer noblen Großmutter.

Gösta konnte schießen, fechten und reiten, sprach mehrere Sprachen, war eine bemerkenswerte Köchin und spielte Klavier. Alle Fähigkeiten, die ein Mensch von Adel haben sollte und die bei den Quappendorffs leider nicht sehr ausgeprägt waren. Anfang der fünfziger Jahre war sie

plötzlich gestorben. Die Mutter und die Tante machten ein Geheimnis aus dem Ableben der Großmutter. Aber es sprach sich doch herum, dass sie ihrem Leben selbst ein Ende gesetzt hatte.
Komisch, dass Rochus gerade jetzt an sie denken musste. Großmutter hatte die Familie stets geführt und beschützt, speziell als die Männer nicht mehr wieder aus dem Krieg zurück kamen, hatte sie die Verantwortung übernommen.
Mit harter und rigider Hand organisierte sie damals den Alltag. Weder seine Mutter noch seine Tante Amalie waren in der Lage, etwas zu tun. Sie waren paralysiert. Nicht nur, dass sie ihre Männer noch in den letzten Kriegstagen verloren hatten, auch alles, was ihre Alltagswelt ausgemacht hatte, war ausgelöscht. Fremde Menschen kreuzten auf, behandelten sie ungebührlich und vertrieben sie von ihrem angestammten Wohnsitz.
Armut, nackte Existenzangst und Zukunftsungewissheit hatten sich wie Fesseln um sie gelegt. Rochus erinnerte sich an die angstvollen Gesichter der beiden Frauen, für die nichts mehr von den einst so fröhlichen und ausgelassenen Tagen übrig geblieben war.
Als er an seine Großmutter dachte, fielen ihm auch die Kranichjagden wieder ein.
Es war Herbst, die Luft war erfüllt vom Trompeten der Kraniche und Großmutter Gösta zeigte hinauf zu ihnen. Da oben fliegt unser nächster Sonntagsbraten, hatte sie den staunenden Enkelkindern verkündet.
Dann war sie verschwunden, kam aber nach ein paar Stunden zurück mit einem großen Sack voll toter Kraniche. Henny, seine Cousine, schrie auf. Sie war entsetzt über die Bluttat und rannte aus dem Haus. Großmutter Gösta schüttelte nur mit dem Kopf. Dummes Ding, wir haben immer schon Kranichfallen gelegt in der alten Heimat, in Livland. Das war nichts Schlimmes, erzählte sie den Jungs. Ob er denn Angst vor so ein bisschen Federvieh habe, Kraniche seien auch nichts anderes als Enten oder Hühner, und die würde man ja auch aufessen.
Rochus erinnerte sich an die Berge toter Kraniche, die damals in der Küche lagen und darauf warteten, von den Frauen gerupft und auf dem Schwarzmarkt getauscht zu werden.
Diese Bilder von damals waren plötzlich wieder präsent seit er die toten Kraniche im Park entdeckt hatte.

Seufzend lehnte sich Rochus in seinem Sessel zurück. Er nippte an seinem Bowmore, spürte den samtig weichen Geschmack des edlen Tropfens auf seiner Zunge und wandte sich der Mappe zu, die Leuchtenbein ihm heute gegeben hatte.

Leuchtenbein war ein ausgesprochen akribischer Mensch. Er arbeitete sich systematisch durch den Wust der als »Familienbibliothek« bezeichneten Sammlung von Dokumenten, Büchern und Briefen, die der alte Quappendorff aus dem alten Archiv auf dem Dachboden des Gutes geborgen hatte.

Nach dem Abzug der einquartierten russischen Soldaten waren alle noch verbliebenen Bücher und Papiere von Großmutter Gösta in große Kisten gepackt und auf den alten Dachboden getragen worden. Die anderen Familienmitglieder schauten ihr bei ihrem Tun ratlos zu. Das ginge niemandem etwas an, was da in den Papieren stehe, und ganz gewiss nicht die neuen Machthaber, die in ihren Augen ebenso trivial und borniert waren wie ihre Vorgänger. Basta.

Rochus erinnerte sich noch gut an diesen Tag im Sommer 1946. Als er fast ein halbes Jahrhundert später auf das Gut zurückkehrte, inspizierte er den Dachboden und fand im hintersten Winkel die gut verschlossenen Kartons und Kisten von damals. Verstaubt und voller Spinnweben, aber trocken und wohlbehalten, standen die Kisten dort und warteten auf ihre Wiederentdeckung. Begeistert strich er den Staub ab und hatte dann auch gleich die Idee, dass dieser historisch wertvolle Schatz die Grundlage des kleinen Schlossmuseums werden sollte. Ein entsprechend spezialisierter Archivar sollte die Schätze mit ihm gemeinsam heben und aufarbeiten. Leuchtenbein war genau dieser Mensch mit den dafür benötigten Fähigkeiten. Er sichtete mit ihm zusammen die Kisten, sortierte grob vor und begann, sich detailliert mit dem Inhalt der Chroniken, Briefe und sonstigen Dokumente zu beschäftigen.

Besonderes Augenmerk lag auf den Aufzeichnungen des Chronisten Dubslav von Kruge, der einen Stammbaum der Quappendorffs erstellt und auch wichtige Ereignisse in einem kaum verständlichen und meist auch nur schwer lesbaren Latein niedergeschrieben hatte. Drei Folianten, eng beschrieben und mit zahlreichen Randnotizen versehen, hinterließ Dubslav. Leuchtenbein hatte sich daran gemacht, diese Texte zu übersetzen und in ein verständliches Deutsch zu verfassen.

Speziell was Dubslav über das Auftreten der »Weißen Frau« zu berichten hatte, erregte das Interesse des Barons. Regula war demnach gar nicht das Vorbild für diese Spukgestalt. Was hatte es also wirklich mit der »Weißen Frau« auf sich?
Beim Blättern in der Mappe nickte der Baron ein. Die Ereignisse des Abends waren anstrengend gewesen und eine angenehme Müdigkeit, durch den Whisky noch befördert, hatte sich seiner bemächtigt.
Er bemerkte auch nicht mehr, wie sich langsam die Tür öffnete und ein dunkler Schatten ins Zimmer trat. Nur Brutus schaute kurz auf und blinzelte verdutzt den Schatten an.

VIII
Oranienburg – Kreiskrankenhaus
Montagnacht, vom 13. zum 14. November 2006

Mechthild war mit ins Krankenhaus gefahren. Sie wollte an der Seite ihres Mannes bleiben. Erste Untersuchungen hatten ergeben, dass er stark unterkühlt war und bis auf drei Rippenbrüche und eine mittelschwere Gehirnerschütterung keine weiteren Verletzungen zu haben schien. Zwiebel kam auch bald wieder zu Bewusstsein, blieb aber merkwürdig still. Ein dankbares Lächeln war das einzige brauchbare Lebenszeichen, das er von sich gab.
Noch im Krankenwagen hatten die Rettungssanitäter begonnen, ihn zu untersuchen und erste Maßnahmen zu seiner Kreislaufstabilisierung einzuleiten.
Jetzt lag Meinrad Zwiebel in einem Bett auf der Notfallstation, angeschlossen an diverse Schläuche und Kabel, die ihn überwachten und mit allem versorgten, was ihn zurück ins Leben bringen sollte.
»Mensch Radi, du machst ja Sachen …«, Mechthild beugte sich über das etwas zerknautschte Gesicht ihres Mannes, der sie mit müden Augen ansah.
»Mechthild, kannste mia nen Schluck Wassa …«
Der Satz kam mühsam über die ausgetrockneten Lippen Meinrads und war kaum zu hören. Nur ein Hauch. Doch Mechthild hatte verstanden. Sie holte ein Glas Wasser und half ihm, einige Schlucke zu trinken.

Dankbar schaute er sie an. Inmitten der vielen Schläuche und Apparate wirkte er hilflos und vollkommen verstört. Um den Kopf war eine große weiße Bandage gewickelt, die seine sonst so störrisch nach allen Seiten abstehenden Haare verbarg. Meinrad Zwiebel erinnerte gerade an eine Muppetfigur, ungewohnt komisch.
Wieder setzte er mühsam an zu berichten.
»Mechthild, da unten ... Da is was. Ick war noch ma draußen. Da hab ick et jesehn. Wie nich von hia ..., also, mehr wat Jespenstisches ...«
Ermattet machte er Pause. Mechthild streichelte ihm über den bandagierten Kopf. »Radi, du hast ne Jehirnerschütterung. Da haste komische Träume, det is normal. Komm ma erst wieder richtich uff die Beene, da wirste och wieda klar im Kopp.«
Er versuchte, energisch den Kopf zu schütteln. Keine gute Idee bei einer Gehirnerschütterung wie sein schmerzverzerrtes Gesicht zeigte.
»Ick bin janz klar im Koppe ... Ick spinn doch nich! Ick habse jesehn ... Die is da runna jestiejen in den ollen Jang. Ick hinta her. Gloob doch nich an Jeista un so'n Jedöns, bin doch nich meschugge. Berti un Gundi, die spinnen ja doch imma ma n'bisken, aba ick doch nich! Hatte doch keene Angst, nee, nee! Ick nich, nich n'bisken. Von wechen »Weeße Frau« un so ...Also ick da ooch runna. Un dann hinna her. Die Jestalt is da unnen wech jewesen, wie vom Erdboden vaschluckt. Ja, un da wollt ick wissen, wo se hin is ...un bin den Jang lang jeloofen. Un dann ..., dann hats jerummst. Un ick merk nur noch, wie allet einstürzt. Un dann war Ruh, un mia war so komisch mulmich um Koppe ...da war ick wohl schon vaschüttet.«
Mechthild sah ihren Mann verwundert an. Was er da so stockend erzählte, klang nicht nach Halluzinationen. Vielleicht war da ja doch mehr als nur eine Spinnerei. Sie wollte auf alle Fälle mit Berti und Gundi sprechen. Die waren ja auch da unten zugange gewesen. Vielleicht wussten die ja damit etwas anzufangen.

IX
Gut Lankenhorst - Wieder im Schloss
Dienstag, 14. November 2006

Es war ein trister Vormittag gewesen. Grau war der Morgen, grau blieb der Tag. Im Park brachten nur die letzten, herabfallenden Blätter noch etwas Farbe. Rolf Bertram Leuchtenbein und Gunhild Praskowiak saßen in der großen Küche und schauten gedankenverloren hinaus in die dunkle Parklandschaft.
Beiden war anzusehen, dass sie sich unwohl fühlten. So viel war passiert in den letzten Tagen. Eigentlich wollte jeder von ihnen im Moment nur noch weg von hier. Aber das wagten sie nicht auszusprechen. Sie waren viel zu pflichtbewusst und loyal ihrem Arbeitgeber gegenüber. Ihn in solch schwerer Not schnöde sitzen zu lassen, kam nicht in Frage.
Gunhild hatte Kaffee gekocht und hatte zwei große Zylinderpötte vollgegossen, an denen jeder von ihnen nun ab und an nippte. Heißer Kaffee konnte bei Ratlosigkeit auf keinen Fall schaden. »Was machen wir nu?«
Leuchtenbein zuckte ratlos mit den Schultern. »Weiß nicht.«
»Wir können olle Quappi nich hängen lassen. Und es wird ja imma schlimma. Mein Jott, Meinrad hätte sterben können. Die arme Mechthild is janz fertich.«
»Wir müssen alles, was wir wissen, der Polizei sagen. Das ist alles uns etwas über den Kopf gewachsen. Wir haben es hier mit was zu tun, was wir nicht bändigen können. Es ist böse und schlau. Und es ist noch da. Wer oder was das auch ist, es hat noch nicht aufgehört.«

»Meinste die Polizei kriegt das hin? Wenn wir denen von ollen Jesper sta un so'n mystischen Quatsch erzähln, die denken doch, wir sind vollkommen plemplem.«
»Der Potsdamer mit dem schwarzen Hut …«
»Du meinst den Rübezahl, wart ma, ick gloob, ick hab seine Karte noch in mein …«
Umständlich fing sie an in ihrem Täschchen herumzuwühlen. Leise fluchend kramte sie darin herum, kippte schließlich kurzerhand den Inhalt auf den Küchentisch. Zwischen Lippenstiften, Papiertaschentüchern, Deostiften, Haarbürste, Zitronenbonbons und diversen anderen Utensilien, die unabdingbar für das Dasein einer Frau um die Fünfzig waren, entdeckte sie auch die kleine Visitenkarte des von ihr als »Rübezahl« titulierten Polizisten.
»Theo Linthdorf, Hauptkommissar beim LKA Potsdam, das is er! Ha, wat meinste, Bertichen, woll'n wa den anrufen? Ick gloob, der nimmt uns die Jeschichte mit die »Weiße Frau« ab, der is nich so'n Heini wie die anneren Stiesels.«
Leuchtenbein nickte zustimmend und Gunhild zupfte ihr Handy aus dem Berg Krimskrams hervor, wählte umständlich die Nummer und atmete tief durch.
Während die beiden Hobbydetektive in der Küche saßen, war Mechthild Zwiebel aus dem Krankenhaus in Oranienburg zurückgekommen. Etwas übernächtigt sah sie aus, aber auch erleichtert, dass es ihrem Mann besser ging und er nichts mehr zu befürchten habe. Sie steuerte das Gutshaus an, sah den Lichtschein in der Küche und gesellte sich zu ihren beiden Kollegen. Gerade als Gunhild ihr Handy gefunden hatte, kam Mechthild zur Tür herein.
»Mechthild! Mein Jott! Wie jehts olle Zwiebeln?«
Gunhild begrüßte ihre Freundin überschwänglich mit einer Umarmung. Die kleine Mechthild verschwand fast vollständig in den üppigen Rundungen Gunhilds, bekam dann aber von Leuchtenbein auch einen Pott Kaffee zugeschoben. »Na, nu azäähl doch ma! Mein Jott, spann uns doch nich so uff die Folta! Wat is mit Zwiebeln?«, Gunhild drängelte.
Endlich hatte Mechthild wieder etwas Luft bekommen und sich auf den freien Stuhl gesetzt.

»Ja, ick soll euch schön jrüßen … also von Radi. Ihm jehts schon wieda, den Umständen entsprechend. Hat ne Jehirnaschütterung …, so ne richtich schlimme, den janzen Kopp hamse ihn umwickelt mit na Binde. Sieht aus wie'n Osterei. Un drei Rippen hatta sich jebrochen, ab ansonsten hatta noch ma richtich Glück jehabt. Mausetot hätta sein können, mausrappeltot!«
Die beiden lauschten Mechthilds Monolog und nickten. Der gestrige Unfall im Geheimgang hatte sich ihnen tief in ihre Seelen gebohrt und sie zutiefst verunsichert.
»Un dann hatta noch aazäählt wat vonne Jespenst, watta hat jesehn wollen. Deshalb is er ja ooch in den Jang jekrochen, weil er hinnerher wollte. Er gloobt nich an Jespensta nich. Sachte er mia jedenfalls. Un ick gloob ihm das ooch. Radi is nich so fürs Mystische, wisst ihr ja doch.«
»Was hat er gesehen?«, Leuchtenbein war auf einmal wie elektrisiert. Auch Gunhild horchte auf. Ihr fiel ihre unheimliche Begegnung in der Nacht auf dem Fahrrad ein.
»Na, so'n Jespenst eben, wat weeß ick denn, er hat wat vonne »Weiße Frau« aazäählt …«
»Gespenster gibt's nicht. Auch nicht hier.«, Leuchtenbein unterbrach Mechthild.
»Wir sind uns einig. Gespenster gibt's nicht! Also, wenn das dann kein Gespenst war, dann war das jemand Lebendiges. Jemand, der sich hier bestens auskennt und der keine Angst zu haben scheint. Wenn wir uns mal ausklammern von der Liste der Verdächtigen, dann bleiben da nur sehr wenige übrig, auf die so etwas zutrifft.«
»Du meinst doch nicht …«, Gunhild schaute ihren Tischnachbarn mit geweiteten Augen an.
»Doch …, genau die meine ich. Denk mal an unsere unheimliche Begegnung von unserer ersten Nachtwache im Park. Ich denke, wir sollten …«
»Nee, nee! Keine neue Detektivspielerkens mehr. Wenn da was dran is, dann is die jemeinjefährlich un macht uns fertich, so wie den ollen Lutger und den armen Felix. Ick mach da nich mit, ick hab Angst. Jetzt ruf ick würklich den Rübezahl an.«
Mechthild und Leuchtenbein nickten, während Gunhild nervös die Nummer Linthdorfs eintippte.

»Ja, hallo, bin ick da richtich bei die Pulisei? Herr Linthdorf? Ick bins, Gunhild Praskowiak von Lankenhorst, Sie erinnern sich? Die Frau im Park mit det Hämeken an die Seite,…, ja, jenau, diese …, also, Herr Linthdorf, Sie müssen janz dringend kommen.«
Gunhild berichtete dem Kommissar in ihrer etwas umständlichen Art, was gestern vorgefallen war und welchen Verdacht sie hatten.
Linthdorf lauschte der aufgeregten Frau, notierte sich ein paar Worte und antwortete kurz und knapp: »Ich komme.«

Etwas Licht ins Dunkel

Alle Menschen sind Egoisten, Prinzessinnen auch, und sind sie fromm, so haben sie noch einen ganz besonderen Jargon. Es mag so bleiben, es war immer so. Wenn sie nur ein bisschen mehr Vertrauen zu dem gesunden Menschenverstand andrer hätten.
Das »Ich« ist nichts – damit muss man sich durchdringen. Ein ewig Gesetzliches vollzieht sich, weiter nichts, und dieser Vollzug, auch wenn er »Tod« heißt, darf uns nicht schrecken. In das Gesetzliche sich ruhig schicken, das macht den sittlichen Menschen und hebt ihn.
Das Leben ist kurz, aber die Stunde ist lang.

Der alte Dubslav von Stechlin am Ende seiner Tage
(aus »Der Stechlin« von Theodor Fontane)

Das ist schrecklich, wirklich schrecklich.
Wir leben in einer schrecklichen Welt.

Ein Unbekannter im Dialog mit dem alten Hugo Saloschnik bei einem Treffen der Marineveteranen
(aus »Tatort«, einem Fernsehkrimi der ARD)

I
Eine Kurzmeldung im »Oranienburger Generalanzeiger«
Rubrik: Regionales, vom Montag, 13. November 2006

Erneuter Unfall auf Gut Lankenhorst

Am Sonntagabend ereignete sich erneut ein Unfall auf dem bereits mehrfach in den Schlagzeilen befindlichen Gut Lankenhorst (Gemeinde Liebenwalde). Ein wahrscheinlich durch die ausgiebigen Niederschläge der letzten Tage unterspülter Gang, der sich quer durch den Park des Gutes zieht, ist auf einer Länge von

vierzig Metern eingestürzt. Bei dem Einsturz ist der auf dem Gut als Gärtner und Hausmeister angestellte Meinrad Z. verschüttet worden. Dank der schnellen Hilfe seitens der Freiwilligen Feuerwehr von Lankenhorst konnte Meinrad Z. innerhalb kürzester Zeit befreit werden. Er befindet sich inzwischen auf dem Wege der Besserung.
Inwieweit der Unfall mit den anderen ominösen Vorgängen auf Gut Lankenhorst zu tun habe, konnte uns der Leitende Ermittler der ebenfalls vor Ort ermittelnden Polizeibehörden nicht bestätigen.

II
Potsdam
Montag, 13. November 2006

Draußen regnete es. Der Tag hatte all das, was man sich üblicherweise unter einem Novembertag so vorstellte. Linthdorf blickte aus seinem Fenster auf die Dächer der Stadt. Sie glänzten im feuchtkalten Nieselregen, verliehen dem Ausblick etwas von einem Gemälde. Der Horizont war verschwunden, hinter den Dächern war nur noch ein graues Nichts. Nieselregen schluckte den Rest der Welt. Inmitten des grauen Nichts konnte er einen fahlen Fleck erkennen, eher erahnen. Dort, hinter der dichten Wolkendecke, musste sich die Sonne verbergen. Etwas Licht in der tristen Düsternis des Novembertags.
Eine eigenartige Melodie erklang aus Linthdorfs Jackentasche. Er musste lächeln. »Berliner Luft« aus Linckes »Frau Luna« ertönte. Seine Söhne

hatten beim Programmieren der Klingeltöne sichtlich Spaß gehabt und alles, was er so mochte, in Klingeltöne verwandelt.
Aus dem Handy war die aufgeregte Stimme einer Frau zu hören. Er musste kurz überlegen, zu welcher Person diese Stimme wohl passte. Dann sah er sie vor sich. Groß, blond, üppig. Die Frau aus dem Park in Lankenhorst. Neben ihr der schüchterne Mann mit der John-Lennon-Brille. Bei ihrer ersten Begegnung waren die beiden nicht sehr kooperativ gewesen.
Doch jetzt schien sich ihr Mitteilungsbedürfnis gründlich gewandelt zu haben. Er spürte die Angst, die in jedem Satz mitschwang und die Erregung, dass noch mehr passieren könne, wenn er nicht umgehend zu ihnen käme. Etwas schien passiert zu sein, was das fragile Gleichgewicht der agierenden Kräfte zum Einstürzen gebracht hatte. Das Böse schien Gut Lankenhorst fest im Griff zu haben.
Linthdorf sagte sein Kommen zu. Er schaute auf die Uhr. Es war kurz nach Zwölf. Sollte er noch schnell einen Happen in der Kantine …?
Eigentlich hatte er ja Hunger. Kurzerhand verwarf er die Idee. Der Anruf hatte eine Dringlichkeit, die ihn beunruhigte.
Fünf Minuten später saß er bereits in seiner Silberkarosse und fuhr Richtung Norden.
Auf der Fahrt nach Lankenhorst gingen ihm noch einmal alle wichtigen Fakten durch den Kopf. Da waren die vielen Toten, die allesamt etwas mit der Familie Quappendorff zu tun hatten. Allerdings konnte man keine eindeutig zuzuordnende Täterhandschrift erkennen.
Der raffiniert als Unfall getarnte Mord an Irmingard, der brutal zelebrierte Mord an Lutger, der zweifelhafte Tod des Einsiedlers auf dem alten Friedhof und der rätselhafte Tod des Steuerberaters Klaus Brackwald im Hellsee. Jetzt war noch ein Unfall hinzugekommen, zum Glück ohne einen weiteren Toten. Und dann waren da noch die eigenartigen Begleitumstände.
Die Kranichmassaker, das Auftauchen der »Weißen Frau«, die undurchsichtigen Finanztransaktionen, die im Umfeld des Gutes liefen und die Schüsse am Bogensee, die einen sichtlich nervös gewordenen, unbekannten Täter vermuten ließen.
Linthdorf fuhr auf der Autobahn durch Sprühregenschleier. Der Verkehr war dicht, monströse Trucks zogen meterlange Wasserfontänen hinter

sich her und rasende Kleintransporter versuchten sich als Slalomspezialisten. Linthdorf fluchte. Solche Fahrkünste inmitten dichten Regens zu zelebrieren, grenzte schon an Selbstmordgelüste der Fahrer. Entnervt ordnete sich Linthdorf hinter einem kleinen Twingo ein, der mit Tempo 110 vor ihm her tuckerte. Lieber sicher ankommen als gar nicht.
Er hatte es satt, dauernd am Rande des Adrenalinkollapses zu fahren und lehnte sich zurück, wühlte eine CD aus seinem Handschuhfach und schob sie ein. Ein Saxophonsolo erklang, Linthdorfs Stimmung wechselte schlagartig.
Es waren die ersten Klänge von »As time goes by«, interpretiert von Manne Krug und Charly Brauer. Entspannung pur. Jetzt hatte er auch wieder den Kopf etwas freier.
Bei »Stormy weather« hatten sich die Gedanken in seinem Kopf soweit neu formiert, dass er anfing, die Geschehnisse auf Gut Lankenhorst systematisch unter neuen Blickwinkeln zu betrachten. Wenn hinter dem Ganzen ein perfides Hirn stecken sollte, dass alles, was passiert war, geplant hatte, dann musste es sich um jemanden handeln, der mit dem Gut und seinen Bewohnern vertraut war. Damit schieden alle Finanzhaie und Kreditbetrüger aus, denn die waren zu weit weg vom Ort des Verbrechens, oder, sie gehörten mit zu dem Plan, waren Teil davon, ohne es zu wissen.
Krugs unverkennbare Stimme intonierte gerade »Kann denn Liebe Sünde sein?« als Linthdorf darüber nachdachte, wer bisher von den Ereignissen profitiert hatte und wer nicht.
Nun, der alte Baron, der im Mittelpunkt des Ganzen stand, war eher der Hauptleidtragende, er schien das Ziel des perfiden Plans zu sein. Ihm galten die Anschläge direkt, er war emotional eindeutig auch am meisten betroffen von den Morden.
Aber warum ließen der oder die Täter ihn am Leben? Wollte man etwas von ihm, etwas, was nur der lebende Baron wusste und ein Geheimnis war? Weshalb man ihn weichkochen musste oder, besser noch, psychisch so unter Druck setzen wollte, dass er alles verriet, was er wusste?
Mit den melancholischen Klängen von »Donna Maria« spann Linthdorf den Faden weiter. Gab es auf Gut Lankenhorst etwas, was die Gier eines Perversen anstachelte? Oder war Gut Lankenhorst der Schlüssel für etwas noch viel Größeres?

Das Projekt »Kranichland« fiel ihm ein. Lankenhorst lag im schraffierten Bereich. Ebenso wie Bogensee. Hatte Lankenhorst etwas mit Bogensee zu tun?
Gab es da vielleicht geheime Verbindungen?
Was wird wohl aus Lankenhorst, wenn »Kranichland« realisiert werden sollte?
Was passiert mit Bogensee?
Werden das alte Gut und die Geistersiedlung Bestandteil der schönen neuen Glitzerwelt von »Kranichland«?
Haben die toten Kraniche vielleicht damit zu tun?
Wollte da jemand auf etwas aufmerksam machen, was still und heimlich im Verborgenen schon angefangen hatte?
Wenn ja, wer?
War das alles vielleicht nur ein Protest durchgeknallter Ökoterroristen?
Linthdorf hatte von solchen radikalisierten Spinnern schon gehört. Selbsternannte Weltenretter und Idealisten, die wie Guerillakämpfer agierten und sich organisierten wie alte Geheimgesellschaften im Stile der Mafia.
»Bye, bye Blackbird« erklang, der letzte Titel der CD. Linthdorf sah im Wasserdunst die Ausfahrt Richtung Lankenhorst. Er war gleich da. Er bog auf die kleine, einspurige Landstraße, die durch den Ladeburger Forst zum Gut führte.

III
Gut Lankenhorst – Im Schloss
Montag, 13. November 2006

Leuchtenbein hatte den silbernen Geländewagen die Eichenallee heranfahren gesehen. Er tippte seine Tischnachbarin an. »Er kommt.«
Gunhild sprang auf, begann im großen Küchenschrank herumzustöbern, förderte eine saubere Tasse zutage und suchte auch kleine Teller. »Mechthild, hast du noch was von dem Kuchen vorn bei Dir?«
Die Angesprochene nickte. »Ick hol gleich wat ran. Haste noch jenuch Sahne?«
»Is da. Zucka ooch.«

Mechthild verschwand und im selben Moment stand der Kommissar schon in der Tür. »Ich dachte mir, hier brennt Licht. Da werd' ich wohl jemanden antreffen.«
»Ja, willkommen bei uns … Setzen Sie sich doch. Etwas Kaffee? Kuchen kommt auch gleich …«, Gunhild war in ihrem Element. Sie umschwirrte den von ihr als »Rübezahl« titulierten Mann, half ihm aus dem Mantel und nahm ihm auch seinen Hut ab, den er etwas verlegen in der Hand gehalten hatte.
Leuchtenbein hüstelte hörbar und begann sofort, ausführlich über die gestrigen Ereignisse zu berichten. Er erzählte ebenfalls von den eigenständigen Nachforschungen, die er zusammen mit Gunhild im Park begonnen hatte, von der Entdeckung des Geheimgangs, dem ominösen Auftauchen der »Weißen Frau«, dem nächtlichen Treffen zwischen dem Einsiedler und der Tochter des Barons, der grünen Mappe, die Gunhild im alten Chausseehaus gefunden hatte und von den eigenartigen Reaktionen des alten Barons.
Linthdorf lauschte intensiv, unterbrach nicht und machte sich ab und an ein paar Notizen. Mechthild war inzwischen wieder zurück und stellte einen großen Kuchenteller aus ihrer Frischhaltebox auf den Tisch.
Als Leuchtenbein geendet hatte, wandte sich Linthdorf Mechthild zu, befragte sie noch einmal eingehend über den gestrigen Unfall und was ihren Mann dazu bewogen hatte, allein in den Geheimgang zu gehen.
Letztendlich setzte Gunhild noch einmal an und berichtete dem immer nachdenklicher werdenden Ermittler über ihren Verdacht. Dann wurde es still.
Alle schwiegen und schauten erwartungsvoll auf den Polizisten, der ebenfalls stumm dasaß und nur ab und zu einen kleinen Schluck Kaffee trank.
Endlich räusperte er sich. »Tja, das wird ja immer verworrener. Aber wir werden da schon Licht ins Dunkel bringen. Ich würde gern für ein, zwei Tage hierbleiben. Könnte ich ein Zimmer …?«
Gunhild nickte. »Der Herr Baron hat da bestimmt nichts gegen. Ich werde ihn gleich mal informieren.«
Linthdorf hielt sie zurück. »Ich möchte nicht, dass jemand von den Quappendorffs erfährt, dass ich hier bin.«

Die beiden Frauen schauten sich an. Mechthild nickte kurz. »Sie schlafen vorn bei uns im Torhaus. Da hab ick ne kleene Jästestube unterm Dach. Außadem fürchte ick mir dann nich so, jetze wo Radi nich da is …«
Linthdorf war es Recht. Er brauchte nicht viel. Für solche Fälle hatte er stets in seinem Wagen eine Tasche mit dem Notwendigsten. Er informierte kurz Nägelein über seinen Verbleib, telefonierte auch noch mal mit Colli und Mohr, rief Krespel an, der sich um seine Katze kümmern sollte, solange er weg war, und ging mit Mechthild Richtung Torhaus.
Draußen war es schon dunkel geworden. Linthdorf steuerte seinen Wagen aus dem Park Richtung Dorf, fand auch eine kleine geschützte Lichtung schräg hinter der alten Kapelle, die ja nur knapp dreihundert Meter vom Gut entfernt war. Dann trabte er noch einmal übers Parkgelände, begutachtete im Schein der Laternen die Unfallstelle am kleinen Pavillon und fand nach einigem Suchen den von Gunhild und Leuchtenbein entdeckten Eingang zum unterirdischen Geheimgang.
Er schaute auf seine Uhr, es war kurz vor Sieben. Mechthild hatte ihn bereits zum Abendessen eingeladen. Auch Gunhild und Leuchtenbein wollten kommen. Er ließ noch einmal den Blick übers Parkgelände schweifen. Seltsam, im Schloss war alles zappenduster. Als ob der ganze Bau schlief. Weder die Zimmer des alten Barons, noch die Nachbarzimmer waren beleuchtet. Dabei war sich Linthdorf sicher, bei seiner Ankunft im rechten Seitenflügel mehrere beleuchtete Fenster gesehen zu haben.
Dafür brannte in den drei Fenstern des Torhauses Licht. Es war ein angenehm gelbes, warmes Licht, einladend und anheimelnd. Schatten huschten geschäftig hinter den Fenstern hin und her. Beim Näherkommen sah er in jedem Fenster drei bis vier Blumentöpfe mit prachtvollen Orchideen.
Er war erstaunt. Im November noch solch eine Blütenpracht. Neidisch musste er an seine kläglichen Versuche mit der Orchideenzucht denken. Bisher hatte er es leider nicht geschafft, die Pflanzen nach dem Abblühen dazu zu bewegen, erneut Knospen zu bilden. Aber dann fiel ihm wieder ein, dass Meinrad Zwiebel ja auch als Gärtner hier arbeitete. Da hatte er bestimmt auch mehr Wissen über die Geheimnisse dieser Urwaldexoten.
Drinnen wurde er schon erwartet. Mechthild hatte Räucherfisch aufgetischt, dazu frisches Brot und Senfgurken. Linthdorf griff beherzt zu.

IV

Gut Lankenhorst – Im Park

Montagnacht, 13. zum 14. November 2006

Der Ruf des Käuzchens weckte Linthdorf aus seinem Dämmerschlaf. Das durchdringende »Kiwitt, kiwitt« war für den Stadtmenschen ein ungewohntes Geräusch.

Er schlich sich vorsichtig die schmale Treppe hinab, schnappte sich seinen Mantel und den schwarzen Borsalino und trat hinaus in die dunkle Novembernacht.

Feuchtkühle Nachtluft umfing ihn. Es roch nach kaltem Rauch und moderndem Laub. Die Parklaternen schickten ein trübgelbes Licht in die Nacht. Langsam gewöhnten sich die Augen des Kommissars an das Dämmerlicht im Park. Er konnte die Konturen der großen Eichen erkennen, ebenso im hinteren Teil des Parks die kleine Lichtung mit dem Pavillon und dem Teich.

Linthdorf fröstelte, knöpfte den obersten Knopf seines schwarzen Ulsters zu und lief dann zielstrebig Richtung Pavillon. Den Berichten der beiden Hobbydetektive nach war dort die Quelle für den Spuk im Park zu suchen.

Alle Sichtungen der »Weißen Frau« hatten sich hier im hinteren Teil des Parks zwischen dem Pavillon und dem verfallenen Eiskeller ereignet. Linthdorf war sich sicher, dass sich hinter dem Spuk ein ausgesprochen lebendiges Wesen verbarg. Der Legende nach konnten nur die Quappendorffs die »Weiße Frau« sehen, aber auch Gunhild Praskowiak und Meinrad Zwiebel hatten sie erblickt. Also handelte es sich um etwas Irdi-

sches, rational Erklärbares. Der Kommissar wollte dem Spuk ein Ende setzen und die »Weiße Frau« in Aktion stellen.
Er postierte sich im Schatten der großen Eibe, von wo aus er das gesamte Gelände gut im Blick hatte. Ein Blick auf seine Uhr. Es war kurz nach Mitternacht. Die Kirchturmglocken im Dorf waren gerade verklungen. Etwas bewegte sich über die kleine Lichtung. Linthdorfs Muskeln spannten sich. Für eine »Weiße Frau« war dieses Etwas eindeutig zu klein.
Vorsichtig zog er einen kleinen Feldstecher aus seiner Manteltasche. Der Nebel machte es jedoch unmöglich, mehr als nur die Konturen zu erkennen. Woran erinnerte dieses graue Wesen ihn nur?
Linthdorf schlich sich behutsam näher heran. Wenn das die »Weiße Frau« sein sollte, dann hatte sie sich heute Nacht hervorragend getarnt. Noch knapp zwanzig Meter waren es, die den schwarzen Riesen von dem grauen Etwas trennten. Schmatzende Geräusche drangen an seine Ohren, als ob jemand mit großem Behagen etwas verzehren würde. Linthdorf stutzte. Irgendwann hatte er dieses Geräusch schon einmal gehört.
Das graue Etwas kam immer näher. Endlich konnte Linthdorf aufatmen. Es war ein Dachs auf nächtlichem Beutezug. Der Park war wohl Teil seines Reviers und wurde von ihm regelmäßig durchstreift.
Jetzt erinnerte sich Linthdorf auch an das schmatzende Geräusch. Dachse waren gefräßige Feinschmecker. Ob nahrhafte Wurzeln, Maiskolben oder auch einen dicken Wurm, alles wurde von den silbergrauen Tierchen mit dem schwarz-weiß gestreiften Kopf aufgefressen.
Seine Großmutter hatte ein ambivalentes Verhältnis zu den Dachsen, zumal sich direkt hinter ihrem Hof ein großer Dachsbau befand. Linthdorf hatte als Junge immer fasziniert zugesehen, wenn die Dachse in der Dämmerung aus ihrem Bau herauskamen und auf Nahrungssuche gingen. Ab und an schafften sie es auch, im Garten der Großmutter zu wüten. Großmutters Hund war dann jedes Mal außer Rand und Band und rannte im Hof herum mit gesträubtem Fell.
Der Dachs könnte auch die Ursache sein für das eigentümliche Verhalten von Brutus und dem grauen Tiger, den Gunhild Praskowiak aus der Wohnung des Einsiedlers mitgebracht hatte. Das Verhalten der Haustiere hatte für Verwirrung gesorgt und den Mythos des Metaphysischen verstärkt.

Linthdorf konnte nun eine plausible Erklärung für das eigentümliche Gebaren der beiden Vierbeiner liefern. Allerdings hatte er immer noch nicht das Rätsel der »Weißen Frau« gelöst. Er blieb nach seiner Begegnung mit dem Dachs noch eine halbe Stunde auf seiner Position, aber nichts mehr geschah.
Die feuchte Kälte und auch die Müdigkeit nach dem anstrengenden Arbeitstag machten sich bemerkbar. Langsam zog er sich zurück Richtung Torhaus.
Er warf noch einen Blick auf das Schloss. Seltsam, als er vor einer Stunde hier vorbei gekommen war, brannte nirgends im Schloss noch Licht. Jetzt sah er im rechten Seitenflügel zwei erleuchtete Fenster. Ein dunkler Schatten tauchte am Fenster auf. Linthdorf nahm seinen Feldstecher. Es war eindeutig die Silhouette einer kräftigen, großen Frau. Gunhild Praskowiak? Deren Wohnräume müssten weiter Richtung Zentraltrakt liegen. Es konnte nur die Tochter des Barons sein, die da so spät noch wach war.
Linthdorf pfiff leise vor sich und wartete im Schatten der Bäume, solange die dunkle Silhouette am Fenster zu sehen war. Erst dann lief er langsam weiter Richtung Torhaus. Es war ein aufschlussreicher Ausflug gewesen.

V
Oranienburg – Polizeidienststelle
und Landstraße zwischen Biesenthal und Lankenhorst
Dienstag, 14. November 2006

Matthias Mohr hatte sich bei den Kollegen der Kreispolizeidirektion Oberhavel einen provisorischen Arbeitsplatz eingerichtet. Er war als frischgebackenes Mitglied der dem LKA unterstellten SoKo nicht mehr der Oberkommissar des Nachbarkreises Barnim, sondern mit umfangreichen Sondervollmachten ausgestattet, die ihm fast uneingeschränkten Zugang zu laufenden Ermittlungen und internen Vorgängen der Oranienburger Kollegen gestatteten.
Anfangs schauten die Oranienburger etwas skeptisch auf den Eberswalder Polizisten. Aber sie merkten bald, dass er zügig und effizient zu arbeiten schien und ihnen auch nicht in ihre Arbeit hineinpfuschte. Mohr hielt sich zurück, sprach leise und erwies sich als ausgesprochen kooperativ.
Die Oranienburger Kripo hatte ursprünglich den Fall des toten Steuerberaters Klaus Brackwald bearbeitet. Durch die Verwicklungen des Steuerberatungsbüros »Knurrhahn & Partner« in die Machenschaften der »Kranichland AG« hatte sich jedoch das LKA den Fall herangezogen. Mohr führte eine intensive Emailkorrespondenz mit den anderen Spezialisten der SoKo. Aldo Colli hatte ihm bereits die Ergebnisse der Bilanzprüfung bei den Tochterfirmen der »Kranichland AG« geschickt und hatte sich auch mit den finanziellen Aktivitäten der »Knurrhahn & Partner« befasst.

Das Steuerberatungsbüro hing am finanziellen Tropf der »Kranichland AG«. Ohne deren Zahlungen hätten »Knurrhahn & Partner« bereits vor zwei Jahren dicht machen können. Außer der »Beratertätigkeit« für die ominöse »Kranichland AG« und deren Töchter konnte Colli keine weiteren, nennenswerten Umsätze erkennen.
Die Zahlungen der »Kranichland AG«, die über ein Konto der Märkischen Bank in Oranienburg liefen, waren in den letzten Monaten allerdings stark rückläufig. »Knurrhahn & Partner« gerieten dadurch immer mehr in eine finanzielle Schieflage. Hier lag wohl auch der Grund für die Reibereien zwischen Brackwald und Knurrhahn.
Inwieweit Brackwald von Knurrhahn aus dem Unternehmen gemobbt worden war, konnte Mohr anhand der Zahlen nicht erkennen. Auf alle Fälle schien Brackwald die Situation als aussichtslos erkannt zu haben. Vielleicht hatte er auch von sich aus das sinkende Schiff verlassen wollen.
Mohr war sich sicher, dass sein Tod im Zusammenhang mit dem Niedergang von »Knurrhahn & Partner« zu sehen war. Aber es bereitete ihm erhebliche Kopfschmerzen, die Todesumstände mit den Fakten zusammen zu bringen.
Was hatte Brackwald am Hellsee verloren?
Wen wollte er da treffen?
Gab es einen Zusammenhang zwischen Brackwalds Tod und den Vorgängen auf Gut Lankenhorst?
Wusste Brackwald etwa mehr über die ganzen Verstrickungen und ahnte er, wer die Hintermänner waren?
Vielleicht wollte er ja auch mit diesem Wissen jemanden erpressen?
Oder wurde er selbst etwa erpresst?
Mohr nahm sich noch einmal den Bericht der Oranienburger KTU vor. Der Tatort war von den Kollegen akribisch untersucht worden, Auch das kleine Trafohäuschen war nach verwertbaren Spuren abgesucht worden. Die Ergebnisse waren niederschmetternd. Es gab de facto keinerlei Spuren. Als ob jemand von langer Hand diesen Mord geplant habe. Wenn der Hauptverdächtige Knurrhahn der Täter war, so müsste man doch annehmen, dass er seinen Partner im Streit erschlagen habe. Das würde in das emotionale Profil Knurrhahns passen. Er war ein Egomane, eher

ein Typ, der spontane Entschlüsse aus dem Bauch heraus traf und kein kühl kalkulierender Killer.
Das hier musste ein Profi gewesen sein, der kein Detail unberücksichtigt ließ und dessen perfider Plan für die Ermittler immer noch nicht vollkommen klar war.
Mohr war sich sicher, dass der Tod Brackwalds etwas mit Manipulationen im Trafohäuschen zu tun haben musste. Die beiden rostigen Bandstahlenden, die unweit des Trafohäuschen aus der Erde ragten, waren sogenannte Nullleiter, die eventuelle Überspannungen ableiten und so ein Überhitzen der Trafos verhindern. Wie man nun aber einen Trafo so manipulieren konnte, eine Überspannung zu produzieren und diese just in dem Augenblick, wenn Brackwald am Ufer wartete, durch den Nullleiter zu schicken, war immer noch ein Rätsel. Es konnte nur ein Täter sein, der über entsprechende Spezialkenntnisse verfügte. Knurrhahn schied aus. Der war einfach nur ein Blender.
Mohr griff zum Telefon. Er hatte das Bedürfnis, mit Linthdorf über die Verwicklungen im Fall Brackwald zu sprechen. Auch die übrigen Todesfälle schienen von einem raffinierten Gehirn mit ausgesprochen geschickten Händen lange geplant worden zu sein und mit einer Stringenz durchgeführt worden, die eine Persönlichkeit ohne jegliche Empathie auszeichnete.
Linthdorf war auf Gut Lankenhorst. Er wurde immer nachdenklicher, je mehr ihm Mohr von seinen Ermittlungen im Fall Brackwald berichtete. Dass sie es mit einem solch gewieften Gegenspieler zu tun hatten, war Linthdorf ausgesprochen suspekt. Er begann sich immer unwohler zu fühlen, je mehr er über die bisherigen Todesfälle und ihre Begleitumstände nachdachte.
Was würde noch alles passieren?
Dieser Typus von Täter schreckte vor nichts zurück. Ungute Erinnerungen an die Nixenmorde kamen wieder hervor und verursachten ein mulmiges Gefühl. Auch die Schüsse vom Bogensee waren Warnung genug. Linthdorf war sich inzwischen sicher, dass die Schüsse zwar ihm gegolten hatten, aber ihn nicht treffen sollten, eher die Botschaft vermitteln, sich aus den Vorgängen raus zu halten.
Konnte er das?
Was für ein Polizist wäre er dann noch?

Allerdings, der Schreck saß noch tief und Linthdorfs Nerven waren nicht unendlich belastbar.
Mein Gott, ja, manchmal wünschte er sich, in seinem Potsdamer Büro sitzend und einen Stapel alter Akten zu ordnen und abhaken zu können. Das machten ja schließlich auch viele andere Kollegen in seinem Alter. Innendienst wurde diese Tätigkeit genannt. Linthdorf fühlte sich manchmal uralt und für diese nervenaufreibende Ermittlungstätigkeit einfach nicht mehr fit genug.
Andererseits fühlte er dann auch wieder diese einzigartige Zufriedenheit, wenn es ihm gelungen war, einen undurchsichtigen Fall zum Abschluss zu bringen. So wie im letzten Winter, als er die Nixenmorde mit einem kühnen Faustschlag in das Gesicht des Täters nach einer aufregenden Verfolgungsjagd in den alten Industrieruinen am Finowkanal beendet hatte.
Ein schales Gefühl hatte sich erst in den folgenden Wochen eingestellt, denn die eigentlichen Drahtzieher und Hintermänner, die den Psychopathen Peregrinus manipuliert hatten, kamen mit einem blauen Auge davon. Mit Bernie Voßwinkel hatte er sich abends bei einem Bier über die Ungerechtigkeit in der Welt unterhalten, speziell bei diesem Fall.
Bernie brachte es auf den Punkt: »Die Kleinen hängt man und die Großen lässt man laufen – so ist das schon immer gewesen und so wird es auch immer bleiben.« Ein Gefühl von Ohnmacht und innerer Leere behielt Linthdorf zurück. Er zweifelte stark an der Sinnhaftigkeit seines Tuns und überlegte ernsthaft, diesen Job an den Nagel zu hängen.
Doch was sollte er anderes machen?
Er hatte nichts gelernt außer Verbrecher jagen, und das ging eben nur im Polizeidienst. Privatdetekteien waren keine wirkliche Alternative. Untreue Ehepartner zu belauschen und in flagranti zu erwischen war für ihn moralisch eindeutig indiskutabel und als Wachschutz durch irgendwelche Büros herumzugeistern würde nicht annähernd so viel Aufregung versprechen wie diese Tätigkeit. Trotz Nägelein und anderer Idioten, trotz Nervenkitzel bis zum Schmerz und trotz widriger Begleitumstände wie etwa schlaflose Nächte – es war immer noch der Beruf, der ihm die größte Befriedigung verschaffte.
Und wer weiß, so einer Frau wie Louise Elverdink wäre er woanders wahrscheinlich gar nicht begegnet. Er lächelte bei diesem Gedanken. Am

kommenden Wochenende hatte er Louise zum Kranichgucken eingeladen. Sie hatte erfreut zugesagt. Ihren Sohn wollte sie mitbringen und Linthdorf hatte seine beiden Jungs auch mit eingeplant. Mal sehen, wie sich alle miteinander vertragen würden.
Linthdorf atmete tief durch. Das Telefonat mit Matthias Mohr hatte ihm zu denken gegeben. Was sich hier vor ihren Augen nach und nach entwickelte, war extrem intelligent und böse. Es handelte sich nicht um Zufälle, alles war Teil eines großen Plans, von dem er allerdings bisher nur Bruchstücke erahnen konnte. Er musste auf alle Fälle noch einmal alle Fakten, die bekannt waren, durchforsten unter dem Aspekt, dass sich ein perfides Superhirn dahinter verbergen könnte.
Bisher waren die Ermittler davon ausgegangen, dass der Tod Irmingards und der Herzinfarkt des Einsiedlers tragische Unfälle waren und nichts mit den beiden Morden an Lutger und Klaus Brackwald zu tun haben könnten.
Linthdorf hatte da schon länger seine Zweifel und wollte noch einmal den Unfallort besichtigen, an dem Irmingard mit Tempo 120 an den Alleebaum gerast war. Er rief bei den Kollegen der Verkehrspolizei an, ließ sich den genauen Unfallort beschreiben und fuhr los.
Nach nur zehn Minuten war er am Ort des Geschehens. Nichts erinnerte mehr an den Unfall. Nur ein Holzkreuz mit dem Namen Irmingards und ein kleiner Kranz waren zu sehen. Der Baum, der von Irmingards Citroen frontal gerammt worden war, hatte zwar Blessuren an der Rinde davongetragen, schien aber ansonsten unbeschadet davon gekommen zu sein.
Laut Unfallprotokoll, das Linthdorf schnell aus den Akten herausgesucht hatte, war der Wagen nach dem Frontalaufprall seitlich weggebrochen und hatte sich dann zweimal überschlagen. Zum Stehen gekommen war das Fahrzeug auf dem hinter den Alleebäumen befindlichen Acker. Ein kleiner Graben zwischen der Straße und den Alleebäumen war wahrscheinlich verantwortlich für das Überschlagen des Wagens.
Linthdorf schaute sich die Straße an. Sie war hier vollkommen kurvenfrei, auf einer geschätzten Länge von vielleicht drei bis vier Kilometern nur eine lange Gerade. Links und rechts standen die Alleebäume. Nichts, was einem Autofahrer spezielle Vorsicht oder fahrerisches Können abverlangte.

Wieso war die Frau, die übrigens als versierte Fahrerin galt, auf dieser schnurgeraden Strecke vom Weg abgekommen?
Hatte da jemand nachgeholfen?
Und wenn ja, wie?
Fremdeinwirken hatten die Kollegen der Verkehrspolizei ausgeschlossen. Trotzdem musste es ein Einwirken von außen gegeben haben, eines, dass die eigentlich routinierte Irmingard dazu brachte, das Lenkrad zu verreißen und an den Baum zu fahren. Linthdorf musste an die Worte Boedefeldts denken. Die verunglückte Irmingard hatte versucht, der jungen Polizistin etwas zu sagen. Sie glaubte das Wort »Geisterfahrer« verstanden zu haben. Allerdings war von einem beteiligten zweiten Wagen nichts bemerkt worden. Laut Protokoll gab es keine weiteren Beteiligten am Unfall.
Der Kommissar hatte sich hinters Lenkrad seines am Straßenrand parkenden Autos gesetzt und grübelte. Was war ein »Geisterfahrer«? Jemand der falsch auf eine Autobahn aufgefahren war, wurde als »Geisterfahrer« bezeichnet. Hochgefährlich und immer eine Quelle folgenschwerer Unfälle. Was sollte hier auf einer zweispurigen Landstraße aber ein »Geisterfahrer«?
Wo konnte hier ein »Geisterfahrer« fahren?
Es gab nur eine Möglichkeit: auf derselben Spur, die auch von Irmingard genutzt wurde. Etwas anderes gäbe keinen Sinn.
Aber wer würde dafür in Frage kommen?
Ein Verrückter?
Ein Suizidkandidat?
Bestimmt nicht ein kühl planender Killer. Oder war es doch ganz anders abgelaufen? Was hatte Irmingard in den letzten Sekunden vor ihrem Tod hier gesehen?
In ihren Augen war es ein »Geisterfahrer«.
Linthdorf versuchte sich zurück zu versetzen an den kühlen und nebligen Morgen, als der Unfall passierte. Es muss noch dunkel gewesen sein, vielleicht dämmerte es gerade. Auf jeden Fall war keine freie Sicht so wie jetzt. Wahrscheinlich war Irmingard geblendet worden. Vielleicht hatte ein Überholvorgang stattgefunden, so dass der Eindruck bei ihr geweckt wurde, dass auf ihrer eigenen Spur jemand auf sie zu raste. Aber ein

Überholvorgang auf dieser langen Strecke konnte nur wenige Sekunden gedauert haben. Genug Zeit, um sich wieder einzuordnen.
Der Kommissar schloss die Augen. Er versuchte, sich in die Situation hinein zu versetzen. Er saß im Citroen an der Seite Irmingards. Sie fuhr schnell, den Weg kannte sie. Hunderte Male war sie hier schon entlang gefahren. Draußen wurde es Tag, Nebelschwaden lagen zwischen den Alleebäumen und waberten vorüber. Üblicherweise war hier wenig Verkehr.
Plötzlich wurde er aus seiner Vorstellung gerissen. An Linthdorf fuhr ein Auto mit hohem Tempo vorbei.
Wuuusch!
Der Wagen, einer dieser rasenden Kästen, die von Handwerkern und Kurierfahrern gern gefahren wurden, war sehr dicht an dem stehenden Auto vorbeigerauscht. Der Luftdruck war deutlich spürbar.
Linthdorf schaute dem Raser hinterher. Es war ein Glaserei-Fahrzeug. Seitlich waren große Glasplatten angebracht. Das Licht reflektierte in dem Glas, so dass Linthdorf für einen Augenblick blinzeln musste. Für einen Moment, vielleicht nur den Bruchteil einer Sekunde, dachte er sogar, dass ein zweiter Wagen neben dem Kleintransporter fuhr. Eine optische Täuschung. Er atmete tief durch. Das war es!
Irmingard war das Opfer einer optischen Täuschung geworden.
Ein raffinierter Täter hatte mittels eines Spiegels diese Täuschung erzeugt. So war er selbst nicht gefährdet und konnte in aller Seelenruhe warten, bis der Citroen am Ende der Chaussee auftauchte, dann seinen Spiegel justieren und den Unfall im Vorüberfahren registrieren. Der perfekte Mord!
Linthdorf musste an eine Edgar-Wallace-Verfilmung aus den sechziger Jahren denken. Dort hatte auch ein großer Spiegel, der nachts auf einer Landstraße aufgestellt worden war, zu unerklärlichen Unfällen geführt.
Dieser Mord war weniger spektakulär in seiner Ausführung, dafür aber äußerst effizient. Das Werk eines kühl berechnenden Gehirns. Desselben Gehirns, das auch Klaus Brackwald mit genau getimten Stromstößen außer Gefecht gesetzt hatte und den Einsiedler Felix Verschau so erschreckt hatte, dass er daran starb.

Linthdorf hatte zwar jetzt eine plausible Erklärung dafür, wie Irmingard Hopf zu Tode gekommen sein könnte, aber immer noch keine Antwort auf das Warum.
Dazu musste er sich wohl doch noch mehr mit den geheimen Verstrickungen der Familie Quappendorff befassen. Auf alle Fälle kam immer mehr Licht ins Dunkel.
Nachdenklich fuhr Linthdorf zurück zum Torhaus. Er wollte noch einen Abstecher auf den alten Friedhof neben der kleinen Kapelle machen. Vielleicht bekam er da eine Antwort, was den Einsiedler Verschau so erschreckt haben könnte.

VI
Lankenhorst – Der alte Friedhof hinter der Kleinen Kapelle
Dienstagnachmittag, 14. November 2006

Linthdorf hatte seinen Wagen wieder in der kleinen Haltebucht schräg gegenüber der Kapelle geparkt. Bisher hatte er der kleinen Kapelle und dem dazugehörigen Friedhof nur wenig Aufmerksamkeit geschenkt.
Den Tod des Einsiedlers hatte er als Marginalie betrachtet, zumal die Obduktion Herzversagen diagnostiziert hatte. Ein unglücklicher Zufall in der Halloween-Nacht, der irgendwie schon eine gewisse Tragik hatte, aber für die eigentlichen Ermittlungen als nicht relevant angesehen wurde. Der Maler war ein Zugereister, ein Aussteiger, ohne direkte Kontakte zu den Quappendorffs.

Doch seit gestern wusste er es dank Gunhilds Beichte am Küchentisch besser. Mittlerweile war klar, dass alles im Umfeld der Familie Quappendorff eine Bedeutung hatte, also auch dieser tragische Todesfall, der bisher offiziell nicht als Mord eingestuft worden war.
Linthdorf rekonstruierte in Gedanken Verschaus Todesnacht, die Nacht des 31. Oktobers – Halloween. Im Dorf waren verkleidete Jugendliche unterwegs, Kinder mit Lampions und ihre Eltern. Für den Mörder ein ideales Umfeld, um unerkannt hierher zu gelangen. Doch was hatte der Einsiedler hier verloren?
Wieso trieb der sich in dieser Nacht auf einem alten Friedhof herum?
Welche Verbindung existierte zwischen Felix Verschau und den Quappendorffs?
Linthdorf rief sich die Berichte Gunhilds ins Gedächtnis. Verschau kannte die Tochter Clara-Louise. Wie gut er sie kannte, war unklar. Auf alle Fälle gut genug, um sich nachts heimlich mit ihr zu treffen.
Außerdem schien auch der alte Baron mit dem Einsiedler vertrauter zu sein als er zugab, denn Leuchtenbein hatte die Reaktion seines Arbeitgebers als außergewöhnlich heftig bezeichnet, als er ihm vom Tode Verschaus berichtete.
Der Kommissar hatte den alten Friedhof durchstreift. Das Geviert, vielleicht zweihundert Mal hundert Meter groß, bewachsen mit alten Eiben und Lebensbäumen, zwischen denen die alten Grabsteine und Kreuze etwas verträumt vor sich hindämmerten. Es gab zahlreiche Ecken, an denen sich ein potentieller Täter verstecken konnte.
Der Einsiedler war an die Mauern der Kapelle gelehnt gefunden worden. Linthdorf setzte sich genau an diese Stelle und schaute sich um. Sein Blick fiel auf ein halb umgestürztes Kreuz, das etwas abseits von den anderen Gräbern stand. Mühsam raffte sich Linthdorf auf. Er war es nicht gewohnt, so weit unten auf dem Boden zu sitzen.
Das Kreuz war rostig und teilweise mit Moos bewachsen. Es musste schon sehr alt sein. Ein kleines Oval mit einem in altdeutscher Sütterlinschrift abgefassten lapidaren Text war direkt auf dem Kreuz befestigt.
Linthdorf las:

Hier ruht in Frieden!
Gerlinde Josephine von Quappendorff,

geborene von Kruge
zu Heckelberg anno Domini 12. Januari 1812,
gestorben auf Lanckenhorst anno Domini 31. Decembri 1842.

Hieß nicht der Chronist der Quappendorffs Kruge? Dubslav von Kruge, natürlich! Leuchtenbein hatte ihm von der Chronik berichtet. Seltsames Zusammentreffen. War diese hier beigesetzte Frau, die gerade einmal dreißig Jahre geworden war, mit diesem Dubslav verwandt? War sie vielleicht das wahre Vorbild für die »Weiße Frau«?
Wenn ja, wer wusste davon? Verschau? Der alte Baron? Seine Töchter? Weshalb hatten sich die Quappendorffs immer auf die ominöse Regula von Quappendorff bezogen, wenn die Sage von der »Weißen Frau« erzählt wurde?
Leuchtenbein hatte bei seinen Nachforschungen in den alten Dokumenten herausgefunden, dass es diesen Brand nicht gegeben hatte und das Regula verheiratet gewesen war mit dem ursprünglichen Besitzer des Rittergutes, dem Ritter von Schneidemühl. Der war unter nicht geklärten Umständen zu Tode gekommen, noch bevor er seine Ehe mit Regula wieder lösen konnte. Die Quappendorffs waren Nutznießer dieser Liaison gewesen und hatten demnach Gut Lankenhorst ganz unspektakulär durch Heirat erhalten und nicht als Lehen für besondere Verdienste in den Kämpfen der damaligen Zeit. Wer hatte Interesse an dieser Geschichtsklitterung?
Warum war das Grab dieser Frau so weit abseits der anderen Gräber angelegt worden, so, als ob sie nicht dazu gehören würde? Was lief da schief?
Dass Verschau beim Blick auf dieses Grab zu Tode erschrocken war, hielt Linthdorf für eine allzu gewagte These. Aber etwas war dem Einsiedler widerfahren, was schließlich zu seinem Ableben geführt hatte. Er musste unbedingt noch einmal das ärztliche Protokoll einsehen. Hoffentlich war die Leiche Verschaus noch nicht eingeäschert worden. Dann könnte noch eine weitere Obduktion vorgenommen werden. Linthdorf misstraute der offensichtlichen Todesursache Herzversagen Die Rechtsmediziner hatten vermutlich keine weiterführenden Untersuchungen und Analysen mehr für nötig gehalten. Er telefonierte kurz mit Matthias Mohr und setzte ihn auf diese Fährte.

Dem alten Chausseehaus im Ladeburger Forst wollte Linthdorf ebenfalls noch einen Besuch abstatten. Vielleicht lag ja dort der Schlüssel fürs Ganze? Wieder erklang in der Ferne die Kirchturmuhr. Es war fünf Uhr und die Dunkelheit hatte den Tag beendet. Höchste Zeit fürs Abendessen bei Mechthild Zwiebel.

Die passionierte Köchin hatte bereits mitbekommen, dass ihr Gast eine Vorliebe für Fisch hatte und ihm morgens beim gemeinsamen Frühstück versprochen, ihren berühmten Heringssalat zu machen. Ihr Mann, also Meinrad, der habe auch so einen Faible für Heringe, allerdings liebte der eben Bratheringe über alles. Am besten mit Bratkartoffeln und ein paar Gürkchen und, nomen est omen, ausreichend frischen Zwiebelringen.

Auch Gunhild und Leuchtenbein hatten zugesagt, dem Heringssalatessen beizuwohnen. Sie kannten Mechthilds Qualitäten, speziell bei der Zubereitung von Heringen. Linthdorf war das ganz recht. Er hatte eine Menge Fragen, die er den dreien stellen wollte und er benötigte Gunhilds Ortskenntnisse im Chausseehaus.

VII
Gut Lankenhorst – Im Torhaus
Dienstagabend, 14. November 2006

Die kleine Stube der Familie Zwiebel war angefüllt mit lebhaften Gesprächen. Ein zufälliger Besucher, der durch die mit Blümchengardinen

verzierten Fenster spähte, würde eine illustre Gesellschaft von vier mit großem Appetit gesegneten Personen sehen, die andächtig um eine Riesenschüssel saßen und von einer kleinen Frau mit zerzauster Frisur immer wieder die Teller gefüllt bekamen.
Es mundete allen, das war offensichtlich. Ebenfalls auf dem Tisch standen noch drei Flaschen Weißwein, von denen zwei bereits leer waren. Unter dem Beifall der drei anderen Tischgenossen, gerade von einem großen Manne die letzte der Flaschen entkorkt wurde.
Der zweite Mann am Tisch, ein unscheinbarer Typ mit John-Lennon-Brille, hatte Schwierigkeiten, das angeschlagene Tempo mitzuhalten. Seine Nachbarin zur rechten, eine üppige Blondine, schien hingegen ganz in ihrem Element zu sein.
Sie war auch die Wortführerin und erzählte sprachgewaltig irgendetwas über wahre Kunst, die an die Seele ging und die nicht immer so einfach zu entdecken war.
Linthdorf hatte sich auf die Rolle des stillen Beobachters verlegt. Er erfuhr so mehr, als wenn er die drei gezielt ausfragen würde. Er genoss sichtlich die Atmosphäre und sprach dem wirklich vorzüglichen Heringssalat zu.
Das Gespräch drehte sich nun um den alten Baron, der von seinen Angestellten liebevoll Quappi genannt wurde. Allesamt hatten ein ausgesprochen gutes Verhältnis zu dem alten Herrn. Er schien ein wirklicher Menschenfreund zu sein und erfreute sich auch im Dorf großer Beliebtheit. Linthdorf klinkte sich wieder in das Gespräch mit ein.
»Wie war denn das Verhältnis des Barons zu seinen Töchtern und seinem Neffen? Die waren ja alle mit im Stiftungsrat?«
Gunhild winkte ab. »Ach, das janze Jetue von die feinen Frolleins und dem ollen Fatzke Lutger … Also, wenn se mir frachen tun, dann war'n det allet Schmarotzer.«
»Schmarotzer?«
»Na ja, doch. Die ha'm ihren ollen Herrn Papa so richtich ausjenommen. Obwohl se es nich nötich ha'm. Also, Irmi, det war so ne richtich dumme Jans. Ne oberflächliche Person, nur interessiert an Mode und Design, und nix weita. Plapperte wie'n Wassafall ohne wirklich wat zu sachen. Imma schick anjezochen wie aus'm Ei jepellt. Was die inne Stiftung jemacht hat, is mia rätselhaft. Anjeblich wollt se den Herrn Papa beraten

bei's Interieur un die Parkjestaltung. Hihi, det ick nich lache. Nüscht hatse jemacht, absolut nüscht, sich die Hucke volljestopft … und Wellnesswochenenden …, aba man soll ja nich schlecht reden von die Toten.«
Leuchtenbein mischte sich in den Monolog Gunhilds ein. »Na so radikal muss man es eigentlich nicht sagen, aber es stimmt schon. Irmi war eine eher leichtfertig redende Frau. Sie hatte uns gegenüber stets betont, dass sie eine von Quappendorff war und hielt die Nase recht hoch.«
Mechthild nickte.
»Det stümmt! Die is hier nur rumjestolpert, weil se vor lauta Nasehoch nich uffn Boden jekuckt hatte. Hihi …«
»Und Clara-Louise?«
»Na die is'n janz anderet Kaliba. Ne falsche Schlange is das, aba hallo! Da muss ma aufpassen, wat me sacht. Die merkt sich jedet Wort und tut imma so scheinheilich. Wissense, so hinten rum«, Gunhild war puterrot angelaufen.
Wahrscheinlich war sie mit ihr schon mehrmals aneinander geraten. »Also Irmi war ja mehr so'n dummet Huhn, aba Clara-Louise, die hat's faustdick hinta die Ohren.«
»Und Lutger?«
»War'n eitler Fatzke. Nüscht in der Birne, aba einen uf Graf Koks von die Jasanstalt machen. Mehr Schein als Sein, wenn se wissen wat ick meine.«
Gunhild hatte zu den jüngeren Quappendorffs keine gute Meinung. Ihre beiden Mitstreiter schienen ähnlich zu denken, denn die nickten immer eifrig zu Gunhilds Ausführungen.
Linthdorf war überrascht. Er hatte eigentlich harmonischere Verhältnisse in der Familie des Barons erwartet. Zumal ihm der alte Herr keine Hinweise auf die etwas problematischen Charaktereigenschaften seiner Töchter und seines Neffen gegeben hatte.
Er überlegte, was wohl aus dem Gut würde, wenn der alte Baron nicht mehr wäre. So, wie die Dinge lagen, würde das mühsam Aufgebaute in kürzester Zeit verschwinden. Und Gunhild, Leuchtenbein und die beiden Zwiebels wären ihre Jobs los und würden auf der Straße sitzen.
Nun, von den jüngeren Quappendorffs war nur noch Clara-Louise übrig. Wer war eigentlich noch im Stiftungsrat? Er grübelte. Irgendwo in den Unterlagen war noch ein Name aufgetaucht. Ein Bankmensch. Ja, ein Oranienburger Banker. Hüppenwecker, Hülkenberger oder so ähn-

lich. Er musste unbedingt noch einmal nachsehen, wer das war und welche Rolle er in der Stiftung spielte.

Der Abend war fortgeschritten. Es war schon kurz nach Elf. Auch die drei Flaschen Wein zeigten allmählich ihre Wirkung. Gunhild schien der Alkohol zu beflügeln, Leuchtenbein hingegen hatte Probleme, die Augen offen zu halten und Mechthild kämpfte mit einem Schluckauf.

Sie beschlossen, die nette Runde zu beenden.

Morgen war auch noch ein Tag.

Linthdorf wollte nach dem Frühstück zum alten Chausseehaus aufbrechen. Beim Hinausgehen fragte er noch Gunhild, ob sie ihn begleiten könne. Immerhin kenne sie ja die Örtlichkeit und könne ihm da behilflich sein. Sie willigte ein. Das leere Haus war ihr inzwischen etwas unheimlich und sie wollte ja noch die Bilder für die Gedenkausstellung zusammenstellen. Ob Linthdorf da mal seinen silbernen Transporter …? Ach, das wäre ja wirklich nett von ihm.

Leuchtenbein und Gunhild verabschiedeten sich und trabten die Eichenallee hinauf zum Schloss. Der große alte Kasten lag dunkel am Ende des Wegs, nur das gelbe Licht der Laternen gab dem Ganzen etwas Anheimelndes.

Für Linthdorf wurde es Zeit, wieder seinen Posten unter der alten Eibe zu beziehen. Er hatte seinen Mantel und den Hut bereits griffbereit. Langsam ging er durch das raschelnde Laub Richtung Pavillon. Ein Blick zum Schloss. Im zweiten Stock gingen Lichter an. Leuchtenbein und Gunhild waren angekommen. Am anderen Ende des rechten Flügels sah er in den beiden erleuchteten Fenstern wieder die Silhouette der Frau. Sie verharrte am Fenster und schien in die Dunkelheit zu blicken. Als ob sie spürte, dass da jemand im Park auf sie wartete. Nur die Zimmer des Barons waren dunkel.

VIII
Das alte Chausseehaus im Ladeburger Forst
Mittwoch, 15. November 2006

Auch dieser Tag begrüßte Linthdorf mit Nebel und feinem Nieselregen. Alles war grau und diesig.
Der Kommissar hatte sich nach dem Frühstück mit Gunhild Praskowiak verabredet. Sie sollte ihn begleiten. Auf dem Weg ins alte Chausseehaus befragte er sie noch einmal zu ihrem Verhältnis zu Felix Verschau.
Anfangs nur stockend erzählte ihm die sonst so souverän agierende Frau alles über ihr spätes Glück. Tränen kullerten ihr über die Wangen. Sie war noch immer von dem plötzlichen Tod des Malers betroffen und schockiert. Als die Sprache auf Clara-Louise und ihre heimlichen Besuche bei Verschau kam, verschwand für einen Augenblick die Trauer und Wut flackerte in ihr auf.
Konnte es sein, dass Gunhilds Meinung über Clara-Louise von dieser eigenartigen Liaison beeinflusst worden war? Das sie deshalb als »falsche Schlange« tituliert wurde?
Aus dem Nieselregen tauchte der dunkle Umriss des Chausseehauses auf. Linthdorf parkte unmittelbar neben dem kleinen Garten und folgte Gunhild, die mit dem Schlüsselbund in der Hand voranging.
Das Haus schien in den vierzehn Tagen, seitdem es nicht mehr bewohnt wurde, um Jahrzehnte gealtert zu sein. Ein Phänomen, das Linthdorf

schon mehrmals beobachtet hatte. Verloren Häuser ihre Bewohner, starben auch sie.
Man konnte es den Fassaden ansehen, ob da noch jemand war oder nicht. Das alte Chausseehaus machte diesen traurigen Eindruck des Verlassenseins.
Gunhild hatte bei ihrem letzten Besuch die Jalousien herabgelassen. Es war finster im Innern. Ein Geruch nach Terpentin und Farbe lag in den Räumen. Endlich flackerte Licht auf. Die spärliche Deckenbeleuchtung erhellte ein Chaos. Überall verstreut lagen die Bilder des Malers herum, wahllos waren ganze Zeichenmappen entleert worden. Auch die Schubfächer des großen Zeichenschranks waren herausgezogen worden und lagen am Boden.
Gunhild schrie kurz auf. Ihr kam das wie Leichenfledderei vor. Wer war hier eingedrungen und hatte so ein Chaos angerichtet?
Linthdorf hatte sich nach einem kurzen Moment der Überraschung wieder im Griff. »Nun, da ist uns jemand zuvor gekommen.«
Gunhild sah ihn ungläubig an. »Wat? Zuvor jekommen? Meinense, det war'n keene Chaoten? Aba olle Felix hatte doch nüscht, der war arm wie ne Kirchenmaus. Wat sollte der für Schätze hia vaberjen?«
Linthdorf war inzwischen in die hinteren Atelierräume gegangen, wo das große Plüschsofa stand und die Staffelei aufgebaut war. Ein Fenster war offen, die Scheibe war eingeschlagen.
Er wies Gunhild kurz auf dieses Malheur hin, gab ihr zu verstehen, dass sie nichts anrühren solle und telefonierte.
Dann setzte er sich mit Gunhild auf das Plüschsofa, legte seinen Hut ab und schaute sich systematisch um.
»Frau Praskowiak, schauen Sie bitte mal in den Räumen vorsichtig herum. Vielleicht fällt Ihnen auf, ob was fehlen könnte.«
Gunhild seufzte. Hier hatte sie immer gesessen, nackt und glücklich. Ihr Felix hatte sie oft auf dem Plüschsofa gemalt und jetzt, jetzt war alles nur noch Chaos. Felix tot, seine Bilder entweiht und auf dem Boden verstreut und ein fremder Polizist lümmelte sich genau auf dem intimsten der Plätze, die es in diesem Hause gab.
Sie begann, sich umzusehen. Im ersten Moment sah sie nur die große Unordnung. Nach und nach jedoch konnte sie die herumliegenden Bilder zuordnen. Sie hatte ja bei ihren letzten Besuch vor einer Woche be-

reits eine Sortierung vorgenommen. Ihr fiel die unscheinbare Mappe ein mit den Skizzen von Clara-Louise. Die war nirgends zu finden.
Sie schaute noch einmal. Nichts. Die Mappe war weg. Sie hatte die Mappe hinter die großen Akte gestellt. Das wusste sie noch. Die großen Acrylbilder mit den ekstatisch sich räkelnden Akten waren noch allesamt da. Sie lagen zwar wild durcheinander, aber keines schien zu fehlen. Die kleine Mappe mit den Skizzen jedoch fehlte.
»Die kleene Mappe fehlt. Die mit den Skizzen von Clara-Louise. Wat ick Ihnen vorhin im Auto aazeehlt habe. Weswejen ick ja ooch so saua bin. Aba ick gloob et nich, nee, nee. Felix hatte mit der ollen Schlange nüscht am Hut. Det passt nich, jar nich passt det … Die olle Marheincken war doch mehr so ne Schnepfe. Die ließ sich doch nich uf nen Typen wie Felix ein.«
Linthdorf hakte nach. »Wissen Sie noch, was genau in der Mappe für Blätter drin waren?«
»Na so ne flüchtigen Skizzen eben, nix künstlerisch Wertvolles, mehr so ne Vorarbeiten. Portraits, ein paar Akte, aba nich so von die Art wie hia.« Gunhild zeigte auf ein paar großformatige Acrylbilder, auf denen sich üppige Frauen in ekstatischen Windungen dynamisch im Format rekelten. Dabei errötete sie leicht.
Linthdorf ließ sich nichts anmerken und nickte nur. Er betrachtete die Acrylbilder und warf einen Blick auf Gunhild Praskowiak. Eindeutig war sie das Vorbild für die dargestellten Akte.
»Wie denn dann?«
»Na mehr so klassisch, konservativ eben. Kontrapost. Wenn se wissen, wat ick meine …«
»Hmm.«
»Ja, und die Person war eindeutig Clara-Louise. Ick hab da nen Blick für, det könnse glooben. Die olle Schnepfe, die!«
Linthdorf nickte.
Draußen waren inzwischen die beiden Kombifahrzeuge der Kriminaltechniker vorgefahren. Der Leiter der Truppe kam ins Haus, sprach kurz mit dem Kommissar und verschwand wieder. Zwei Minuten später wimmelte es in dem alten Haus von Spezialisten in weißen Overalls.
Gunhild stand hilflos herum. Linthdorf nahm sie beiseite. »Kommen Sie, wir stören hier bloß.«

IX

Clara-Louise Marheincke

Diese letzten Wochen hatten Clara-Louises Nervenkostüm nachhaltig in einen Daueralarmzustand versetzt.

Es war ein Alptraum, was da ablief! Alles, was um sie herum passierte, schien sich ins Schlechte zu verwandeln.

Erst der Unfall von Irmi. Mein Gott, Irmi, das dumme Huhn! In der Schule immer nur Mittelmaß. Dann auch nichts richtig gelernt, ein bisschen studiert, ohne einen Abschluss zu erreichen. Nichts in der Birne außer Mode, Schmuck und Interieur, und dann so ein Ende!

Clara-Louise konnte ihre drei Jahre ältere Schwester nicht wirklich leiden. Irmi hatte einfach nur Glück gehabt. Einen reichen Immobilienmakler kennen gelernt und ihn geheiratet – das war Irmis ganze Leistung!

Sie hingegen hatte sich alles hart erarbeitet. Abi, Studium, Beruf – alles ohne Hilfe geschafft, alles mit zähem Fleiß und Geduld selbst organisiert und bestanden mit Bestnoten.

Sie hatte dann aber keinen reichen Prinzen abbekommen, sondern nur einen mittellosen Idealisten. Georg, der Journalistik studiert hatte, und sich in allen möglichen Vereinen für Menschenrechte und Umweltschutz engagierte. Nun ja, Georg war zwar nicht der Idealmann, aber sie war ja auch keine wirkliche Prinzessin. Stets war Irmi die Schöne, sie hingegen war die Fleißige.

Irgendwie hatten sie es zusammen auch zu einem guten bürgerlichen Leben gebracht. Ihr Eigenheim an der Müggelspree in Köpenick konnte sich sehen lassen, immerhin ein Grundstück mit Ufer und eigenem Bootssteg, auch wenn es bisher nur zu einem kleinen Sportboot gereicht hatte.

Tja, und nun hatte sich Irmi zu Tode gerast. Das geschah ihr ganz recht. Eine Art ausgleichende Gerechtigkeit.

Allerdings, was dann noch passierte auf Lankenhorst, das gab ihr zu denken. Und da war ja auch noch der Tod dieses Malers, den sie einmal bei einer Radtour kennen gelernt hatte und der ihr so schmeichelhafte Worte gesagt hatte. Etwas von innerer Schönheit und stiller Grazie, mein Gott, das ging ihr unter die Haut.

Die Idee, ein Bild von sich gemalt zu bekommen, war schon verlockend. Das wäre ein wirkliches Geschenk für Papa, und auch für Georg wäre ein verführerisch gemalter Akt mit ihren Zügen etwas ausgesprochen Nettes. Zumal ihr Liebesleben seit Jahren nur noch sporadisch funktionierte.

Schnell war sie sich handelseinig geworden mit dem Maler und saß ihm mehrmals Modell. Ein Portrait für Papa sollte entstehen und ein Akt für Georg. Nichts Anzügliches, eher etwas Klassisches, etwas, dass sie vorteilhaft erscheinen ließ. Nicht dass Clara-Louise Probleme mit ihren Problemzonen hatte, aber als Vierzigjährige sah man eben nicht mehr aus wie ein Backfisch.

Plötzlich war der Maler tot.

Sie wusste, dass er gern nachts noch umherstreifte. Er war sogar ein paarmal spätnachts zum Gut gekommen, um ihr ein paar Entwürfe zu zeigen. War schon ziemlich schräg, dieser Maler …

Nur gut, dass sie die Mappe mit den Skizzen rechtzeitig aus seinem Haus geholt hatte. Wenn das jemand mitbekommen hätte, vielleicht sogar die Polizei, allen voran dieser misstrauische Riese, der neuerdings hier herumschnüffelte …

Natürlich hatte sie bemerkt, dass der Mann mit dem schwarzen Mantel und Hut, nachts durch den Park schlich und mit den Subalternen auf vertrautem Fuße stand. Sie hatte auch sein Auto entdeckt. Hinter der alten Kapelle stand es. Sie kannte das Versteck, oft parkte sie ihren Porsche dort, wenn es keiner mitbekommen sollte, dass sie hier war.

Und dann passierte diese unsägliche Sache mit Lutger.

Grässlich!

Ihr wurde immer noch kotzübel, wenn sie daran dachte. Der abgetrennte Kopf in dem Entenhaus … Igitt!

Gerade hatte sie sich etwas mit ihrem Cousin angefreundet. Der sprühte vor Energie und Ideen. Was man so alles machen könnte aus dem Gut und was es für tolle Pläne für die Region hier gab.

Lutger hatte sie immer mehr in den Bann gezogen, hatte ihr von seiner Firma berichtet, die im Auftrag eines internationalen Konsortiums die Gegend taxierte und Grundstücke aufkaufen ließ. Lutger hatte ihr auch von dem ehrgeizigen Projekt »Kranichland« erzählt, das hier im strukturschwachen Randgebiet zwischen Oberhavel und Barnim ein wirtschaftliches Schwergewicht werden könnte.

Es gab sogar Entwicklungsstudien der »Kranichland«, die benachbarten Areale einzubeziehen. Dazu gehörte auch Gut Lankenhorst. Ein feines Hotel könnte hier entstehen, endlich etwas, was dieses »Fass ohne Boden«, so nannte sie heimlich Papas Stiftung, vergolden würde. Und im benachbarten Bogensee sollte eine Luxus-Seniorenresidenz entstehen. Tolle Aussichten.

Und plötzlich war Lutger tot.

Mit wem hatte der sich da noch eingelassen? Er hatte immer so viel in Andeutungen gesprochen. War mit ihr herumgefahren, sich mit geheimnisvollen Leuten getroffen. Als sie mit ihm in Linum war, hatten sie einen schmierigen Typen getroffen, der mit Lutger irgendwelche Geschäfte am Laufen hatte. Lutger hatte nur gelacht, als sie ihn fragte, was er mit diesem Schmierlappen zu schaffen habe. Er hatte etwas von Spaß und Schabernack gefaselt, und dass er Onkel Rochus damit aus der Reserve locken wolle.

Einmal war Lutger sehr aufgeregt von einem Treffen mit zwielichtigen Leuten zurückgekommen. Erzählte etwas von einer Sensation, die hier in Kürze die Region in die Schlagzeilen der Presse katapultieren würde.

Und ob sie sich erinnern würde, dass Onkel Rochus, also ihr Papa, noch alte Dokumente von seinem Großonkel Leberecht habe, aus der Zeit, als Leberecht drüben in Bogensee bei der Leibgarde von Goebbels stationiert war. Sie hatte dann dieses kleine Zigarillokästchen im Archiv entdeckt mit den Briefen Leberechts aus Bogensee. Erstaunlicherweise waren alle Briefe nicht an seine Frau gerichtet gewesen.

Empfänger war Urgroßmutter Gösta. Clara-Louise hatte kurz einen Blick auf die Briefe geworfen. Sie waren in Sütterlin-Schrift verfasst.
Es ging wohl um die letzten Tage, die Goebbels auf seinem Landsitz verbracht hatte. Er ahnte wohl, dass er nie wieder nach Bogensee zurückkehren werde. Onkel Leberecht war als Major der in Bogensee stationierten Leibgarde für die »Abwicklung« von Goebbels Privatbesitz und seiner umfangreichen Sammlung von UFA-Filmen zuständig. Er hatte nur sehr wenig Zeit für diese »Abwicklung«, die Rote Armee stand schon vor Berlin.
Leberecht schrieb etwas von Geheimbunkern, die in Bogensee angelegt worden waren, in denen der Privatbesitz, zu dem wertvolle Originale und Graphiken deutscher Künstler gehörten, und die berühmte UFA-Sammlung eingelagert wurden. Diese UFA-Sammlung schien etwas ganz Besonderes zu sein.
Goebbels war ja de facto Chef der UFA, ließ sich von jedem Film, der produziert wurde, eine Kopie für seine Sammlung machen und hatte auch die im Dritten Reich umstrittenen Filmproduktionen aus den Zwanzigern in sein Archiv geholt. Die expressionistischen Experimente von Murnau und Lang, die offiziell als »Schundwerke« abgestempelt wurden, waren von ihm wohl wissend archiviert worden.
Viele verschollene Filmdokumente wären in dieser Sammlung, auch die vollständige Version von Fritz Langs »Metropolis« und die umstrittene, zweite Version von Murnaus »Nosferatu«. Allein diese beiden Filme seien viele Millionen wert.
Lutger war vollkommen aus dem Häuschen. Der stammelte etwas von Weltsensation. Ja, und dann war er tot. Clara-Louise war sich sicher, dass sein Tod etwas mit seinen geheimnisvollen Bekanntschaften zu tun haben musste. Zumal dieses Zur-Schau-Stellen des abgetrennten Kopfes als eine Warnung zu verstehen war für alle anderen, die hinter dem Geheimnis des Bogensee-Bunkers her waren.
Was dann weiter auf Lankenhorst passierte, hatte Clara-Louise vollends verstört. Der Tod dieses unbekannten Steuerberaters, den sie nur einmal kurz zusammen mit anderen Männern bei ihrem Vater gesehen hatte, berührte sie nicht weiter, aber sorgte für Verstörung.
Hatte Papa etwas mit ihm zu tun?
War er schuld an seinem Tod?

Immerhin, man hatte die Leiche unten am Hellsee gefunden. Das war »vor der eigenen Haustür«. Sie hatte Papa darauf angesprochen, doch der hatte erwartungsgemäß bestritten, damit irgendetwas zu tun zu haben. Ja, er bestritt sogar, diesen Mann zu kennen. Seltsam.
Sie war fest davon überzeugt, dass hinter den ganzen Verlautbarungen und Indiskretionen gegenüber der Polizei diese unsäglich triviale Nervensäge Praskowiak dahinter steckte. Diese dümmliche Pute führte sich auf, als ob ihr das Gut gehöre. Den Leisetreter Leuchtenbein hatte sie vollkommen umgarnt, der fraß ihr aus der Hand. Dauernd hingen die zusammen rum und taten immer so geheimnisvoll.
Und mit dem toten Maler hatte die dumme Gans Praskowiak auch etwas gehabt. Als sie bei ihm war, hatte sie sehr anzügliche Bilder mit einer eindeutig der Praskowiak zuzuordnenden Körperlichkeit gesehen. Sie hatte Papa davon erzählt. Der hatte sie nur verwundert angesehen. So als ob sie ihm etwas Unanständiges erzählt hätte. Sonderbar.
Irgendwie wuchs ihr das alles hier über den Kopf. Sie musste auf alle Fälle noch einmal ein ernstes Wort mit Papa sprechen.
So konnte es hier nicht mehr weitergehen. Stiftung hin und her, aber außer ihr war ja nur noch der hibbelige Hülpenbecker im Stiftungsrat. Da war Einiges zu klären.

X
Gut Lankenhorst – Wieder im Torhaus
Mittwoch, 15. November 2006

Draußen war es ungemütlich geworden. Heftiger Novemberregen hatte eingesetzt. Es war windig und die Bäume wurden ihrer Blätter in einem Tempo beraubt, als ob der Winter sich schon angekündigt hatte.
Linthdorf saß in der kleinen Stube am Tisch mit Mechthild Zwiebel, Rolfbert Leuchtenbein und Gunhild Praskowiak. Jeder hatte eine Tasse Kaffee vor sich stehen. In der Mitte des Tisches türmte sich eine stattliche Kuchenpyramide. Alle bestaunten die fein bemalten Sammeltassen Mechthilds, die stolz auf das Erbe ihrer Schwiegermutter verwies, das sich jetzt in ihrem gläsernen Jugendstil-Schrank befand.
Ihr Mann hatte ein Faible für solche kleinen Schmuckstücke und arbeitete in seiner Freizeit alte Möbel wieder auf. Mit einem Seufzer verwies sie auf eine Sammlung von siebzehn alten Stühlen und noch ein paar anderen Kleinmöbeln, die auf dem Dachboden noch auf ihre Erneuerung warteten.
Vollkommen aufgeregt plapperte inzwischen Gunhild von dem Chaos, das in der Einsiedelei angerichtet worden war. Leuchtenbein schaute verstört zu seiner Kollegin.
Mechthild schüttelte den Kopf.
»Wer macht denn so was? Wenn das Radi erfährt, der kennt da nüscht. Der war ja ooch janz fuchsig gewesen wejen die toten Vöjel im Park.

So'ne Schweinerei. Det war'n bestimmt dieselben kaputten Typen, die das jemacht ha'm.«

Linthdorf horchte auf.

»Sie glauben, dass es mehrere Personen waren?«

»Naja, weil doch die Sache mit die toten Kraniche … Also, der Radi, also Meinrad, der hat mia jesacht, det kann keen Einzelner jewesen sein, weil der Baron ja ooch imma von die Varrückten jesprochen hatte. Imma in die Mehrzahl. Radi, also Meinrad, hatte det Jefühl, als ob der Baron wüsste, wer das jewesen sein könnte, aba er wollte darüber nich sprechen.«

Linthdorf wollte noch mehr über die toten Vögel wissen, aber weder Gunhild noch Leuchtenbein konnten etwas Neues berichten.

Der Kommissar nahm sich vor, am nächsten Morgen im Kreiskrankenhaus in Oranienburg vorbeizufahren und mit Meinrad Zwiebel zu sprechen.

Leuchtenbein hatte einen großen Aktenordner mitgebracht. Es war eine Rohübersetzung der Krugeschen Chronik. Linthdorf suchte nach Hinweisen auf Gerlinde von Quappendorff, geborene von Kruge.

Leuchtenbein kratzte sich am Kopf.

»Naja, Kruge hatte seine Chronik zeitlich vor dem Auftreten Gerlindes geschrieben. Aber vielleicht gibt es ja in seinem Briefwechsel mit dem damaligen Quappendorff ein paar Hinweise … Es könnte ja seine Tochter sein … Aber das ist jetzt mal rein spekulativ. Ich kenne das Grab der Gerlinde, habe mich auch schon gewundert, wieso es so abseits liegt. Der alte Baron hat leider auch keine Idee.«

Linthdorf stutzte.

»Haben Sie sich mit ihrem Chef darüber unterhalten?«

»Ja, es ging um die Dokumentation der hier begrabenen Quappendorffs. Der Baron hatte extra einen Plan vom Friedhof anlegen lassen und darauf akribisch jedes Grab eingezeichnet. Die ältesten Gräber sind aus dem 17. Jahrhundert. Das jüngste ist aus dem Jahre 1913, der Urgroßvater des Barons. Es war der Quappendorff, der das Gut 1871 bei der großen Strousberg-Pleite verloren hatte. Eigentlich ein Tiefpunkt in der Familiengeschichte. Aber es ging damals vielen Landadeligen so. Sie verstanden die neue Zeit einfach nicht, versuchten mitzumischen und verloren alles.«

»Haben Sie den Plan noch oder befindet er sich im Büro des Barons?«
»Nein, nein, hier ist er.«, Leuchtenbein blätterte aufgeregt in seinem Aktenordner und fischte dann ein mehrfach gefaltetes Dokument hervor. Ein maßstabsgetreuer Grundriss des alten Friedhofs wurde sichtbar. Die Gräber waren in verschiedenen Farben eingezeichnet worden.
Linthdorf sah fragend auf Leuchtenbein.
Der reagierte auch sofort.
»Die Farben zeigen eine chronologische Einordnung der Gräber an. Mit blau sind die ältesten Gräber aus dem 17. Jahrhundert gekennzeichnet. Gelb sind die aus der ersten Hälfte des 18. Jahrhunderts, rot die aus der zweiten Hälfte. Grün kennzeichnet die erste Hälfte des 19. Jahrhunderts und schwarz die zweite Hälfte einschließlich die wenigen Gräber vom Beginn des 20. Jahrhunderts.«
Linthdorf studierte die Karte. Er stutzte. Das Grab Gerlindes von Quappendorff fehlte. Er wies Leuchtenbein darauf hin. Der zuckte nur mit den Schultern. Den Plan habe der Baron angelegt und nicht er. Ihm war die Aufgabe zugeteilt worden, die einzelnen Quappendorffs, die hier lagen, in den alten Briefen und Dokumenten zu suchen, ihre Vita zu erstellen und die Verwandtschaftsverhältnisse zueinander zu klären.
Er hatte den Baron ebenfalls auf das Fehlen des Grabes im Plan hingewiesen, doch der hatte nur abgewunken. Die sei nur eine Angeheiratete, keine wirkliche von Quappendorff, dazu noch kinderlos geblieben, hätte also auch keinen wirklichen Einfluss auf die weiteren Geschicke der Quappendorffs.
»Woher weiß der alte Baron denn das? Hatte er sich bereits mit Ahnenforschung beschäftigt?«
»Oh ja, das ist schon viele Jahre sein Hobby. Er ist ja immerhin Lehrer für Geschichte gewesen, und auch an einem sehr angesehenen Gymnasium in Rheinland-Pfalz, irgendwo unweit von Trier.«
Linthdorf nickte nachdenklich. Er spürte, dass er hier auf eine Sache gestoßen war, die vielleicht etwas mit den aktuellen Vorgängen auf Gut Lankenhorst zu tun haben könnte. Die letzten Tage hatten viele überraschende Erkenntnisse gebracht. Eine grundlegende Neuigkeit war leider nicht dabei.
Aber vielleicht hatte er ja diese Nacht Glück bei seiner Jagd nach der »Weißen Frau«. Er war sich sicher, wenn er dieses Rätsel löste, würden

alle anderen geheimnisvollen Zusammenhänge ebenfalls sichtbar werden.

Sein Verdacht, dass vielleicht die zweite Tochter des Barons die »Weiße Frau« sein könnte, ließ sich bisher nicht belegen. Welche Rolle Clara-Louise Marheincke in diesem Drama spielte, war bislang unklar. Sie direkt zu befragen und mit dem Verdacht zu konfrontieren, hielt Linthdorf für sinnlos.

Wenn sie die »Weiße Frau« war, besaß sie auf alle Fälle so viel Nerven und genug Verstand, sich gegenüber der Polizei keine Blöße zu geben. Da brauchte er schon mehr als nur einen Verdacht.

Mechthild hatte inzwischen begonnen, den Tisch fürs Abendessen zu decken. Wieder hatte sie gezaubert und eine vorzügliche Fischsoljanka in einem riesigen Suppentopf kredenzt. Allen war die Unterbrechung ganz recht. Teller wurden verteilt und Mechthild begann, mit ihrer Schöpfkelle fleißig auszuteilen.

Die kleine Gesellschaft im Torhaus hatte sich nach dem Essen an einem Gläschen Sherry gütlich getan. Gunhild hatte die Flasche »Amontillado« spendiert. Der Sherry ging sofort ins Blut und ließ die Stimmung merklich ansteigen. Sie unterhielten sich jetzt über alles Mögliche. Die schrecklichen Vorgänge der letzten Wochen waren wenigstens für einen Moment vergessen.

Nach ein paar weiteren Gläschen Sherry kamen die Gespräche auch auf das benachbarte Bogensee. Mechthild war ziemlich angeschwipst und berichtete kichernd, dass sie mal als junges Mädchen für einen dreimonatigen FDJ-Lehrgang in Bogensee gelebt hatte. Linthdorf staunte.

Er konnte sich die schüchterne, kleine Frau überhaupt nicht als stramme FDJ-Funktionärin vorstellen.

Leuchtenbein war das Thema zu politisch geworden. Er hielt sich bei solchen Aktivitäten heraus. Darauf war er auch stolz. Er hatte sich nicht vom System vereinnahmen lassen.

Gunhild gab ihm einen Knuff in die Seite. »Berti, du warst schon imma een Duckmäuser, jibs zu! Det hatte nüscht mit Systemvaweijerung zu tun, du hast eenfach nur jekniffen. Na, is ja ooch nich schlimm. Bist ja nen janz passablet Kerlchen jeworden. Hihi!«

Die üppige Blondine pumpte sich voller Luft, so dass ihr riesiger Busen noch größer erschien, als er schon war. Dann platzte es aus ihr heraus. »Ick war ooch in Bojensee! So! Nu isses jut.«
»Was, du auch?«
»Jaa, ich auch. Kabarett. Kulturlehrjang ... 1977! Un es war ne wundabare Zeit! Prima Leute, viel Kultur ... Das war meine beste Juchend. Ach jeeh, war det scheen jewesen.«
Die große Blondine wurde sentimental und bekam einen Schluckauf. Mit einem Ächzen lehnte sie sich zurück in ihrem Sessel. »Na Herr Kommissar, det hamse nich erwaret, wa?«
Linthdorf lächelte. Er war auch FDJ-Mitglied gewesen, wie eben fast alle ehemaligen DDR-Bürger. Er nickte und berichtete über seine Zeit als ehrenamtlicher Mitarbeiter bei »Jugendtourist", der Reiseorganisation der FDJ, und seine abenteuerlichen Fahrten als Reiseleiter in die ostpolnischen Urwälder von Białystok und in die masurischen Seenplatte. Seine Ängste, wenn plötzlich ein Mitglied der Reisegruppe verschwunden war und seine Bauchschmerzen, wenn die Hälfte der Reisegruppe nur mit dem Schmuggel von Lebensmitteln und modischem Firlefanz beschäftigt war.
»Mein Jott, Herr Linthdorf, da hamse ja ooch schon einiges alebt, wa? Un wia ham se für nen knallharten Bullen ohne Skrupel und ohne Herz jehalten. Mehr so'n Dschäms Pont. Dabei sindse ja ooch nen janz netter Mensch. Hihi!«
Gunhild war inzwischen ziemlich angetrunken und hatte die letzten Hemmungen Linthdorf gegenüber abgelegt.
Linthdorf fragte die beiden Frauen noch über ihre Zeit in Bogensee aus. Ob sie an dem kleinen See waren und auch die Wälder der Umgebung durchstreift hatten.
Mechthild war im Winter in Bogensee, da war nicht so viel mit großen Ausflügen in die Umgebung. Aber Gunhild war im Sommer dort. Ja, natürlich war sie öfters baden gewesen in dem kleine See, und Beeren und Pilze habe sie auch gesucht in den Wäldern. Linthdorf fragte sie, ob sie ihm behilflich sein könne. Er wollte die historischen Wege und Gebäude auf einer Karte einzeichnen. Die wollte er mit den Planungen der »Kranichland AG« vergleichen, die er als Kopien von Frau Meyer, geborene

Schmidt, aus dem Biesenthaler Amt bekommen hatte. Gunhild war begeistert.
Wozu denn der Herr Kommissar etwas über Bogensee wissen wollte und was denn Bogensee mit den Ermittlungen in Lankenhorst zu tun habe, schaltete sich Leuchtenbein wieder ins Gespräch mit ein.
Linthdorf schüttelte kurz den Kopf. Möglicherweise haben die beiden Orte ja gar nichts miteinander zu tun, aber seine Ermittlungen hatten eben auch nach Bogensee geführt. Es ginge dabei allerdings nicht um Spukgeschichten und ominöse Todesfälle, sondern um so etwas wie Steuerhinterziehung und Kreditbetrug im Rahmen eines größeren Investitionsprojekts.
Die drei wurden hellhörig.
Leuchtenbein erwähnte, dass in den letzten Monaten laufend Schlipsträger in feinen Autos auf dem Gut zu Gast gewesen waren und dem Baron ihre Aufwartung gemacht hätten.
Gunhild hatte sie auch beobachtet. Jedes Mal, wenn diese Typen hier waren, sei der alte Baron danach ganz aufgeregt gewesen und habe stundenlang telefoniert.
Linthdorf hakte nach. Was das denn für Leute gewesen waren und ob sie sich an Details erinnern könnten?
Mechthild fiel ein, dass es stets zwei noble Autos waren, die da vorgefahren wären. Mercedes wohl, oder auch Audi …, so genau wisse sie es nicht, aber ihr Mann, der müsste es ganz genau wissen, denn der hatte sich die Nobelkarossen aus der Nähe angeschaut, der interessiere sich ja immer für dicke Schlitten.
Leuchtenbein wusste etwas mehr über die Männer. Sie waren immer zu fünft gekommen. Alle sehr fein gekleidet und mit dicken Aktenmappen ausgerüstet. Anfangs hatte er sie ja für Beamte gehalten, weil sie immer so steif und förmlich waren. Doch so nobel konnten Beamte nicht sein, weder die Anzüge, noch die Autos würden dazu passen.
Außerdem sprachen die Herren in einem vollkommen akzentfreien Deutsch. Man konnte nicht erkennen, woher sie stammten. Das waren Leute aus den Managerkreisen. Die waren aalglatt und irgendwie gesichtslos. Alle sahen irgendwie ähnlich aus. Korrekt frisiert, superglatt rasiert, durchtrainiert. Auch vom Alter schwer einzuordnen. Vielleicht dreißig, oder vierzig, aber auch fünfzig wäre noch denkbar.

Gunhild nickte. Unfreundlich seien sie gewesen. Hätten weder »Guten Tag« noch »Auf Wiedersehen« gesagt. Sie waren stets nur kurze Zeit beim Baron, maximal eine halbe Stunde.
Linthdorf begann in seinem Kopf plötzlich völlig neue Zusammenhänge zu kombinieren. War das, was man bei dem alten Quappendorff suchte, vielleicht gar nicht ein Dokument oder ein alter Schatz? War es vielleicht das Gut mitsamt seinem Park und den angrenzenden Ländereien, was so wertvoll war? Ihm fiel wieder die Karte der »Kranichland AG« beim Katasteramt im benachbarten Biesenthal ein.
Sein fotographisches Gedächtnis ließ ihn nicht im Stich. Natürlich waren auch schraffierte Flächen in direkter Nachbarschaft zum Gut Lankenhorst eingezeichnet. Kamen sich da die Interessen der »Kranichland AG« und die Bedürfnisse des »Kultur-Gutes Lankenhorst e.V.« in die Quere?
Gunhild schien von den Aufregungen des Tages etwas übermannt worden zu sein. Sie schnarchte friedlich an die schmale Schulter Leuchtenbeins gelehnt, der von dem Gewicht der üppigen Blondine etwas überrascht schien. Auch Mechthild hatte ganz kleine Augen bekommen, die ihr laufend zufallen wollten. Höchste Zeit fürs Schlafengehen. In der Ferne war die Kirchturmuhr zu vernehmen. Es war Mitternacht.
Leuchtenbein hatte sich vorsichtig von Gunhild lösen können, die ganz langsam umsank und davon wach wurde. Es war ihr sichtlich peinlich, eingeschlafen zu sein. Mit hochrotem Kopf suchte sie ihren Parka und den Regenschirm.
»Bertichen, jetzt wird's aba Zeit fürs Bette. Komm, los! Feiaamd! Ab durch die Mitte!« Leuchtenbein nickte verständnisvoll, schüttelte dem Kommisar energisch die Hand und umarmte Mechthild.
Auch Linthdorf zog sich zurück, allerdings nur, um seinen schwarzen Ulster zu holen und wieder auf Wache unter der großen Eibe zu ziehen. Wieder warf er einen Blick zum Schloss. Dunkel lag das Gebäude am Ende der Allee, kein Licht war zu erkennen. Alles schien zu ruhen.

XI
Oranienburg – Kreiskrankenhaus
Donnerstag, 16. November 2006

Meinrad Zwiebel hatte inzwischen ein normales Krankenbett und war auch seine ganzen Schläuche und Kanülen los. Auf dem Kopf war nur noch ein kleiner Verband und die lädierten Arme und Beine waren mit großen Wundpflastern versorgt worden. Er saß aufrecht in seinem Bett, knabberte Leckereien, die seine Frau ihm mitgebracht hatte, und blätterte in einer bunten Illustrierten. Klatsch und Tratsch waren sein Lebenselixier.
Etwas überrascht von dem Besuch des Polizisten war Meinrad schon. Sein unglücklicher Ausflug in die Unterwelt von Gut Lankenhorst schien mehr offizielles Interesse zu wecken als gedacht.
Linthdorf setzte sich auf einen der beiden Kunstledersessel, die in dem Zimmer standen und schaute erwartungsvoll auf den bandagierten Patienten.
»Tach auch, Herr Kommissar.«
»Tach auch, Herr Zwiebel.«
»Na, wie fühlen Sie sich denn nun?«
»Geht schon besser, also, ja, noch n' paar Tage und dann kann ick zu Mechthild zurück. Arbeit alladings würd wohl noch n' bisken warten müssen.«
»Na denn alles Gute! Herr Zwiebel, Sie können sich sicherlich denken, dass ich nicht nur aus diesem Grund hier vorbei gekommen bin.«
Zwiebel nickte und sah den Kommissar erwartungsvoll an.
»Es geht um die »Weiße Frau«. Ich weiß. Aber ich hab sie gesehn, wirklich, so leibhaftig wie ich Sie jetzt ansehe.«
»Wie sah sie aus?«
»Mein Jott, janz weiß! Also so'n weißet Wallekleid hatte sie an. Und nen Schleier überm Kopp, so dass man das Jesicht nicht erkennen konnte."
»War sie eher groß oder klein?«
»Mehr so mittel.«
»Eher älter oder jünger?«
»Auch mehr so mittel.«
»Kam Ihnen irgendetwas an ihr bekannt vor? Oder seltsam?«

»Ich hab se doch nur flüchtig jesehn. Mein Jott, da konnte ich doch auf so wat nicht auch noch achten.«
»Aber von dieser Welt war sie schon? Oder hatten Sie auch das Gefühl, dass sie schwebte?«
»Nee, nee! Die war schon recht lebendig. Fußspuren hatte se ja ooch hinterlassen, det macht n' richtiget Gespenst nicht. Sonst hätt' ich doch auch jar nicht gewusst, dass sie in den ollen Jeheimjang runter geschlupft is. Ick sollte se wohl jar nich sehen, hatte ich den Eindruck. Als ob se's eilig jehabt hätte. Husch, war se wech! Janz fix!«
»Können Sie sich noch an die Fußspuren erinnern?«
»Ja, waren auf alle Fälle Sportschuhe oder so ne Jeländetreter mit nem derben Profil. Die waren nämlich sehr deutlich zu erkennen gewesen.«
»Und dann im Gang? Haben Sie sie noch einmal gesehen?«
»Nee, war doch zappenduster da unten. Wollte grade meine Taschenlampe anmachen, die ich imma bei mir traje, da rummste es schon, wie wenn ein Jawitter auf einen zukommt. Ja, und dann war ich wech, zujeschüttet.«
»Danke, Herr Zwiebel, Sie haben mir sehr geholfen.«
»Herr Kommissar, glooben Se auch, dass die olle Marheincken dahinta steckt? Meine Mechthild hat mia da so wat von azäählt.«
»Ihnen ist Frau Marheincke nicht ganz geheuer?«
»Naja, was heißt schon das. Aba, ick gloobe, die hat et faustdick hinna die Ohren. Die is falsch. Gunhild sacht et ooch. Ne falsche Schlange sei es, die nur ihren ollen Herrn aussauge und aufs Erbe schiele.«
»Wieso?«
»Na wissense, Herr Kommissar, da kommen doch ümma so ne Fuzzis in Schlips und Kragen zum ollen Baron, janz nobel die Herren. Riechen nach teurem Parfüm und nach Jeld. Und die ham sich mit die olle Marheincke ooch jetroffen. Außahalb vom Jut, hinten an die kleene Kapelle, da is so ne kleen Buchte. Da ham die Nobelhobel von die feinen Fuzzis jestanden und direkt daneben der Porsche von die Marheincke. Ick hab doch nen Ooje dafür.«
»Was für Autos waren das?«
»Audis, A 8. Teure Schlitten. Berliner Kennzeichen. Da kuck ich imma. Hier aus die Jegend fährt kaum jemand so ne Hobel. Die fallen schon auf.«

»Haben Sie die Leute gesehen im Gespräch mit Frau Marheincke?«
»Nee, nicht direkt. Aba war schon seltsam. Erst kamen die fünf Schlipse zurück und düsten davon. Und ne halbe Minute später kam ooch die Marheincke wieda zu ihrem Waachen. Als ob se darauf achte, dass man se nich zusammen mit die Schlipse sehen sollte. Ick sach ja, dass is ne falsche Person. Und dem ollen Baron hab ick das ooch schon jesacht, so! Aba davon wollt er nix wissen. Seine Clara-Louise, sein ein und alles! Haha, das ick nich lache …, so ne Schlange.«
»Sie haben mit Quappendorff darüber gesprochen?«
Zwiebel war etwas irritiert über die Frage und haspelte plötzlich Hochdeutsch.
»Na klar, der soll doch wissen, was hier abgeht. Ich weiß doch, dem steht das Wasser bis zum Hals, der muss jeden Cent dreimal umdrehn, bevor er ihn ausgibt. Wir machen doch jede Woche Krisensitzung.«
»Seit wann ist die Lage denn so prekär?«
»Naja, eijentlich von Anfang an. Aba seit nem halben Jahr is et wohl echt kritisch jeworden. Irjendwat klappt nich so, wie es soll. Die Bank macht wohl Ärger. Dabei is Hülpenbecka doch sojar mit im Stiftungsrat. Komisch…«
Linthdorf nickte. Er hatte mehr erfahren, als er zu hoffen gewagt hatte. Langsam begann sich ein Puzzlebild zu formen. Es fehlten zwar noch ein paar entscheidende Teile, aber es war immerhin schon erkennbar. Was da erkennbar wurde, war monströs und kalt, ohne jegliches Gefühl und voller Habgier.
Er schüttelte sich. Alles hatte mit einer harmlosen Steuerfahndung angefangen. Durch Zufall war er mit den ominösen Vorgängen auf Gut Lankenhorst konfrontiert worden. Das verbindende Glied in dem Sumpf aus Betrug, Mord und kühlem Kalkül war Geld, unheimlich viel Geld, eine Zahl, die ihm immer noch Kopfzerbrechen bereitete, wenn man sich vorstellen wollte, wie groß sie wirklich war.
Er wünschte dem bandagierten Hausmeister Zwiebel gute Besserung und machte sich auf den Weg zurück nach Potsdam. Viel Arbeit wartete auf ihn und seine Kollegen von der SoKo.

Die Geistersiedlung

Bogensee

Heute ist Bogensee eine Geistersiedlung. Niemand lebt mehr in den großen Prunkbauten, die hier langsam verfallen. Bogensee gehört zur Gemeinde Lanke und liegt versteckt im Barnimer Naturpark unweit der Gemeinden Wandlitz, Prenden und Klosterfelde, nur wenige Kilometer sind es bis zur Berliner Stadtgrenze.

Zum Gelände des Bogensees gehört ein kleiner See, der auch als Namensgeber für das Areal diente. Das kleine Gewässer liegt etwas außerhalb der Siedlung und ist nur über kleine Trampelpfade zu erreichen. Heute gehört das Gelände mitsamt den darauf stehenden Immobilien dem Land Berlin, vertreten durch den landeseigenen Liegenschaftsfonds.

Die Geschichte Bogensees reicht zurück bis ins Jahr 1876. Der damalige Besitzer, Geheimrat Graf Wilhelm von Redern, erwarb das Gelände zusammen mit dem Gut Lanke. Durch Misswirtschaft verschuldete sich der Geheimrat jedoch und war gezwungen, seinen Besitz zu veräußern. Das circa fünftausend Hektar große Gelände wurde von ihm im Jahre 1919 an den Magistrat von Berlin verkauft. Die Stadt wiederum verschenkte einen Teil des Areals zusammen mit ei-

nem Blockhaus, das direkt am Ufer des Bogensees errichtet worden war, dem Reichspropagandaminister Joseph Goebbels auf »Lebenszeit«.

Goebbels Geltungsbedürfnis war mit dieser Blockhütte allerdings nicht zufrieden gestellt. Er ließ 1939 etwas weiter westlich der alten Blockhütte einen repräsentativen Landsitz bauen. Diese »Villa« hatte über dreißig Zimmer auf einer Fläche von 1600 Quadratmetern. Es gab ein eigenes Kino, eine Klimaanlage, Versammlungsräume und auch einen Bunker. Zum Landsitz gehörten eigene Wirtschaftsgebäude, Unterkünfte für die Wachmannschaften und ein kleines Wasserwerk. Finanziert wurden diese Bauten vor allem von der UFA, der Goebbels direkt unterstellten Filmproduktionsgesellschaft des Dritten Reichs. In Goebbels Landsitz waren alle UFA-Stars zu Gast: Emil Jannings, Zarah Leander, Heinz Rühmann, Johannes Heesters, Marikka Röck.

Glanzvolle Momente …

Nach dem Zusammenbruch des Dritten Reichs wurde aus dem luxuriösen Landsitz ein Lazarett. 1946 übergab die SMAD (Sowjetische Militäradministration in Deutschland) das Gelände an die gerade neu gegründete FDJ (Freie Deutsche Jugend). Bogensee wurde zur Jugendhochschule »Waldhof am Bogensee«. 1951 wurde die Jugendhochschule erweitert. Der berühmte Architekt Hermann Henselmann, der schon die Berliner Stalinallee projektiert hatte, ließ auf dem Gelände einen großzügig geplanten Komplex von Lektionsgebäuden, Internaten und einem repräsentativen Gemeinschaftshaus errichten. Das gesamte Ensemble im Stil des stalinistischen »Zuckerbäckerbarocks« steht heute unter Denkmalschutz.

Ursprünglich wurden an der Jugendhochschule Nachwuchskader für den Partei- und Staatsapparat der DDR ausgebildet. Später dann kamen auch ausländische Gaststudenten hinzu. Bogensee wurde international bekannt als Kaderschmiede kommunistischer Parteien und Jugendorganisationen. Studenten aus Dänemark, Griechenland, Chile, der Bundesrepublik Deutschland und aus zahlreichen afrikanischen und arabischen Staaten lernten hier das Einmaleins des Klassenkampfes.

Nach dem Zusammenbruch der DDR wurde die Jugendhochschule abgewickelt. Offiziell war das Land Berlin wieder der Eigentümer. Allerdings tat sich Berlin schwer mit seinem Erbe. Eine wirkliche Nutzung Bogensees war nicht in Sicht, mehrfach wurde das Gelände mitsamt seinen »Altlasten« ausgeschrieben. Von 1991 bis 1999 hatte ein Konsortium unter dem Namen IBC (Internationales Bildungszentrum) versucht, neues Leben in die alten Gebäude zu bringen. Seither stehen die Immobilien leer und sind dem Verfall preisgegeben.

I

Potsdam - Landeskriminalamt
Freitag, 17. November 2006

Es war bereits später Vormittag geworden, als Linthdorf in seinem Büro eintraf. Auf seinem Tisch stapelten sich die Berichte und Auswertungen diverser Nachforschungen.

Ganz obenauf lag ein Bericht der Rechtsmedizin aus Oranienburg. Mohr war den Kollegen auf die Pelle gerückt. Die Leiche des Einsiedlers war noch in den Kellern der Pathologie gewesen. So konnten die Rechtsmediziner bei den Pathologen noch einmal vorstellig werden und ihnen die Leiche entführen.

Die Ahnung Linthdorfs hatte sich bewahrheitet. Der Bericht der beiden Rechtsmediziner war umfangreich. Aus dem Wust an Latinismen konnte er jedoch alles Wesentliche herauslesen.
Verschau war Diabetiker, daher waren seine Finger ziemlich zerstochen und auch seine Bauchdecke wies viele Einstiche auf. Bei einer Blutanalyse konnten spezifische Peptide nachgewiesen werden, die auf eine sehr hohe Insulingabe kurz vor seinem Tode schließen ließ. Aller Wahrscheinlichkeit nach war Verschau mit einer Überdosis Insulin getötet worden.
Insulin baut sich als körpereigenes Hormon schnell ab und ist nach einer gewissen Zeit nicht mehr nachweisbar. Nur die Peptidgruppen im Körper lassen Rückschlüsse auf die Menge injizierten Insulins zu. Dazu ist allerdings eine aufwändige Blutanalyse notwendig, um diese Peptidgruppen biochemisch nachzuweisen. Bei einem Diabetiker die perfekte Mordmethode, da kein normaler Arzt bei der Feststellung der Todesursache Zweifel bekäme beim Anblick der vielen Einstiche.
Linthdorf nickte nachdenklich. Jetzt war auch dieser ominöse Todesfall klar als Mord zu untersuchen. Noch war allerdings unklar, weshalb der Maler sterben musste und was ihn auf den alten Friedhof verschlagen hatte. Sein Mörder schien gut über ihn Bescheid gewusst zu haben. In der Halloweennacht war es ein Leichtes, sich dem Maler zu nähern und ihm die tödliche Injektion zu verabreichen. Überall waren lärmende Kinder und Jugendliche unterwegs, alle verkleidet und in Spaßlaune. Ideal für einen potentiellen Mörder, sich unerkannt durch den Ort zu bewegen.
Linthdorf wusste, dass es zwischen dem toten Felix Verschau und den Quappendorffs eine Verbindung geben musste. Aber er wusste noch nicht, was es für eine Beziehung war, die der Einsiedler letztlich mit seinem Leben bezahlt hatte. Vielleicht lag der Schlüssel ja in der Vergangenheit. Gab es da möglicherweise Berührungspunkte?
Der Kommissar wurde jäh aus seinen Überlegungen gerissen. Vor ihm stand Dr. Nägelein, sein Chef. Er musste wohl dessen Klopfen überhört haben.
»Herr Linthdorf, ich hoffe doch sehr, dass Ihre eigenmächtige Tour erfolgreich war. Eigentlich hätten Sie das Ganze ja auch optimaler gestalten können. Und etwas Koordination wäre vielleicht auch nicht schlecht gewesen. Immerhin sind sie ja der Leiter der SoKo. Hier lief in der Zwischenzeit alles drunter und drüber, wenn Sie verstehen, was ich meine.«

Linthdorf hatte diese Ansprache erwartet. Natürlich war es etwas leichtsinnig gewesen, drei Tage nicht hier vor Ort zu sein. Andererseits waren die Aufgaben klar verteilt und alle Mitarbeiter hatten seine Mobilfunknummer. Er wäre innerhalb von zwei Stunden wieder hier vor Ort, wenn etwas Außergewöhnliches passiert wäre.
Nägelein wartete auf Linthdorfs Rechtfertigung. Aber der schaute seinen Chef nur schuldbewusst an. »Ja, Sie haben vollkommen Recht. Es tut mir sehr leid.«
Nägelein war für einen Moment der Wind aus den Segeln genommen worden. Er hatte sich schon auf eine langwierige Grundsatzdebatte über Sinn und Notwendigkeit polizeilicher Regeln und Hierarchien eingestellt und Linthdorf als ideales Opfer seiner Ausführungen auserkoren.
Linthdorf nutzte diesen Moment der Irritation bei Nägelein aus und schnappte sich seinen Mantel und den Hut. »Chef, ich muss noch mal los, Es ist dringlich! Erkläre ich später, aber es gibt neue Erkenntnisse.«
Damit stürmte er davon und ließ den immer noch irritierten Dr. Nägelein allein zurück.

II
Bogensee
Sonnabend, 18. November 2006

Ein wunderbar milder Herbsttag kündigte sich an. Leichte Bodennebel waren gerade dabei, sich aufzulösen und ein blasser, blauer Himmel versprach etwas Sonnenschein.

Ein silberfarbener SuV parkte unweit des Eingangs zum abgesperrten Gelände der ehemaligen Jugendhochschule Bogensee. Kein Zweifel, dieser Wagen mit Potsdamer Nummernschild gehörte Linthdorf, der hier mit zwei Begleitern unterwegs war.
Seine beiden Begleiter waren Kriminalhauptkommissarin Louise Elverdink und Kriminaloberkommissar Mathias Mohr, beide trugen kugelsichere Westen unter ihren Parkas. Auch Linthdorf wirkte noch stattlicher als sonst. Unter seinem weiten, schwarzen Mantel hatte er ebenfalls eine kugelsichere Weste angelegt. Er hatte höchstpersönlich darauf bestanden, dass alle diese Vorsichtsmaßnahme akzeptierten und die unhandlichen, schweren Kevlarwesten anlegten.
Er musste an den geheimnisvollen Heckenschützen denken, der ihm bei seinem ersten Besuch hier aufgelauert hatte. Vorsichtig bewegten sich die drei Polizisten über das Gelände. Alles machte einen menschenleeren Eindruck. Die Gebäude lagen verlassen im Novembersonnenlicht. Eine unwirkliche Idylle, die beim genaueren Hinsehen etwas Unheimliches bekam.
Linthdorf lief ein leichter Schauder über den Rücken. Erstaunlicherweise hatten wirklich alte Ruinen keine solchen Gefühle bei ihm hervorgerufen, wie diese leerstehenden und noch weitestgehend intakten Gebäude. Das ganze Gelände erinnerte den Ermittler an die vor siebzehn Jahren sang- und klanglos untergegangene Republik, die eigentlich diese Bezeichnung gar nicht verdient hatte.
Vor seinem inneren Auge liefen plötzlich wieder Bilder ab, die schon längst verschüttet waren.
Junge Leute mit Blauhemden und den damals modernen Vokuhila-Frisuren, dazu die alten Hits der Ostrockbands. Es war die Zeit der Losungen und Parolen, geprägt von einem unsäglichen Optimismus, der aufgrund der betrüblichen Realität fast schon makaber war.
Was hatten die Absolventen dieser Jugendhochschule noch wirklich Wissenswertes von hier mitgenommen?
Hatten sie hier draußen in der Waldidylle überhaupt eine Chance, etwas Wahres über den Zustand ihres Landes zu erfahren?
Was war wohl aus ihnen geworden?

Zwei von ihnen kannte er inzwischen: Gunhild und Mechthild. Beide hatten ihren Platz im neuen Leben gefunden. Was von den Idealen aus ihrer Studienzeit in Bogensee noch übrig war ..., schwer zu sagen.
So öde und verlassen das Gelände jetzt war, so sehr bedauerte Linthdorf es, dass dieser Komplex so vollkommen vergessen wurde von den Menschen der neuen Zeit.
Er fand es wichtig, die Geschichte zu bewahren. Nur wer seine Geschichte versteht und akzeptiert hat auch keine Angst vor der Zukunft und kann mit der Gegenwart umgehen. Ein kluger Lehrer hatte ihm diese Erkenntnis mitgegeben, als er selber Abiturient gewesen war. Damals hatte er diese Sätze nur oberflächlich verstanden und sie freundlich dankend in seinen Hinterkopf verdrängt. Er hatte noch keine Vergangenheit damals, er war einfach nur jung und gierig aufs Leben.
Aber je älter er wurde und je öfter er sich dabei ertappte, zurück zu blicken und verwundert festzustellen, dass er inzwischen eine beachtliche Vergangenheit vorzuweisen hatte, desto öfter gingen ihm die Worte seines alten Lehrers wieder durch den Kopf.
Jetzt, genau in diesem Moment, als er mitten auf dem Campus dieser Geistersiedlung stand, wurde ihm die Botschaft dieser Worte bewusst wie nie zuvor.
Hier war auch seine Vergangenheit sichtbar. Und wenn man noch tiefer in die Zeit abtauchte, kam die Vergangenheit noch älterer Generationen zum Vorschein. Die Goebbels-Villa und sein Blockhaus. Symbole für eine Macht, die unerbittlich die Schicksale ganzer Familien geprägt hatte. Die Menschen dazu gebracht hatte, etwas zu tun, was sie sonst nie getan hätten. Die Leid und Hunger und Tod gebracht hatte, zu Menschen, die schuldig verstrickt waren, aber auch zu vielen Menschen, die damit gar nichts zu tun hatten.
Zu welchen Menschen die Quappendorffs gehörten, war unklar, jedenfalls zu der Vätergeneration des jetztigen Barons konnte man mit ziemlicher Sicherheit sagen, dass sie sich arrangiert hatten mit ihrer Zeit und aktiv eingebunden waren in die damaligen Machtstrukturen.
Linthdorf begriff, dass er in der jüngeren Familiengeschichte der Quappendorffs nachforschen musste, um die Motive für die gegenwärtigen Verwicklungen zu finden.

Nicht im Mittelalter lagen die Wurzeln des Übels, sondern in der jüngeren Vergangenheit. Die »Weiße Frau« war nur eine Spielerei, vielleicht geeignet, etwas romantische Gruselschauer hervorzurufen, aber nicht der Schlüssel für die vier Morde. Der Schlüssel lag hier und hatte etwas mit den jüngeren Quappendorffs zu tun.
Er spürte, dass Bogensee und Gut Lankenhorst durch ein Geheimnis miteinander verbunden waren. Die Verbindung konnte nur aus der Zeit stammen, als in Bogensee Goebbels und seine Leute residierten und auf Gut Lankenhorst die Quappendorffs sich in die Machenschaften der Nazis verstrickt hatten. Da lag der Hund begraben.
Alles, was der alte Baron erforschte, war die mittelalterliche Geschichte seiner Familie, denn die war harmlos und lag schon lange zurück. Egal, ob es da gute oder schlechte Herren auf Lankenhorst gab, sie waren schon so lange tot, dass ihre Taten nicht mehr relevant waren für die Gegenwart.
Um die jüngere Geschichte hatte er einen großen Bogen gemacht, so als ob er wusste, dass es hier eine Grauzone gab, die so weit wie möglich im Schatten der langen Familientradition liegen gelassen werden sollte.
Linthdorf hatte es die ganze Zeit gespürt, dass es etwas Unerwähntes gab, was wie ein Familiengeheimnis gehütet wurde. Dieses Unerwähnte hatte mit der jüngeren Geschichte zu tun. Er musste unbedingt noch einmal mit dem Archivar Leuchtenbein sprechen. Der musste doch auch über diese Zeit ein paar Dokumente in seinem Archiv haben.
Aber jetzt galt es, hier auf dem Gelände Hinweise zu finden, die möglicherweise zu den Drahtziehern der Morde und der übrigen seltsamen Inszenierungen führen könnten. Das Wirken der »Kranichland AG« schien ebenfalls etwas mit dem Gelände zu tun zu haben. Was machte dieses Gelände so wertvoll für diese gesichtslose Investmentfirma, die zu der Gruppe von Unternehmen gehörte, die ein bekannter Politiker erst kürzlich als »Heuschrecken« bezeichnet hatte. Aldo Colli musste ihm unbedingt noch einmal die Vorgehensweise solcher »Heuschrecken« erläutern.
Seine beiden Begleiter hatten inzwischen den östlichen Bereich durchkämmt und kamen nun auf Linthdorf zu. Der hatte bereits die gesamte Westhälfte abgelaufen, ohne etwas Bemerkenswertes entdeckt zu haben.

Die etwas abseits der Hochschulgebäude gelegene Goebbels-Villa war das nächste Objekt, das sich die drei Polizisten vorgenommen hatten.
»Was genau suchen wir denn?«, fragte Mohr und sah etwas missmutig zu Linthdorf.
»Wenn ich es wüsste, würde die Suche sich leichter gestalten. Es kann etwas Unscheinbares sein, gar nicht weiter spektakulär. Etwa eine verschlossene Tür oder ein Versteck … Das Gelände ist menschenleer. Ideal, um etwas zu verstecken.«
Linthdorf konnte seine vage Ahnung nicht besser in Worte fassen. Bei seinem letzten Besuch hier musste er unbewusst in die Nähe des Gesuchten gekommen sein, so nahe, dass es für Irgendjemanden brenzlig wurde und dieser ihm ein paar Kugeln als Warnung nachsandte.
Linthdorf versuchte noch einmal, seinen gegangenen Weg vom letzten Besuch zu rekonstruieren. Ihm fiel wieder ein, dass er inmitten des kleinen Laubwäldchens auf die Statue der vietnamesischen Kämpferin gestoßen war. Vielleicht lag das Gesuchte dort verborgen?
Er wollte gerade seine Schritte in Richtung des Laubwäldchens lenken als er Stimmen vernahm. Eine Stimme gehörte Louise, die andere jedoch war unbekannt. Sprachfetzen drangen an Linthdorfs Ohr. »... nicht erlaubt!« und »... kein Zutritt«
Beim Näherkommen sah er seine Kollegin in ein Gespräch mit einem grün gekleideten, älteren Herrn mit Schnauzer und Tirolerhut vertieft. Ohne Zweifel, es schien ein Jäger oder Förster zu sein. Linthdorf trat an den Mann in Grün heran, zückte seinen Dienstausweis und stellte sich vor. Louise hatte ebenfalls ihren Dienstausweis herausgeholt. Der Mann in Grün räusperte sich.
»Konnte ich ja nicht wissen. Na jut, also mein Name ist Tucheband, Ingolf Tucheband. Ich bin hier von der Naturschutzwacht. Außenstelle Bogensee, kümmere mich so ein bisschen.«
»Ist Ihnen in letzter Zeit etwas aufgefallen? Gab es Besuch von Leuten, die nicht hierher gehörten?«
Der Mann in Grün zögerte etwas, bevor er antwortete.
»Ja, also aufgefallen …, ja, so direkt nicht. Die Leute vom Liegenschaftsfonds aus Berlin waren öfters hier. Mit Interessenten, also Leuten, die Interesse an dem Objekt hier haben.«
»Wie oft?«

»Ja, vielleicht drei, vier Mal.«
»Können Sie sich erinnern, wer da Interesse hatte?«
»Nee, nee. Das geht mich ja auch nichts an. Es waren aber feine Pinkels. Die rochen schon von weitem nach Geld. Kamen in dicken Limousinen vorgefahren und sahen auch so richtig stinkreich aus.«
»Wie sieht stinkreich denn aus?«
»Na nicht wie Sie oder ich. Eben nobel, Anzug, feine Krawatte, teure Schuhe, perfekt frisiert, so eben. Hinter den feinen Herren trippelten noch ein paar Dämchen, so ne Hungerharken in Kostümchen mit Köfferchen.«
»Waren das jedes Mal andere Bewerber oder stets dieselben?«
»Die Autos waren immer dieselben. Dicke Daimlers und Audis, schwarz, Berliner Kennzeichen.«
»Und die Leute?«
»Ja, so genau habe ich sie mir nicht angeguckt. Aber ich würde sagen, es waren auch immer dieselben.«
»Wann waren die das letzte Mal hier?«
»Im September, ja, es war so um den zwanzigsten rum. Wir haben da immer unser Naturschutzforum drüben im Naturschutzzentrum.«
Linthdorf wechselte das Thema. Es waren noch ein paar andere Geheimnisse, die hier in Bogensee zu klären waren.
»Hatten Sie öfter schon mal Schüsse gehört hier am Bogensee?«
Wieder zögerte der Mann einen Moment.
»Hier ballert immer mal jemand rum. Wahrscheinlich von der Jagdgesellschaft aus Wandlitz. Es gibt genug zu schießen. Rotwild, Damwild, Rehe, und auch Schwarzwild treibt sich hier in den Wäldern herum.«
Linthdorf nickte. Auch Mohr war inzwischen heran gekommen und hatte das Gespräch mitverfolgt.
»Sagen Sie mal, Sie sind doch hier schon seit vielen Jahren zugange?«
»Nun ja, zwölf Jahre werden es wohl schon sein, ja Sommer 94 war's, als wir hier anfingen.«
»Da kennen Sie sicherlich jeden Stein hier im Gelände?«
Mit etwas stolzgeschwellter Stimme antwortete Tucheband: »Das kann man wohl sagen. Wenn jemand sich hier auskennt, dann bin ich das.«
»Ist Ihnen da vielleicht etwas aufgefallen? Vielleicht noch eine Hinterlassenschaft aus der Zeit, als Goebbels hier residierte?«

»Ach Gott, sind Sie auch von der Schatzsucherfraktion? Da geisterten ja schon einige Typen herum. Erst der olle Zausel mit der Malermappe, der mir immer erklären wollte, dass er die Gegend hier so schätze wegen ihrer vielen Landschaftsmotive. Nicht ein Bild hat der hier gemalt! Na, und dann diese schmierigen, aalglatten Fatzkes, die mit modernster Suchtechnik und Metalldetektoren hier herumgeschlichen waren. Alles ergebnislos. Nix hamse gefunden und waren doch so superschlau.«
Mohr sah Louise Elverdink und Linthdorf an. Sie waren hier auf eine Spur gestoßen, die ein neues Licht auf die Vorgänge warf. Der eine Sucher war eindeutig Felix Verschau, die anderen Sucher galt es noch zu identifizieren.
»Wissen Sie noch, wann das war?«
Tucheband kratzte sich am Kopf, langsam wurde ihm mulmig. Er fühlte sich wie in einem Verhör. Eigentlich wollte er ja die Eindringlinge befragen, was sie hier wollten.
»Na der olle Malertyp war regelmäßig hier, bestimmt schon drei, vier Jahre. Manchmal wöchentlich, manchmal auch nur einmal im Monat. Die Fatzkes waren nur in diesem Sommer hier, dafür aber fast täglich. Den ollen Maler haben die auch gesehen.
Der war von der Konkurrenz gar nicht angetan und zeigte sich nur noch selten. Wir unterhielten uns ab und an manchmal. Er war ja ein umgänglicher Mensch, hatte ja vieles erlebt. Aber über seine Suche hatte er nicht einen Mucks gesagt. Ab und zu zeigte er mir ja auch mal seine Skizzen. Na ja, war schon nicht schlecht. Aber die waren allesamt nicht von der Gegend hier. Ein Gutspark mit alten Eichen, Seeblicke, die allerdings nicht von unserem kleinen Tümpel da unten waren und weite, offene Landschaften, die es hier auch nicht gibt. Wie gesagt, hier auf'm Gelände hat der nix gezeichnet.«
Linthdorf fragte noch: »Würden Sie uns vielleicht helfen, ein paar Phantomzeichnungen der Leute anzufertigen, die das Gelände hier besucht haben? Und vielleicht auch von den Leuten, die als Kaufinteressenten hier aufgetreten sind.«
Tucheband schaute den Kommissar etwas skeptisch an. »Na ja, so halbwegs habe ich die Gesichter noch im Kopf. Aber das waren so'ne Allerweltstypen, nix Markantes eben.«
»Wie viel waren es denn immer?«

»Meistens drei, manchmal waren es auch fünf, sechs Leute, aber meistens drei.«
»Wie alt ungefähr?«
»Schwer zu sagen. Irgendetwas zwischen dreißig und fünfzig. Die sahen so gleich aus. Alle ähnlich groß, alle mit demselben nichtssagenden Gesichtsausdruck und alle unscheinbar angezogen. Graue Mäuse eben.«
Linthdorf sprach kurz mit Mathias Mohr. Der nickte und wandte sich an den etwas unschlüssig herumstehenden Tucheband.
»Kommen Sie, wir haben viel Arbeit vor uns.«
Louise Elverdink winkte den beiden kurz zu.
»So, nun könnten wir diese Gelegenheit nutzen für ein romantisches Schäferstündchen.«
Dabei lachte sie und zeigte auf ihre Kevlarweste und Pistole. Linthdorf musste auch grinsen. So hatte er sich ein Rendezvous auch nicht vorgestellt.
»Wir sollten uns hier im Umfeld noch mal umsehen. Ich habe so ein Gefühl.«
»Wie kommen wir eigentlich wieder zurück? Du hast doch Matthias deinen Schlitten überlassen?«
»Ach, mach Dir da mal keine Sorgen. Wir bekommen einen Dienstwagen aus Bernau geschickt. Matthias macht das schon.«
»Und was wollten wir uns jetzt noch einmal ansehen?«
»Ja, also einmal den kleinen See und die Blockhütte. Und dann eben noch das Laubwäldchen. Bitte erschrick nicht, wenn du im Laubwäldchen jemanden stehen siehst. Es ist nur eine Statue aus realsozialistischen Zeiten.«
Die beiden spazierten im Sonnenschein den kleinen Trampelpfad zum See hinab. Es war eine friedliche Szenerie, die sich ihnen bot. Der See lag still und klar im späten Herbstlicht. Die Temperaturen waren fast noch sommerlich. Beide mussten sich eingestehen, etwas zu dick angezogen zu sein für diesen milden Novembertag.
Linthdorf suchte die Stelle, an der auf ihn geschossen worden war. Hier hatte er auch die kleine Katze getroffen, die jetzt bei ihm wohnte. Er erzählte Louise alles über seine neue Mitbewohnerin. Sie lauschte amüsiert den Ausführungen des offensichtlich großen Katzenfreundes. Lachend gingen sie zurück.

Sie hatten nicht bemerkt, dass sie beobachtet worden waren. Vorsichtig zog sich ein grau gekleideter Mann zurück. Er schien zufrieden zu sein. Die Gefahr war vorüber.

III
Bernau – Polizeidirektion
Sonnabend, 18. November 2006

Matthias Mohr war zusammen mit dem Naturschützer Tucheband in Bernau eingetroffen. Eine Spezialistin für die Erstellung von Phantombildern war ebenfalls schon da. Die Dame war extra aus Berlin gekommen, hatte ihr freies Wochenende geopfert und wartete schon mit einem großen Pott dampfenden Kaffees vor ihrem Computer sitzend auf die beiden.
Tucheband nahm umständlich Platz und schaute auf den Bildschirm, wo sich die Kontur eines Kopfes aufbaute. Mohr zog sich für einen Moment zurück. Er musste schließlich noch ein Dienstfahrzeug für seine beiden in Bogensee verbliebenen Mitstreiter besorgen. Das einzige, das sofort verfügbar war, war ein Streifenwagen. Er stellte sich grinsend Linthdorfs Gesicht vor, wenn der Wagen mit Blaulicht vorgefahren käme.
Zwei Stunden später waren alle wieder versammelt in Bernaus moderner Polizeidirektion. Tucheband hatte inzwischen einige Phantomzeichnungen im Zusammenspiel mit der Spezialistin erstellt, die auch als Ausdruck vor den drei Ermittlern lagen.
Es waren vollkommen nichtssagende Gesichter, die auf hunderttausende Männer passen könnten. Nichts war an diesen Portraits auffällig. Wie Standartgesichter für Mitteleuropäer aus normalen Verhältnissen. Linthdorf fluchte. Er hatte sich mehr ausgerechnet.
Hoffentlich war Aldo Colli erfolgreicher. Linthdorf hatte ihn gebeten, nachzuforschen, welches spezielle Interesse die »Kranichland AG« an der Immobilie »Bogensee« haben könnte und ob es bereits Aktivitäten seitens der »Kranichland AG« gab, dieses Gelände zu sondieren und Kaufgespräche zu führen. Und ob es auch eine nachweisbare finanzielle Verbindung der »Kranichland AG« zu den Quappendorffs gab.
Linthdorf schaute auf die Uhr. Es war bereits drei Uhr nachmittags. Zeit, etwas zu essen. Mit seinen beiden Kollegen suchte er die Kantine, freute

sich über das reichhaltige Angebot an belegten Brötchen und frischem Kaffee, steuerte dann noch einen gemütlichen Ecktisch an und ließ sich erleichtert auf dem Stuhl nieder. Ohne die schwere Kevlarweste fühlte er sich vollkommen federleicht und beweglich.

»Ich glaube, ihr schafft das hier allein. Es gibt da noch ein paar Sachen zu klären draußen auf Lankenhorst. Da fahre ich aber lieber allein hin, sonst verschrecken wir vielleicht noch jemanden. Ich hab da inzwischen ein paar Kontakte knüpfen können, die vielversprechend sind«, dabei lächelte Linthdorf seine beiden Kollegen an.

»Es wird wohl spät werden. Louise, wir sehen uns morgen wie verabredet zum Kranichgucken.« Linthdorf erhob sich, schnappte sich noch ein Käsebrötchen und trank in einem Zug seinen Rest Kaffee aus.

Louise Elverdink schaute Mohr verwundert an. Ihr Chef schien da eine Spur zu verfolgen, über die er noch nicht mehr erzählen wollte. Mohr zuckte mit den Schultern und biss in ein Stück Gurke.

IV

Gut Lankenhorst – Torhaus

Samstagabend, 18. November 2006

Linthdorfs Wagen war wieder sicherheitshalber in der kleinen Haltebucht hinter der Kapelle geparkt. Seine Ankunft sollte unbemerkt bleiben. Er bewegte sich hier inzwischen wie ein Einheimischer.

Im Torhaus brannte Licht. Er konnte die Konturen der Menschen in der Zwiebelschen Stube erkennen. Da wirbelte die imposante Silhouette Gunhilds herum und die beiden schmalen Schatten am anderen Fenster

gehörten sicherlich zu Leuchtenbein und Mechthild. Der Kommissar lächelte.
Fünf Minuten später saß er inmitten des Trios vor einer Tasse Kaffee und selbstgebackenem Kuchen und wurde mit Fragen bedrängt.
»Mein Jott, Herr Inspektor, hamse mit olle Quappi nochma jesprochen? Ick gloob, der is total neben sich. Der sprücht nicht mehr, schleicht rum wie n' Jeist, also allet looft voll daneben im Schloss.«, Gunhild konnte nicht an sich halten und belegte Linthdorf mit einem ihrer gefürchteten Monologe. Die beiden anderen Tischnachbarn nickten nur ab und zu.
Es hatte sowieso keinen Sinn, Gunhild in ihre Worttiraden zu fallen. Was Linthdorf dem Wortschwall noch entnehmen konnte, war, dass alle Aktivitäten der »Kultur-Gut Lankenhorst e.V.« zum Erliegen gekommen waren. Bisher hatte die Arbeit den alten Baron aufrecht gehalten, aber etwas musste passiert sein, was ihm die letzte Energie ausgesogen hatte.
Dafür schien Clara-Louise als Tochter des Barons, immer mehr die Geschicke des Guts und des Vereins zu lenken. Sie führte sich jedenfalls schon wie die neue Herrin im Hause auf. Damit befand sie sich aber auf direktem Kollisionskurs mit Gunhild und auch Leuchtenbein war wenig erbaut von den Ambitionen der neuen Chefin.
Endlich hatte Linthdorf eine kleine Pause im Redeschwall der Blondine genutzt, um eine Frage zu platzieren. »Wussten Sie, dass Felix Verschau regelmäßig in Bogensee unterwegs war?«
»Wo?«
»In Bogensee, der Geistersiedlung.«
»Klar kennen wir Bogensee, aber gerade Felix, der war doch wirklich nicht jut auf die DDR-Funktionäre zu sprechen, der ist dort rum jeloofen? Gloob ich nich!«
»Waren denn die Quappendorffs mit Bogensee enger verbunden?«
Leuchtenbein räusperte sich hörbar. »Also, die Lebenden nicht so sehr, aber ich habe eine kleine Kiste mit Briefen eines Major von Quappendorff an seine Mutter, eine Gösta von Quappendorff, Baronin von Pohjola, die hier auf dem Gut lebte, gefunden. Die Briefe waren abgestempelt worden in Bogensee. Der Major muss dort wohl stationiert gewesen sein, so eine Art Leibwache für Goebbels.«
Linthdorf pfiff leise. Das war die Verbindung!
»Haben Sie die Briefe noch in ihrem Archiv?«

»Das ist ja das Komische. Normalerweise wird alles von mir akribisch katalogisiert und archiviert. Als ich vor kurzem dieses Kistchen suchte, um es ins Archiv mit aufzunehmen, war es weg. Ich hab auch gleich den Baron informiert, manchmal nahm er ja auch Dokumente mit zu sich in sein kleines Privatbüro. Er arbeitet ja weiter an der Familienchronik.
Aber der Alte war erstaunlich gelassen, als ich ihm darüber berichtete. Er meinte nur, dass es sich bestimmt wieder anfinden würde. Im Übrigen seien es auch keine wirklich wichtigen Dokumente gewesen.
Seltsam, sonst ist er hinter jedem Schnipsel her, als ob darauf ein unbekanntes Evangelium stehen würde.Und der Verlust eines ganzen Stapels Briefe, die wohl von seinem Onkel, also der Major von Quappendorff war wohl der Onkel des Barons, waren.«
»Wann verschwanden die Briefe?«
»Warten Sie mal …, also, dass war kurz vor dem »Tag der offenen Tür«, also, das war der Tag, an dem Lutger ...«
»Hatten Sie die Briefe gelesen bevor sie verschwanden?«
»Nein, leider nicht. Wir haben uns mehr auf das Mittelalter konzentriert. Der Baron meinte, dass diese Epoche wohl interessanter wäre für unser kleines Museum. Und dass sich seine Vorfahren im Dritten Reich nicht mit wirklichem Ruhm bekleckert hatten. Also, diese Zeit war ihm nicht ganz geheuer.«
Linthdorf nickte.
Seine Vorahnungen schienen sich zu bewahrheiten. Dieses Kistchen mit Briefen schien etwas Brisantes zu beinhalten. Brisant genug, um es verschwinden zu lassen. Ob nun der Baron selbst oder jemand anderes aus der Familie dafür verantwortlich war, spielte im Moment keine Rolle.
»Ist die »Weiße Frau« wieder aufgetaucht?«
Die drei schauten sich an. Keiner wollte zu dem Thema etwas sagen. Spuk war etwas nicht ganz Reelles. Aber er war dennoch da, darin waren sich alle drei einig. Nach ein paar Sekunden berichtete Mechthild, dass sie etwas Unheimliches im Park beobachtet habe.
Da sei irgendetwas regelmäßig gegen Mitternacht durch den Park gespukt, was nicht von dieser Welt sei. Brutus, der Hund vom Baron, würde anschlagen, so ganz wild und ausdauernd und auch die Enten auf dem kleinen Schlossteich wären jedes Mal ganz verstört und würden wild los schnattern. Und das wäre ja nun schon den ganzen Herbst so.

Meinrad wäre ein paar Mal raus gegangen, habe aber wohl nichts sehen können. Jedenfalls habe sie Angst.
Betroffen schauten Gunhild und Leuchtenbein auf die kleine Frau. »Mein Jott, Mechthild! Wir ha'm davon doch jar nüscht jemerkt. Und ick wundre mir, wenn mein Grauer immer so zickig is. Ümma so jechen Mittanacht faucht der, macht nen Puckel und sträubte sein Fell. So wie in der Nacht, als ick ihn im Körbchen aus'm Chausseehaus jeholt hab.«
Linthdorf sah seine Tischgenossen erwartungsvoll an. »Nun denn, dieses Problem können wir umgehend klären. Wir werden den Spuk heute Nacht auffliegen lassen. Ziehen Sie sich nur warm an, den Rest überlassen Sie mir.«
Leuchtenbein schluckte, ihm war das alles recht suspekt. Mechthild hatte ebenfalls ihre Bedenken. Gunhild hingegen war gleich Feuer und Flamme. »Au ja, Jespenstajachd, das is et! Brauchen wia Waffen?«
Linthdorf lachte und winkte ab. Gespenster jage man nicht mit Pistolen. Da bräuchte man wohl etwas Anderes.
Er schaute auf seine Uhr. Es war halb Neun. Genug Zeit für ein Schläfchen. Linthdorf verabredete sich mit den drei Aufrechten um Mitternacht am Torhaus und wollte sich zurückziehen in seinen mit Standheizung ausgerüsteten Wagen.
Doch Mechthild schüttelte energisch den Kopf. »Nö, Sie bleiben ma schön hier. Erstens isset bequemer als in Ihrem ollen Auto und zweitens muss ick da keene Angst haben. Machense sich's jemütlich uffm Sofa. Und Gunni un Berti, ihr könnt ooch blei'm, oben ins Jästezimma, da steh'n doch zwei Betten.«
Etwas verwundert über die energische Zurechtweisung befolgten alle Mechthilds Anweisungen. Dann ging das Licht im Torhaus aus. Am anderen Ende der Eichenallee jedoch brannte das Licht noch in den Privaträumen des Barons und auch in Clara-Louises Zimmer.

V

Gut Lankenhorst – Im Schloss

Samstagabend, 18. November 2006

Der alte Baron hatte sich zurückgezogen. Die Ereignisse der letzten Woche hatten ihm stark zugesetzt. Was da um ihn herum passierte, schien sich zu einem Alptraum verdichtet zu haben, in dem er eine Hauptrolle spielte, allerdings einen tragischen Part.

Jedes Mal, wenn es klingelte oder das Telefon läutete, schrak er zusammen. Jedes Mal erwartete er eine neue Hiobsbotschaft. Und jedes Mal, wenn eine Nacht vorüber war, atmete er auf. Er war noch am Leben. Die bösen Omen schienen ihn nur zu narren. Weder die toten Kraniche, noch die »Weiße Frau« hatten ihn bezwungen.

Rochus von Quappendorff spürte den psychischen Druck, der auf ihn ausgeübt wurde, körperlich. Sein Kreislauf war in den letzten Wochen instabil geworden, der Blutdruck schwankte wie nie zuvor und eine eigenartige Schwäche machte sich in ihm breit und lähmte ihn.

Er war froh, dass seine Tochter da war und ihm im Moment den Rücken frei hielt. Sie kümmerte sich überhaupt um viele Dinge, die er bisher souverän bewältigt hatte, merkte auch, wie seine Kräfte ihn verließen.

Sein Gedächtnis funktionierte nicht mehr so, wie es sollte. Er war bisher stolz auf seine Gedächtnisleistung gewesen. Nichts war ihm entgangen. Stets wusste er, wo er nach bestimmten Dingen zu suchen hatte und stets fand er sie auch genau da. Doch in letzter Zeit verschwanden Dinge. Diese tauchten später wieder auf, allerdings an überraschenden Orten, wo er sie niemals vermutet hätte.

Speziell bei seiner Dokumentensammlung entdeckte er in letzter Zeit einzelne wichtige Originale, die er vermisste, an vollkommen unerwarteten Stellen wieder. Ob er sie in Momenten geistiger Abwesenheit an Orten deponierte, die er sonst nie für diese Papiere genutzt hätte?

Ähnlich ging es ihm mit den Finanzen. Bisher hatte er immer einen groben Überblick über Einnahmen und Ausgaben seiner Stiftung gehabt. Stets konnte er so den Verein geschickt durch die Höhen und Tiefen des Geschäftsjahres führen.

Zusammen mit seinem alten Freund Hülpenbecker hatte er immer alles im Griff. Doch in den letzten Monaten waren ihm die Finanzen gänzlich

entglitten. Hülpenbecker rief laufend an und ermahnte ihn, die Ausgaben zu zügeln, da der Kreditrahmen erschöpft sei. Dabei gab er doch nur das Notwendigste aus, um den Verein halbwegs am Leben zu erhalten.
Die Einnahmenseite stagnierte seit ein paar Monaten. Dabei zeigte ihm Gunhild stetig wachsende Umsätze des kleinen Hofladens und ebenfalls zusätzliche Einnahmen aus den Veranstaltungen in einer Höhe, die bisher noch nicht da gewesen waren. Irgendetwas stimmte da nicht.
Entweder spann Hülpenbecker oder es gab geheime Abgänge, die er nicht kannte. Unbedingt musste er die Kontenbewegungen noch einmal im Detail kontrollieren. Hülpenbecker sollte die Auszüge mitbringen, doch die tragischen Ereignisse der letzten Wochen hatten das Auswerten verhindert.
Unbedingt wollte er darüber noch einmal mit Hülpenbecker sprechen. Er suchte einen Zettel, um sich eine Notiz zu machen. Der Schreibtisch des Barons war chaotisch. Überall waren diverse Papiere ausgebreitet. Es wimmelte vor kleinen Notizzetteln, auf denen handgeschriebene Bemerkungen standen. Irgendwo mussten hier doch auch noch unbeschriebene Notizzettel herumliegen.
Beim Durchwühlen der Papiere stieß der alte Baron auf einen Notizzettel, den er erst vor kurzem geschrieben haben konnte. Darauf standen nur drei Worte: »Bogensee 1945, Onkel L.«
Natürlich, es fiel ihm wieder ein. Leuchtenbein hatte ihn auf die kleine Schachtel mit Briefen seines Onkels Leberecht angesprochen. Es waren Briefe aus dessen Zeit bei der Leibgarde des Propagandaministers Goebbels im benachbarten Bogensee.
Alle waren damals ja sehr glücklich über diesen nahen Standort, und das er so vor dem direkten Fronteinsatz bewahrt blieb. Aber es war ein zweischneidiges Schwert. Als der Krieg Einzug in Deutschland hielt, wurde der sonst so gemütliche Posten in Bogensee zu einem Himmelfahrtskommando. Zumal, wie sich erst später herausstellte, Onkel Leberecht, nicht Wehrmachtsoffizier war, sondern Offizier der Waffen-SS, also zu den Leuten gehörte, die wissentlich Verbrechen begangen hatten, die jenseits aller menschlichen Vorstellungskraft lagen.
Rochus wollte dies lange nicht akzeptieren. Für ihn war sein Onkel Leberecht stets ein integrer und kultivierter Mann gewesen. Erst bei einer

groben Sichtung der Briefe und hinterlassenen Dokumente wurde ihm bewusst, bei welcher Truppe sein Onkel da seinen Dienst versehen hatte. Lange hatte er die Aufarbeitung dieser Briefe vor sich hergeschoben. Das Kästchen wurde von ihm immer wieder ungeöffnet nach hinten geschoben. Es war eine Büchse der Pandora. Der alte Baron hatte Angst vor dem Inhalt, der sich aus dem Kästchen wie eine Seuche über ihn ausgießen würde und ihm den Rest des Lebens mit Unfrieden und Gram vergällen könnte. Und jetzt war es weg. Einfach weg!

Hektisch begann er zu suchen. Er hatte schon einmal nach diesem Kästchen gesucht.

Damals kam Clara-Louise dazwischen. Die war ganz verwundert über ihn. So kannte sie ihren Vater nicht. Der alte Quappendorff bot auch einen desolaten Anblick. Seine grüne Strickjacke war voller Spinnweben und das spärliche Haar klebte verschwitzt an ihm. Wieso Clara-Louise ihn gerade auf dem Dachboden aufgestöbert hatte, war ihm unklar.

Er folgte ihr hinunter in sein Büro wie ein kleiner Junge. Eine Idee, wo sich das Kästchen befinden könnte, hatte er nicht. Es war verschwunden.

Jetzt musste er wieder an seine Kindheit und Jugend denken, an seine resolute Großmutter Gösta, die als Respektsperson die Geschicke auf Gut Lankenhorst leitete, an seine Mutter, die als viel zu früh gealterte Kriegswitwe still vor sich hin litt und an seine Tante, die ein ähnliches Schicksal trug wie seine Mutter.

Er hatte sie ja noch einmal besucht, als Henny, seine Cousine gestorben war. Sie saßen damals abends in der kleinen Wohnung der Tante beisammen, die Trauer über den frühen Tod Hennys lastete schwer auf ihnen.

Seine Tante murmelte dauernd etwas vor sich hin von gerechter Strafe, die sie jetzt ereile. Rochus war etwas irritiert und fragte nach, was sie damit meine. Sie winkte ab. Er würde es sowieso nicht verstehen und solle froh sein, damals noch ein kleiner Junge gewesen zu sein.

Ob es etwas mit Onkel Leberecht zu tun habe, fragte er weiter. Doch die Tante schüttelte nur unwillig den Kopf.

Dieser traurige Moment ging dem alten Baron durch den Kopf. Es war das letzte Mal, dass er seine Tante lebend gesehen hatte. Nur wenige Wochen später war auch sie gestorben.

Es klopfte an seine Tür. Clara-Louise kam herein. Sie sah erstaunlich frisch und erholt aus. Der alte Baron wunderte sich, wie sie es schaffte, trotz der vielen Hiobsbotschaften so ausgeglichen und zufrieden auszusehen. So, als ob ihr die vielen Todesfälle gar nichts ausmachen werden. Nun ja, sie hatte keine direkte Beziehung zu Klaus Brackwald und auch der Tod des Einsiedlers war ihr höchstwahrscheinlich ziemlich egal. Zu Lutger hatte sie stets Distanz gehalten. Aber der Tod ihrer Schwester, wenigstens der müsste sie doch irgendwie emotional berühren.
»Kind, wie kannst du das alles nur so leicht wegstecken?«
»Was meinst du damit?«
»Na, die vielen Todesfälle, die Situation unserer Stiftung und den ganzen Spuk hier auf dem Gut.«
»Ach Papa, was soll ich dazu sagen. Du weißt doch, Gespenster gibt es nicht, und die Stiftung werden wir schon wieder flott bekommen. Glaub mir, bald wird alles viel rosiger aussehen.«
»Kind, woher nimmst du nur deinen Optimismus.«
»Ich weiß, es wird einmal ein Wunder geschehen …«, Clara-Louise persiflierte den alten UFA-Schlager von Zara Leander.
Der alte Quappendorff zuckte zusammen, wie von einem Peitschenhieb getroffen. Clara-Louise lachte.
»Mensch, Papa! Hab dich mal nicht so. Wart ab! Lass mich mal machen. Ich werd' schon mit Hülpenbecker zusammen das Ruder rumreißen.«
»Kind, auch du kannst nicht zaubern.«
»Nein, zaubern kann ich nicht, aber etwas, was nahe ran kommt an Zauberei …«
»Na, wenn du dich da nicht irrst«, der alte Baron hatte die letzten Telefonate mit Hülpenbecker noch im Gedächtnis.
»Sag mal, Papa, was suchst du denn dauernd hier in den alten Papieren? Seit Tagen wühlst du dich durch den alten Kram, als ob dein Leben davon abhinge.«
Quappendorff seufzte. »Ach, Klärchen, wenn du wüsstest, wie recht du hast. Ich suche seit Tagen die Briefe meines Onkels Leberecht, die er aus Bogensee geschrieben hatte. Sie waren in einem kleinen Kästchen, einem alten Zigarillo-Schächtelchen, ein Dampfer war drauf abgebildet und eine Palmeninsel.«

»Mein Gott, Papa, wenn du die Briefe nicht vermüllt hast, dann wirst du sie bestimmt auch wieder finden. Du hast doch öfters schon mal was gesucht. Und jedes Mal hast du die Sachen wieder gefunden. Davon geht die Welt nicht unter …«

Die Frau hatte sich einen Whisky eingeschenkt und auf den Plüschsessel am Fenster gesetzt. Brutus, der direkt neben dem Sessel lag, schniefte kurz und schlief weiter.

Der Baron schaute etwas ungläubig auf seine Tochter. Sie wurde ihm immer fremder und gleichzeitig unheimlicher. Wieso war sie so ein herzloses Wesen?

Ihr fehlte Empathie, das war dem alten Herrn schon lange bewusst. Beide Töchter hatten diesen Mangel, nur, bei Irmi war der etwas oberflächliche Charakter schuld an ihrem egoistischen Auftreten. Irmi hatte einfach nicht genug Intellekt, um wirklich tiefere Gefühle zu entwickeln.

Aber Klärchen, sein Klärchen, entpuppte sich immer mehr als intelligente, belesene und kultivierte Frau, dabei jedoch gefühlskalt und berechnend.

Quappendorff ahnte, wie es in ihrer Ehe zuging und wer dort die Hosen anhatte. Klärchens Mann, Georg, war ein stiller, friedlicher Mensch. Er kam nur selten mit heraus nach Lankenhorst und war dann nur als Schatten seiner Frau zu erleben.

Clara-Louise machte sich überhaupt nichts aus den für Irmi so wichtigen Lebensinhalten. Sie hatte nur berufliches Interesse für Mode, Kosmetik, Klatsch und Tratsch, las dafür dicke Bücher und interessierte sich für Naturwissenschaften. Ihren Beruf übte sie gewissenhaft aus, ohne für ihn zu brennen. Sie reiste viel, fotografierte dabei alles, was ihr vor die Linse kam.

Zu ihrem familiären Umfeld kappte sie nach und nach immer mehr die Leinen. Irmi verachtete sie, Lutger war ihr suspekt. Ihre Mutter, als sie noch lebte, ignorierte sie. Nur zu ihrem Vater hatte sie noch engeren Kontakt.

Und jetzt saß sie hier in seinem Zimmer und schlürfte Whisky. Schaute ihn irgendwie interessiert und gelangweilt zugleich an, so wie ein Wissenschaftler seine Laborratten ansah, wenn er an ihnen etwas Neues ausprobierte.

Sie hörte die Kirchturmglocke im Dorf schlagen.

Es war Elf. Zeit zu gehen.
Der alte Mann am Schreibtisch spürte, dass ihr Gespräch beendet war. Wieder war es ihm nicht gelungen, zu ihrem Inneren vorzudringen. Die unsichtbare Wand, die zwischen ihm und seiner Tochter stand, wurde immer undurchdringlicher.
Er seufzte und erhob sich. Er brauchte etwas frische Luft. Brutus stand schon schwanzwedelnd bereit.

VI
Gut Lankenhorst – Im Schlosspark
Samstagnacht, 18. November 2006

Linthdorf hatte seine drei Mitstreiter instruiert, dicht bei ihm zu bleiben und sich absolut still und leise zu verhalten. Leuchtenbein und Mechthild nickten, nur Gunhild wollte gerade ansetzen, etwas zu erwidern. Doch Linthdorf unterband ihren Kommunikationsdrang mit einem energischen »Psst!«
Sie hatten sich unter der großen, schwarzen Eibe postiert, deren Schatten groß genug war, alle vier ins Dunkel einzuhüllen. Die Kirchturmglocken waren zu hören. Mitternacht.
Mechthild hatte sich bei Gunhild eingehakt. Leuchtenbein holte sein kleines Fernglas hervor und schaute damit dauernd die beleuchteten Teile des Parks nach etwas Ungewöhnlichem ab.
So vergingen die Minuten.
Ein Schatten war plötzlich im Visier seines Okulars zu sehen. Ziemlich groß, gefolgt von einem kleineren Schatten. Der kleine Mann zupfte an Linthdorfs Mantel und zeigte ihm den Schatten.

Jetzt sahen ihn alle. Beim Näherkommen erkannten sie den alten Baron, der mit seinem Hund einen Spaziergang machte. Das war auf alle Fälle nicht das Gespenst, das sie suchten.
Brutus, der treue Begleiter des alten Herrn, schien etwas von den vier versteckten Geisterjägern mitbekommen zu haben. Er fiepte und wedelte mit seinem Schwanz, wollte wohl sein Herrchen darauf aufmerksam machen, das da drüben etwas sei. Natürlich kannte der Hund den Geruch von seinen Mitbewohnern Gunhild und Leuchtenbein. Daher knurrte er auch nicht.
Die vier hielten die Luft an, jetzt war der Baron auf fünfzig Meter herangekommen. Sie konnten deutlich seine Schritte hören und auch das Gefiepe von Brutus. Der Baron redete beruhigend auf Brutus ein: »Da ist nix, Brutus! Komm! Da wohnen nur ein paar Eichhörnchen. Die sind harmlos.«
Langsam entfernte sich der alte Mann mit seinem Hund von der schwarzen Eibe. Sein Weg führte ihn in den hinteren Teil des Parks.
Nach zehn Minuten war es erneut ein Schatten, der die Aufmerksamkeit der vier Beobachter auf sich zog. Diesmal war es jedoch etwas deutlich Kleineres als ein Mensch. Mechthild biss sich in ihre Hand um nicht los zu kreischen. Auch Gunhild krallte sich an Linthdorfs Arm, so dass dieser erschrocken war von der Kraft, die in dieser Frau steckte. Leuchtenbein war zur Salzsäule erstarrt. Das unheimliche Wesen bewegte sich quer über die Lichtung direkt auf sie zu.
Nur Linthdorf blieb scheinbar völlig gelassen. Die anderen Drei waren fix und fertig mit ihren Nerven. Ohne den Kommissar wären sie wahrscheinlich schon davongerannt. Aber er hatte ihnen ausdrücklich versichert, dass der Spuk sehr irdischer Natur war und sie sich nicht davor zu fürchten brauchten.
Schmatzgeräusche waren zu hören, und ein wohliges Grunzen, als ob sich jemand vollkommen zufrieden über ein leckeres Essen hermachen würde. Fragende Blicke an Linthdorf. Der nickte nur amüsiert und zwinkerte seinen drei Angsthasen zu.
Endlich bewegte sich das geheimnisvolle Wesen weiter. Es nahm direkten Kurs auf die schwarze Eibe. Vielleicht waren es noch zwanzig Meter.

Ein schwarz-weiß gestreiftes Gesicht, grüne Äuglein, eine rüsselige, schwarze Schnauze, zwei kleine, runde Öhrchen … es war ein Dachs, der da vor ihnen auftauchte, ein prächtiger, großer Dachs.
Ob nun der Dachs erschrocken war über die vier Menschen, die da plötzlich in seinem Revier standen, oder die vier Menschen, die just im selben Moment anfingen loszulachen, spielte keine Rolle mehr. Die Anspannung war hin. Der Dachs nahm Reißaus, das war zu viel für ihn.
Linthdorf lächelte, seine drei Mitstreiter lachten über ihre bis eben noch so große Angst. »Nee, ein Dachs!«, gluckste Gunhild und stieß Leuchtenbein burschikos in die Seite. Der jaulte gleich auf: »Aua, Mensch Gundi, musste gleich wieder rabiat werden. Gerade haste noch gezittert wie Espenlaub.«
Mechthild hatte sich ebenfalls von ihrem Schreck erholt und kicherte leise vor sich hin. »Hihi, nen Dachs, wer denkt denn an so was. Hihi, nur ein Dachs. Hihi!«
Linthdorf gab das Zeichen zum Aufbruch. Langsam wurde es kühl und erste Nebelschleier ließen sich zwischen den Bäumen nieder. Er wandte sich um. Da sah er sie. Weit hinten im Park war eine weiße Gestalt zu sehen, die zwischen den Bäumen herumzuirren schien.
Der Kommissar gab seinen drei Begleitern ein Zeichen und wies mit dem Arm in Richtung der Gestalt. Alle drei waren sofort wie elektrisiert und starrten auf die Erscheinung, die zwischen den Bäumen verschwand und wieder auftauchte. Linthdorf zuckte ein Gedanke durch den Kopf. Der Baron! Der war doch dahinten unterwegs mit seinem Hund!
Er lief los, seine drei Begleiter folgten ihm. Es war ihnen allein wohl nicht ganz geheuer. Linthdorf lief immer schneller. Er hatte ein ungutes Gefühl. Vorbei am Pavillon und der Wiese, hinein in den kleinen Hain mit den alten Kiefern.
Der Eiskeller tauchte auf.
Hier war die letzte Laterne.
Unweit der Laterne sah er schon den Baron in seiner grünen Jacke auf dem Weg liegen. Brutus saß neben ihm und schien ihn zu bewachen. Schnell war Linthdorf heran.
Der alte Mann war ohnmächtig, die Lebenszeichen waren sehr schwach, kaum Puls, der Herzschlag war kaum zu spüren, aber er atmete flach und regelmäßig. Der Kommissar holte sein Handy heraus, telefonierte

kurz und wandte sich an seine drei Helfer. »Kommen Sie, wir müssen ihn von hier weg bringen, er unterkühlt sonst zu sehr.«
Mit vereinten Kräften trugen sie ihn ins Schloss. Gerade waren sie die Schlosstreppe hinaufgelangt, als auch schon ein Blaulichtwagen zu hören war. Innerhalb weniger Minuten kümmerten sich Rettungssanitäter um den Bewusstlosen. Eine Sauerstoffmaske wurde angelegt und der alte Mann vorsichtig ins Krankenfahrzeug gebracht. Der Notarzt trat an Linthdorf heran. »Sie hatten uns benachrichtigt?«
»Ja«
»Es war knapp. Nur ein paar Minuten später und er wäre tot.
Sein Herz … Es ist ziemlich schwach noch. Es muss ihn etwas vollkommen aus dem Takt gebracht haben. Klassisches Herzkammervorflimmern, ein Infarkt.«
»Wird er durchkommen?«
»Ich denke ja, er braucht jetzt erst mal unsere Hilfe im Krankenhaus. Wir behalten ihn auf der Intensivstation bis er über'n Berg ist.«
Der Arzt drehte sich um und fuhr mit den beiden Sanitätern los. Das Blaulicht verschwand im Dunkel der Nacht. Alle waren wie gelähmt von dieser kurzen Vorstellung. Gunhild saß in der Ecke des großen Vestibüls auf einem Stuhl und weinte bitterlich.
»Was soll denn nun aus uns werden? Ach Gott, der Baron, Quappi, wer wollte denn dem was zuleide tun?«
Mechthild trat an sie heran und nahm die große Frau in die Arme. Leuchtenbein schien ebenfalls völlig unter Schock zu stehen. Er war noch bleicher als sonst und murmelte dauernd etwas vor sich hin.
Linthdorf ging nach oben in den zweiten Stock. Er hatte eine Ahnung. Das Zimmer der Tochter des Barons musste ganz am Ende des langen Flurs liegen, das wusste er von seinen vorangegangenen nächtlichen Beobachtungen. Er klopfte vorsichtig. Nichts rührte sich. Die Tür war nicht verschlossen. Linthdorf trat ein, doch im Zimmer war niemand. Das Bett war unberührt und der Schrank war leer. Clara-Louise war weg.

VIII

Linumer Bruch – Kranichwiesen bei Flatow

Sonntag, 19. November 2006

Die Luft war erfüllt vom Trompeten der großen Vögel, die elegant auf den abgeernteten Feldern hinter dem Örtchen Flatow einflogen. Es tummelten sich ein paar hundert Kraniche inzwischen auf dem Acker, der noch vor ein paar Monaten ein riesiges, goldgelbes Weizenmeer war. Jetzt war es die blanke braune Erde, die der Landschaft im Bruch ihre melancholische Atmosphäre gab.

Linthdorf mochte diese Landschaft und mochte diese Zeit. Er liebte es, hier am Wegesrand mit seiner Kamera zu stehen und den mühelos schwebenden Tanz der Großvögel zu beobachten. Immer wieder kamen neue Formationen heran. Meist waren sie zuerst als Keil am grauen Herbsthimmel zu sehen, dann schwenkten sie in einer eleganten Kurve herab und setzten vollkommen mühelos inmitten ihrer Artgenossen auf.

Der Mann mit dem schwarzen Borsalino war nicht allein. Neben ihm stand eine große Frau im dunkelblauen Parka mit einem Fernglas und drei Jungs im mittleren Alter rannten um die beiden Erwachsenen herum. Linthdorfs Begleiterin war seine Kollegin Louise Elverdink und die drei Jungs waren Bastian, der Sohn Louises und die beiden Sprösslinge Linthdorfs, Alwin und Julius, alle drei knabberten Äpfel und waren ziemlich zufrieden mit sich und der Welt.

Im Auto waren noch zwei große Picknickkörbe, die Louise mit viel Fantasie und Engagement gepackt hatte. Nachher wollten die Kranichfreunde noch ausgiebig tafeln. Linthdorf überlegte, ob ein Abstecher nach Li-

num zu seinem Kollegen Boedefeldt sinnvoll wäre. Aber er verwarf den Gedanken sofort wieder, dieser Nachmittag war sein freier Nachmittag, den er auch konsequent frei gestalten wollte.
Speziell dieser Nachmittag …
Linthdorfs Mobiltelefon erklang. Heute waren es Klänge aus Wagners Fliegendem Holländer: »Steuermann, ho, gib acht.«
Seine beiden Söhne feixten, sie hatten diese Klangfolge installiert. Er griff etwas irritiert zu dem kleinen flachen Gerät, das er immer noch ansah wie außerirdische Technologie. Ganz geheuer waren ihm diese Hightech-Maschinchen nicht.
Rolf Bertram Leuchtenbein meldete sich. »Herr Linthdorf, gute Nachrichten! Der Baron, also Herrn von Quappendorff, er kommt durch, er ist wieder bei Bewusstsein. Ja, das wollte ich Ihnen sagen. Wir, also Mechthild, Gunhild und ich, wir sind auf dem Weg nach Bernau ins Krankenhaus. Wir treffen uns vielleicht am besten dort?«
Die Wirklichkeit hatte Linthdorf wieder eingeholt. Er sah auf die Uhr. Es war kurz vor Fünf. Dämmerung zog herauf, erste Lichter gingen an. Louise sah ihn an. Er schüttelte kurz den Kopf. »Der alte Quappendorff ist wieder bei Bewusstsein. Ich muss hin.«
Sie nickte.
Zehn Minuten später war der SuV auf dem Weg nach Bernau. Am Sonntagnachmittag war ein ziemlich dichter Verkehr auf der Autobahn Richtung Berlin. Dennoch kamen sie zügig voran.
Eine dreiviertel Stunde später waren sie in Bernau. Linthdorf bat Louise, sich um die drei Jungs zu kümmern und stürmte los Richtung Krankenhaus. Seine drei Vertrauten aus Lankenhorst erwarteten ihn schon. Der alte Baron war in ein normales Krankenzimmer verlegt worden. Ermattet, aber wach empfing er die kleine Delegation, begrüßte jeden einzeln und schüttelte Linthdorf lange die Hand. »Wenn Sie nicht gewesen wären, dann wäre ich jetzt tot.«
Linthdorf wehrte ab.
Gunhild, die einen großen Blumenstrauß in der Hand hielt, fing eine ihrer Worttiraden an: »Na, Herr Baron, det könnense aba wissen, mucksmäuschentot wärnse jewesen. Haha!
Aba, wia ham ja dem Dachs aufjelauert jehabt, also, wir wussten es ja anfangs noch jar nicht, bis auf unser Inspektorchen, nicht wahr, der also

wusste es schon, aba Mechthild, Berti und ich, wir dachten ja, es wär nen Jespenst.

Aba es war nur ein Dachs, kennse doch, so'n Tierchen mit so'n Streifen in Jesicht, aba, dann, hamwa se jesehn, die »Weiße Frau«, wie se da hinten am ollen Eiskella durchs Wäldchen, also, da hamwa ja nen Schreck, und da hattse ooch schon unsa Schärlogg Holm hia jesehn und is zu sie hin jespurtet.

Da lagense so …, also, nee, Herr Baron, sin wia froh, dass se noch leem tun. Ohne Sie, da jeht doch allet den Bach runta. Also nüscht jechen ihr Frollein Tochta, aba, nee …, die is nich jut für Lankenhorst.«

Alle waren ergriffen von der Rede Gunhilds. Sogar Linthdorf musste sich eingestehen, dass die nervös herumtrippelnde Blondine mit ihrer Ansprache dem Baron wieder Lebensmut gegeben hatte.

Er blinzelte etwas freundlicher aus seinem Krankenbett.

»Ja, was ist denn mit meiner Tochter? Sie wollte gestern Nacht noch nach Berlin zurück. Ich sagte ihr noch, dass sie wenigstens noch bis zum Sonntagmorgen warten solle, aber sie hatte es eilig, sie war so ...«

Linthdorf hakte nach. »Wissen Sie noch, wann genau das war?«

»Ja, warten Sie mal, es war so gegen Elf. Wir hatten uns unterhalten, den ganzen Abend. Es gingen mir ja so viele Gedanken durch den Kopf. Aber Klärchen war mit ihren Gedanken weit weg, reagierte seltsam, fast zynisch, dann sah sie auf ihre Uhr, stand auf und sagte, sie müsse weg.«

»Hatte sie einen Anruf bekommen?«

»Nein, sie saß die ganze Zeit auf dem Sessel, schlürfte einen Whisky und stierte in die Nacht hinaus. Sie machte sich noch lustig über meine Spukgeschichten und meine Vergesslichkeit, die in letzter Zeit immer stärker wurde, aber ich hatte nicht den Eindruck, dass sie Zeitnot hatte.«

»Ihre Tochter war mit dem Auto da?«

»Ja, sie fuhr immer ihren kleinen Sportflitzer, so eine flachgepatschte Flunder, Porsche glaub ich.«

»Noch einmal zu den Ereignissen von letzter Nacht. Glauben Sie, oder besser, fühlen Sie sich in der Lage, darüber berichten zu können?«

»Da ist nicht viel zu erzählen. Ich war von der Unterhaltung mit Clara-Louise so aufgewühlt, dass an Schlaf nicht zu denken war. Also habe ich mir Brutus geschnappt und bin noch eine Runde durch den Park. Auf

dem Rückweg war's, als ich die Gestalt zwischen den Bäumen gesehen habe. Und ich wusste, diesmal galt es mir.
Die ganzen Tage vorher hatte ich schon das beklemmende Gefühl, dass da etwas sich anbahnt, und dann hab ich sie gesehen.
Klar und deutlich!
Sie war es!
Die »Weiße Frau«, eiskalt ist mir geworden und wie eine Geisterhand hat sich mir etwas ums Herz gelegt und zugedrückt. Es war ein tiefer, stechender Schmerz, ich dachte, es ist vorbei mit mir.«
»Wie nah war Ihnen die »Weiße Frau« gekommen?«
»Nah genug, so nah, wie nie zuvor! Sonst war immer noch genügend Abstand zu ihr. Aber diesmal, diesmal hab ich fast ihren eiskalten Atem gespürt.«
»Konnten Sie etwas erkennen? Vielleicht die Gesichtszüge oder die Kleidung?«
»Nein, sie trug einen Schleier. Und sie war sehr groß, bestimmt so groß wie sie! Ja, und Kleider, also das waren so Wallegewänder, alles ein bisschen unübersichtlich.«
»So groß wie ich? Ich bin ein Zweimetermann. Es gibt wenige Frauen, die diese Höhe schaffen.«
»Es ist ja auch ein Gespenst ...«
»Es gibt keine Gespenster. Aber es gibt Leute, die sich als solche verkleiden und andere erschrecken.«
»Meinen Sie, dass diese ...?«
»Ja, genau das meine ich. Ihre Mitarbeiter habe ich auch schon von ihren Gespenstern befreit. Es war ein einfacher Dachs.«
»Ja, Brutus hatte sich immer so aufgeführt, wenn er ihn sah. Ich hatte den Dachs schon des Öfteren beobachtet. Er hat seinen Bau runter zum Hellsee zu, im kleinen Buchenhain. Der ist öfters unterwegs im Schlosspark.«
»Ach ja, der Brutus ... Sagen Sie mal, ist das nicht seltsam? Der Hund hat doch keinerlei Anstalten gemacht, das Gespenst zu verjagen. Der musste doch auch diese Gestalt in ihren Wallegewändern gesehen haben. Warum hat der nicht angeschlagen?«

»Ja, seltsam. Brutus ist eigentlich ein guter Wachhund. Aber vielleicht konnte er das Gespenst ja nicht sehen? Sie wissen ja, nur wir Quappendorffs …«
»Quatsch! Wir haben es auch gesehen, und wir sind allesamt keine Quappendorffs.«
Der alte Baron wurde nachdenklich.
Leuchtenbein trat an ihn heran, legte tröstend seine Hand auf die Bettkante, und räusperte sich. »Herr von Quappen …, äh, Herr Baron, also, ja, wir, wir drei hier, wir wollten Ihnen nur versichern, dass wir das Gut weiter am Leben erhalten werden, es ist ja inzwischen auch unser Zuhause. Wir lassen uns nicht vertreiben, das versprechen wir Ihnen.«
Der alte Mann im Krankenbett musste tief durchatmen. Soviel Solidarität hatte er nicht erwartet. Dankbar sah er seine Mannschaft an.
Linthdorf war diskret zurück getreten.
Mechthild nickte heftig und lispelte leise: »Und von Meinrad soll ich Sie auch grüßen. Ihm geht es auch schon viel besser.«
Leise ging der Kommissar aus dem Zimmer. Er spürte, dass er jetzt nur stören würde. Draußen warteten Louise Elverdink und die drei Jungen mit den Picknickkörben. Linthdorf verspürte plötzlich einen Riesenhunger. Und er ahnte, dass Louise einen wirklich guten Picknickkorb zusammengestellt hatte.

Jäger und Gejagte

Kranichjagd

...gehört nicht mehr in die moderne Zeit. Früher jedoch war die Jagd auf die großen Segler ausgesprochen populär. Schon die alten Römer schätzten den Kranich als Beute. Der Dichter Horaz beschrieb ihn als einen angenehmen »Beutevogel«, der für seinen Geschmack jedoch etwas zu viel Sehnen habe. Sehr begehrt waren auch die Federn des Kranichs als Schmuck für die reichen Römerinnen. Kranicheier galten als exotische Leckerei.

Im Mittelalter jagten die Fürsten und Könige den Kranich mit Netzen, die in der Dämmerung aufgespannt wurden. Die Treiber mussten die Vögel aufscheuchen, so dass sie sich in den Netzen verfingen. Er galt als ausgesprochen edle Beute. Speziell der Stauferkaiser Friedrich Barbarossa galt als großer Anhänger der Kranichjagd.

Die Bauern bejagten den Kranich ebenfalls. Er war ihnen als »Samenräuber« und »Schollenknacker« suspekt. Die Bauern fingen Kraniche, indem sie Schlingen auslegten oder Leimruten versteckten, an denen die scheuen Tiere kleben blieben.

Im Königreich Preußen wurde auf Anordnung des Soldatenkönigs Friedrich Wilhelm I. die Jagd auf den großen Vogel zur Staatsraison erklärt. Der sehr ökonomisch orientierte König, dem viele nachsagten, er hätte den Geiz erfunden, hatte Angst, das die vielen Kraniche in seinen Provinzen den Ernteertrag schmälern könnten. Auch seine Bemühungen zur Kultivierung der Flussauen und Sumpfwiesen sah er durch die Kraniche gestört. Er ließ die schönen und friedlichen Vögel »wegen ihres großen Schadens« rücksichtslos bejagen.

I
Im Rhinluch unterwegs
Sonntag, 19. November 2006

An diesem Sonntagmorgen hatte sich Professor Dr. Rudolf Diestelmeyer mit seinem treuen Begleiter Roderich Boedefeldt zu einem Ausflug verabredet.
Das Ziel war das nahe gelegene Rhinluch. Nur wenige Leute verirrten sich zu dieser Jahreszeit hierher ins Luch. Die Landschaft hatte im späten November etwas Melancholisches.
Die beiden Männer waren mit dem Jeep des Professors unterwegs. Diestelmeyer kannte sich aus im Luch, er war hier schon seit vielen Jahren unterwegs, kannte jeden kleinen Sandweg, wusste, wo man langfahren konnte und wo es ratsam war, das Auto stehen zu lassen.
Boedefeldt hatte ihn oft begleitet, vor allem in den letzten Jahren nahm sich Diestelmeyer mehr Zeit für solche Ausflüge zu zweit. Studenten

hatte er nicht mehr zu betreuen und seine Frau war nicht so sehr zu begeistern von den Schönheiten der einheimischen Flora und Fauna.
Auf der Fahrt unterhielten sich die beiden Männer über ihre heutige Tour. Diestelmeyer hatte vor, in den Kerngebieten des Luchs Zugvögel zu beobachten, die hier überwintern wollten. Er hatte eine erstaunliche Beobachtung gemacht. Immer mehr Vögel blieben im Winter hier statt in den Süden zu fliegen.
Vor allem Wildgänse, aber auch immer mehr Kraniche, eigentlich klassische Zugvögel, schienen sich mit den Wintern arrangiert zu haben. Ob das Verhalten der Vögel mit dem Klimawandel zusammenhing, wollte der Ornithologe jedoch noch nicht bestätigen. Es hatte schon immer Phasen gegeben, in denen sich die Vögel instinktiv an veränderte Bedingungen anpassten.
Das Rhinluch war aufgrund seiner Struktur bestens dafür geeignet, auch im Winter ausreichend Nahrung für Großvögel zu bieten. Das Wassernetz des Rhins speiste zahlreiche Niedermoore, die sich in den letzten beiden Jahrzehnten wieder erholt hatten, dank des intensiven Schutzprogramms, das auch auf Initiative Diestelmeyers vom Land Brandenburg initiiert worden war.
Die Eiszeit hatte das Luch geformt, Sander und Endmoränen umschlossen die Rhinniederung. In den Kerngebieten traf man urtümliche Moorlandschaften, in denen zahlreiche Vogelarten ein geschütztes Biotop fanden. Ein Paradies für Vogelliebhaber wie Diestelmeyer.
Die Menschen hatten dem Luch fast das gesamte Wasser abgegraben. Die Moore hatten nach ihrer Trockenlegung vor knapp zweihundert Jahren ihren größten Schatz hergegeben: den Torf. Torf war im vorindustriellen Preußen ein billiger Brennstoff. Torfabbau im großen Stil wurde dem Luch zum Verhängnis. Um den Torf in die Städte zu bringen, wurden Kanäle gezogen, auf denen Lastkähne verkehrten. Auch hier wurde dem Luch wieder Wasser entzogen. Zurück blieb eine anspruchslose Wiesen- und Weidenlandschaft mit spärlichem Baumbestand. Die tiefsten Torfgruben wurden geflutet. Fischteiche sicherten so ein kärgliches Einkommen für die wenigen Kolonisten, die noch im Luch siedelten.
Das Vogelschutzgebiet »Rhin-Havelluch« wurde nach dem Zusammenbruch der DDR eingerichtet. Behutsam hatten ein paar Idealisten begonnen, Teile des Luchs wieder zurück zu wandeln in die Niedermoorland-

schaft, die es einmal gewesen war. Erste Erfolge wurden nach zehn Jahren sichtbar. Das Luch begann wieder zu leben.
Jedes Jahr kamen mehr Zugvögel zu den Rastplätzen im Luch. Fischotter und Bieber siedelten sich wieder an. Selbst die so seltene Großtrappe schien sich hier inzwischen wieder wohl zu fühlen.
Diestelmeyer hatte diese Entwicklung von Anfang an mit begleitet. Es war sein Lebenswerk, das sie hier durchstreiften. Boedefeldt lauschte den Ausführungen seines Freundes, schaute dabei aus dem Fenster und versuchte, die Schlaglöcher, die Diestelmeyer mit stoischem Gleichmut durchfuhr, mit den Beinen etwas abzufedern.
Gerade steuerte Diestelmeyer die Alte Rhinbrücke hinter Linumhorst an. Unweit dieser Brücke hatten sie vor über vier Wochen die toten Kraniche gefunden. Boedefeldt erinnerte sich daran, als ob es gestern war. Auch Diestelmeyer gingen die gruseligen Bilder gerade wieder durch den Kopf.
»Was ist denn aus den Ermittlungen geworden? Sie wissen schon, die toten Kraniche …«
»Tja, da scheint noch viel mehr dran zu sein, als wir anfangs dachten. Drüben in Lankenhorst, da haben sie auch tote Vögel gefunden. Im Park vom Schloss. Auch Kraniche und andere seltene …«
»Das weiß ich schon. Beim Angeln im Hellsee hab' ich da so einiges mitbekommen. Aber wer steckt dahinter?«
»Ich hab' keine Ahnung. Linthdorf tappt da auch noch im Dunkeln. Es macht alles keinen Sinn. Das einzige, was klar zu sein scheint, ist, dass die toten Vögel den Hausherrn von Lankenhorst einschüchtern sollen.«
»Und woher stammten die?«
»Hab ich doch dem Kommissar in einem umfangreichen Bericht schon mitgeteilt. Hat sich aber bisher dazu noch nicht geäußert. Hat wahrscheinlich viel um die Ohren.«
»Na, nu rücken Sie mal raus mit der Sprache. Woher stammen die Vögel denn nu? Ich bin ja schließlich auch involviert.«
»Es kann sich nur um ein kleines Gebiet nördlich vom Bützsee handeln. Da kommen alle Vogelarten vor, die auf den Fotos waren und auch die Beringungen weisen auf dieses Gebiet.«
»Und warum fahren wir da nicht hin?«
»Meinen Sie, dass das etwas bringt?«

»Ja, vielleicht finden wir ja noch etwas …«
Eine dreiviertel Stunde später waren die beiden am Bützsee angekommen. Der kleine See lag still und friedlich im fahlen Licht des Novembertags. Diestelmeyer steuerte seinen Jeep über eine kleine unbefestigte Straße, die direkt in das Niedermoor führte.
Boedefeldt tippte Diestelmeyer an. »Da vorne, sehn se das? Das sieht aus wie ne kleene Hütte.«
»Ja, das ist eine Schutzhütte der Naturschutzstation. Die kenn' ich. Dürfte normalerweise verschlossen sein.«
Der Jeep hielt an. Diestelmeyer stieg aus und sah sofort, dass mit der Hütte etwas nicht stimmte.
»Seltsam, normalerweise haben die Schutzhütten Sicherheitsschlösser. Schauen Sie mal, da hat doch jemand …«
Auch Boedefeldt war an die Tür gekommen. Es war offensichtlich, dass jemand das Schloss ausgetauscht hatte, ziemlich stümperhaft sogar. Anstelle des kleinen Sicherheitsschlosses war ein archaisch anmutendes Stahlschloss angebracht worden. Diestelmeyer war an das Fenster getreten und versuchte ins Innere zu schauen. Verstört zog er Boedefeldt heran. »Gucken Sie mal! Da stimmt was nicht. Überall liegen Federn herum.«
»Ich ruf Linthdorf an!«
»Machen Sie, ich glaub', dass hier wird ihm nicht gefallen.«

II

Oranienburg – Filiale der Märkischen Bank

Montag, 20. November 2006

Gernot Hülpenbecker starrte mit sorgenvollem Gesicht auf den Monitor seines Computers. Vor ihm waren die Konten der Stiftung der Quappendorffs aufgeschlagen. Seine drei Stellvertreter hatten ihm süffisant lächelnd dieses leidige Thema zum Wochenbeginn präsentiert mit dem Hinweis, dass aufgrund der prekären Lage des Kunden ein Bericht an die Zentrale in Potsdam nötig wäre, um sich gegen alle möglichen Eventualitäten abzusichern.

Hülpenbecker stand auf und lief in seinem geräumigen Büro unstet hin und her. Vom Fenster aus hatte er einen wunderbaren Blick auf das Oranienburger Schloss, dessen Fassade frisch renoviert in den trüben Herbsttag strahlte. Vor wenigen Jahren war das Schloss noch ein alter Kasten, der ein ständiger Grund für Querelen im Stadtrat war. Auch hier war eine Stiftung tätig geworden und hatte aus einem ziemlich hoffnungslosen Bau eine Perle gezaubert. Das Oranienburger Schloss war das neue Gesicht der Kreisstadt geworden.

Lankenhorst hatte es schwerer. Es hatte keine populären Besitzer gehabt. Es war nur einfacher Landadel, verarmt in den Wirren des letzten Jahrhunderts, der das abgelegene Herrenhaus am Rande des Ladeburger Forsts bewirtschaftete. Und was der alte Baron von Quappendorff in den letzten Jahren auf die Beine gestellt hatte, das war schon ein außergewöhnlicher Kraftakt.

Hülpenbecker hatte die Entwicklung Lankenhorsts von Anfang an begleitet. Er war sogar aktives Mitglied im Stiftungsrat geworden. Nun ja,

der Baron hatte nicht lange drängen müssen, immerhin konnte er seinem Jugendschwarm Clara-Louise dadurch nahe sein.
Diese unerfüllte Jugendliebe hatte Hülpenbecker bis heute nicht überwinden können. Die anfängliche Schwärmerei für Clara-Louise, die ihm damals wie ein Engel von einem anderen Stern vorkam, hatte sich in eine tragische Liebe verwandelt.
Eine Liebe, die nicht erwidert wurde.
Eine Liebe, von der nur er wusste.
Eine Liebe, die stets nur platonisch war.
Eine Liebe, die ihn daran hinderte, eine andere Frau auch nur anzuschauen, geschweige denn, eine handfeste Beziehung einzugehen.
Jedes Mal, wenn er zu den Sitzungen des Stiftungsrates eingeladen wurde, schlug sein Herz höher. Clara-Louise war für ihn immer noch der Engel vom anderen Stern, anbetungswürdig und begehrenswert. Hülpenbecker arrangierte es stets so, dass er direkt neben ihr saß. Ein seltsames Vertrauensverhältnis hatte sich zwischen den beiden Menschen entwickelt. Clara-Louise spürte unterbewusst, dass dieser unscheinbare Zahlenmensch ihr gegenüber eine eigenartige Zuneigung hegte und dass sie sich ihm anvertrauen konnte.
Clara-Louises Charme war verantwortlich für Zusagen Hülpenbeckers, die eigentlich den Kompetenzbereich des Bankers überschritten. Die Kreditrahmenbedingungen und auch die Sicherheiten, die normalerweise aufgebracht werden mussten, um die Vorhaben der Stiftung abzusichern, waren deutlich günstiger als sonst üblicherweise gewährt.
Seine ehrgeizigen Stellvertreter, das unselige Gespann Müller-Meier-Schulze, so nannte er die drei aalglatten Karrieretypen, die ihre Zeit hier in Oranienburg nur als Durchgangsetappe auf dem Weg nach oben ansahen, hatten bei den üblichen Kontrollen natürlich mitbekommen, dass er hier weit über seine Kompetenzen gehandelt hatte.
Seitdem war er Wachs in ihren Händen. Die drei wussten genau, was sie damit für einen Druck auf ihn ausüben konnten. Und sie wurden immer unverschämter. Hülpenbecker wusste, wer für die Abgänge von den Konten verantwortlich war. Er wusste auch über die eigenartigen Aktivitäten des Dreigespanns Bescheid und deckte sie gegenüber der Zentrale in Potsdam.

Die drei hatten ein Netzwerk aus Scheinfirmen installiert, diese mit preiswerten Krediten bedient und sogar Fördermittel vom Bund und der EU erschlichen, die es normalerweise nicht gegeben hätten. Ganz unverschämt hatten die drei Hülpenbecker auf dessen eigene Verfehlung hingewiesen, als er sie zur Rechenschaft ziehen wollte.

Er wusste genau, wie viele Karteileichen er als aktive Kunden führte. Wenn wirklich einmal jemand aus Potsdam von der Zentrale kommen sollte und sich den Geschäftskundenbereich vornehmen würde, wäre er geliefert.

Die Karteileichen würden ihm um die Ohren fliegen und er wäre wahrscheinlich seinen Job los. Also schickte er sich in das Schicksal und nickte die Aktivitäten seiner drei Stellvertreter ab. Die drei hatten nach und nach die wichtigsten Ressorts an sich gerissen. Er war zu einer Marionette degradiert, strampelte an den Fäden, die von den drei Gestalten im Hintergrund gezogen wurden.

Im Stillen hatte er überschlagen, was für Summen das Dreiergespann inzwischen auf diese Art und Weise »erwirtschaftet« haben müsste und ihm wurde ganz schlecht dabei. Das war eine ganz andere Dimension als Steuerhinterziehung oder Insiderhandel mit Wertpapieren. Das war legale Bereicherung an öffentlichen Mitteln, abgesegnet durch ihn höchstpersönlich. Die Filiale war zu einem Raubnest geworden. Er selbst war schuldig geworden und das nur, weil er seine unerfüllte Liebe noch immer nicht vergessen konnte. Langsam wurde ihm immer schwindeliger von all dem, was sich da im Verborgenen entwickelte.

Vor ein paar Wochen war er bei einem Spaziergang in der Oranienburger Innenstadt auf den »Sitz« zweier Müller-Meier-Schulze-Firmen gestoßen. Es waren Briefkastenfirmen, ohne jegliche Aktivitäten und ohne Mitarbeiter. Da passierte nichts! Dennoch hatte er heimlich deren Konten überprüft und feststellen müssen, dass da eine hektische Kontenbewegung war, als ob es sich um ein mittleres Handelshaus handeln würde.

Er hatte einen von den dreien, Schulze, beiseite genommen und ihn daraufhin angesprochen. Doch der zuckte nur mit der Schulter und erzählte dem verdutzten Hülpenbecker etwas von internationalen Verflechtungen und von irgendwelchen Großprojekten, die sich da anbahnten, wobei diese Firmen eine wichtige Rolle spielten.

Der gramgebeugte Mann wandte sich wieder seinem Schreibtisch zu. Ein Summton schreckte ihn auf.
»Er will mit Ihnen sprechen, nur mit Ihnen.«
»Danke, Renate, bitten Sie ihn herein. Bringen Sie auch zwei Tassen Kaffee. Danke.«, antwortete er der unsichtbaren Stimme, die aus der Wechselsprechanlage ertönte.
Eine Minute später stand ein riesiger Polizist in Zivil bei ihm im Büro und verdeckte mit seinem Körper fast das ganze Fenster, so dass es für einen Moment dunkel wurde. Hülpenbecker hatte ein ungutes Gefühl. Was wusste dieser Polizist über die Verwicklungen seiner Person in die Vorgänge auf Lankenhorst? Oder wusste er sogar über die Schattenwirtschaft seiner drei Stellvertreter Bescheid?
Linthdorf nahm höflich Platz an dem großen Tisch. Sofort wurde es wieder heller im Büro. Auch der Kaffee wurde gerade von Hülpenbeckers Sekretärin Renate gebracht. Ein fein aromatischer Duft durchzog den Raum. Linthdorf schloss für einen Moment die Augen und lächelte: »African Blue, mein Lieblingskaffee!«
Hülpenbecker war irritiert. »Sie können am Duft den Kaffee erkennen?«
»Diesen schon … Den trinke ich nämlich auch privat.«
»Erstaunlich, wirklich erstaunlich.«
»Nun, sicherlich ahnen Sie schon, dass ich nicht wegen ihres vorzüglichen Kaffees hier bin. Es geht um die Stiftung des Barons von Quappendorff.«
Hülpenbecker nickte stumm.
»Sie sind ja selber Mitglied im Stiftungsrat. Ist das nicht in gewisser Weise ein Interessenkonflikt, den Sie da jedes Mal mit sich als betreuendem Banker ausfechten müssen?«
»Nein, nein. Mein Engagement bei der Stiftung ist ja mehr ein Hobby. Ich nehme dafür keinerlei Salär und bin auch nur beratend tätig. Helfe dem Baron bei den Finanzen und werfe einen Blick auf die Buchhaltung. Sie wissen ja, Lutger, der eigentlich dafür zuständig war, hatte eine sehr oberflächliche Auffassung von korrekter Datenaufbereitung. Es ging ja um mehr als nur die Verwaltung des Vereins. Fördergelder mussten beantragt werden, Nachweise über die jeweilige Nutzung dokumentiert werden, das war nichts für Lutger.«
»Wie gut kannten Sie die Stiftungsratsmitglieder?«

»Nun ja, also, Rochus kenn' ich schon lange, ebenfalls die beiden Töchter. Mit Clara-Louise habe ich zusammen studiert, also, ja, man kann sagen, wir sind uns schon lange vertraut, ja, so kann man sagen, vertraut.«
Linthdorf schaute prüfend in die Augen des immer nervöser werdenden Mannes.
Warum wurde der so nervös? Bisher hatte er doch noch gar nichts Brisantes gefragt.
Hatte Hülpenbecker etwas zu verbergen?
»Und Lutger?«, Linthdorf hakte nach.
»Ja, Lutger …, ein etwas komplizierter Mensch. Nicht, dass ich Probleme mit ihm hatte, nein, nein!
Er war stets höflich und freundlich zu mir. Aber, verstehen Sie mich bitte richtig, also, ich glaube, dass er ein bisschen geflunkert hat, was seine Eignung als Finanzexperte und Organisationstalent angeht.
Er war etwas chaotisch, ja, und ich glaube, er hatte keinen wirklichen Überblick. Mit so Schlagworten war er immer schnell bei der Sache. Also, Optimismus verbreiten, dass konnte er wirklich, ja …, aber sonst …«
»Haben Sie eine Ahnung, wen Lutger sich zum Feind gemacht haben könnte?«
»Ach, wissen Sie, Herr Kommissar, darüber grübele ich schon die ganze Zeit. Ich glaube, er hatte sich da mit Leuten eingelassen, nun ja, die waren ihm über.«
»Wissen Sie etwas über diese Leute?«
»Nicht direkt. Aber Lutger war ein paar Mal bei mir und fragte nach größeren Summen, also Kredit. Ich konnte ihm aber den Wunsch nicht erfüllen. Lutger konnte keinerlei Sicherheiten aufbringen und auch die Schufa-Auskunft war nicht günstig. Er hatte bereits zwei Konkurse hinter sich. Als ich ihm das sagte, war er am Ende und verzweifelt.«
»Wann war das?«
»Im Frühjahr, im Juni, glaub' ich.«
»Wissen Sie noch, wie viel Geld Lutger als Kredit haben wollte?«
»Ja, es war eine ungewöhnlich hohe Summe, fast 600.000 Euro. Als Privatkredit. Er wollte auch nicht so richtig raus mit der Sprache, wofür er das Geld haben wollte.
Ich fragte ihn, ob er ein Haus kaufen wolle. Aber er wiegelte ab. Erzählte etwas von Investitionen, die er dringend tätigen müsse um auch weiter-

hin im Geschäft zu bleiben. Er war ja offiziell angestellt bei so einer Investmentgruppe, die europaweit tätig war. Aber irgendetwas war da faul.
Er bekam seine Entlohnung auf Basis eines hochkomplizierten Prämiensystems. Dazu musste er dauernd neue Kunden für ein Konsortium gewinnen, die ihre Gelder in Form von Aktien anlegten. Er erhielt dann immer Prozente von den angelegten Summen als Provision. Wenn keine Kunden akquiriert wurden, gab es auch kein Geld.«
»Woher wissen Sie das?«
»Rochus hat mir das erzählt. Er machte sich Sorgen um seinen Neffen. Lutger wäre da in die Fänge von ganz schlimmen Finanzjongleuren geraten.«
»Ja, das war er wohl. Jetzt ist er tot.«
»Schrecklich, ganz schrecklich. Wir leben in einer schrecklichen Welt. Lutger, Irmingard, Klaus …alle tot.«
»Sie kannten auch Brackwald?«
Hülpenbeckers Antwort kam zögerlich mit einer kraftlosen Stimme, die mehr an ein Wispern erinnerte.
»Ja, natürlich. Klaus Brackwald war ein guter und langjähriger Kunde. Wir kannten uns schon seit vielen Jahren. War ein fähiger Mann. Korrekt, fleißig, ein richtig guter Steuerberater. Er hätte auch ohne Knurrhahn Karriere machen können. Solche Leute gibt es nicht so viele. Aber er musste ja unbedingt bei diesem Windhund anheuern. Mehr Schein als Sein, also, das hätte er wirklich nicht nötig gehabt. Ja, und nun ist er tot, wie sein Freund Lutger.«
»Kannten sich Lutger und Klaus Brackwald etwa?«
»Ja, schon lange. Sie waren eine Zeit lang Kollegen bei der Berliner Hypovereinsbank. Die Bank war 2003 abgewickelt worden. Sie erinnern sich an den Berliner Bankenskandal …«
»Ja, ich erinnere mich. Es gab sogar eine Regierungskrise. Diepgen musste gehen.«
Dem Banker standen Schweißperlen auf der hohen Stirn. Sein Atem ging flach und unregelmäßig. Etwas setzte ihm gewaltig zu.
Linthdorf hatte Hülpenbecker fest im Blick. Dieser Mann schien deutlich mehr zu wissen als er bisher annahm.

Und er hatte das Gefühl, dass der Banker ihm nicht alles erzählte. Dass ihn etwas bedrückte, war offensichtlich. Hülpenbecker schien Todesängste auszustehen. Die Ereignisse hatten ihm wohl deutlich mehr zugesetzt als Linthdorf erwartet hatte. Er war sich nicht sicher, ob er Hülpenbecker gezielt darauf ansprechen sollte.
Vielleicht hatte der Banker auch nur banale Angst, Angst, selber in einen Sumpf gezogen zu werden, aus dem er nicht mehr frei kam.
Vielleicht war der Druck, der Hülpenbecker innerlich zerstörte, noch nicht groß genug, damit er redete?
Linthdorf musste an den alten Quappendorff denken, der unter einem ähnlichen inneren Druck zu leiden schien. Möglicherweise verband die beiden Männer ein gemeinsames Geheimnis. Keiner kannte sich mit dem wirklichen Zustand der Stiftung genauer aus als Hülpenbecker.
Einen Versuch, Hülpenbeckers Geheimnis zu lüften, wollte er noch wagen. Er spürte, dass er den Banker kurz vor dem Zusammenbruch hatte.
»Herr Hülpenbecker, wir können Ihnen Hilfe anbieten. Wenn Sie sich in einer Situation befinden, die es Ihnen schwer macht, frei zu sprechen, dann sagen Sie es. Ihr Schweigen macht alles nur schlimmer. Wir sind an einem Punkt, der es uns ermöglicht, ein ganzes Netzwerk an kriminellen Machenschaften im Finanzsektor offenzulegen.
Inwieweit Ihr Bankhaus darin verwickelt ist, kann ich im Moment noch nicht genau sagen. Ich weiß auch noch nicht genau, was das alles mit Gut Lankenhorst zu tun haben könnte, aber es hat etwas damit zu tun.«
Hülpenbecker schwieg. Ihm war unwohl bei dem Gedanken, dass die mysteriösen Vorgänge auf Lankenhorst etwas mit den Aktivitäten seiner drei Stellvertreter zu tun haben könnten. Eine ungeheuerliche Vorstellung. Geldmanipulationen waren eine schlimme Sache, aber Mord …?
Mord war eine ganz andere Dimension mit der er nichts zu tun haben wollte. Blut durfte nicht auch noch an seinen Fingern kleben.
Er seufzte und begann stockend von den Vorgängen in seiner Filiale zu berichten.
Linthdorf stutzte, als er die drei Namen Müller, Meier und Schulze hörte. Ein eigenartiger Zufall war das schon. Natürlich, die drei Bankmenschen waren es, die hinter alle den Transaktionen steckten. Sie hatten das Wissen, sie hatten den Zugang zu den Daten und sie hatten die entsprechenden Verbindungen zu wesentlichen Institutionen.

Je mehr Hülpenbecker berichtete, desto mehr wurde dem Kommissar bewusst, was sich da für ein monströses Geflecht vor ihm aufbaute. Linthdorf fragte den Filialleiter, ob er das alles zu Protokoll geben würde um als Zeuge aufzutreten. Hülpenbecker sah den Kommissar an. Wahrscheinlich würde dieses Geständnis ihm den Job kosten, aber er war erleichtert. Die Last, die seit Monaten auf ihm lag, war endlich weg.

III
Naturschutzhütte am Bützsee im Rhinluch
Sonntag, 19. November 2006

Boedefeldt lauschte der Automatenstimme seines Handys. Linthdorf war offensichtlich nicht erreichbar. Verdrießlich beendete der Polizist seinen Kontaktversuch.
Diestelmeyer schaute fragend zu seinem Begleiter.
»Linthdorf geht nicht ran. Was machen wir nun?«
»Irgendwer von der Truppe muss doch erreichbar sein! Probieren Sie noch mal die 110. Da werden Sie verbunden mit jemanden, der zuständig ist.«
Diestelmeyer musste an seinen Auftritt am Hellsee denken, als er den Toten im Uferwasser entdeckt hatte.
Boedefeldt hatte in seinem Speicher herumgeforscht. Eine Nummer war da noch, die auch einem Polizisten der SoKo gehörte. Es war ein Mann aus Eberswalde, Mohr, ja Mohr, das war sein Name … Linthdorf war mit

ihm zusammen bei ihm gewesen. Wieder ließ er sein Handy die Nummer anklingeln. Sekunden verstrichen, doch es ertönte ein Freizeichen. Die Stimme Mohrs erklang laut und deutlich aus dem kleinen Gerät.
Eine Stunde später war Matthias Mohr mit ein paar Kollegen der KTU am Bützsee eingetroffen.
Mohr hörte sich die Geschichte an, wie Diestelmeyer und Boedefeldt die Hütte entdeckt hatten, nickte anerkennend und schob sie dann zur Seite. Die Hütte gehörte jetzt den Männern der KTU, die in ihren gespenstisch weißen Overalls und mit ihren metallenen Köfferchen schon bereit waren, den Inhalt der Hütte zu untersuchen.
Boedefeldt atmete tief ein. Er spürte, dass hier das Rätsel der toten Kraniche gelöst werden könnte. Es war die Präsenz einer unsichtbaren Kraft, die ihn seltsam berührte. Es war das Böse, dass aus dem Eingang der Hütte zu strömen schien. Eine kaum spürbare Wolke, die sowohl Boedefeldt als auch Diestelmeyer streifte wie ein eisiger Hauch.

IV
Potsdam - Landeskriminalamt
Montagnachmittag, 20. November 2006

Im Konferenzsaal A III war ein dauerndes Kommen und Gehen. Die gesamte SoKo war versammelt. Linthdorf hatte eine außerordentliche Versammlung einberufen. Grund waren die neuen Erkenntnisse, die er an diesem Morgen von Hülpenbecker erfahren hatte.
Die Kollegen waren aufgeregt. Knipphase und Nägelein waren ausgesprochen aufgekratzt, sie spürten wohl, dass es einen Durchbruch bei den Ermittlungen gegeben hatte.
Auf dem Gang unterhielt sich Linthdorf mit Matthias Mohr. Mohr hatte einen dicken Bericht der KTU in der Hand.
»Deine beiden Spezialisten aus Linum haben uns gestern neue Arbeit präsentiert. Sie haben eine Hütte entdeckt, irgendwo im Rhinluch ..., frag mich nicht, wie die beiden darauf gekommen waren, dass genau dort die Kranichmorde ihren Anfang genommen hatten. Es hängt irgendwie mit den Verbreitungsgebieten der Vögel und deren Beringung

zusammen. Der Vogelprofessor hat versucht, es mir zu erklären, ziemlich kompliziert …«

Linthdorf blätterte schon neugierig in dem KTU-Bericht. »Was habt ihr da drinnen gefunden?«

»Federn, Federn, Federn … Von allen Vogelarten, die wir gefunden haben. Ziemlich sicher, dass dort die Tiere getötet wurden. Ja, und ne ganze Menge Fingerabdrücke und brauchbare DNA-Spuren.«

»Bekannt?«

»Und ob, ein guter alter Bekannter von uns. Jedenfalls im Barnim und auch in der Ruppiner Gegend. Rudi Wespenkötter. Ein alter Wilderer, notorischer Wiederholungstäter. Saß schon öfters ein wegen seiner Eskapaden. Jagt mit verbotenen Fallen und Schlingen. Nicht ganz richtig im Oberstübchen, aber ein ziemlich cleverer Bursche, wenn es darum geht, etwas zu erbeuten.«

»Hmm, trotzdem seltsam. Was hat so ein Typ mit unserem Quappendorff zu schaffen?«

»Kann doch sein, dass er im Auftrag …«

»Habt ihr ihn schon vernommen?«

»Nein, wir müssen ihn erst einmal finden. Er ist wie vom Erdboden verschluckt. In seiner Wohnung ist er schon seit Tagen nicht mehr aufgekreuzt und auch seine Bekannten wissen nicht, wo er sein könnte.«

»Na denn, haltet euch ran. Wir müssen ihn befragen um an die Hintermänner zu kommen.«

Die beiden wurden von Dr. Nägelein unterbrochen. Der drängelte schon wegen der Aussagen Hülpenbeckers. Linthdorf nickte Mohr kurz zu. Der machte sich auf den Weg. Es galt, Wespenkötter zu finden.

Linthdorf begab sich mit Nägelein in den inzwischen vollbesetzten Konferenzsaal. Der Lärm ebbte ab. Mit einer kurzen Zusammenfassung der Aussage Hülpenbeckers eröffnete Linthdorf die Runde. Die drei Stellvertreter Hülpenbeckers wurden inzwischen polizeilich gesucht. Sie waren nicht in der Filiale erschienen, hatten wahrscheinlich einen Tipp bekommen, dass es für sie eng werden könnte.

An einer Pinnwand waren drei Fotos befestigt worden. Linthdorf schaute sich die drei unscheinbaren Männer an. Sie waren nichtssagend, vollkommen durchschnittlich, nichts war in ihren Gesichtern zu erkennen

außer dieser biederen Leere. Linthdorf grübelte, wie diese mediokren Gestalten es geschafft hatten, soviel kriminelle Energie aufzubringen.
Was hatten diese drei Männer für Beweggründe, soviel Geld zu ergaunern? Als Bankangestellte im gehobenen Sektor verdienten sie doch eigentlich nicht schlecht. Bestimmt deutlich mehr als er.
Louise Elverdink trat heran und holte die Tuchebandschen Phantomzeichnungen hervor. Mit einem Lächeln pinnte sie die drei Ausdrucke unter die Fotos, die den drei Biedermännern zum Verwechseln ähnlich sahen.
Dieselben nichtssagenden Physiognomien, die Linthdorf bei den Phantombildern als unauffindbar kritisiert hatte. Tucheband hatte wirklich gut beobachtet.
Also, zu den Besuchern von Bogensee gehörten die drei Banker auch. Linthdorf wusste, dass sie Lankenhorst und die Quappendorffs ebenfalls kannten. Sie gehörten mit zu den offiziellen Gästen beim Quappenessen.
Knipphase trat an Linthdorf und Louise Elverdink heran.
»Sagen Sie mal, wie sicher sind Sie denn, dass hinter diesen drei Gestalten nicht noch ein paar größere Gauner auftauchen? Es erscheint mir ein bisschen simpel, dass diese drei allein …«
»Tja, Herr Dr. Knipphase, es sieht im Moment jedenfalls so aus. Wir haben niemanden sonst zu bieten.«
Louise Elverdink unterbrach Linthdorf. »Doch, wir haben noch ein paar in petto. Da sind vor allem die Leute von »Knurrhahn & Partner«.
Und es muss auch jemanden bei den Behörden geben, der die ganzen Fördermittel abgenickt hat ohne wirklich zu prüfen, was da finanziert wurde.«
Knipphase runzelte die Stirn. Die Aussicht, Ermittlungen in den Ämtern und Behörden durchführen zu müssen, war ausgesprochen unangenehm.
Linthdorf hatte sich wieder an die Mitarbeiter der SoKo gewandt.
»Wir haben drei konkrete Ziele für die nächsten Tage. Die drei Verdächtigen Müller, Meier und Schulze müssen gefunden werden, weiterhin ihre Verbindungen zu den Behörden überprüft, und, ganz wichtig, ihre Verquickung mit den Mordfällen auf und um Lankenhorst nachgewiesen werden.«

Ein Geraune füllte den Saal. Jeder hatte plötzlich seinem Tischnachbarn etwas mitzuteilen, es schien viel Verwirrung zu herrschen, wie weiter vorzugehen war.

Linthdorf sorgte für Ruhe. »Aber Kollegen, hallooo! Ich bitte um etwas mehr Professionalität. Wir sind doch nicht ... Danke!«

Er atmete tief durch.

»Also, ich schlage vor, dass wir uns neu strukturieren. Wir brauchen eine operative Gruppe, die sich nur der Suche nach unseren drei Verdächtigen widmet.

Hierfür, denke ich, sollten ausgebildete Kriminalisten, also klassische Ermittler, herangezogen werden. Dann brauchen wir eine Gruppe, die sich um die Verbindungen der drei zu den Behörden kümmern. Da denke ich vor allem an die die Kollegen von der Steuerfahndung und der Abteilung Wirtschaftskriminalität. Und dann brauchen wir noch Leute, die sich um die Auswertung der beschlagnahmten Computer kümmern. Das können unsere Elektronikspezialisten am Besten. Gibt es hierzu noch Anmerkungen?«

Wieder war ein Geraune im Saal zu vernehmen. Linthdorf fasste es als eine Zustimmung auf. Er wandte sich an die um ihn versammelten Ermittler. »Also, wir fangen da an, wo wir unsere drei Verdächtigen das letzte Mal in der Öffentlichkeit erlebt haben. In Oranienburg.«

V
Oranienburg
Montagabend, 20. November 2006

In der Kreispolizeidirektion des Landkreises Oberhavel war an diesem Abend viel Betrieb. Aus Potsdam waren fast zwanzig LKA-Leute angerückt, ausgerüstet mit viel Technik und einem betriebsamen Eifer, der die Oranienburger das Staunen lehrte. Selten hatten die Kollegen so viel Hektik erlebt wie an diesem Abend.

Linthdorf ragte aus diesem Gewimmel heraus wie ein Leuchtturm im stürmischen Meer. Er stand still auf dem Flur, um ihn herum liefen die Kollegen hin und her. Ihm war das alles etwas zu unruhig und zu geschäftig. Eigentlich nicht sein Metier. Er liebte mehr die Ruhe seines Büros und die Einsamkeit mühsamer Ermittlungen vor Ort als diese konzertierten Aktionen.

Ein fast ebenso großer Mann wie Linthdorf, allerdings nur halb so stattlich, trat auf ihn zu. Es war der Dienststellenleiter Otto Lippstock. Würde man einen werbewirksamen Sympathieträger für die Brandenburger Polizei suchen, dann wäre Lippstock der richtige Mann. Sein offenes Gesicht strahlte in einer Freundlichkeit wie auf einem Werbeplakat.

»Wir haben bereits heute Mittag eine Fahndung nach den drei Verdächtigen eingeleitet. Oranienburg und Umgebung wurden schon durchsucht von unseren Leuten. Mit ziemlich hoher Wahrscheinlichkeit sind die drei bereits außerhalb der Landesgrenzen.

Wir haben die Fahndung ausgeweitet. Schwerpunkt Berlin, aber auch unsere Kollegen aus den Nachbarkreisen sind informiert, ebenfalls die benachbarten Bundesländer Sachsen-Anhalt und Mecklenburg-Vorpommern. Die Personendaten sind an alle Flughäfen in Deutschland, Polen und Dänemark durchgegeben worden.«

Linthdorf nickte. Es schien hier alles abzulaufen wie es bei solchen Großeinsätzen üblich war. Er hatte dennoch das Gefühl, dass dieser Einsatz nicht die gewünschten Ergebnisse bringen würde. Dafür waren diese drei unscheinbaren Typen zu gerissen. Trotzdem war die ganze Maschinerie, die hier angelaufen war, nicht sinnlos.

Alle, die auf irgendeine Art und Weise mit den Machenschaften der »Kranichland AG« zu tun hatten, wussten nun, dass man ihnen auf der Spur war und machten vielleicht Fehler. Fehler, die sie sonst nicht gemacht hätten und die sie verraten würden. Linthdorf wusste um den großen psychischen Druck, den eine solche Fahndung ausüben konnte.

Er wandte sich an Lippstock. »Sie haben hier alles unter Kontrolle. Ich muss noch einmal nach Berlin. Vielleicht bekommen wir noch ein paar wichtige Informationen.«

Lippstock winkte ihm kurz zu, ein Telefon schrillte gerade. Linthdorf schnappte sich seinen Hut und machte sich auf den Weg. Er musste dringend mit Clara-Louise Marheincke sprechen. Jetzt wusste er genug, um mit ihr zu unterhalten, ohne Gefahr zu laufen, falschen Aussagen aufzusitzen.

VI
Berlin-Köpenick
Montagabend, 20. November 2006

Der Stadtbezirk im Süden Berlins war lange Zeit ein brandenburgisches Amt. Erst in den zwanziger Jahren wurde Köpenick dem neu entstandenen Groß-Berlin einverleibt.
Doch bis jetzt hatte Köpenick es geschafft, eine gewisse Eigenständigkeit zu bewahren. Linthdorf mochte diesen Stadtbezirk. Mit seinen Söhnen war er im Sommer oft zu einem Sonntagsausflug hier unterwegs. Auf der Köpenicker Schlossinsel blühte der Rhododendron, die Ausflugsdampfer auf Dahme und Spree pflügten durch die Gewässer und am Müggelsee waren die Ausflugsgaststätten geöffnet.
Köpenick war im Spätherbst weniger anheimelnd als im Sommer. Ein leichter Nieselregen hatte eingesetzt. Linthdorf hatte Mühe, die einzelnen Straßennamen zu erkennen. Hier im Salvador-Allende-Viertel kannte er sich nicht so gut aus. Es war ein Neubauviertel, in den siebziger Jahren erbaut. Die Blöcke waren in den letzten Jahren renoviert worden und die Grünanlagen wirkten gepflegt. Er musste hier nur durchfahren, um am Ende des Viertels an die Müggelspree zu gelangen. Dort gab es eine kleine Eigenheimkolonie, zu der auch die Adresse gehörte, die er von seinen Mitarbeitern bekommen hatte.

Nixenwall 27 a, das musste das Haus sein. Ein mit einer hohen Ligusterhecke umgebenes Gebäude, strahlend weiß geputzt und mit einem Walmdach versehen, dazu eine große Veranda, so präsentierte sich das Zuhause von Clara-Louise Marheincke.
Linthdorf steuerte seinen Wagen an den Straßenrand. Er hatte bereits konstatiert, dass Licht im Hause brannte. Ein gutes Zeichen.
Er klingelte. Kurze Zeit später öffnete sich die Tür. Ein kräftiger Mann in den frühen Fünfzigern stand vor ihm, Haare halblang, Vollbart, runde Brille, Schlabberpullover, Jeans, Birkenstocklatschen – das war Georg Marheincke, der Ehemann Clara-Louises. Linthdorf zückte seinen Dienstausweis, stellte sich kurz vor und bat um ein kurzes Gespräch.
Georg Marheincke schien nicht sehr erstaunt zu sein über sein Auftauchen. Er bat den Kommissar herein.
»Clara, die Polizei ist da.«
Linthdorf hörte zögernde Schritte, die eine Treppe herunter kamen. Clara-Louise war in einen lindgrünen Bademantel gehüllt und hatte ein Handtuch um ihren Kopf gewickelt.
»Was wollen Sie denn noch?« Es war offensichtlich, dass sie nicht begeistert war von dem überraschenden Besuch.
»Frau Marheincke, es gibt ein paar neue Entwicklungen, die wichtig für die Klärung der Mordfälle und eigenartigen Vorgänge auf Gut Lankenhorst sein könnten. Wir gehen davon aus, dass Sie stärker als bisher angenommen in die Geschichte mit einbezogen sind. Wenn Sie meine Fragen beantworten würden, wäre das ausgesprochen hilfreich und konstruktiv. Bitte verstehen Sie mich recht, es handelt sich um ein rein informelles Gespräch, kein Verhör. Aber vom Verlauf des Gesprächs mache ich es abhängig, ob es vielleicht doch noch ein Verhör wird.«
Die Frau im Bademantel schaute den Polizisten mit dem leicht abgegriffenen, schwarzen Mantel und vom Regen durchnässten Hut skeptisch an. Bisher hatte sich dieser Polizist von ihr fern gehalten. Sie hatte ihn zwar dauernd im Park und auch öfters mit ihrem Vater zusammen gesehen, aber sie wusste nicht viel über die Gedankengänge dieses Mannes. Was er da alles herausbekommen haben wollte, war ihr ein Rätsel. Weder die Angestellten noch Papa hatten überhaupt eine Ahnung, was da ablief. Sie wurde wieder ruhiger.
»Setzen Sie sich. Was wollen Sie wissen?«

Der Ehemann Clara-Louises war deutlich mehr betroffen von den Worten des Polizisten. Er sah zu seiner Frau, dann wieder zu dem großen Polizisten, der sich gerade auf dem hellen Designersofa niederließ. Demonstrativ setzte er sich neben seine Frau und legte seine Hand auf ihre Hand. Linthdorf registrierte diese Geste der Solidarität, ohne sich davon beeindrucken zu lassen.

»Als erstes möchte ich Sie fragen, ob Sie einen Mann namens Rudi Wespenkötter kennen.«

»Nein, wer soll das sein?«

»Wespenkötter ist ein Wilderer, der vor allem als Fallensteller in Naturschutzgebieten seltene Vögel fängt und tötet. Dämmert Ihnen da etwas?«

»Nein, wieso denn?«

»Wir haben dokumentiert, wie Sie zusammen mit Ihrem Cousin Lutger am 21.Oktober im Linumer Bruch weilten. Auch Wespenkötter war zur selben Zeit am selben Ort.«

»Kann sein, dass Lutger … Mir ist der Name unbekannt und der Mann dazu ebenfalls.«

»Gut. Dann eben nicht. Gehen wir weiter. Was wissen Sie über die »Weiße Frau« von Lankenhorst?«

»Ach, das ist so ein Spuk. Papa hat sich da … Sie denken doch nicht …?«

»Doch, ich denke genau das. War es Ihre Idee oder wer hatte Sie dazu angestiftet?«

Die Frau ihm gegenüber schien für einen winzigen Moment irritiert zu sein. Linthdorf spürte diese Irritation mehr intuitiv als rational und wusste, dass er auf dem richtigen Pfad war.

Georg Marheincke reagierte befremdet auf die Anschuldigung Linthdorfs. Er schaute kurz zu seiner Frau und bemerkte ebenfalls dieses kurze Zögern.

»Niemand! Was soll das? Welchen Sinn macht das? Warum sollte ich meinen Vater so erschrecken?«

»Nun, verraten Sie es mir. Deshalb bin ich hier.«

Wieder gab es für den Bruchteil einer Sekunde eine kleine Unsicherheit bei der Frau im Bademantel.

»Nun gut, wir werden so nicht weiter kommen. Wie gut kennen Sie Gernot Hülpenbecker?«

»Was hat denn Hülpenbecker mit den Todesfällen von Lankenhorst zu tun? Der ist doch harmlos…«
»Bitte beantworten Sie doch einfach nur meine Frage.«
Linthdorf blieb gelassen. Er hatte die Erfahrung von über zwanzig Jahren Vernehmungstaktik und wusste, dass es nichts brachte, sich aufzuregen. Gegenfragen waren ein beliebtes Ablenkungsmanöver.
»Hülpenbecker ist der Banker von Papa. Ein freundlicher Mensch, der viel für die Stiftung ermöglicht hat. Er gehört de facto zur Familie. Harmlos, unscheinbar, auf alle Fälle kein Gewalttäter.«
»Kam Ihnen Hülpenbecker in letzter Zeit verändert vor? Ist Ihnen etwas aufgefallen an ihm?«
»Nein, weshalb? Er war wie immer. Natürlich, die Todesfälle haben ihn auch beschäftigt, zumal er ja auch Irmi und Lutger gut kannte. Er war ja auch mit im Stiftungsrat. Aber ansonsten war er wie immer.«
»Was für ein spezielles Verhältnis hatten Sie zu Hülpenbecker?«
Clara-Louise lachte kurz auf.
»Wohl eher er zu mir als ich zu ihm. Mein Gott, ja! Hülpi schwärmt für mich, schon seit vielen Jahren. Aber wie ich schon sagte, vollkommen harmlos. Hülpi wird sich eher die Zunge abbeißen als mir seine Leidenschaft gestehen. Alles rein platonisch.«
Sie sah dabei zu ihrem Mann, als ob sie sich für etwas entschuldigen wollte, wofür sie nichts konnte. Georg Marheincke wurde zunehmend unruhiger. Was da seine Frau erzählte, war starker Tobak für ihn. Er hatte keine Ahnung, dass Clara-Louise seit Jahren einen heimlichen Verehrer hatte.
Linthdorf spürte die Spannungen, die sich da innerhalb von Sekundenbruchteilen zwischen dem Ehepaar aufbauten. Er musste jetzt nachhaken. Die Frau würde nicht mehr lange diese Maske aufbehalten können.
»Was für eine Beziehung hatten Sie zu Felix Verschau? Sie kennen den Einsiedler doch ziemlich gut, jedenfalls haben wir bei einer Durchsuchung des alten Chausseehauses …«
Zornesröte schoss Clara-Louise ins Gesicht. Linthdorf wusste, dass er sie jetzt soweit hatte. Sein Bluff mit den gefundenen Skizzen schien Wirkung gezeigt zu haben.
»Nichts haben Sie gefunden! Gar nichts! Sie können ja gar nichts gefunden haben …«

Mit einer Stimme, die kaum noch zu vernehmen war, zischte sie diese Worte hervor. Ihr Mann neben ihr erstarrte zu einer Salzsäule. Seine Hand, die gerade noch so fürsorglich die Hand seiner Frau hielt, war herabgeglitten.
»Was glauben Sie denn, was wir gefunden haben? Eine Skizzenmappe vielleicht? Darinnen Portraits und …«
»Seien Sie still!«
»Frau Marheincke, wollen wir jetzt endlich das Katz-und Mausspiel bleiben lassen und Klartext reden?«
»Was wollen Sie wissen?«
Linthdorf wusste in diesem Moment, dass er gewonnen hatte.
»Erzählen Sie einfach alles. Von Anfang an.«
Clara-Louise begann zu berichten. Von den Gesprächen mit ihrem Cousin Lutger und dessen Unzufriedenheit, von den Ideen, die Lutger hatte und der Reaktion ihres Vaters auf die Ideen Lutgers.
Lutger wollte hoch hinaus. Aber ihm fehlten die Mittel. Hülpenbecker hatte ihn schon abblitzen lassen, trotz Fürsprache ließ sich der Banker nicht erweichen, Lutger einen Kredit zu gewähren.
Dann hatte sie noch einmal mit ihrem Vater gesprochen. Papa sollte für Lutger bürgen. Aber der war ebenfalls nicht zu begeistern von Lutgers Ideen. Unseriös bezeichnete er die Geschäftskonstruktion, und Vabanquespiel, jenseits des gesunden Menschenverstandes.
Ja, und dann war sie mit Lutger auf die Idee mit den toten Vögeln gekommen. Damit wollten sie eigentlich nur etwas Druck auf Papa ausüben. Papa sollte sein blödsinniges Kulturvereinsgetue bleiben lassen und endlich auf die Offerten der »Kranichland«-Leute eingehen. Dann wäre er endlich alle Geldsorgen los und könnte sich einen geruhsamen Lebensabend gönnen.
Sie wusste von der Phobie ihres Vaters. Als kleiner Junge musste er in der Nachkriegszeit mit seiner Mutter, seiner Tante und seiner Großmutter Kraniche fangen und als Geflügel auf dem Schwarzmarkt verkaufen. Er verabscheute diese Tätigkeit zutiefst, zumal ihm sein Vater stets Achtung vor den großen Glücksvögeln beigebracht hatte. Im Wappen der Quappendorffs waren sie, aber die Großmutter hatte nur gelacht und gefragt, ob er sich von dem Wappen etwas zu Essen kaufen könnte.

Doch Papa hatte nicht so reagiert wie gewünscht. Er zog sich immer mehr zurück und wurde misstrauisch gegen alle Menschen, die ihn umgaben. Mit Lutger hatte er sich sogar gestritten. Allerdings ging es da nicht um die toten Kraniche, sondern mehr um Lutgers laxe Einstellung zur Stiftung.

Für Lutger war das alles nur Spielerei und »Pillepalle«, ein »Rentnerhobby«, so nannte er den Verein und die Stiftung. Man könnte eigentlich viel mehr aus dem Gut machen, wenn man es vernünftig anstelle. Davon wollte Papa aber nichts hören. Lutger hatte ein paar Mal Leute angeschleppt, die Interesse am Schloss und am Park hatten. Eine große Summe hatten sie wohl Papa geboten, aber der wollte davon nichts wissen.

Dann kam Lutger auf die Idee mit der »Weißen Frau«. Wenn man Papa das Gut so verleide, dass er nur noch weg wolle, dann würde er auch verkaufen. So dachte Lutger. Also erfanden sie die »Weiße Frau«, die nachts durch den Schlosspark wandelte.

Clara-Louise habe sich Plateauschuhe angezogen, aus ihrem alten Hochzeitskleid ein Wallegewand geschnitten und eine Maske aufgesetzt, die sie mal von einem Urlaubstrip nach Venedig mitgebracht hatte. So konnte sie unerkannt bleiben. Im Park kannte sie ja jeden Stein und jeden Baum. Es war nicht schwer, dort herumzugeistern.

Außerdem wusste sie über Papas abendliche Rundgänge Bescheid. Es war für Clara-Louise ein Leichtes, zur richtigen Zeit am richtigen Ort zu sein. Papa erschrak auch, aber er wurde immer misstrauischer und verschlossener.

Genau das Gegenteil hatten sie mit ihrer Spukerei bewirkt. Sie hatte Lutger es auch sagen wollen, dass diese Gespensternummer nichts brachte, aber da war dann Lutger plötzlich tot.

Schweigen herrschte in dem großen Wohnzimmer nach dieser Beichte. Georg Marheincke war paralysiert von dem, was er soeben vernommen hatte. Er schaute seine Frau wie ein Alien an. Linthdorf beobachtete Clara-Louises Gesicht.

Dort schien sich nichts zu regen, es war so, als ob sie einen Geschäftsbericht abgeliefert hatte. Emotionslos und unbeteiligt wirkte sie. Linthdorf wurde aus ihr nicht klug. Entweder war diese Frau eine perfekte Schauspielerin, die es schaffte, alle ihre Emotionen hinter einer gut einstudierten Maske zu verbergen oder sie gehörte zu den Wesen ohne jegliche

Empathie, die das gesamte Leben wie ein Roulettespiel betrachteten und einen gewissen Nervenkitzel benötigten, um überhaupt noch zu spüren, dass sie da waren. Er war sich noch unsicher, zu welchem Typus sie gehörte. Auf alle Fälle war dieser Frau noch sehr viel mehr zuzutrauen als diese Spukgeschichten.

»Frau Marheincke, wir werden uns auf alle Fälle noch ein paar Mal unterhalten müssen. Darf ich Sie bitten, morgen früh um Zehn bei uns im LKA in Potsdam zu sein. Wir müssen Ihre Aussagen protokollieren. Vielleicht können Sie uns ja noch bei einigen anderen Problemen behilflich sein. Im Übrigen sollten Sie unbedingt zu Ihrem Vater fahren. Der liegt im Krankenhaus von Bernau. Er hatte gestern Nacht eine Herzattacke, nachdem er von Ihnen erschreckt worden war.«

»Wieso? Gestern war ich nicht im Park. Ich bin gegen Elf vom Gut weggefahren, kurz nach Zwölf war ich hier. Da können Sie Georg fragen. Was ist mit Papa?«

Linthdorf war überrascht. Wenn gestern Nacht nicht Clara-Louise als »Weiße Frau« durch den Park gegeistert war, wer war dann die Person hinter dem Kostüm?

»Wann haben Sie das letzte Mal die »Weiße Frau« auftreten lassen?«

Clara-Louise überlegte kurz, antwortete dann jedoch zögernd.

»Kurz vor Lutgers Tod. Dann war es ja sinnlos geworden. Es gab keinen Grund mehr, Papa vom Gut zu verscheuchen.«

Nach einer kurzen Pause fuhr sie fort. »Das Kostüm ist seitdem verschwunden. Ich hatte es bei mir im Zimmer versteckt unter meinem Bett. Aber da lag es nicht mehr als ich gestern abreisen wollte. Jemand muss es sich geholt haben.«

»Haben Sie eine Idee, wer das gewesen sein könnte?«

»Mir fällt nur das blonde Trampel ein, die olle Praskowiak, die Papa dauernd Honig ums Maul schmiert … Diese Kuh!«

Linthdorf wusste um die Animositäten zwischen den beiden Frauen. Da aber Gunhild Praskowiak bei ihm war, als die »Weiße Frau« gestern Nacht gesichtet wurde, fiel sie natürlich als Gespenst aus.

»Wer wusste außer Lutger noch von dem Spuk?«

»Niemand, wieso sollten wir da noch jemanden einweihen?«

»Vielleicht hatte ja auch Lutger gegenüber einem Dritten etwas darüber verlauten lassen?«

»Lutger war ein Angeber, aber doch kein Verräter.«
»Wieso haben Sie sich eigentlich so plötzlich so gut mit Ihrem Cousin verstanden? Lutger war doch eher ein Außenseiter und galt in Ihren Augen doch als Versager.«
»Stimmt schon, ja. Aber dann hatte er etwas über Millioneninvestitionen erzählt, von Immobilien und Bebauungsplänen, so kannte ich ihn gar nicht. Und dann hatte er mir auch die Pläne gezeigt. Das schien auf einmal alles Hand und Fuß zu haben. Lutger hatte mir angeboten, mit einzusteigen. Das war schon verlockend. Wir wären mit einem Schlag die Schulden los. Der Hausbau hat uns ganz schön was gekostet. Na ja, und da habe ich gedacht, warum nicht.«
»Das war also nicht Ihre neue entdeckte Sympathie für den verarmten Verwandten?«
»Nein, Lutger war rein menschlich ein Ekelpaket. Das war er schon immer. Ich war damals dagegen, dass Papa ihn in den Stiftungsrat geholt hatte. Aber Papa meinte, dass er zur Familie gehöre und man ihm eine Chance geben sollte. Irmi war gleich Feuer und Flamme. Die kam mit Lutger auch immer gut aus. Lag wohl an derselben Wellenlänge ihrer Hohlköpfe.«
Clara-Louise lachte kurz auf und lehnte sich zurück. Linthdorf spürte immer mehr, dass sein Gegenüber wirklich ein empathieloses Wesen war. Georg hatte sich zurückgezogen, stand auf der Veranda und rauchte. Es regnete in Strömen, aber das machte dem Mann nichts aus. Für ihn war eine Illusion zerstört worden. Inwieweit Clara-Louise davon überhaupt Notiz nahm, war fraglich.
Linthdorf wollte nur weg. Ihm war übel. Er überlegte noch kurz, ob diese Frau nicht doch noch mehr wusste über die Vorgänge auf Lankenhorst. Aber was er heute Abend hier erfahren hatte, warf ein neues Licht auf die dramatischen Ereignisse auf Gut Lankenhorst. Die Verbindung zwischen der »Kranichland AG« und den Quappendorffs war nachgewiesen, es fehlten aber noch wichtige Mosaiksteinchen, um die Morde zu klären.
Was die herzlose Tochter des alten Barons anging, war sich Linthdorf nicht sicher, wie gefährlich sie wirklich war. Vom Intellekt und von ihrer Gefühlswelt traute er ihr schon zu, die Morde begangen zu haben, allerdings hatte sie kein wirkliches Motiv. Für sie war der Tod Lutgers eher

ein Nachteil, ebenfalls der Tod Verschaus. Eine direkte Beziehung zu Brackwald schien nicht bestanden zu haben. Und ihre eigene Schwester, die sie zwar verachtet hatte, auf eine solch raffinierte Methode zu töten, nun, dass hielt Linthdorf für ausgesprochen unwahrscheinlich.

VII
Eine Meldung in den Abendnachrichten von Antenne Brandenburg
Montagabend, 20. November 2006

Und hier noch eine Suchmeldung der Polizei. Wer kann Angaben zu dem gegenwärtigen Aufenthaltsort von Rudi Wespenkötter aus Alten-Friesack, Kreis Ruppin-Ostprignitz, machen?
Der Gesuchte soll im Zusammenhang mit den Ermittlungen im Mordfall Quappendorff als Zeuge befragt werden.
Wespenkötter wurde seit mehreren Tagen nicht mehr gesehen. Es besteht auch die Möglichkeit, dass er nicht mehr am Leben ist. Bitte melden Sie sich, wenn Sie etwas über seinen Verbleib wissen sollten.

VIII
Ein kurzer Artikel in der »Ruppiner Rhinpost«
Montag, 20. November 2006

Endlich gelöst!

Im Zusammenhang mit der Suche nach den Urhebern der furchtbaren Tierquälereien im Naturschutzgebiet »Havel-Rhinluch« konnten die örtlichen Polizeidienststellen einen Erfolg verzeichnen. Nach mühevoller Suche ist den Sicherheitskräften in enger Zusammenarbeit mit Mitarbeitern des örtlichen Naturschutzbundes ein entscheidender Schlag gegen die seit längerer Zeit bereits ihr Unwesen treibenden Wilderer und Fallensteller gelungen. Wahrscheinlich geht auch das berüchtigte »Kranichmassaker« bei Linum (wir berichteten bereits darüber) auf die Kappe der entdeckten Wilddiebe.

IX
Gut Lankenhorst – Im Torhaus
Dienstag, 21. November 2006

Das Herrenhaus Lankenhorst, von seinen Bewohnern ehrfurchtsvoll auch als das Schloss bezeichnet, lag an diesem Novembermorgen verlassen im Nebel. Wo sonst vertraute Lichter aus den Fenstern strahlten, hatte sich abweisendes Dunkel breit gemacht.
Gunhild Praskowiak und Rolf Bertram Leuchtenbein waren ins Torhaus gezogen. Mechthild Zwiebel hatte die beiden darum gebeten, ihr in dieser schweren Zeit nahe zu sein. Weder ihr Mann Meinrad noch der alte Baron waren bisher aus dem Krankenhaus zurück. Zusammen mit den beiden übrig gebliebenen Schlossbewohnern waren auch der Hund Brutus und der graue Stubentiger Kater mit ins Torhaus gezogen.
Nach den nächtlichen Ereignissen vom Sonntag hatte sich Angst breit gemacht. Neben der archaischen Angst vor weiteren Anschlägen waren es auch existentielle Ängste, die bei den drei Bewohnern des Gutes ein ungutes Gefühl aufkommen ließen. Was würde passieren, wenn der Baron sein Lebenswerk nicht mehr fortführen konnte?
Was käme nach ihm?
»Was machen wir denn bloß?«, Gunhild war sichtlich erregt und schien im Moment ohne Plan zu sein.
Mechthild schniefte und bröselte an ihrer Schwarzbrotschnitte herum. Die drei saßen um den großen Tisch in der Küche und frühstückten. Brutus und Kater hatten sich in der Nähe des Tisches platziert, um etwaige Leckereien abzufassen.

Leuchtenbein war mit seinen Gedanken weit weg. Doch schlagartig schien er wie elektrisiert.

»Gundi, wir müssen noch mal da runter. Wir waren falsch gelaufen. Wenn das ein Rundweg sein sollte, so wie auf den alten Karten verzeichnet, dann stimmt da was nicht. Entweder haben die Quappendorffs noch einen zweiten Gang gebuddelt oder bewusste Irrwege angelegt. Schaut mal, was wir gelaufen sind, kann unmöglich dieser Rundweg sein.«

Leuchtenbein holte aus seiner Jackentasche die Kopie des Parkplans hervor, auf der er akribisch jede kleine Einzelheit eingetragen hatte. Eine rote, gestrichelte Linie zeigte den Verlauf des Geheimganges an, so wie er in der historischen Originalkarte eingezeichnet war. Mit blauer Linie hatte er den wirklichen Verlauf des Ganges eingezeichnet, den er mit Gunhild entdeckt hatte. Die blaue Linie verlief in einem offenen Parabelbogen weit außerhalb der Parkmauern, streifte den Elsenbruch, dort wo die Alte Brennerei eingezeichnet war und endete in den Ruinen der alten Schafställe. Die rote Strichellinie hingegen verlief in einer Ellipse fast nur innerhalb der Parkmauer, führte unterm Eiskeller Richtung Schloss, von da in einer scharfen Kurve zum Pavillon am Teich, querte die kleine Lichtung und kam wieder zurück zum Eiskeller. Der Verlauf der Linie über die kleine Lichtung war mit Zickzackmuster übermalt worden. Das war das Einsturzgebiet, in dem sie Meinrad gefunden hatten.

»Schaut mal, hier am Pavillon muss ein Eingang sein. Über den ist wahrscheinlich unser Gespenst in den Gang, um sich wieder zurück ins Schloss zu begeben. Meinrad folgte der »Weißen Frau«, so hat er es jedenfalls gesagt. Wenn er hier gefunden wurde, kann er unmöglich dem Gang gefolgt sein, den wir entdeckt haben. Das ist die blaue Linie, die führt gar nicht über die Lichtung. Meinrad ist wahrscheinlich hier am Eiskeller intuitiv in die andere Richtung gelaufen.«

Gunhild schaute interessiert auf die Karte. »Noch ma da runter in den ollen Glibber, igitt!«

»Mensch Gunni, nu hab dich mal nich so. Wenn wir wissen wollen, wer es auf Quappi und damit auf uns abgesehen hat, müssen wir da noch ma runter. Das sind wir Quappi schuldig.«

»Meinst du wirklich?«

»Ja, sonst hört das hier nie auf mit dem Spuk und dem ganzen Stress. Da will jemand das Gut kaputtmachen um es sich dann selbst unter den Nagel zu reißen. Anfangs hab ich gedacht, es wär Clara-Louise, aber das müssen mehrere Leute sein. Denkt doch mal nach, die tote Irmi, die vielleicht gar nicht bei einem Unfall gestorben ist, dann Lutger, der hingerichtet wurde. Erstaunlicherweise fand man seinen kopflosen Körper im Eiskeller. Die ganze Zeit hat man immer nur an den abgetrennten Kopf gedacht, aber der Fundort des Körpers ist viel wichtiger. Genauso der Fundort des armen Felix Verschau, drüben an der Kapelle. Schaut mal, ich habe kleine Kreuzchen gemacht. Die wurden beide direkt in der unmittelbaren Nähe des Gangs gefunden. Der oder die Mörder kannten den Gang, kamen so ganz schnell hervor wie aus dem Nichts und verschwanden auch wieder genauso. Gunni, du erinnerst dich doch noch, als wir aus dem Gang herauskamen drüben im alten Elsenbruch.«
Gunhilds Gesicht verfinsterte sich. »Klar erinner ick mir. Die ollen Ruinen. Allet so oll und gruselig.«
»Weißt du noch, dass da auch Coladosen und anderer neuzeitlicher Müll herumlagen. So als ob da jemand ein kleines Lager hatte.«
»Stimmt, wir wunderten uns sogar noch. Waren aber vom jefundenen Steinkreuz mit die wunderlichen Buchstaben und dem dunklen Raum voller Wasser noch ziemlich beeindruckt. Da hamwa rumjerätselt. Und den Müll hamwa beinah vajessen. Jetzt, wenn du's sachst … Du hast Recht!«
Mechthild schaltete sich mit ein. »Na denn gehen wa ma rüber ins Elsenbruch zuerst. Ma seh'n, was et da noch so für Überaschungen jibt.«

X
Potsdam – Im Landeskriminalamt
Dienstag, 21. November 2006

Vernehmungsprotokoll
KHK T. Linthdorf
KOK M. Mohr

Als Zeugen in der Mordermittlung Hopf,Irmingard/Quappendorff, Lutger/Verschau, Felix/Brackwald, Klaus:
Frau Clara-Louise Marheincke v. Quappendorff
Wohnhaft in 12987 Berlin-Köpenick, Am Nixenwall 27 a
Geb. am 24.8.1968 in Berlin
Verh. mit Georg Marheincke
Tätig als Kaufm. Angestellte bei »Textil-Design & Co. KG« Berlin-Charlottenburg

L.: Frau Marheincke, bitte schildern Sie uns kurz Ihre Beziehung zum Gut Lankenhorst.
M.: Das ist rein familiär. Mein Vater betreibt auf Gut Lankenhorst einen Kulturverein, der von einer familieneigenen Stiftung finanziert wird.
L.: Wie oft weilen Sie auf Gut Lankenhorst?
M.: Zwei, drei Mal im Monat.
L.: Was ist der Zweck Ihrer Besuche?
M.: Ich arbeite mit im Stiftungsrat und besuche meinen Vater.
L.: Wo waren Sie am Morgen des 23. Oktobers?
M.: War das der Tag an dem Irmi …?
L.: Bitte beantworten Sie mir meine Frage.
M.: Ich war gerade von einem Kurzurlaub auf den Azoren zurück. Das Flugzeug war ziemlich früh in Tegel gelandet. So halb Fünf. Ich bin dann direkt vom Flughafen herausgefahren nach Lankenhorst. Mein Auto hatte ich auf dem Langzeitparkplatz von Tegel stehen. So gegen Sieben war ich bereits in Lankenhorst. Alles war noch still. Ich hab mich dann auch noch einmal hingelegt. Ja, und dann war alles plötzlich voll mit Polizei, das war so gegen Acht.
L.: Wussten Sie, dass Ihre Schwester unterwegs war?

M.: Was heißt das? Natürlich wusste ich, dass Irmi kommen wollte. Wir hatten ja vor meinem Kurzurlaub noch telefoniert.
L.: Wann war das?
M.: Weiß ich nicht so genau, vielleicht am Wochenende … Also, am Wochenende vorher.
L.: Hatten Sie gegenüber einem Dritten etwas von dem Treffen am 23. Oktober erwähnt?
M.: Nein, wieso? Es war ja kein Geheimnis. Das Quartalstreffen des Stiftungsrates stand ja bereits seit Monaten fest.
L.: Nun gut. Wo waren Sie am Abend des 29. Oktober?
M.: Na, da war doch das Quappenessen bei Papa. Da haben mich sehr viele Leute gesehen, natürlich. Ich war bei der Gesellschaft, die zum Essen geladen war.
L.: War Ihnen etwas aufgefallen an diesem Abend?
M.: Na ja, klar, dass Lutger plötzlich weg war. Wir wollten noch ein paar Dinge besprechen, aber er war nicht gekommen. Also wir hatten uns verabredet. Vor dem Essen wollte er zu mir aufs Zimmer kommen. Aber er kam nicht.
L.: Was wollten Sie besprechen?
M.: Es ging ums Geld. Lutger hatte etwas herausbekommen. Er meinte zu mir, dass wir unsere Spukgeschichten bleiben lassen könnten und wir nicht mehr auf Papa angewiesen wären. Er hätte da etwas, was viel mehr Geld versprach, ohne Risiko und ohne Aufwand.
L.: Hatte er eine Andeutung gemacht?
M.: Nein.
Pause
L.: Gut. Setzen wir unsere Befragung fort. Wo waren Sie am Abend des 31. Oktober?
M.: Das war die Halloweennacht? Als der Maler starb … Ich war bei Papa im Schloss.
L.: Ganz genau, der Abend als Felix Verschau umgebracht wurde. Sie kannten ihn?
M.: Ja, ich kannte ihn. Wir hatten uns bei einer Radtour kennengelernt. Also, ich war mit dem Rad unterwegs, das war im Sommer, da fuhr ich öfters …, ich wollte zum Baden an den Hellsee. Ja, und da hab ich ihn getroffen. Er hatte sich dieselbe Stelle zum Malen ausgesucht. Also, mei-

ne Badestelle … Und so kamen wir ins Gespräch. Er zeigte mir seine Bilder und Skizzen. Das gefiel mir. Ich hatte dann die Idee, von mir ein Portrait und ein paar erotische Skizzen machen zu lassen. Er willigte ein.
L.: Waren Sie intim mit ihm?
M.: Nein, nein. Ganz sicher nicht. Außerdem hatte Verschau ja die olle, Verzeihung … Er hatte ein Verhältnis mit Gunhild Praskowiak, der Angestellten meines Vaters.
L.: Woher wussten Sie davon?
M.: Nun, er machte kein Geheimnis daraus. Die bei ihm im Atelier herumliegenden Bilder und Skizzen waren eindeutig. Außerdem hab ich die beiden fast in flagranti erwischt. Da sprang die Praskowiak nackt im Garten vom Chausseehaus rum. Dachte wohl, sie sieht keiner.
L.: Haben Sie Frau Praskowiak darauf angesprochen?
M.: Nein. Wir waren nicht so eng miteinander.
L.: Haben Sie jemand anderem von der Beziehung erzählt?
M.: Nein.
L.: Auch nicht Ihrem Vater?
M.: Nein, ganz sicher nicht. Da fällt mir ein, Lutger gegenüber hab ich es einmal kurz erwähnt. Aber es interessierte ihn nicht weiter. Er hatte mit Felix nichts zu schaffen.
L.: Was glauben Sie, wer Felix Verschau umgebracht haben könnte? Hatte er Feinde?
M.: Ich wusste ja bis gestern noch nicht einmal, dass er umgebracht worden war. Wir dachten ja alle, er ist an einem Herzinfarkt gestorben.
L.: Hatte Sie es nicht gewundert, wo man Verschau gefunden hatte? Was suchte er zu Halloween auf dem alten Friedhof?
M.: Was weiß ich denn … Ich bin doch nicht für ihn verantwortlich gewesen. Er kann doch hingehen, wohin er will.
L.: Hatte er Probleme mit Ihrem Vater?
M.: Nein, glaube ich nicht. Sie gingen sich aus dem Weg. Felix fragte mich zwar immer nach seinem Befinden, aber das war's auch. Papa war allerdings ziemlich entsetzt, als er vom Tode Verschaus erfuhr. Das schien ihm näher zu gehen als der Tod Lutgers. Schon seltsam.
Pause

L.: Kommen wir nun zum Samstagmorgen, dem 4.November. Sie ahnen es sicherlich, auch hierzu muss ich wissen, wo Sie sich aufgehalten haben.
M.: Ich war auf meinem Zimmer im Schloss. Wir haben gemeinsam gefrühstückt, also Papa und ich.
L.: Kannten Sie Brackwald?
M.: Nein.
L.: Überlegen Sie noch einmal. Hier ist ein Foto von Klaus Brackwald. Schauen Sie es sich genau an. Also, kannten Sie ihn?
M.: Kann sein, dass ich ihn mal gesehen habe.
L.: Zusammen mit Lutger?
M.: Kann sein. Ja, er war mal bei einem dieser Treffen mit Investoren dabei. Lutger war da immer ganz aufgeregt. Ich habe die Leute nur kommen sehen. Wir waren drüben in Wandlitz beim Italiener. Lutger hatte mich eingeladen. Und im Anschluss hatte er gleich diesen Termin. Irgendeine Besichtigung draußen in der alten Siedlung Bogensee.
L.: Erinnern Sie sich noch, wie viele es waren, die da kamen?
M.: Zwei Männer nur. Einer davon war dieser Mann auf dem Foto. Der andere war so ein durchtrainierter Glatzkopf mit Designerklamotten. Großkotz, eher ein Wichtigtuer.
L.: Hatte Lutger noch etwas erwähnt über dieses Treffen?
M.: Nur so viel, dass es eine völlig neue Geldquelle zu erschließen gab. Die beiden wüssten wohl etwas über irgendwelche verborgenen Schätze im Bogensee. Und dass sie Lutgers Hilfe brauchen, da nur er wirklich Bescheid wüsste.
L.: Hatte der Tod Lutgers und vielleicht auch der Tod Brackwalds etwas mit dieser geheimnisvollen Geldquelle zu tun?
M.: Möglich.
L.: Sie haben doch auch Überlegungen dazu angestellt. Haben Sie mit Ihrem Vater über diese geheimnisvolle Geldquelle gesprochen?
M.: Nein, natürlich nicht.
L.: Danke, Frau Marheincke. Sie können gehen. Halten Sie sich bitte aber zu unserer Verfügung.
M.: War das alles? Ich bin nicht verhaftet?
L.: Nein, weshalb sollten wir Sie hier festhalten?

M.: Wegen meiner Spukgeschichten und wegen der toten Vögel, also ..., ist das nicht strafbar?
L.: Wir sind hier bei der Mordkommission. Wegen der »Weißen Frau« müssen Sie sich wohl mit Ihrem Herrn Papa auseinandersetzen und wegen der toten Vögel bekommen Sie noch eine Klage wegen Anstiftung zu Wilderei und Tierquälerei vom Zivilgericht. Das läuft auf eine Ordnungsstrafe hinaus, kann aber recht teuer werden. Wir sind erst einmal fertig mit Ihnen.
M.: Danke.

XI
Gut Lankenhorst – Im Elsenbruch
Dienstag, 21. November 2006

Das Wetter hatte sich noch verschlechtert. Obwohl es schon zehn Uhr war, blieb es trüb und dämmerig. Der November zeigte sich von seiner besten Seite, fuhr Wolken, Nebel und Regen auf, um seinem Ruf als trübseligstem Monat gerecht zu werden.
Durch den Schlosspark trabten drei Gestalten, dick eingemummelt in Anoraks, die Kapuzen tief ins Gesicht gezogen und mit schweren Taschen ausgestattet. Neben den drei Gestalten war auch noch die Silhouette eines großen Berner Sennhundes zu sehen, der hinter den dreien her trottete.
Die kleine Expedition, die sich hier durch den Novemberregen quälte, waren die drei Amateurdetektive vom Gut Lankenhorst. Angeführt von

Leuchtenbein, der die beiden ihm folgenden Frauen von der Wichtigkeit dieser Erkundung überzeugt hatte.
Gunhild Praskowiak brabbelte vor sich. Vielleicht dachte sie auch an ihre letzte unterirdische Erkundungstour, nach der sie zwei Stunden in der Wanne lag, um all den Moddergeruch und die Kälte weg zu waschen.
Mechthild bildete mit Brutus den Schluss. Sie war hochkonzentriert bei der Sache, spürte die Spannung und hatte Angst. Angst vor dem, was sie entdecken würden und Angst, dass es noch mehr Opfer geben könnte.
Das Ziel der kleinen Gruppe war der Elsenbruch. An diesem Morgen waren die alten Backsteinruinen noch düsterer als sonst. Krähen hatten es sich wohnlich eingerichtet in den bereits blätterlosen Bäumen, die aus den Ruinen wuchsen. Sie begrüßten die drei Mutigen mit einem ohrenbetäubenden Konzert. Es war ihr Revier. Kampflos wollten sie es nicht freigeben. Das Gezeter und Geschimpfe schwoll an. Schließlich wurde es Brutus zu laut. Er rannte mit lautem Gebelle auf die Krähenversammlung los. Erschreckt flatterten die schwarzen Gesellen davon.
Mechthild atmete auf. Ihr waren die vielen schwarzen Vögel unheimlich. Todesvögel, so wurden sie auch genannt. Sie stupste Gunhild an. »Gundi, haste so was schon ma jesehn?«
Auch ihrer Freundin waren die vielen Krähen suspekt. Sie war schon oft hier am Elsenbruch vorbeigefahren, aber noch nie waren ihr solche Ansammlungen dieser schwarzen Vögel aufgefallen. Nun ja, ein paar vereinzelte Rabenvögel waren schon immer hier unterwegs, aber das hier hatte ja schon die Dimension von Hitchcocks Thriller »Die Vögel«
Auch Leuchtenbein war irritiert.
»Hier stimmt was nicht.«
Brutus war verschwunden.
Die schwarze Wolke der Vögel kehrte wieder zurück und ließ sich laut schnarrend und krächzend in den Ästen nieder.
Die drei gingen verunsichert weiter. Die Alte Brennerei ließen sie links liegen. Der Eingang zum unterirdischen Gang lag schräg gegenüber in dem alten Schafstall, dessen Dach schon lange verschwunden war.
Mühsam zwängten sich die drei durch die schmale Tür, die provisorisch den Zugang verwehren sollte. Leuchtenbein machte die Taschenlampe an. Gunhild schrie auf. Der Lichtkegel fiel auf eine blutige Gestalt, die gekrümmt auf dem Boden lag. Der Mann, der da lag, war wohl von den

Krähen so schrecklich zugerichtet worden. Sein Gesicht war nicht mehr erkennbar. Auch die Armeejacke, die er trug, war blutdurchtränkt, in dem unnatürlich abgewinkelten Bein klaffte ein großes, blutiges Loch.
»Raus hier! Schnell!«
Die drei stolperten rückwärts hinaus, Brutus saß schwanzwedelnd vor dem Leichnam und schien ihn vor den gefräßigen Krähen schützen zu wollen.
»Gunhild, ruf Linthdorf an. Das ist …«
»Mensch Berti, ick mach ja schon. Bleib ruhig.«
Mechthild hatte sich inzwischen übergeben und saß still weinend auf einem großen Findlingsstein, der direkt neben dem Eingang lag.
»Herr Linthdorf, icke bins, Gunhild, Gunhild Praskowiak. Kommen Sie schnell, wir ham schon wieda ne Leiche… Im Elsenbruch, ja schräg rüba vom alten Friedhof … Nee, is nich zu erkennen, is fürchterlich zujerichtet von die Vöjel. Det janze Jesicht zerhackt …furchtbar, janz furchtbar, mein Jott, wir leben in einer furchtbaren Welt!«
Dann war Stille. Die drei waren paralysiert von dem, was sie da im Schafstall gesehen hatten. Nur die Krähen krakeelten weiter in den Ästen herum.

XII
Gut Lankenhorst – Im Torhaus
Dienstag, 21. November 2006

Wieder war großer Bahnhof auf Gut Lankenhorst. Polizeiwagen, ein Krankenwagen, ein schwarzer Leichenwagen und zahlreiche zivile Autos, darunter der silbern glänzende Wagen Linthdorfs, parkten am Eingang und auf der kleinen Lichtung bei der alten Kapelle. Die Kriminaltechniker in ihren weißen Overalls machten sich im Elsenbruch zu schaffen. Ein Sarg wurde gerade aus der Ruine des Schafstalls getragen. Linthdorf stand etwas abseits. Neben ihm standen Matthias Mohr und ein Gerichtsmediziner.
»Nun, was sagt euch der Tote?«
»Er muss mindestens schon zwei Tage tot sein. Todesursache … reine Spekulation im Moment. Da müssen wir erst die Obduktion abwarten.

Eines natürlichen Todes ist er allerdings nicht gestorben. Es sieht aus, als ob er gestürzt wäre, allerdings muss er sehr unglücklich gefallen sein, um diese vielen Verletzungen davongetragen zu haben. Ja, und die Vögel, die haben ganze Arbeit geleistet. Schwer zu sagen, welche Verletzungen post mortem hinzugekommen sind. Im Gesicht ist leider kaum noch etwas zu erkennen. Das muss die Obduktion ergeben.«

»Gut, gut. Haben Sie bei der Leiche noch etwas gefunden, was Hinweise auf die Identität …?«

Mohr fischte aus seiner Manteltasche eine durchsichtige Plastiktüte heraus, darinnen ein Taschenmesser, ein zusammengerolltes Bündel Geldscheine und ein Flachmann.

»Das ist alles. Auf dem Taschenmessergriff ist ein Monogramm eingeritzt. RW. Fingerabdrücke haben wir auch schon abgenommen. Meine Vermutung: der Tote ist der vermisste Rudi Wespenkötter.«

Linthdorf nickte, er vermutete das ebenfalls. Die Bilder in der Datei zur Identifizierung Wespenkötters nutzten nicht sehr viel. Das Gesicht des Toten war bis zur Unkenntlichkeit von den Krähen zerhackt. Aber es sprach sehr viel für die Annahme, dass es der Wilderer war. Der Gerichtsmediziner zeigte Linthdorf eine Folge von Digitalaufnahmen, die er mit seiner kleinen Kamera gemacht hatte. Darauf waren Tattoos zu sehen, Tattoos auf fahler Haut. Nackte Frauen in obszönen Posen, ein Indianerkopf, eine Schlange, die sich um ein Schwert kringelte und diverse Herzen und Kreuze, die zwischen den größeren Tattoos verteilt waren.

Wenn dieser Tote wirklich Wespenkötter war, dann warfen dessen Tod und sein Auffinden hier im Elsenbruch eine Menge neuer Fragen auf.

War Wespenkötter der Mann, den die Kriminalisten suchten?

Wenn ja, wer hatte ihn dann instruiert?

Wespenkötter war von seinem Intellekt her eigentlich nicht der Mann, der diese Morde begangen haben könnte, außer …, ja, außer jemand hatte sich seiner als Werkzeug bedient. Und schließlich, wer hatte Wespenkötter getötet?

Einer der Männer im weißen Overall kam zu Linthdorf. Er hatte ein Bündel weißen Tülls und eine venezianische Maske unterm Arm. Linthdorf lächelte für einen kurzen Moment. Die »Weiße Frau« hatte wohl ihren letzten Auftritt in Lankenhorst gehabt.

»Matthias, du hast hier doch alles unter Kontrolle. Ich gehe noch mal rüber ins Torhaus. Meine drei Detektive warten auf mich. «
Mohr grinste nur und nickte ihm zu.
»Grüß' sie von mir. Und sag ihnen Danke für ihre Hartnäckigkeit.«
Linthdorf ging langsam Richtung Schlosspark. Regen hatte wieder eingesetzt und rieselte unaufhörlich hernieder. Kleine Bäche hatten sich in seiner Hutkrempe gebildet, die jedes Mal, wenn er seinen Kopf neigte, herabflossen.
Speziell in diesem Augenblick, als er durch die Tür kam, war ihm dieser Effekt ausgesprochen peinlich. Vor Mechthilds verdattertem Blick ergoss sich von oben herab ein Sturzbach aus dem Hut des Polizisten und bildete eine Pfütze auf den gewachsten Dielen.
»Mein Jott, Herr Linthdorf, jut, das Sie da sind. Wir ham uns schon Sorjen jemacht. Ihre Kollejen ham uns schon ausgefracht. Und dann hamse uns abjeschoben. Wir würden nur stören ..., also, nee, als ob wia ..., na ja, ohne uns, würden se imma noch im Nebel stochern, is doch so, oda?«, Gunhild hatte ihre Sprache wieder gefunden und redete erst einmal ihre Seele frei.
Mechthild hatte einen Wischlappen aus der Küche geholt und die Pfütze beseitigt. »Na, nu setzen se sich ma, Herr Linthdorf, wir ham mit dem Kaffe un Kuchen extra auf se jewartet.«
Linthdorf ließ sich in das gemütliche Sofa der Zwiebels fallen, so dass der neben ihm sitzende Leuchtenbein nach oben schnellte. Mechthild schenkte Kaffee aus, kredenzte jedem ein Stück Blaubeertorte und fragte Linthdorf noch, ob er auch Zucker und Sahne wolle.
»Tja, wir haben das Rätsel der »Weißen Frau« gelöst. «
»Erzählen Sie, es war Clara-Louise, das Biest, stimmt's?«
»Ja und nein. Also, angefangen mit dem Spuk hatte schon Clara-Louise, aber dann hat ein anderer ihre Idee kopiert und sich das Wallegewand aus ihrem Zimmer geholt. Sagt Ihnen der Name Wespenkötter etwas? Er war ein Wilderer. Wahrscheinlich war er auch für die Kranichmassaker verantwortlich.«
Leuchtenbein räusperte sich und meldete sich zu Wort. »Es hat sich in den letzten Wochen immer so ein unangenehmer Typ hier herumgetrieben. Er war frech und unverschämt. Benahm sich anmaßend und trank

auch sehr viel. Meistens trollte er sich jedoch wieder, wenn man ihm mit der Polizei drohte.
Der Baron faselte immer etwas von armseliger Kreatur, die auch leben wollte … Aber ihm war dieser Typ auch unangenehm. Vielleicht war das dieser Wespenkötter. Ich habe schon die ganze Zeit daran denken müssen, seit ich diese grässlich zugerichtete Leiche gesehen habe. Der Rumtreiber hatte auch immer so ein Tarnjacke von der Armee an und meistens so ein altes Basecap in denselben Farben auf.«
»Warum haben Sie mir nicht schon früher von diesem Mann erzählt? Vielleicht hätten wir dann …«
»Ach, so wichtig war er ja auch nicht. Es treiben sich immer mal unangenehme Zeitgenossen hier herum. Die kommen und gehen. Schnorrer, Tagediebe, was weiß ich denn …«
Leuchtenbein war etwas verstimmt.
Linthdorf spürte, dass er dem kleinen Manne neben sich unrecht getan hatte. Natürlich, woher hätte er denn wissen sollen, dass dieser Rumtreiber ein gemeingefährlicher Typ war. Man konnte nicht der gesamten Menschheit misstrauen. Versöhnlich fragte er weiter. »Wie seid ihr denn auf die Idee gekommen, da drüben im Elsenbruch herum zu forschen?«
Mechthild berichtete kurz von ihren Überlegungen und dass sie eigentlich noch in den Geheimgang wollten. Da der Teil des Gangs verschüttet war, wollten sie über den anderen, neu entdeckten Eingang im Elsenbruch einsteigen.
»Na, da seien Sie mal bloß froh, da nicht hineingegangen zu sein. Das ist hochgefährlich. Wir werden mit Spezialisten das Gangsystem erforschen lassen. Möglicherweise stoßen wir da auch noch auf Spuren, die vielleicht wichtig werden könnten. Bitte unterlassen Sie solche Alleingänge«, Linthdorf hatte eindringlich auf die drei Verschworenen eingeredet.
»Ach was, wir würden ja sonst imma noch hia rumhängen un Däumchen drehen, wenn wa nix untanommen hätten. Un den ollen Rumtreiba hätten wa ooch nich jefunden!«, Gunhild hatte sich etwas in Rage geredet.
Doch Linthdorf beschwichtigte sie gleich.
»Nein, nein, verstehen Sie mich bitte nicht falsch. Sie waren und sind uns eine große Hilfe. Vielen Dank noch mal dafür. Aber diese Erforschung

des Geheimgangs, das ist einfach eine Nummer zu gefährlich. Ich klettere da auch nicht hinunter. Bin ja schließlich nicht lebensmüde.«
Die drei nickten. Sie trauten dem Hünen zwar eine ganze Menge zu, aber keine riskanten Alleingänge á la James Bond. So sah ihr Mitstreiter auch nicht aus. Er hatte mehr so etwas Vertrauenerweckendes an sich, eher ein Gemütsmensch als ein Actionheld.
»Ja, nun, Herr Linthdorf. Nu essen se mang noch'n Stückchen Streuselkuchen. Und dann könn wa ja noch n'bisken schwatzen.«
Mechthild schien sich wieder vollständig von dem Schock erholt zu haben und reichte ihre Kuchenplatte herum.
Es klopfte. Mohr stand vor der Tür, winkte kurz zu Linthdorf, der sich entschuldigte und herauskam.
»Wir haben noch ein Dioptergewehr gefunden. Eine Antonio Zoli Corona, eine gebräuchliche Jagdwaffe aus Italien, als Munition Teilmantel, 8 x 57er.«
Linthdorf pfiff leise. Wespenkötter war also auch der geheimnisvolle Schütze vom Bogensee. Nun, für einen Wilderer war das gar keine abwegige Idee, dort in der menschenleeren Gegend zu jagen. Aber Linthdorf war sich sicher, dass nicht die Jagdleidenschaft ihn dorthin verschlagen hatte, sondern etwas ganz Anderes. Wahrscheinlich bewachte Wespenkötter etwas, was sich für Lutger und auch für Felix Verschau als tödliches Wissen entpuppte.
»Außerdem haben wir noch ein paar Dorfjungs aufgegriffen, die sich im Elsenbruch herumtrieben.«
»Was suchten die denn dort? Abenteuerspiele, Neugier?«
»Die haben dort ihre Mutproben gemacht. Dabei haben sie ein Handy gefunden, dass sie uns nach ein paar Minuten Befragung herausrückten. Wir haben das Gerät schon den Technikern übergeben. Möglicherweise gehörte es dem Toten.«
Mechthild hatte sich zu den beiden Polizisten gesellt. »Herr Linthdorf, nu kommen se mang wieda rin. Und ihren Kollejen bringen se gleich mit. Der is ja schon janz pitschenass und durchjefroren.«
Mohr sah etwas irritiert auf die kleine Frau mit der Strubbelhaarfrisur. Linthdorf grinste.
»Darf ich vorstellen. Das ist mein Spezialistenteam vor Ort. Frau Zwiebel, Frau Praskowiak und Herr Leuchtenbein. Hauptberuflich allesamt

Mitarbeiter auf Gut Lankenhorst, nebenberuflich Hobbydetektive, die uns schon einiges Überraschendes präsentieren konnten.«

Mohr war inzwischen in die gute Stube der Zwiebels komplimentiert worden. Gunhild platzierte ihn auf dem Sofa neben Leuchtenbein. Linthdorf hatte sich in den Plüschsessel am Fenster niedergelassen, sich seine Kaffeetasse vom Tisch genommen und die Beine übereinandergeschlagen. »Na, Herr Mohr, wie sieht's aus? Wollnse ma unsere Blaubeertorte probiern?«

Während Mohr verzückt die Torte in sich hineinschaufelte, hatte Linthdorf das Wort ergriffen.

»Wir müssen noch mal rüber nach Bogensee. Ich glaube, da liegt der Schlüssel für unsere Morde und auch für die ganze »Kranichland«-Finanzblase.«

»Aber nicht mehr heute. Da sind wir hier noch beschäftigt. Außerdem müssen wir herausbekommen, wonach wir suchen sollen. Es scheint so, als ob es da noch Klärungsbedarf gibt.«

Leuchtenbein mischte sich ein. »Wir können ja noch mal im Schloss ins Archiv des Barons. Vielleicht gibt es da ja noch ein paar Hinweise.«

Gunhild nickte. »Die Schlüssel hamwa hier.«

Linthdorf und Mohr nickten zustimmend. »Aber erst wird noch der Kaffee ausgetrunken.«

XIII

Gut Lankenhorst – Im Schloss

Dienstagnachmittag, 21. November 2006

Es war kühl im Schloss. Gunhild und Mechthild fröstelten, obwohl sie dick angezogen waren. Leuchtenbein ging mit Linthdorf ins Archiv. Mohr war unterwegs, um überall Licht zu machen.
Das Archiv war der eigentliche Arbeitsraum Leuchtenbeins. Ein großes Zimmer, direkt neben der Küche im Erdgeschoss mit zwei Fenstern, die auf die Rückseite des Parks gerichtet waren. Der Raum war mit Regalen vollgestellt. In den Regalen türmten sich Bücher, Zeitschriften und Papierrollen.
Linthdorf kratzte sich am Kopf. »Wo fangen wir an?«
Leuchtenbein war in seinem Element. »Hier liegt alles über den Dreißigjährigen Krieg, und hier ist die Bredowzeit, da drüben liegen alle möglichen Pläne vom Schloss, den Umbauten und dem Park, und links neben der Tür ist alles zum Thema »Drittes Reich«. Da habe ich bisher nur sehr wenig archiviert. Dem Baron war diese Zeit nicht sehr affin. Er meinte nur, dass sich seine Verwandten nicht so vorbildlich benommen hatten, wie er dachte.«
»Wie meinte er das?«
»Nun ja, seine Verwandten waren alles begeisterte Nazis. Kein Widerstandskämpfer war darunter, nicht mal ein passiver. Es ist ihm sichtlich peinlich.«

»Hatte der alte Quappendorff über seine Verwandten schon etwas Schlimmes herausgefunden? Oder woher wusste er das? Er musste ja damals noch ein sehr kleiner Junge gewesen sein.«
»Nein, nein. Er wusste schon Bescheid, was damals passiert war. So klein war er nicht mehr, er ist ja immerhin schon 69 Jahre alt. Außerdem stöberte er des Öfteren in diesem Regal herum. Erst vor kurzem ist eine kleine Zigarrenschachtel mit Briefen seines Onkels an die Familie von ihm entnommen worden.«
»Was wissen Sie darüber? Haben Sie die Briefe schon gelesen? Wieso interessierte er sich plötzlich für diese Geschichten?«
Leuchtenbein war im Moment etwas irritiert. Zu viele Fragen auf einmal. Aber der Kommissar schien sich auch besonders für dieses Regal zu interessieren. Wohingegen Leuchtenbein eindeutig die Quelle alles Bösen im Mittelalter vermutete. Die »Weiße Frau« war dem Mittelalter entsprungen, auch der Geheimgang war noch aus der alten Zeit.
»Na ja, ich habe das Kästchen in der Hand gehabt, um es zu registrieren. Wissen Sie, meine Tätigkeit als Archivar ist vor allem erst einmal eine Registrierung der vorhandenen Texte, Bücher und Dokumente. Und das registrierte Material wird dann von mir sortiert und geordnet, ja, also, das ist erst mal mein Job hier. Es waren vielleicht zwölf Briefe in dem Kästchen, allesamt von einem Major Leberecht von Quappendorff, das war der Onkel unseres Barons, gerichtet an eine Frau Gösta von Quappendorff, das war die Großmutter von unserem Baron, und damit die Mutter Leberechts. Die Briefe waren von der benachbarten Poststelle in Bogensee abgeschickt worden. Wahrscheinlich war dieser Major dort stationiert. Die Briefe waren in einer sehr engen Sütterlin-Schrift geschrieben. Ich hatte noch keine Zeit gehabt, mich damit näher zu befassen. In einem Brief war sogar eine handgezeichnete Karte von Bogensee, da war doch damals Goebbels Landsitz. Jedenfalls, dieses Kästchen war plötzlich verschwunden. Ich hab den Baron daraufhin angesprochen, aber es war ihm nicht wichtig. Ein paar Tage später stand das Kistchen jedoch in seinem Privatbüro. Seltsam.«
»Na dann gehen wir doch mal dorthin …«
Leuchtenbein ging voran. Linthdorf folgte ihm die Treppe hinauf. Mohr kam ihm mit Mechthild entgegen. Die beiden hatten das Zimmer Clara-

Louises durchsucht. Danach waren sie noch im Zimmer Lutgers, das direkt neben dem Clara-Louises lag. Linthdorf nickte kurz Mohr zu.
»Na, fündig geworden?«
»Nicht bei Clara-Louise, dafür aber bei unserem Kopflosen ...«
»Ach, etwas Interessantes?«
»Na schau mal!«, damit zeigte ihm Mohr einen Stapel Papiere.
Linthdorf blätterte kurz die Blättersammlung durch. Zwischen Kartenmaterial und Tabellen mit unverständlichen Zahlenfolgen zog Linthdorf einen unscheinbaren Brief hervor.
»Gehörte dieser Brief zu denen aus dem Zigarillokästchen?«
Leuchtenbein nickte stumm.
Der Brief war mit einem Stempel versehen von der Dienststelle »Bogensee-Wachbataillon-III / Waffen-SS« versehen. Unter dem Adler mit dem Hakenkreuzsymbol in den Klauen waren die Buchstaben kaum noch zu erkennen, die Tinte war verlaufen. Das graue Briefpapier war brüchig geworden. Vorsichtig zog Linthdorf den Brief hervor.
Es war eine handgezeichnete Karte von Bogensee. Linthdorf breitete das Dokument vorsichtig aus. Er spürte, dass sie dem Geheimnis von Bogensee auf der Spur waren. Die Karte war nicht maßstabsgetreu gezeichnet. Linthdorf hatte Mühe, sich zurecht zu finden. Es gab damals noch nicht die Bauten der Jugendhochschule.
Das Gelände wurde von dem Landsitz des Reichspropagandaministers dominiert. Außerdem waren Gebäude eingezeichnet, die es inzwischen nicht mehr gab. Mit Kreuzchen waren bestimmte Stellen hervorgehoben worden. Strichellinien zeigten wahrscheinlich unterirdische Bunkeranlagen an.
Linthdorf versuchte, die Bedeutung der verschiedenen Zeichen und Buchstaben, die teilweise in den Kästchen eingezeichnet waren, zu ergründen. Es waren keinerlei Erklärungen beigefügt. Wahrscheinlich waren diese Buchstaben und die Kreuzchen der Schlüssel zum Verständnis dieser Karte.
»Wir schauen noch in das Büro des Barons. Vielleicht sehen wir dort noch etwas.«
Den Brief steckte Linthdorf vorsichtig in eine Plastiktüte. Er war sich sicher, dass hier der Schlüssel für die Vorgänge auf Lankenhorst und in Bogensee lag.

Gunhild schaute etwas verständnislos auf die Papiere. »Det war allet bei dem ollen Fatzke Lutger im Zimmer?«

Mohr nickte. Gunhild hatte in der Küche nach Hunde- und Katzenfutter gesucht und kam mit einer ganzen Plastiktüte voller Leckerlis für ihre beiden Schützlinge zurück.

»Wart ihr auch ma im Zimma von Irmi? Die is doch auch …, also, bisher gibt's ja noch keinen Grund, weswechen Irmi … Die war ja nur so'n dummet Huhn, also kein Vagleich zu dem Biest von Schwester. Aba Irmi musste sterben und Klärchen, das Giftstück lebt. Is doch unjerecht, oda?«

Linthdorf fühlte sich ertappt. Irmis Tod bereitete ihm das größte Kopfzerbrechen. Sie passte in kein Muster, denn sie schien nirgends in einer Beziehung zu all den anderen Akteuren zu stehen. Aber sie musste jemanden im Wege gewesen sein. Sie war auf perfide Weise getötet geworden.

»Gunhild, Sie haben Recht. Welches Zimmer gehörte Irmingard?«, Linthorf holte die große Frau heran.

Das Zimmer lag am entgegen gesetzten Ende des großen Flurs im zweiten Stock. Es war seit Wochen nicht mehr geöffnet worden. Es roch leicht muffig, die Vorhänge waren zugezogen. Das Zimmer war merkwürdig unpersönlich, eher ein Hotelzimmer, denn der Wohnraum eines Familienmitglieds.

In den beiden Schränken befand sich nichts, auch das kleine Spiegelschränkchen war leer, nicht mal Kosmetikartikel waren noch da.

Gunhild erwähnte, dass sie das Zimmer nach dem Unfall auf Bitte des Barons »in Ordnung« gebracht hatte. Sie hatte den ganzen persönlichen Krempel Irmingards in zwei große Kartons gepackt, die der Baron bei Gelegenheit seinem Schwiegersohn mitgeben wollte. Die beiden Kisten müssten ja noch da sein. Sie hatte die Kartons unten in dem kleinen Abstellraum neben dem Archiv verstaut.

Linthdorf schaute Gunhild an, als ob sie ihm einen schlechten Witz erzählt habe.

»Na prima, da lassen Sie uns erst hier herumsuchen, obwohl Sie wissen, dass es noch etwas zu finden gibt. Mein Gott, Frau Praskowiak!«

Gunhild schniefte schuldbewusst. »Is mia ooch erst wieda einjefallen, als wia hier warn. Mein Jott, Herr Linthdorf …«

»Is ja gut. Kommen Sie!«

Unten warteten schon die drei anderen ungeduldig. Mohr hatte etwas Bedenken. »Theo, wir haben weder einen Durchsuchungsbefehl noch ist hier irgendwas im Verzug. Das ist hart an der Grenze zum Legalen.«
»Ach was, hab' dich nicht so. Wir sind hier auf Bitten der Angestellten von Gut Lankenhorst, um noch weitere unliebsame Entwicklungen aufzuhalten. Stimmt doch?«
Die drei Detektive nickten zustimmend.
»Außerdem werden wir nie wieder so viele Freiheiten haben wie jetzt. Der Baron liegt im Krankenhaus und Clara-Louise muss ihren Mann davon überzeugen, eine vertrauenswürdige Gattin zu sein.«
Gunhild hatte inzwischen die beiden Kisten aus dem Abstellraum gezogen. Ein Karton enthielt nur Wäsche und Kosmetikartikel. Der andere Karton war mit Büchern, Ordnern und Fotos bestückt.
Diesem Karton wandten sich die beiden Kriminalisten zu. Sorgsam untersuchten sie jedes einzelne Buch, jeden Ordner. Die Bücher waren allesamt reich bebilderte Nachschlagwerke zu Parkbegrünung und Interieurs in ländlichen Villen. Die dicken Ordner enthielten die gesammelten Protokolle der Sitzungen des Stiftungsrats, chronologisch abgeheftet, dazu die Kopien der Jahresbilanzen und in Klarsichthüllen gesammelte Zeitungsausschnitte, in denen über die Aktivitäten auf Gut Lankenhorst berichtet wurde. Ein Ordner jedoch fiel aus der Reihe. Es war ein schmaler, blauer Ordner, etikettiert mit dem kurzen Titel »Kranichland«.
Linthdorf pfiff leise. Was hatte Irmingard Hopf mit »Kranichland« zu schaffen? Gab es da eine geheime Beziehung zu den Finanzjongleuren?
Er blätterte den Ordner durch. Es waren die ihm schon bekannten Texte und Karten. Gehörte Irmingard Hopf zu den Aktionären? Bisher hatten sich die Ermittler noch nicht mit dem Privatvermögen der Familie Hopf beschäftigt. Bis vor kurzem waren ja auch alle noch von einem Unfalltod überzeugt. Hier gab es einen ersten Ansatzpunkt für den gewaltsamen Tod Irmis.
Mohr hatte sich den Stapel Fotos geschnappt und gesichtet. Die Hälfte der Fotos war schon älteren Datums und noch in Schwarz-Weiß aufgenommen. Es waren vor allem Familienfotos aus der Kindheit Irmingards. Die neueren Aufnahmen waren auf dem Gut aufgenommen. Allesamt in Farbe. Die verschiedenen Stadien des Ausbaus des Parks

und des Herrenhauses waren hier dokumentiert, Familienfeiern und kulturelle Großereignisse, Silvester, Weihnachten, eben das ganze Leben. Mohr schüttelte den Kopf. »Nichts wirklich Interessantes.«
»Zeig mal! Vielleicht ist da ja …«
Linthdorf hatte sich den Stapel mit den Fotos geschnappt und blätterte darinnen. Bei den alten Kindheitsfotos zögerte er einen kurzen Moment. Es waren drei Fotos von einem Fest, wahrscheinlich ein Kindergeburtstag. Die Mädchen waren in Badeanzug und Bikini um einen kleinen Swimmingpool gruppiert, auf einem Campingtisch waren eine Torte und Gläser mit Limonade zu sehen. Irmi, die größere, trug schon Bikini, Clara-Louise hatte einen Rüschenbadeanzug an.
Im Swimmingpool war noch eine Gestalt zu sehen, die recht ausgelassen winkte. Ein Junge, vielleicht vierzehn Jahre alt mit langen Haaren. Linthdorf erinnerte sich, es waren die Siebziger, Hippiezeit. Er hatte damals ebenfalls einen harten Disput über die Haarlänge mit seinen Eltern. Das Gesicht des Jungen kam dem Ermittler irgendwie bekannt vor. Diese markanten Züge hatte er schon einmal gesehen. Er zog sich die drei Fotos, auf denen der Junge war, heraus.
Und noch etwas irritierte ihn. Er schaute sich die Fotos noch einmal genau an. Jetzt fiel es ihm wieder auf. Die Flaschen. Es waren die Flaschen. Eigentlich müssten es Coca-Cola oder Pepsi-Cola-Flaschen sein, aber es waren Vita-Cola-Flaschen. Die gab es nur im Osten! Diese Fotos waren in der alten DDR aufgenommen worden. Seltsam. Der Baron war doch aus dem Westen, irgendwo aus Rheinland-Pfalz.
Er musste unbedingt mit dem Baron über diese Fotos sprechen. Linthdorf sah auf seine Uhr. Es war halb Sechs. Wenn er sich beeilte, würde er in einer knappen Stunde im Krankenhaus von Bernau sein.
»Matthias, ich muss noch mal schnell nach Bernau. Kannst du hier mit unseren drei Helfern weitermachen? Schaut euch noch mal im Privatbüro des Barons um. Da waren wir noch nicht.«
Dann hastete er los

XIV
Bernau - Krankenhaus
Dienstagabend, 21. November 2006

Baron Rochus von Quappendorff war nach seiner Herzattacke noch schwach, aber auf dem Weg der Besserung. Er schaute aus seinem Bett auf den großen blauen Gasometer, der inzwischen eines der Wahrzeichen Bernaus geworden war. Der riesige Zylinder des Gasometers wurde dezent angeleuchtet von gelben Laternen, die ihm etwas Friedliches gaben.

Bernau hatte es schwer, seine Identität zu bewahren. In den Achtzigern hatte die damalige Kreisstadt für ein Experiment herhalten müssen, das die gesamte Innenstadt veränderte. Es ging um die sozialistische Umgestaltung. Bernau war prädestiniert für dieses Experiment. Seine marode Bausubstanz hätte nur mit sehr viel Aufwand gerettet werden können. Viele der kleinen Fachwerkhäuser waren vom Einsturz bedroht. Die engen Straßen waren schon dem damaligen Verkehr nicht mehr gewachsen. Es musste etwas passieren, das war allen klar.

Die Lösung, die von den Landesobersten dann für Bernau gefunden worden war, hatte etwas Radikales. Man radierte de facto die Innenstadt aus und bebaute die frei gewordenen Flächen mit Plattenbauten, die den Dimensionen Bernaus angepasst waren, also maximal drei Etagen, setzte dann noch ein paar schräge Dächer drauf, fertig war die sozialistisch umgestaltete Innenstadt.

Nur wenige Originalhäuser überlebten diese Umgestaltung. Innerhalb der historischen Stadtmauer verblieben nur die gotische Marienkirche, das Steintor mit Hungerturm und Pulverturm und eine Handvoll Bürgerhäuser. Der Rest erstrahlte im freundlichen Betongrau spätsozialistischer Stadtbaukunst. Erstaunlicherweise überlebte auch der blaue Gasometer, der sich damals noch in diskretem Grau in den Himmel streckte.

Nach der Wende wurde viel Geld in eine erneute Umgestaltung der Bernauer Innenstadt investiert.

Der alte Mann hatte von all diesen Querelen nicht viel mitbekommen. Für ihn war Bernau weit weg von Lankenhorst.

Er wollte sich gerade wieder seinem Buch zuwenden, das ihm Leuchtenbein mitgebracht hatte. Eine kleine Abhandlung über märkische Adelshäuser und ihren Werdegang zu Zeiten des Kaiserreichs. Mein Gott, seine Mannschaft hatte ihn besucht und ihm zugesichert, ihm beizustehen, bei allem, was da noch kommen sollte. Das war für ihn das beste Elixier um wieder gesund zu werden.

Ein Klopfen unterbrach ihn beim Lesen. Die Tür öffnete sich und es wurde dunkel im Zimmer. Es war wieder dieser riesige Kommissar, der da im schwarzen Mantel in sein Zimmer kam und die Hälfte des Lichts aufzusaugen schien.

»Guten Abend, Herr von Quappendorff.«

»Nanu, Sie schon wieder!«

»Ja, ich schon wieder. Wir haben noch ein paar Fragen, die uns beschäftigen.«

Der alte Baron schaute etwas unwirsch auf den Polizisten.

»Na denn legen Sie los!«

Linthdorf hatte die drei Fotos hervorgeholt und dem Baron auf seiner Bettdecke ausgebreitet.

Der schaute sich die Fotos kurz an. »Woher haben Sie die?«

»Aus dem Nachlass Ihrer Tochter Irmingard-Sophie Hopf?«

»Ach ja, Irmi hatte immer alles aufgehoben.«

»Können Sie mir etwas zu den Fotos sagen? Wo sie zum Beispiel aufgenommen wurden? Und wer dieser junge Mann im Swimmingpool ist?«

»Das ist eine lange Geschichte.«
»Erzählen Sie! Es ist wichtig. Sie wollen doch auch wissen, wer Ihre Tochter ermordete.«
»Irmi ist ermordet worden? Ich dachte ...«
»Es war ein äußerst perfider Mordanschlag, dem sie zum Opfer fiel. Gut getarnt als Verkehrsunfall.«
»Mein Gott! Das habe ich nicht geahnt. Wer will denn unsere ganze Familie ausrotten? Was haben wir bloß getan?«
»Bleiben Sie ruhig, Herr Baron. Wir haben da schon ein paar Fortschritte bei unseren Ermittlungen gemacht. Soweit wird es nicht kommen. Also, was können Sie mir über die Fotos sagen?«
Quappendorff lehnte sich etwas verstört zurück und begann zu berichten. »Die Fotos sind im Sommer 1973 entstanden. Wir fuhren immer in den Sommerferien zu Besuch zu meiner Schwester Friedel in den Osten. Die lebte damals am Rande Berlins in einer kleinen Vorortsiedlung, Karolinenhof bei Schmöckwitz, direkt am Zeuthener See. Zum Haus gehörten ein großer Garten und eben auch dieser Swimmingpool.
Friedel, also meine Schwester arbeitete bei der DEFA in Babelsberg als Cutterin. Ein guter Job, der ihr Spaß machte. Sie war damals verheiratet mit einem Mann, den Sie als den Einsiedler kennen: Felix Verschau.
Er ist, war mein Schwager. Die Ehe war nur von kurzer Dauer. Nach zehn Jahren haben sie sich scheiden lassen. Zwei Kinder hatten sie, beide im Alter unserer Töchter. Ein Mädchen, Felicia, und einen Jungen, Frank-Uwe. Der Junge auf dem Foto, das ist, war Frank-Uwe. Es war sein letzter Sommer. Die Kinder spielten immer miteinander. Dabei war es passiert, Frank-Uwe war ein passionierter Taucher, war sogar in so einem Tauchverein bei so einer militärischen Jugendorganisation, GST oder so ähnlich, wollte mal Kampftaucher bei der Marine werden.
Es war also in diesem Sommer 73. Die Kinder gingen baden. Frank-Uwe wollte den Mädchen zeigen, was er konnte, und tauchte im Zeuthener See. Er muss sich wohl in irgendeinem am Grund liegenden Draht verfangen haben, jedenfalls kam er nicht wieder hoch. Die Mädchen waren geschockt, kamen schreiend angerannt. Rettungstaucher konnten ihn nur noch tot bergen. Seitdem waren wir nicht mehr zu Friedel gefahren.
Friedel war nicht mehr wie früher. Der Tod des Jungen hatte ihre Ehe zerrüttet. Verschau machte die beiden Mädchen verantwortlich für den

Tod des Jungen. Sie hätten nicht wegrennen dürfen. Aber, mein Gott, die Kinder waren zwölf und neun Jahre alt.
Der Kontakt brach ab. Wir haben uns seitdem nur noch zwei Mal gesehen. Einmal zur Beerdigung meines Bruders Hektor und noch einmal, als ich sie im Seniorenheim besuchte. Aber Friedel ist immer noch verbittert. Zu meiner Nichte Felicia habe ich keinerlei Kontakt. Sie arbeitet irgendwo im Ausland als Hotelfachfrau. Ich weiß leider gar nichts über sie.
Tja, und dann ist Verschau plötzlich hier aufgetaucht. Ich war ziemlich überrascht, habe ihn anfangs gar nicht mehr erkannt. Früher war er ein etwas eitler Geck, machte immer auf Kunst und Kultur und war ein Mittelpunktsmensch.
Und jetzt, jetzt war er ein menschenscheuer Waldschrat, bärtig, etwas ungepflegt, eben ein Bohemien. Wir gingen uns aus dem Weg, die Schatten von damals reichen eben doch bis in die Gegenwart.«
Linthdorf lauschte dem Bericht des Barons. Natürlich, da war diese Ähnlichkeit des Jungen mit dem Gesicht des Malers Felix Verschau. Es waren dieselben markanten Züge.
Das war also die Verbindung des Einsiedlers zu den Quappendorffs. Irmi war Verschau möglicherweise noch bekannt. Sie war damals zwölf. Clara-Louise jedoch, die war ja erst neun, sagte der Name des Einsiedlers vermutlich nichts mehr. Und der alte Baron hatte seinen Töchtern nichts von Verschau erzählt. Friedel hatte nach der Scheidung wieder ihren Mädchennamen von Quappendorff angenommen.
Für ihn war das Auftauchen Verschaus der Beginn der ominösen Vorgänge auf dem Gut. Mit dem Maler hatte plötzlich die Vergangenheit wieder ein Gesicht bekommen. Dann kamen die toten Kraniche hinzu, diese Symbole der dramatischen Kindheit in der Nachkriegszeit, plötzlich tauchte die »Weiße Frau« auf und hinterließ beim Baron ein ungutes Gefühl. So, als ob das Schicksal es plötzlich nicht mehr gut mit ihm meinte. Hinzu kamen die finanziellen Sorgen.
Tja, und dann ging es Schlag auf Schlag. Erst Irmi, dann Lutger, dann Verschau und letztlich auch noch Brackwald, der ihm zwar nicht so nahe stand, wie die drei anderen Toten, aber dennoch zum Bekanntenkreis zählte. Der Unfall seines Hausmeisters Zwiebel war dann nur noch der Tropfen, der das Fass zum Überlaufen brachte. Die Nerven lagen blank.

Die Leute, die schon mehrfach bei ihm vorgesprochen hatten um das Gut zu kaufen, konnten nun frohlocken. Baron Rochus von Quappendorff war willig zu verkaufen. Etwas, was er sich nicht im Traum auch nur hatte vorstellen konnte, wurde in ihm zur Gewissheit. Er musste hier weg. Egal, was noch passierte, der Ort war ihm unheimlich geworden.
Bevor er seinen nächtlichen Rundgang am Sonntag antrat, hatte er die kleine Visitenkarte, die ihm einer der »Kranichland«-Leute gegeben hatte, hervorgekramt und die Nummer angerufen, die als Kontakt angegeben war. Es war nur ein Anrufbeantworter geschaltet. Das hatte ihn aber nicht verwundert, es war immerhin kurz vor Mitternacht.
Ja, und dann waren seine drei Getreuen an seinem Bett erschienen und hatten ihm versichert, mit ihm durch Dick und Dünn zu gehen. Da habe er seinen Entschluss noch einmal geändert. Er werde nicht verkaufen.
Linthdorf unterbrach den alten Mann nicht. Er lauschte den Ausführungen des Barons und vieles bekam für ihn einen Sinn, was bis vor kurzem noch schwer einzuordnen war. Er verabschiedete sich von ihm mit einem Handschlag.
»Halten Sie durch, Herr Baron. Ich glaub, wir haben da noch Einiges zu ermitteln. Aber keine Sorge, der Spuk auf Lankenhorst ist vorüber. Das garantiere ich Ihnen.«
Langsam ging der Kommissar aus dem Zimmer, darüber nachdenkend, was er soeben erfahren hatte.

XV
Bogensee
Mittwoch, 22. November 2006

Die Novemberstürme hatten die Laubwälder um die Geistersiedlung Bogensee größtenteils ihres Blätterkleids beraubt. Nur ein paar Eichen und Pappeln hatten dem scharfen Herbstwind widerstanden. Durch den Wald zogen zwei Hundestaffeln der Polizei. Auch in den Gebäuden der ehemaligen Jugendhochschule forschten die Spurensucher. Linthdorf war mit seinen Kollegen direkt am Ufer des kleinen Weihers unterwegs. In der Hand hielt der Kommissar eine Kopie des Briefes, den er gestern im Schloss aus dem Zimmer Lutger von Quappendorffs sichergestellt hatte.

Die Kopie war vergrößert auf A3–Format. Linthdorf hatte eine reelle Karte des Bogensee-Areals unterlegt, um so eine ungefähre Einordnung der eingezeichneten Objekte zu bekommen. Hier, unweit der kleinen Blockhütte, hatte Major von Quappendorff einen kleinen Bunker eingezeichnet, der bisher noch nicht entdeckt worden war.

Linthdorf hatte Probleme, die provisorisch gezeichnete Skizze mit der echten Karte abzustimmen. Die eingetragenen Entfernungen stimmten nicht. Möglicherweise hatte sich durch die Bebauung in den fünfziger Jahren ja auch die Topographie des Geländes verändert. Entweder dieser kleine Bunker war so geheim, dass nur sehr wenige der damaligen Wachmannschaft darüber Bescheid wussten oder es war ein Bluff, angelegt um zu verwirren.

Linthdorf war sich sicher, dass dieser Major von Quappendorff nicht geblufft hatte. Der kleine Bunker existierte. Bloß wo?

Seine Begleiterin, Louise Elverdink hatte sich inzwischen durch das Unterholz gekämpft, das den Zugang zu dem kleinen See verwehrte. Sie war auf etwas aufmerksam geworden, was nicht zur natürlichen Vegetation zu gehören schien. Eine leichte Bodenerhebung, die entfernt an ein zwei Mal zwei Meter großes Quadrat erinnerte.
Louise rief Linthdorf herbei. Der war mit seiner Kopie gleich herbeigeeilt. Der eingezeichnete Bunker konnte maximal zehn Mal zehn Meter groß sein, wenn man die Blockhütte als Vergleichsobjekt heranzog. Dieses grasüberwachsene Viereck könnte der Eingang zu dem Bunker sein.
Linthdorf hatte Taschenlampen und ein Seil dabei. Die Grasnarbe war schnell weggekratzt. Eine verwitterte Platte kam ans Tageslicht. Zwei Griffe lagen fest eingebettet in einer Vertiefung, die nach sechzig Jahren mit einer rostroten Schicht aus zerbröseltem Stahl überzogen war.
Louise sah ihren großen Partner an. Linthdorf spuckte in die Hände und versuchte die beiden Griffe zu greifen und anzuheben. Bei diesem ersten Versuch brachen die beiden Griffe vollständig ab. Linthdorf fluchte. Louise holte ihr Handy heraus, sprach ein paar Worte und setzte sich dann auf einen alten Baumstubben.
»Theo, setz dich! Wir müssen warten.«
Linthdorf nickte. Es machte keinen Sinn, so kurz vor dem Ziel durch sinnlose Gewalt etwas kaputt zu machen, was schon so viele Jahrzehnte überstanden hatte.
Nach zehn Minuten kam ein kleiner Trupp Techniker mit diversen Werkzeugen. Mittels zweier Brecheisen konnten sie die Bodenplatte anheben. Ein unsäglicher Gestank breitete sich aus. Es roch stechend nach faulen Eiern und noch etwas anderem, das den Nasen der Polizisten unbekannt war.
Linthdorf hatte sich ein Taschentuch vor die Nase gelegt und leuchtete in die Öffnung hinein. Eine trübe Brühe füllte den ganzen Raum aus. Auf der Oberfläche waren ölige Schlieren zu sehen, ansonsten gab es nur diese übel riechende Flüssigkeit.
Etwas enttäuscht von dem Fund wandte sich Linthdorf ab. War das hier das Ziel aller Begehrlichkeiten? Wohl kaum.
Gemäß der Karte gab es keine weiteren unterirdischen Anlagen in Bogensee. Die größeren Bunker waren gleich nach dem Krieg ausgeräumt worden. Nur diesen kleinen Bunker hatte niemand entdeckt, da er auf

den Karten von Bogensee nicht eingezeichnet war. Denn dieser kleine Bunker war erst in den letzten Kriegstagen angelegt worden.
Die Handvoll Menschen, die davon wusste, lebte nicht mehr und der geheimnisvolle Bunker war nirgends kartographiert worden.
Nachdenklich wandte sich Linthdorf Louise zu. »Wir sind hier an einem Punkt angekommen, der wahrscheinlich für Lutger und seine Hintermänner eine große Enttäuschung ausgelöst haben würde, wenn sie dieses gesehen hätten. Sie sind einer Illusion nachgejagt, einer Illusion von seltenen Kunstschätzen und dem Privatarchiv Goebbels', voller wertvoller Dokumente und alter UFA-Filme."
»Du meinst, Lutger ist diesem Hirngespinst hinterhergejagt?«
»Ja, er war davon überzeugt, dass hier etwas zu holen war. Das Projekt »Kranichland« war ihm wahrscheinlich eine Nummer zu groß. Er konnte da nicht mithalten. Aber diese Sache mit dem vergessenen Bunker. Das war ihm etwas handfester, versprach schnelles Geld ohne viel Kapitalvorlauf. Du weißt ja, der Spatz in der Hand …«
»Musste er deshalb sterben?«
»Nein, ich glaube, da wollte jemand ein Exempel statuieren. Lutger war kein disziplinierter Mensch, er konnte aufgrund seines Charakters nicht in einer hierarchisch strukturierten Gruppierung lange aushalten.«
»Waren es die Leute von »Kranichland« oder seine Hintermänner von der Schatzsucherfraktion?«
»Möglicherweise waren beide Fraktionen ein und dieselben Leute. Lutger hatte durch die Briefe seines Großonkels Kenntnis über verschollene Kunstobjekte und das Privatarchiv Goebbels' bekommen. Für ihn war es einfacher, seine Energie auf die Suche nach dem geheimen Bunker zu fokussieren als weiterhin erfolglos für »Kranichland« zu akquirieren.«
»Und das haben ihm die Leute von »Kranichland« übel genommen?«
»Nun, das werden wir noch herausfinden. Komm, ich kenne ein gutes Restaurant hier in der Nähe, da gibt es hervorragendes Zanderfilet mit Dillsauce. Ich habe jetzt wirklich Hunger.«

Blutgeld

Ein paar Anmerkungen zum Thema Korruption

Alles spricht in unserer modernen Medienwelt dauernd von Korruption. Jeder glaubt zu wissen, was sich hinter diesem Fremdwort verbirgt. Der Vorwurf der Korruption wird ziemlich oft erhoben.
Doch was ist denn nun wirklich Korruption? Ab wann gilt ein Mensch als korrupt? Wie funktioniert heutzutage Korruption? Wer ist alles korrumpierbar? Wo hört normale Korruption auf und wo fängt ein Kapitalverbrechen an? Wie oft klebt an Bestechungsgeldern Blut?

Das lateinische Wort »corruptus« – zu Deutsch »bestochen« - steht Pate für eine Straftat, die sich durch alle Zeitalter der Menschheit zieht. In manchen Epochen galt Korruption als ein Gentlemans Delict, in anderen Epochen ahndete man Korruption sogar mit der Todesstrafe.
Im juristischen Sinne handelt es sich bei Korruption immer um den Missbrauch einer Vertrauensstellung. Eine solche Vertrauensstellung hatte nicht jeder inne. Nur Personen, die einen bestimmten gesellschaftlichen Rang bekleideten, waren auch korrumpierbar. Diese Menschen, die aufgrund ihrer Funktion sowieso schon materiell besser gestellt waren als der Normalbürger, verschafften sich durch Bestechung noch mehr Vorteile. Der Grund für solche eigentlich absurden Vorgänge - denn ist es nicht absurd, wenn Menschen, denen es eigentlich gut geht, noch mehr haben wollen, als ihnen zusteht - ist Gier, besser bekannt noch als Habgier, die Sucht, etwas zu haben, zu besitzen und damit über andere zu bestimmen, kurz, Macht auszuüben.
Integre Leute, erhaben gegenüber jeglichem Verdacht, erwiesen sich oftmals als korrupt im besonderen Maße. In den letzten Jahren hat sich ein System ganz neuer Qualität etablieren können. Einer Studie des Bundeskriminalamts zufolge haben sich seit 1995 die Korruptionsstraftaten verdreifacht. Möglich wurde dies durch sogenannte Netzwerk-Korruptionen. Hierbei hat sich ein Geflecht von komplexen Beziehungen, das sich über längere Zeiträume im regionalen, überregionalen und sogar internationalen Maßstab etabliert, wobei viele »Geber« nur sehr wenigen »Nehmern« gegenüberstehen.

Das »Netzwerk« schließt dabei weitergehende Straftaten mit ein. Korruption geht einher mit Betrug, Untreue, Erpressung und Steuerhinterziehung. Neuerdings auch mit Kreditprellerei, Wettbewerbsabsprachen und Urkundenfälschung, ja man schreckt auch vor Kapitalverbrechen nicht zurück. Die »Nehmer« akzeptieren sogar den Tod von Menschen, um ihr »Netzwerk« am Leben zu erhalten. Dann werden klassische Bestechungsgelder zu Blutgeld. Blutgeld, ein archaisches Wort, dessen Wurzeln bis ins Bibelzeitalter zurückgehen, ist in der Neuzeit nicht so oft mehr im Gebrauch. Viele schrecken vor dem »Pretium Sanguinis«, dem »Preis des Blutes« zurück. Früher bestach man die alten Priester, bestimmte »Opfergaben« zu akzeptieren und sich damit das Wohlwollen der Götter zu erkaufen. Die Priester durften solche »Gaben« gemäß ihrem Glauben nicht annehmen, geschah es dennoch, wurde von »Blutgeld« gesprochen, unsauberem Geld. Geld, das nicht der Ehre des »Spenders« gereichte. Diese besonders unehrenhafte Bestechung wurde mit der Todesstrafe geahndet.

I
Potsdam – Im Landeskriminalamt
Donnerstag, 23. November 2006

Die gesamte Mannschaft der SoKo »Kranichtod« war unter Strom. »Kranichtod« hatte Linthdorf den komplexen Fall getauft in Erinnerung an die armen Vögel, die ihr Leben lassen mussten, um einen Menschen zu erpressen, der sein eigentlich der Allgemeinheit zu Gute kommendes Projekt dem schnöden Mammon opfern sollte.
Es war ein Synonym für den ganzen Fall. Vier Tote, eine Vielzahl von finanziellen Verflechtungen dubioser Scheinfirmen, die allesamt als Papiertiger keine wirklichen Aktivitäten aufweisen konnten, dazu das eigenartige Gebaren einiger skrupelloser Leute, die aller Wahrscheinlichkeit nach auch für den Tod dieser vier Menschen verantwortlich waren.
Linthdorf wurde jedes Mal leicht schwindelig, wenn er an die Dimensionen dieses Falls dachte. Er kannte inzwischen die Summen, die hier im Spiel waren, hatte sich deren politische Sprengkraft vergegenwärtigt und war sich sicher, dass genau solche Machenschaften mit schuldig an der wirtschaftlichen Misere Brandenburgs waren.

Den Sumpf aus Korruption, Betrug, Intrigen und Mord trockenzulegen, war für Linthdorf inzwischen ein inneres Bedürfnis geworden. Er hatte sich in diesen Fall verbissen, wohl auch deshalb, weil ihm die persönlichen Schicksale einiger unschuldig Betroffener nahe gingen.
Gut Lankenhorst musste weiter bestehen und durfte nicht zum Spekulationsobjekt von gesichtslosen Immobilienhaien werden, auch Bogensee hatte ein besseres Schicksal verdient als das einer Luxus-Seniorenresidenz. Und überhaupt, weshalb sollte dieser stille Winkel Brandenburgs plötzlich auch noch zu einem Wellness- und Freizeitzentrum umgewandelt werden? Es gab genug von diesen luxuriösen »Gewächsen« im Speckgürtel von Berlin.
Wirklichen Wohlstand für die Gegenden, in denen so etwas erbaut worden war, brachten sie nicht. Das müsste inzwischen jeder Kommunalpolitiker mitbekommen haben.
Knipphase war in Linthdorfs kleines Zimmer gekommen. Er hatte den Bericht, den der Kommissar gestern noch verfasst hatte, gelesen und war ebenso entsetzt über das Ausmaß der kriminellen Machenschaften und die hohen Summen, die im Spiel waren.
»Was glauben Sie, Herr Linthdorf, werden wir an die Hintermänner herankommen?«
»Wir müssen die drei Bankleute, Müller, Meier und Schulze, zu fassen bekommen. Dann haben wir eine reelle Chance. Sie sind die Schlüsselfiguren, über die alles läuft.
Die »Kranichland AG« und ihre Tochterfirmen laufen allesamt auf ihre Namen, alle Kreditzusagen wurden von ihnen in ihrer Eigenschaft als Bankmitarbeiter getätigt und auch die Subventionen vom Land, vom Bund und der EU sind von ihnen beantragt und bestätigt worden. Das heißt, diese drei Personen haben die gesamte Geldblase initiiert.
Eigentlich hat nur die »Kranichland AG« wirkliche wirtschaftliche Aktivitäten vorzuweisen. Die ganzen Töchter, »Planters & Crane«, »Triple B«, »Heron«, »Cygognia« und wie sie noch alle heißen, wurden nur zu einem Zweck gegründet: Geld zu beschaffen. Und zwar Geld aus öffentlichen Fördertöpfen. Dafür haben diese Papiertiger ein ganzes Feuerwerk an finanziellen Transaktionen veranstaltet, das suggerierte, dass da wirklich etwas geschah.

Die »Kranichland AG«, die hinter diesen Papiertigern steht, ist die einzige der Firmen, die mehr darstellt, als nur eine Briefkastenfirma, allerdings steht ihr Engagement ebenfalls in keinem Verhältnis zu den Geldern, die hier bewegt werden. Möglich, dass diese Firma etwas bauen will. Aber es ist auf alle Fälle nicht das, was dem Land wirklich zu Gute kommen würde. Die Gelder, die sie akquiriert, werden in den Versprechungen der Werber schon in drei Jahren erstaunliche Dividende abwerfen. Colli meint, diese Versprechungen wären hochgradig unseriös. Zwölf Prozent Zinsgewinn nach Steuern! Kein normal wirtschaftendes Unternehmen kann so etwas seinen Anlegern versprechen.
Inwieweit sie auch in die Mordfälle involviert sind, müssen wir noch herausbekommen. Es scheint so, als ob es parallel zu den Aktivitäten der »Kranichland« eine kleine Gruppe von Leuten gibt, die im Fahrwasser der Spekulanten ihr eigenes Süppchen kocht. Ich bezeichne sie mal als »Bogensee-Connection«. Wahrscheinlich gehören hier die Leute von »Knurrhahn & Partner« und auch das zweite Mordopfer Lutger von Quappendorff hin.
Ob die den »Kranichland«-Leuten in die Quere gekommen sind oder ob da noch etwas ganz anderes im Spiel ist, kann ich im Moment noch nicht sagen. Nur so viel, dass das Objekt der Begierde ein Phantom ist. Wir haben gestern in Bogensee einen unbekannten Bunker entdeckt, leider vollständig geflutet. Unsere Techniker sind noch dabei, ihn zu sichten. Er muss schon seit vielen Jahren unter Wasser stehen. Alles, was einmal darin aufbewahrt wurde, ist längst vermodert oder hat sich aufgelöst.
Wahrscheinlich hat nur ein Koffer, den der Onkel des alten Barons in den letzten Kriegstagen heimlich von Bogensee nach Lankenhorst gebracht hatte überlebt. Der Inhalt des Koffers ist brisant genug, dass eine hektische Suche nach ihm und den anderen Schätzen, die man noch in Bogensee zu finden glaubt, begonnen hat. Dabei gehen die Sucher auch über Leichen.
Wieso nun die vier Morde passiert sind, können wir im Moment auch noch nicht hundertprozentig sagen. Nur so viel, alle vier Mordopfer haben als Gemeinsamkeit das Gut Lankenhorst. Sie sind auf eine seltsame Art und Weise mit dem Schicksal dieses alten Herrensitzes verbunden.
Am meisten Sorge macht mir der erste Todesfall, der Mord an Irmingard Hopf. Er fällt da etwas heraus, da eine direkte Beteiligung dieser Frau an

den Aktivitäten einer der beiden Gruppen bisher nicht vorliegt. Wir fanden allerdings in Irmingards Nachlass auf Lankenhorst auch eine Mappe mit der Aufschrift »Kranichland AG«. Möglicherweise wollte sie auch in dieses Projekt investieren oder ihren Vater dazu überreden, das Gut zu verkaufen. Wir wissen dazu leider noch nicht genug. Lutger und auch Verschau gehören der Fraktion der Bogensee-Connection an.
Sie wurden gezielt ausgeschaltet, wahrscheinlich von dem Wilderer Rudi Wespenkötter, der auch für die toten Kraniche verantwortlich zu sein scheint. Wespenkötter hat im Auftrag diverser Leute gehandelt.
Einer seiner Auftraggeber war Lutger von Quappendorff, ebenfalls involviert war Clara-Louise Marheincke, die zweite Tochter des alten Barons. Aber er war wohl eher ein Diener zweier Herren. Sein Tod scheint darauf hin zu weisen. Da sind unsere Rechtsmediziner und Kriminaltechniker noch am Forschen und Auswerten.«
Knipphase hörte aufmerksam den Ausführungen Linthdorfs zu. Schon jetzt war abzusehen, dass die neugegründete SoKo ein Erfolg war. Die Geldsummen, die von ihr als unrechtmäßig ermittelt worden waren, übertrafen jegliches normale Vorstellungsvermögen.
Inwieweit nun diese Gelder als »Blutgeld« anzusehen waren, würde dieser hartnäckige Polizist noch herausbekommen, da war sich Knipphase sicher. Das vielleicht ein paar prominente Köpfe noch rollen könnten, nun ja, eben Kollateralschäden. Etwas weniger Korruption bekäme dem Land ganz gut.
Er hatte mitbekommen, dass seine Kollegen in den alten Bundesländern diskret CDs angeboten bekamen. Darauf die Bankdaten von Steuersündern, die anonyme Nummernkonten in Liechtenstein und der Schweiz unterhielten. Die Größenordnung der Geldsummen war ähnlich. Ein brisantes Thema. Offiziell durften solche CDs nicht gekauft werden, aber die Summen, die so dem stets klammen Staatshaushalt zugestellt werden konnten, rechtfertigten seiner Meinung nach voll und ganz diese Ankäufe.
Knipphase nickte dem Kommissar zu. »Machen Sie weiter so!«
Er erhob sich und ging Richtung Nägeleins Büro davon.
Linthdorf hatte sich den Aktenordnern zugewandt, die auf seinem Tisch lagen. Ganz oben auf lag eine dünne Mappe der KTU. Es war der Bericht über das Handy, das die Dorfjungen von Lankenhorst im Elsenbruch ge-

funden hatten. Die Techniker hatten die SIM-Speicherkarte wieder aktiviert und konnten so die Telefonate des Besitzers nachvollziehen.
Es schien sich, wie vermutet, um das Handy Wespenkötters zu handeln. Er hatte in den letzten Wochen mit einer Reihe von Personen telefoniert, die dem Kommissar gut bekannt waren:
18 Telefonate mit Lutger von Quappendorff
13 Telefonate mit Werner Knurrhahn
11 Telefonate mit Unbekannt (unterdrückte Nummer)
4 Telefonate mit Clara-Louise Marheincke
1 Telefonat mit Rochus von Quappendorff
1 Telefonat mit Felix Verschau
1 Telefonat mit Klaus Brackwald
Dazu noch diverse Telefonate mit Pizza-Services, einem Jagdwaffenhändler, einer Wildschlachterei und der Märkischen Bank Oranienburg
Linthdorf stutzte, als er den Namen von Clara-Louise Marheincke entdeckte. Hatte die ihm nicht versichert, Wespenkötter nicht zu kennen?
Tja, die meisten Telefonate schien er mit Lutger geführt zu haben. Was verband den Wilderer so sehr mit dem smarten Business-Typen? Waren es nur die toten Kraniche? Oder war da noch mehr?
Ebenso interessant schien die Verbindung zu Knurrhahn zu sein. Knurrhahn wurde gerade von Matthias Mohr vernommen. Bisher war ihm nur der Vorwurf der Steuerhinterziehung nachzuweisen.
Eine weitere Verwicklung seiner Firma in die Machenschaften der »Kranichland AG« konnten die Ermittler nicht feststellen. Aber das Knurrhahn mit diesem Handlanger, oder besser mit diesem »Mann für's Grobe«, Geschäfte zu machen schien, war neu und warf auf ihn kein gutes Licht. Musste Brackwald vielleicht deshalb sterben, weil sich Knurrhahn mit diesem Mann eingelassen hatte?
War Wespenkötter der Mann, der Brackwald im Auftrag Knurrhahns getötet hatte?
Der Plan war perfide und gut ausgeklügelt gewesen. Sicherlich nicht im Kopfe Wespenkötters gereift. Aber ihn umzusetzen, dazu reichte der Grips des Wilderers schon. Stark genug war er auf alle Fälle, immerhin maß der Wilderer gute 190 Zentimeter. Er konnte mühelos den deutlich kleineren Brackwald ins Wasser schleppen und ihn dort so lange untertauchen, bis er tot war. Und die Manipulation am Trafohäuschen, die

konnte ja bereits jemand anderes vorbereitet haben. Er musste dann nur noch den Hebel umlegen, um eine Stromspannung auf die beiden Nullleiter zu bekommen.
Genug, um Brackwald auszuschalten. Die Frau von der Hellmühle hatte berichtet, mehrmals schwarze Limousinen am Trafohäuschen gesehen zu haben. Die Leute von der Steuerberatung »Knurrhahn & Partner« fuhren dunkle Daimler und Audis. Schon möglich, dass sich Knurrhahn seines widerspenstigen Partners auf diese Art und Weise entledigen wollte.
Um Knurrhahn die Ermordung Brackwalds nachzuweisen, benötigten die Ermittler jedoch mehr als nur die auf einer Indizienkette beruhende Vermutung. Jeder Anwalt würde ihnen diese Kette zerpflücken und abschmettern. Linthdorf war sich zudem sicher, dass Knurrhahn ein ganzes Geschwader gewiefter Anwälte aufbringen würde, die jeden kleinen Formfehler finden würden. Es war also unerlässlich, hier mehr aufzuführen als nur ein paar geführte Telefonate mit einem Handlanger.
Ebenso sah es im Mordfall Lutger von Quappendorff aus. Der Schnitt, der Lutgers Kopf vom Körper trennte, war professionell ausgeführt. Es musste also ein Täter sein, der im Umgang mit Messer und Skalpell geübt war. Ein medizinisch Vorgebildeter war bisher die Annahme, aber jemand, der mit dem Waidmannshandwerk zu tun hatte, könnte ebenso professionell arbeiten. Ob Wildschwein, Reh oder Mensch, anatomisch waren sie sich ähnlich genug. Wespenkötter würde dafür in Frage kommen. Wer aber für diesen Mord der Auftraggeber war, das musste noch eindeutig ermittelt werden.
Allerdings konnte sich Linthdorf Wespenkötter nicht als den Mörder von Irmingard Hopf und Felix Verschau vorstellen. Das waren Taten, die eine andere Intelligenz voraussetzten. Diese Morde waren als Unfälle getarnt. Sie sollten, im Gegensatz zu den zelebrierten Morden an Lutger von Quappendorff und Klaus Brackwald, die ja schon mehr an Hinrichtungen erinnerten, nicht erkannt werden. Der oder die Täter waren erpicht darauf, alles wie ein Unglück aussehen zu lassen, selbstverschuldet und ohne äußeres Einwirken. Ein Verkehrsunfall und eine Herzattacke, nichts Ungewöhnliches eigentlich. Nur der Umstand, dass noch weitere unnatürliche Todesfälle im Umfeld passierten, führte dazu, diese Todesfälle genauer zu untersuchen.

Vielleicht hatten diese beiden Todesfälle ja auch gar nichts mit den beiden anderen zu tun? Ihm fiel wieder ein, was Hülpenbecker berichtet hatte. Dass sich Lutger und Brackwald schon lange kannten. Brackwald hatte mit Lutger wahrscheinlich eigene Ziele verfolgt. Möglicherweise war auch Knurrhahn beteiligt. Clara Marheincke erwähnte in dem Verhör, dass sich Lutger mehrfach mit zwei Personen getroffen habe, einer davon war eindeutig Brackwald und der andere würde der Beschreibung nach ziemlich genau auf Knurrhahn passen.
Was wäre, wenn die drei einen eigenen Plan verfolgten, den Plan, die verborgenen Schätze in Bogensee zu suchen und auf eigene Kappe zu Geld zu machen?
Knurrhahn stand das Wasser bis zum Hals, der brauchte dringend Kapital, um sein kostspieliges Steuerberatungsbüro über die Runden zu bringen, zumal ihm der Abgang Brackwalds das sichere Aus bringen würde. Lutger war ebenfalls ständig in Geldnöten. Über Brackwalds Finanzverhältnisse wusste Linthdorf nicht all zu viel, nur, dass er nicht auffällig gelebt hatte.
Alle drei waren vollkommen abhängig vom Wohlwollen der »Kranichland AG«. Was wäre, wenn sie das Wohlwollen dieses Geldgebers verloren hätten durch ihre Eskapaden? Wie würden die Leute der »Kranichland AG« reagieren? Würden sie auch vor einem Mord nicht zurückschrecken? Die Inszenierung von Lutgers Tod als Hinrichtung würde da schon einen Sinn machen und eine Warnung an Knurrhahn und Brackwald sein.
Brackwald hatte möglicherweise die Nerven verloren und wollte ganz aussteigen. Vielleicht wollte er sogar mit seinem Wissen an die Öffentlichkeit gehen. Das war mit dem geschickt als Unfall getarnten Mord verhindert worden.
Linthdorf schrieb ein paar Sätze in sein kleines Notizbuch und machte sich auf den Weg. Er musste unbedingt noch einmal mit dem alten Baron sprechen.

II
Gut Lankenhorst
Donnerstag, 23. November 2006

Die Fahrt nach Lankenhorst war Linthdorf inzwischen schon so vertraut, dass er fast automatisch die richtigen Abfahrten erwischte und mühelos selbst an diesem Nieselregentag durch die dichte Wassertröpfchenwand fand.
Er hatte eine vage Idee, die er unbedingt noch einmal auf ihre Richtigkeit überprüfen musste. Der Tod Irmis und Verschaus hatte etwas mit der Vergangenheit der Quappendorffs zu tun und nichts mit Geld. Linthdorf musste an die Fotos denken, an den beim Tauchen verunglückten Sohn Verschaus und dessen Verbitterung. Und an die Reaktion des alten Barons auf dessen Tod.
Was war da abgelaufen zwischen den beiden Männern? Verschau konnte er nicht mehr befragen, aber den alten Baron schon. Linthdorf fuhr diesmal seinen silbernen Wagen in den Schlosspark und stellte ihn demonstrativ vor der Treppe am Eingang ab. Er wusste, dass der Hausherr seit gestern Abend aus dem Krankenhaus entlassen war.
Sowohl Leuchtenbein als auch Gunhild Praskowiak erschienen an der Eingangstür, um ihn zu begrüßen.
»Nanu, schon wieder bei uns, Herr Linthdorf?«
»Ja, leider. Ist Ihr Chef schon ansprechbar?«

Die beiden schauten sich verwundert an. Etwas schien anders zu sein als bei den sonstigen Besuchen.
Leuchtenbein zögerte einen Moment, bevor er antwortete: »Er ist oben, hat sich hingelegt. Noch ein bisschen schwach, das Herz ...«
»Ja, ich weiß, das Herz ...«, damit ging der Kommissar freundlich nickend an den beiden vorbei die Treppe hinauf.
Ein schwaches »Herein!« war zu vernehmen, als er vorsichtig klopfte. Dann verschwand er für eine knappe Stunde im Zimmer des Barons.
Leuchtenbein und Gunhild Praskowiak lauerten bereits im Flur des Erdgeschosses auf ihn.
»Herr Linthdorf, trinken Sie noch eine Tasse Kaffee mit uns?«, ergriff Gunhild das Wort. Neugierig sah sie den Kommissar an, der ihr irgendwie traurig vorkam. Linthdorf nickte stumm und folgte den beiden in die Küche.
»Neuigkeiten?«
Wieder nickte er nur stumm.
»Nix Gutes? Stimmt's?«
Der Kommissar musste schlucken. Es war ihm im Moment klar, dass er eine Entscheidung treffen musste. Diese Entscheidung war für die Zukunft von Gut Lankenhorst wesentlich. Ob das Gut seine Rolle als regionale Kulturstätte weiter spielen durfte oder Spekulationsobjekt wurde.
»Nein, nein. Es war nichts Wichtiges. Nur eine kurze Befragung noch. Wir sind da auf eine paar neue Spuren gestoßen.«
Linthdorf fragte Gunhild noch über ihre geplante Ausstellung mit Bildern Felix Verschaus aus. Ob denn der Baron etwas gegen die Ausstellung eingewandt habe und wann die Ausstellung eröffnet werden soll.
Gunhild war sichtlich erfreut über das Interesse des Kommissars. Nein, nein, der Baron sei sogar sehr erfreut gewesen über die Ausstellung und am Wochenende sei schon die Vernissage. Sie habe die ganze Zeit Bilder gesichtet, Graphiken mit Passepartouts versehen und die fertigen Bilder in der kleinen Schlossgalerie aufgehangen. Mechthild hatte ihr dabei geholfen. Sie würden sich sehr freuen, wenn er käme.
Außerdem wäre zum Wochenende auch Meinrad wieder aus dem Krankenhaus zurück.

Linthdorf bedankte sich und sagte sein Kommen zu. Dann trank er noch seinen Kaffee aus und machte sich auf den Weg. Sein Ziel war jedoch nicht Potsdam, sondern der noble Berliner Vorort Frohnau.

III

Berlin-Frohnau – Im »Entenschnabel«

Donnerstagabend, 23. November 2006

Die Fahrt nach Berlin hatte Linthdorf bewusst über die B 96 gewählt. Er liebte diese Strecke. Es war eine nur noch selten benutzte Ausfallstraße der Millionenstadt. Noch vor wenigen Jahren quälten sich endlos lange Blechkarawanen hier entlang Richtung Norden. Der Ausbau des Autobahnrings machte die Fahrt durch den »Entenschnabel« für die meisten Berliner jedoch überflüssig. Die fuhren jetzt über den Reinickendorfer AVUS-Zubringer direkt auf den Ring.

»Entenschnabel« wurde dieser Zipfel im äußersten Norden der Hauptstadt von den Ortsansässigen genannt. Früher zog sich die Mauer, die den Westteil Berlins umschloss, hier in einem eigenartigen Zickzackkurs entlang. Auf der Landkarte ähnelte der Grenzverlauf dem Kopf einer Ente, deren Kopf seitwärts gewandt war.

Der Schnabel gehörte zu Berlin-Frohnau, die Gegend zwischen Schnabel und Rumpf gehörte dem Land Brandenburg, genauer der Oberhavelgemeinde Glienicke-Nordbahn. Zu Mauerzeiten war dieses Eckchen DDR ein verschlafenes Nest, nur zugänglich den wenigen Bewohnern, die einen speziellen Passierschein für dieses Örtchen besaßen. Ein Schlagbaum verhinderte, dass sich jemand anderes dorthin verirrte, denn Glienicke-Nordbahn war bereits Grenzgebiet.

Jetzt war der ganze »Entenschnabel« aus dem Dornröschenschlaf erwacht. Glienicke-Nordbahn und Berlin-Frohnau schienen in kürzester Zeit miteinander verwachsen zu sein. Neue Häuser, Geschäfte und Restaurants säumten die B 96, es war ein gewaltiger Umschwung für den sonst so verschlafenen Winkel.

Die Gegend wurde fester Bestandteil des berühmten »Speckgürtels«, einem Ring, der sich um die Stadtgrenzen Berlins zog, dicht besiedelt von wirtschaftlich sehr erfolgreichen Leuten, die ihren Wohlstand in neuen, schicken Einfamilienhäusern mit gepflegten Vorgärten und Doppelgaragen zur Schau stellten.

Die im »Schnabel« ansässigen Villenbesitzer wurden von diesem Umschwung jedoch nicht tangiert. Diese alteingesessenen »Schnabelbewohner« pflegten auch jetzt noch ihr stilles und vornehmes Dasein jenseits des neureichen Mammons. Kiefern säumten die kleinen Wege, die zu den gründerzeitlichen Villen führten.

Linthdorf hatte Probleme, im Dunkeln die spärliche Ausschilderung zu lesen. Endlich sah er die »Villa Hopf« durch die Bäume schimmern. Ein paar Laternen verbreiteten dezentes Licht, gerade so viel, um die Hauswand schwach anzuleuchten. Ein nobles Gebäude mit Erkern und einem Türmchen erhob sich hier inmitten hoher Kiefern, die das Anwesen vor neugierigen Blicken schützten. Der zugehörige Garten war ein Paradies für Liebhaber seltener Gehölze und Stauden. Ein kleiner, chinesisch anmutender Pavillon duckte sich unter ein paar weit ausladenden Thuja-Bäumen.

Am Gartentor war ein kleines Messingschild mit dem Namen Hopf angebracht. Gleich daneben blinkte eine Gegensprechanlage unter einem Klingelknopf.

»Ja, bitte?«, ertönte eine sonore Männerstimme aus der Anlage. Linthdorf hatte auch die kleine Kamera entdeckt, die auf dem hohen Gartentor versteckt war. Er hatte berufsbedingt einen Blick für solche Dinge entwickelt und wunderte sich immer mehr, wie groß das Misstrauen der

Leute inzwischen war. Was für ein spezielles Kontrollbedürfnis brachte die Menschen dazu, irrsinnig teure Überwachungstechnik an ihren Häusern zu installieren, die erst recht Einbrecher animierte, genau da einzubrechen! Ein Habenichts brauchte keine speziellen Sicherheits- und Überwachungsgeräte.
»Herr Hopf?«
»Ja, wer ist denn da?«
» Mein Name ist Linthdorf, Kriminalhauptkommissar beim LKA Potsdam. Es geht noch einmal um den Tod Ihrer Frau.«
Mit einem Summton öffnete sich die solide Gartentür. Linthdorf wurde an der Haustür von Wolfgang Hopf erwartet. Hopf, ein agiler, drahtiger Mitfünfziger, trat der riesigen Gestalt, die sich ihm da näherte mit gemischten Gefühlen entgegen.
Was wollte plötzlich ein LKA-Kommissar noch von ihm?
Hatte es mit den Vorgängen auf dem Gut seines Schwiegervaters zu tun? Irmis Tod war doch eindeutig als selbstverschuldeter Verkehrsunfall klassifiziert worden.
»Kann ich herein kommen? Es wird nur ein paar Minuten dauern. Keine Sorge, nichts Aufregendes ...«
Hopf nickte stumm.
Das Innere der Villa wirkte ebenso gediegen und geschmackvoll wie der äußere Eindruck schon erahnen ließ. Ein Mobiliar, dass es ganz sicher nicht bei dem schwedischen Generalausstatter deutscher Gemütlichkeit zu kaufen gab, empfing den Kommissar.
Er war im ersten Moment von so viel Pracht und Schönheit beeindruckt. Jugendstilschränke, Mahagonistühle um einen ebenso prächtigen, runden Tisch, überall standen Vasen aus venezianischem Muranoglas, deren verspielte Formen mit den Art Nouveau-Dekors der Möbel harmonierten. An den Wänden wertvolle Drucke, sicherlich alles Originale.
Sie wiesen Hopf als Sammler aus. Linthdorf, der selber ein wenig als Kunstliebhaber dilettierte, erkannte erotische Radierungen von Aubrey Beardsley, schwungvoll komponierte Farbdrucke von Peter Behrend, detailfreudige Blumen-Holzschnitte des schottischen Avantgardisten Macintosh und farbig leuchtende Lithographien mit Orientlandschaften des französischen Malers Louis Majorelle, jedes Blatt wahrscheinlich mehrere Tausender wert.

Hopf schien sichtlich erfreut über das Interesse Linthdorfs an seiner Sammlung.
»Sie mögen Kunst? Ungewöhnlich für Leute aus Ihrem Metier.«
»Ja, ich mag Kunst. Allerdings kann ich mir so etwas nicht leisten.«, damit zeigte er auf die Wand mit den gut ausgeleuchteten Graphiken.
Hopf lächelte süffisant. »Sammeln Sie auch?«
Linthdorf nickte. »Ja, allerdings mehr moderne Graphik. Die ist noch nicht so teuer und hat auch einen ganz speziellen Reiz.«
»Haben Sie da Vorlieben?«
»Berliner Künstler vor allem, die liegen mir am Herzen. In meiner kleinen Sammlung habe ich Blätter von Manfred Butzmann, Harald Metzges, Rolf Händler, aber auch Radierungen von Ursula Stroczynski und Günter Blendinger. Besonders stolz bin ich auf ein paar Lithographien von Arno Mohr, den mag ich besonders. Er ist der berlinischste unter allen. Und vom großen Kurt Mühlenhaupt habe ich auch ein paar kleinere Arbeiten."
»Oh, Sie sind ja wirklich ein Kunstfreund.«
»Na ja, wir wollen es nicht übertreiben. Ich dilettiere eben ein bisschen in Sachen Kunst. Mit irgendetwas muss man sich ja beschäftigen.«
»Nun gut, Herr ... Linthdorf, Sie sind sicherlich nicht gekommen, um meine Kunstsammlung zu begutachten. Was möchten Sie wissen?«
»Ja, Herr Hopf, also ... Fangen wir am besten mit dem Unfall Ihrer Frau an. Wir konnten inzwischen nachweisen, dass der Unfall kein wirklicher Unfall war, sondern ein bewusst herbeigeführter Unfall, so etwas nennen wir schlicht Mord.«
Hopf ließ sich auf einen der edlen Mahagonistühle nieder und schwieg. Linthdorf beobachtete ihn, konnte jedoch keine Gefühlsregung im Gesicht des Mannes erkennen.
»Und was haben Sie jetzt herausbekommen?«
Linthdorf zögerte noch einen kurzen Augenblick bevor er antwortete. »Jemand hatte es auf Ihre Frau abgesehen. Ganz bewusst. Sie war nicht, wie bisher angenommen, am falschen Ort zu einem falschen Zeitpunkt. Eher das Gegenteil. Sie war genau da, wo sie auch sein sollte. Jedenfalls gemäß des Planes ihres Mörders. Es musste jemand sein, der den Zeitpunkt ihrer Durchfahrt auf der Allee genau kannte. Da fallen mir nicht

sehr viele Leute ein. Der erste Verdächtige in diesem Zusammenhang sind Sie.«

»Unsinn, wieso sollte ich mein Frau … Das macht doch gar keinen Sinn. Ich liebte sie!«

Linthdorf schaute jetzt Hopf direkt in die Augen. »Genau das möchte ich ja herausbekommen. Also, Herr Hopf, wo waren Sie am Morgen des 23. Oktober?«

»Zu Hause, wo denn sonst?"

»Nun, das stimmt so nicht. Wenn Sie zu Hause gewesen wären, hätten Sie nicht so schnell am Unfallort sein können.«

»Woher wollen Sie das wissen?«

»Ich bin gerade die Strecke vom Unfallort bis hierher zu Ihnen gefahren. Genau 45 Minuten. Ich bin sehr zügig unterwegs gewesen mit wenig Verkehr auf den Straßen. Selbst wenn wir noch zehn Minuten abziehen, ist es unmöglich, innerhalb von zwanzig Minuten nach Benachrichtigung bis zum Unfallort zu kommen. Ich habe das Unfallprotokoll noch einmal durchgelesen. Da ist alles minutiös festgehalten. Also, wo waren Sie? Weit weg vom Unfallort kann es ja nicht gewesen sein.«

Hopf schwieg.

Linthdorf fuhr fort. »Womit haben Sie sich in letzter Zeit beruflich beschäftigt? Sie müssen nicht antworten, ich habe mich schon schlau gemacht. Ihre Immobilienmaklerei ist mit einem Großauftrag einer Firma namens »Kranichland AG« beschäftigt. Es ging um eine recht komplexe Angelegenheit, die Vermittlung beim Ankauf größerer Grundstücke im Brandenburgischen. Speziell zwei Grundstücke waren kompliziert. Da war einmal das Gelände der ehemaligen Jugendhochschule Bogensee, das dem Liegenschaftsfonds des Landes Berlin gehört und zum anderen das Gut Lankenhorst, das Ihrem Schwiegervater gehört.«

Hopf reagierte gereizt. »Was hat das denn mit dem Tod meiner Frau zu tun?«

»Das wollte ich von Ihnen wissen. Spielte Ihre Frau nicht mit? Wollte sie nicht auf Ihren Schwiegervater einwirken, das Gut zu veräußern?«

»Das ist doch absoluter Blödsinn!«

»Wieso?«

»Irmi ist ein dummes Huhn gewesen. Unfähig, etwas anderes als ihre Mode und kitschige Designermöbel wahrzunehmen. Dazu noch krank-

haft hysterisch und vollkommen fertig mit den Nerven. Meinen Sie wirklich ich würde eine solche geistige Tieffliegerin mit so etwas Diffizilem betrauen?«
Linthdorf hob die Augenbrauen. »Schon ungewöhnlich, wie Sie Ihre gerade verstorbene Frau betiteln. Zumal Sie mir gerade versicherten, wie sehr Sie sie geliebt haben.«
Hopf schwieg, schaute Linthdorf nur wütend an. Seine Nonchalance war verschwunden. Zum Vorschein kam ein ausgesprochen unangenehmer Machtmensch.
»Waren Sie noch einmal auf Gut Lankenhorst?«
»Nein, was soll ich noch da?«
»Nun, immerhin geht es ja noch um die Vermittlung eines Immobilienverkaufs, für den Sie engagiert worden waren.«
»Quappendorff verkauft nicht. Außerdem haben sich meine Auftraggeber nicht mehr gemeldet, wahrscheinlich haben sie es sich anders überlegt.«
Linthdorf nickte. Er hatte genug erfahren. Allerdings noch nicht das entscheidende Indiz, das Hopf eindeutig belasten könnte. Auf alle Fälle hatte er Hopf unter Druck gesetzt. Er wusste nun, dass er im Visier der Polizei war. Vielleicht würde er so einen Fehler begehen.
Hopf schnarrte ihn an. »Sonst noch was? Wenn nicht, dann verlassen Sie bitte mein Haus. Sie können mich ja gern vorladen, falls es noch etwas zu klären geben sollte.«
Linthdorf nickte nur und ging durch den wunderbaren Garten zu seinem Auto. Es war höchste Zeit für Feierabend. Hopf würde nicht verschwinden.
Da war sich Linthdorf sicher. Sein Verschwinden wäre ein Schuldeingeständnis. Das wäre das Ende seiner gutbürgerlichen Existenz im stillen »Entenschnabel«.
Hopf hing an seinem Leben, so wie er es gegenwärtig führte.

IV
Berlin-Köpenick
Freitag, 24. November 2006

Clara-Louise Marheincke war sichtlich gereizt als sie an diesem verregneten Morgen ein ihr inzwischen wohl bekanntes Auto um die Ecke biegen sah. Es war der silberne SuV, eindeutig als der Dienstwagen Linthdorfs erkennbar.
Der Kommissar schien es eilig zu haben. Er kam aus dem Fahrzeug herausgesprungen, stürmte die kleine Treppe hoch und klingelte Sturm.
»Hallo Frau Marheincke. Sie haben mich angelogen.«
Clara-Louise blinzelte nervös den großen Mann an. So kannte sie ihn gar nicht. Er schien ernsthaft missgelaunt zu sein.
»Sie hatten doch Kontakt zu Rudi Wespenkötter.«
Die Frau war sichtlich geschockt. »Woher …?«
»Ich das weiß? Wir haben Wespenkötters Handy gefunden. Da war auch Ihre Nummer drauf gespeichert. Er hat mehrmals mit Ihnen telefoniert. Wespenkötter steht unter Verdacht, zwei Morde begangen zu haben. Leider kann er selber sich dazu nicht mehr äußern. Er ist tot, dass wissen Sie sicherlich schon.«
»Nein, weiß ich nicht. Wer soll es mir denn gesagt haben?«
»Ihr Vater.«
Clara-Louise schaute dem Ermittler ins Gesicht. Was wusste dieser Mann noch? Linthdorf sah für einen Moment so etwas wie Angst in ihren Augen aufflackern. Er konnte sich auch getäuscht haben, vielleicht war es auch nur ein Lichtreflex.

»Was hat mein Vater damit zu tun?«
»Das wissen Sie doch besser als ich. Der Name Verschau sagt Ihnen sicherlich etwas. Verschau war nicht nur der einsiedlerische Maler, der für Sie ein Portrait und ein paar Akte malen sollte. Ihre Reaktion auf die Nennung des Namens war übertrieben heftig. Für mich war das einfach zu viel des Guten. Da haben Sie geschauspielert. Sie merkten wohl, dass es langsam brenzlig wird und wir eine Spur verfolgen, die Ihnen gar nicht gefällt. Felix Verschau war der Mann Ihrer Tante Friedel. Sie hatten sich scheiden lassen, nachdem etwas Furchtbares dieser Familie passiert war. Sie waren damals sehr jung. Acht oder neun Jahre. Sicherlich können Sie sich noch daran erinnern, an diesen Sommerurlaub 1973 am Zeuthener See?«
Clara-Louise wirkte verstört. Woher wusste Linthdorf über diese tief in ihrem Gedächtnis verborgenen Vorgänge aus ihrer Kindheit?
Natürlich war ihr dieser Sommer noch präsent. Sie hatte die schrecklichen Bilder des Sommers nicht verdrängen können. Nachts in Ihren Träumen sah sie ihren Cousin immer wieder tot auf der kleinen Uferwiese liegen. Er starrte sie aus weit aufgerissenen Augen an, also ob er sie verantwortlich mache für den Unfall.
Sie hatte sich hinter ihrer großen Schwester Irmi versteckt. Irmi war damals schon ein sehr hübsches, für ihr Alter weit entwickeltes Mädchen. Die beiden Quappendorfftöchter hatten außerdem noch einen ganz speziellen Bonus. Sie waren der »Westbesuch«.
»Westbesuch« war damals etwas ausgesprochen seltenes und begehrenswertes. Wenn jemand »Westbesuch« bekam, hieß das meist, es gab auch verlockende Dinge, die man sonst im Osten nicht so einfach bekam: Kaugummi, bunte Comic-Heftchen, Matchboxautos. Barbiepuppen, duftende Haarsprays und coole T-Shirts.
Irmi hatte mit dem vierzehnjährigen Frank-Uwe geflirtet und ihn zu immer mehr Unsinn angestiftet. Auch diese blöde Idee mit dem Tauchen kam von ihr. Er sollte ihr vom Grund des Sees eine Muschel hoch holen. Clara-Louise und ihre Cousine Felicia fanden diese albernen Ritterspielchen doof. Aber Frank-Uwe wollte vor den Mädchen aus dem goldenen Westen als Held dastehen.
Und dann war er einfach weggeblieben, unter Wasser. Die beiden kleineren Mädchen waren verängstigt, doch Irmi beruhigte sie. Frank-Uwe

bluffe nur, der habe sich irgendwo in der Nähe versteckt und würde wohl darauf warten, dass sie sich Sorgen machen würden.
All das ging Clara-Louise innerhalb von Bruchteilen einer Sekunde durch den Kopf. Und dass sie Papa auf Verschau angesprochen hatte, worauf dieser sehr abweisend reagiert hatte. Dass Verschau der Mann von Tante Friedel war, hatte sie nicht mehr gewusst. Aber Verschau wusste, wer sie war. Er hatte es ihr aber nicht gesagt.
Was wollte Verschau damals von ihr wirklich? Wollte er herausfinden, wer schuld am Tod Frank-Uwes war? Hatte sie ihm über Irmi etwas berichtet? Hatte er es auf ihre Familie abgesehen?
Clara-Louise spürte eine wachsende Unruhe in sich aufkommen. Was für Gedanken gingen dem Kommissar durch den Kopf?
Erschrocken wandte sie sich an Linthdorf. »Sie denken doch nicht ..., glauben Sie, dass ich etwas mit dem Tod Irmis...?«
»Nein, das glaube ich nicht. Aber es geht um den Tod von Felix Verschau. Ihr Vater ist der festen Meinung, dass er verantwortlich ist für dessen Tod.«
»Wieso? Papa hat doch nichts mit dem Tod Verschaus zu tun.«
»Nun, da ist er anderer Meinung. Vielleicht sollten wir beide gemeinsam zum Gut Lankenhorst hinausfahren, um letztlich Klärung in diesen Fall zu bringen.«
Clara-Louise hatte ein ungutes Gefühl, als sie zu Linthdorf in den Wagen stieg.

V
Gut Lankenhorst
Freitag, 24. November 2006

Als Linthdorfs SuV auf den kleinen Parkplatz vor dem Herrenhaus fuhr, standen dort bereits mehrere Dienstwagen der Potsdamer Kollegen. Linthdorf sah zwischen den Streifenwagen den Octavia seines Eberswalder Mitstreiters Mohr und den neuen Toyota Louise Elverdinks.
Drinnen hatten sich alle im großen Festsaal versammelt. Der alte Baron saß direkt am Fenster, flankiert von seinen beiden treuen Mitarbeitern Leuchtenbein und Gunhild Praskowiak. Am Tisch saß Mechthild Zwie-

bel, die sich mit Louise Elverdink unterhielt. Am anderen Ende des Saals hatten es sich Matthias Mohr und zwei Polizisten in Uniform eingerichtet. Zwei weitere Uniformierte saßen gegenüber der Fensterreihe und blätterten in Zeitungen. Vor den beiden Polizisten in Uniform stand Wolfgang Hopf und starrte aus dem Fenster. Auch Gernot Hülpenbecker war anwesend. Er wirkte vollkommen verloren in dieser Runde.

Es schien, dass alle auf Linthdorfs Eintreffen gewartet hatten. Clara-Louise ging zu ihrem Vater und setzte sich demonstrativ neben ihn.

Der Kommissar legte seinen Mantel und seinen Hut ab, stellte sich in die Mitte des Saals und begann zu sprechen. »Nun sind ja wohl alle Beteiligten hier versammelt. Gut, dann fangen wir an. Wir beginnen mit dem 23.Oktober, früh am Morgen. Irmingard Hopf ist mit ihrem Citroen unterwegs nach Lankenhorst. Es ist neblig und noch dämmrig, als ihr Wagen plötzlich auf der schnurgeraden Allee hinter Biesenthal ausschert, gegen einen Baum prallt und sich mehrfach überschlägt. Etwas hat sie aus der Spur gebracht, etwas, was sie als ausgesprochen gefährlich einschätzte.

Eine Polizeibeamtin hat die letzten Worte der verunglückten Frau gehört. Das Wort »Geisterfahrer« war dabei. Ein Wort, das keinen Sinn zu machen schien. Es gab keinerlei Bremsspuren, die auf ein zweites Fahrzeug hinwiesen.«

Linthdorf schaute in die Runde und blickte in größtenteils verdutzte Gesichter. Nach einer effektvollen Pause fuhr er fort: »Bis hierher sind die Fakten gesichert. Jetzt kommt etwas Spekulation, was sich wirklich ereignet haben könnte. Was wäre, wenn Irmingard Hopf von ihrem eigenen Spiegelbild erschreckt wurde? Wenn ein geschickt platzierter Spiegel ihr vorgaukelte, ein zweites Auto rase ihr mit hohem Tempo auf ihrer eigenen Fahrspur entgegen?«

Wieder machte Linthdorf eine Pause und beobachtete sein Publikum. Der alte Baron hatte ein paar Stirnfalten hinzubekommen, Clara-Louise wirkte nervös. Wolfgang Hopf sah weiter stoisch aus dem Fenster, als ob ihn alles nichts anginge.

»Irmingard Hopf war eine nervlich sehr labile Frau. Sie erschrak sehr leicht und reagierte meist über. Wer den Spiegel platziert hat, konnte das einkalkulieren. Die erschrockene Frau verreißt das Lenkrad und …Krach!

Doch wer wusste so gut über den Charakter Irmingards Bescheid? Wer wusste, wann sie an dieser Stelle vorbeikommen würde? Es sind nur wenige Menschen, die so intime Kenntnisse über diese arme, etwas oberflächliche Frau hatten. Vielen war der labile Charakter Irmingards bekannt. Ihnen natürlich, Herr Baron, schließlich sind Sie ja der Vater, aber auch Ihnen Frau Marheincke und auch Ihnen, Herr Hülpenbecker, war das bekannt. Aber keiner von Ihnen hatte Kenntnis über die Fahrtroute und den Zeitpunkt, an dem die arme Frau mit ihrem Auto dort vorbeifahren würde. Das wusste nur ein Mensch. Stimmt's, Herr Hopf?«

Hopf fuhr wie von der Tarantel gestochen herum und schaute den Kommissar hasserfüllt an. »Wieso sollte ich meine Frau umbringen? Ich habe keinerlei Motiv …«

Linthdorf lächelte kurz und fuhr fort: »Das hatte mir auch den größten Kopfschmerz verursacht. Alles Geld der Familie gehörte sowieso Ihnen. Also fiel dieser Grund weg. Es musste etwas anderes geben, was Sie zu einer solchen Tat trieb. Es war der Inhalt eines kleinen Köfferchens, der letztendlich über das Schicksal Irmingards entschied.«

Der alte Baron saß mit weit aufgerissenen Augen in seinem Sessel. Mit tonloser Stimme murmelte er etwas vor sich hin. »Oh, mein Gott! Und ich dachte, dass Verschau …«

Linthdorf sah den Baron an. »Ich dachte anfangs auch, dass Felix Verschau späte Rache an der Person genommen hatte, die er verantwortlich für den tragischen Tod seines Sohnes und damit auch für das Scheitern seiner Ehe machte. Aber Verschau fehlten wesentliche Kenntnisse, um diesen Mord zu begehen. Außerdem war er nicht der Typ, der einen Mord begeht. Verschau hat seine Gefühle in seiner Malerei ausgelebt.«

Clara-Louise wurde bleich und biss sich auf ihre Unterlippe. Linthdorf bemerkte dies.

»Doch zu Verschaus Tod kommen wir noch. Jetzt müssen wir noch klären, weshalb Irmingard sterben musste. Herr Hülpenbecker, Sie können uns vielleicht etwas über dieses geheimnisvolle Köfferchen erzählen?«

Der Angesprochene zuckte zusammen. Doch dann fing er sich und berichtete mit brüchiger Stimme von seinen drei Stellvertretern, die ein finanzielles Netzwerk von Scheinfirmen aufgebaut, ungeheure Summen ergaunert und Subventionen erschlichen hatten.

Und dass sie eines Tages etwas von einem unverhofften Schatz berichteten, den sie en passant de facto geschenkt bekämen. Eines Tages tauchte ein kleines Köfferchen in ihrem Büro auf. Er habe da hineingesehen und einen Stapel Graphiken entdeckt. Es waren Blätter der deutschen Expressionisten, Holzschnitte von Kirchner und Heckel, Lithographien von Otto Mueller und Schmitt-Rotluff, allesamt Mitglieder der berühmten Künstlervereinigung »Brücke«.

Die Blätter waren umhüllt von einer grauen Banderole, auf der mit Sütterlin-Schrift geschrieben stand »Privatbesitz J.G. – Archiv Bogensee«. Hülpenbecker wusste über die Aktivitäten der »Kranichland AG« Bescheid, speziell über das Interesse an den Immobilien vom Bogensee. Seine drei Stellvertreter waren oft genug da draußen gewesen. Er konnte sich zusammenreimen, woher dieser Koffer stammte.

Hülpenbecker hatte auch mitbekommen, dass sie es inzwischen auf Gut Lankenhorst abgesehen hatten. Der alte Baron hatte ihm gegenüber angedeutet, dass die drei mehrfach Angebote unterbreitet hatten. Quappendorff war unsicher, wie er sich verhalten sollte und hatte sich vertrauensvoll an ihn gewandt.

Als er nicht verkaufen wollte, hätten sie ihm gedroht, ihn aus dem Gut zu vertreiben. Sie hätten genügend Mittel und Wege, so etwas zustande zu bringen.

Hülpenbecker hielt es für seine Pflicht, den alten Quappendorff, der immerhin sein bester Freund war, zu warnen. Er hatte dem Baron den Inhalt des Köfferchens mitgebracht. Die Graphiken hatte er kopieren lassen und dann ausgetauscht. Mit Hilfe der Graphiken sollte Quappendorff das Gut sanieren.

Jetzt mischte sich der Baron in Hülpenbeckers Rede ein. Er winkte ihm zu, dass er ab jetzt selber weiter erzählen wollte. Der alte Quappendorff brauchte jemanden, der die Graphiken zu Geld machen konnte. Dabei habe er an seinen Schwiegersohn Wolfgang Hopf gedacht, der ja ein Kunstfreund war und auch selber sammelte. Er konnte keine Herkunftsangaben zu den Graphiken machen außer dem geheimnisvollen Kürzel, das auf der grauen Banderole vermerkt war. Sowohl ihm als auch Wolfgang Hopf war klar, woher diese Graphiken stammten. Beide wussten, dass in dem Privatarchiv drüben in Bogensee wahrscheinlich noch viel mehr lagern musste. Ihm waren die Briefe seines Onkels Leberecht wieder eingefallen. Und ihm war noch etwas viel Wichtigeres eingefallen. Ein Erlebnis aus seiner Kindheit. Beim Durchstöbern der alten Briefe seines Onkels kam ihm diese Erinnerung wieder klar und deutlich vor Augen.

Onkel Leberecht in der schwarzen Uniform, die verschreckten Frauen, seine Großmutter Gösta, die mit eiserner Hand das Regiment führte, der plötzliche Besuch von Onkel Leberecht mit dem Motorrad, diesmal in Zivil, dann sah er seinen Onkel mit ihm und Hektor im Eiskeller, wo er dem Onkel die Geheimtür zeigte, der ganz begeistert von diesem Versteck war.

Der kleine Lederkoffer, den Leberecht bei sich trug, die Auseinandersetzung, die er mit Großmutter Gösta hatte, seine überstürzte Abfahrt mit dem Motorrad, alles war wieder präsent. Und natürlich der nächste Tag. Onkel Leberecht war tot. Die Frauen waren völlig aufgelöst und dann war auch der Krieg zu Ende.

Rochus von Quappendorff war sich sicher, dass der Inhalt des Koffers eben diese Graphiken waren. Und das dieser Koffer hier auf Gut Lankenhorst im Eiskeller gefunden worden war, genau da, wo der kopflose Körper Lutgers lag. Wahrscheinlich war auch Lutger hinter diesem Koffer her gewesen. Woher der allerdings davon wusste, konnte sich der alte Baron nicht erklären. Er hatte niemanden etwas erzählt. Außer ihm wussten nur seine Geschwister von diesem Geheimnis. Hektor war tot und Friedel lebte in einem Seniorenheim. Sie litt unter Alzheimer und war kaum noch ansprechbar.

Jedenfalls habe er seinem Schwiegersohn die Graphiken vertraulich überlassen, um sie zu verkaufen. Er hatte keine Ahnung vom wahren Wert dieser graphischen Blätter, wusste nur, dass sie wohl ein kleines Vermögen kosten dürften. Wolfgang hatte mit ihm telefoniert. Es wäre unmöglich, diese Graphiken zu verkaufen ohne dass ein sauberer Herkunftsnachweis dokumentiert werden könne. Kein seriöser Kunsthändler würde sich an Graphiken solch dubioser Herkunft die Finger verbrennen. Er könne ihm da leider nicht weiter helfen. Irmi sollte die Graphiken wieder zu ihm zurück bringen, just an jenem Montag, dem 23. Oktober …

Und da war noch etwas, was ihn bedrückte. Ein paar Wochen vorher war Verschau plötzlich bei ihm aufgekreuzt. Verschau war wütend. Jemand hatte bei ihm etwas gestohlen, was ihm sehr am Herzen gelegen habe. Der Einsiedler beschuldigte ihn, den Koffer gestohlen zu haben.
Es war Verschau, der den Koffer gleich nach der Wende im Sommer 1990 hier im unterirdischen Versteck gefunden hatte. Das Geheimnis hatte ihm Friedel verraten, als sie noch miteinander verheiratet gewesen waren. Sie war damals ein kleines Mädchen und die Vorgänge in den letzten Kriegstagen habe sie nicht direkt mitbekommen, aber ihre beiden Brüder hatten ihr später alles erzählt. Es war ein Geheimnis, das die drei Geschwister für immer und ewig bewahren wollten. Friedel wusste zwar nicht, was in dem Koffer war, aber es könnte etwas Wertvolles sein.
Verschau hatte lange nicht an dieses geheime Köfferchen geglaubt, bis er bei der Hochzeit der gemeinsamen Tochter Felicia die Gelegenheit hatte, in alten Familienfotos herum zu stöbern und dabei auch alte Fotos von Friedels Eltern und ihren Verwandten sah. Auf einem Foto war ein schneidiger Major in der Uniform der Waffen-SS zu sehen. Es war Friedels Onkel Leberecht. Verschau dämmerte, dass an der Geschichte etwas Wahres dran sein könnte und begann systematisch den Schlosspark zu durchsuchen.
Er forschte in den Archiven des damaligen Kreismuseums für Landeskunde in Gransee und fand zahlreiches Kartenmaterial über Park und Herrenhaus Lankenhorst. Dabei stieß er auf den alten Geheimgang. In einer Nische des Ganges, direkt unterhalb des Eiskellers fand er nach langer Suche schließlich den Koffer. Als er ihn öffnete, war er vollkommen überrascht. Alles Mögliche hatte er erwartet, bloß nicht so etwas. Verschau war Maler und er erkannte sofort, was er da für einen Schatz gefunden hatte.
Er bewahrte die Graphiken und den Koffer all die Jahre bei sich auf. Ab und zu holte er ihn hervor und erfreute sich an den seltenen Drucken. Dann hatte er eine Idee. Die Blätter sollten einmal in einem Museum gezeigt werden, wenn möglich im Schlossmuseum von Lankenhorst. Und dann war der Koffer verschwunden.
Das war im August kurz nachdem er Clara-Louise kennen gelernt hatte. Sie hatte den Koffer bei ihm im Atelier gesehen und ihn gefragt, was es damit auf sich habe. Er hatte ihn ihr gezeigt und auch über die abenteu-

erliche Entdeckung berichtet. Natürlich wusste er, dass Clara-Louise ihrem Vater davon berichten würde. Vielleicht käme man ja überein, wo die Graphiken am besten präsentiert werden könnten. Dass er die ersten Informationen über das Vorhandensein des Koffers von Clara-Louises Tante hatte und dass er die Familie besser kannte, als ihm lieb war, verschwieg er ihr jedoch.

Linthdorf und seine Kollegen hatten der Rede des Barons gelauscht, ohne ihn zu unterbrechen. Es war eine beklemmende Stille im Saal, man hätte eine Stecknadel fallen hören.

Clara-Louise konnte die Spannung, die sich im Saal aufgebaut hatte nicht mehr aushalten und unterbrach die Stille mit einem schrillen Lachen.

»Haha, Lutger hat das Köfferchen geklaut. Ich hab' ihm, und nicht Papa, davon erzählt und er war reinweg verrückt, als er davon hörte. Für ihn war es nicht schwer, in das alte Chausseehaus einzubrechen. Er sagte mir, dass er Leute kenne, die sehr viel Geld hätten und genau auf solche Sachen abfahren würden. Kurze Zeit später war er tot und der Koffer war auch weg.«

Linthdorf nickte. »Tja, und dann tauchte es plötzlich in der Filiale der Märkischen Bank wieder auf. Und jetzt ist er verschollen, in Irmingards Unfallwagen waren die Graphiken jedenfalls nicht. Da kommen wir wieder zurück zu Ihnen, Herr Hopf. Ich nehme stark an, dass die Graphiken in Ihrer Villa in Frohnau sind. Sie hatten es auf die Graphiken abgesehen, denn sie kannten ihren wahren Wert. Irmingard musste sterben, damit Sie diese Blätter behalten konnten.«

Hopfs Kopf war hochrot angelaufen. Alle schauten auf ihn. Er blickte unruhig in die Runde und spürte, dass seine Glaubwürdigkeit dahin war.

Linthdorf sah ihm direkt ins Gesicht. »Herr Hopf, ich nehme Sie fest wegen des Verdachts der vorsätzlichen Tötung Ihrer Ehefrau aus niederen Beweggründen.«

Er nickte den beiden Polizisten an der Wand zu und sagte nur kurz: »Führen Sie ihn ab.«

Die hielten bereits die Handschellen bereit und verließen mit Hopf den Saal.

Alle Verbliebenen sahen dem Schauspiel mit einer gewissen Beklommenheit zu. Leuchtenbein hatte große Augen bekommen und Gunhild war ganz blass geworden. Der alte Baron saß wie versteinert in seinem Sessel. Nachdem Hopf aus dem Saal war, räusperte er sich und fing mit seiner brüchigen Stimme zu sprechen an.

»Herr Kommissar, jetzt müssen Sie mich auch festnehmen. Ich bin schuld an Verschaus Tod. Die ganze Zeit habe ich gedacht, dass Verschau am Tod Irmis schuld ist, dass er sie so erschreckt hat, dass sie ihr Auto an den Baum setzte.

Deshalb habe ich ihn in der Halloweennacht auf den alten Friedhof bei der Kapelle bestellt. Ich habe ihn angelockt. Ihm seinen Koffer in Aussicht gestellt. Er sagte sofort zu. Es war ganz einfach. Verschau erschien wie verabredet um acht Uhr auf dem Friedhof.

Ich wollte ihn ebenso erschrecken, wie er wahrscheinlich Irmi erschreckt hatte und hatte Brutus hinter dem Grabkreuz der Gerlinde Josephine von Quappendorff versteckt.

Diese Gerlinde übrigens, eine Tochter des Chronisten Dubslav von Kruge, war als Hexe bekannt. Alle wussten, dass sie des Nachts als Gespenst umgeht. Als Verschau an der Wand der kleinen Kapelle stand, hatte ich den Hund auf den Maler losgejagt.

Verschau war so erschrocken von dem auf ihn losstürmenden Hund, dass er einfach in sich zusammensackte. Brutus blieb vor ihm sitzen und jaulte nur. Ich bin dann noch auf ihn zugegangen, um zu prüfen, ob er tot ist. Aber dann habe ich die Kinder gehört, die auf der Straße herankamen. Also bin ich mit dem Hund schnell wieder zurück in den Schlosspark. Und jetzt weiß ich, dass ich den falschen Mann verdächtigt habe.«

Gunhild fing an zu weinen, Mechthild war aufgestanden und an den alten Mann herangetreten. Leuchtenbein musste sich die Brille abnehmen um sich ein paar Tränen zu verkneifen. Sie waren von der Beichte des Barons bestürzt.

Nur Clara-Louise war gefasst geblieben. Sie zeigte keinerlei Regung, so als ob sie das alles schon geahnt hatte.

Linthdorf war dies alles nicht unbemerkt geblieben. Er sah den Baron an und lächelte kurz. »Ich kann Sie beruhigen, Herr von Quappendorff. Sie sind nicht der Mörder von Felix Verschau. Der Schreck hat den Einsied-

ler vielleicht für einen Augenblick außer Gefecht gesetzt, aber er ist nicht daran gestorben. Felix Verschau wurde mit einer Überdosis Insulin getötet. Unsere Rechtsmediziner konnten das zweifelsfrei nachweisen.
Eine Überdosis Insulin hat seinem Leben ein Ende gesetzt. Sein Mörder wusste, dass Verschau Diabetiker war und dass der Nachweis von hohen Insulinmengen in seinem Blut nichts Ungewöhnliches war, zumal dies ein körpereigenes Enzym ist. In Frage kommen also nur Personen, die im privaten Umfeld des Malers anzutreffen waren. Mir sind nur zwei Personen bekannt: Gunhild Praskowiak und Clara-Louise Marheincke.«
Gunhild brach erneut in Tränen aus. »Ick hab doch meenen Felix nich umjebracht, wieso sollte ick ihn denn umbringen? Nöööh, ick war et nich! Herr Linthdorf, Sie glooben doch …«
Linthdorf beruhigte Gunhild. »Nein, keine Angst. Gunhild war es nicht. Sie hatte kein Motiv.«
Dann fuhr er fort. »Wer aber ein Motiv hatte, war Frau Marheincke. Verschau konnte sich zusammenreimen, dass Lutger mit Ihnen gemeinsame Sache machte. Er konnte es sich ausrechnen, dass Sie es waren, die Lutger von den Graphiken erzählt hatte.
Und das Verschau nach dieser nächtlichen Attacke möglicherweise mit seinem Wissen zur Polizei gehen würde. Ihre Verstrickung in die ganze Angelegenheit würde bekannt werden. Das mussten Sie verhindern. Sie spritzten dem wehrlos daliegenden Verschau das Insulin, das sie ihm vorher entwendet hatten.«
Clara-Louise war aufgestanden und starrte den Kommissar wütend an. Ungläubig schaute der alte Baron auf seine Tochter. »Klärchen, stimmt das?«
»Ja, Papa, es stimmt. Tut mir leid, aber es ging nicht anders:«
Linthdorf nickte den beiden verbliebenen Polizisten zu. Die waren bereits an die wütende Frau herangetreten. »Kommen Sie, Frau Marheincke. Es gibt noch viel Klärungsbedarf.«

VI
Potsdam – Im Landeskriminalamt
Freitagnachmittag, 24. November 2006

Vernehmungsprotokoll
KHK T. Linthdorf
KHK L. Elverdink

Als Angeklagten
in der Mordermittlung Hopf,Irmingard/Quappendorff:
Herrn Wolfgang Hopf
Wohnhaft in 13465 Berlin-Reinickendorf, Im Eichenhain 44
Geb. am 13.12.1953 in Berlin
Verwitwet
Tätig als selbständiger Immobilienmakler

L.: Herr Hopf, wir setzen hier unser morgendliches Gespräch auf Gut Lankenhorst fort. Meine erste Frage daher auch, wo waren Sie am Morgen des 23. Oktober? Zu Hause waren Sie nicht, dass hatten wir bereits geklärt. Also, bitte …
H.: (schweigt)
L.: Gut, dann eben nicht. Was können Sie uns über den Verbleib der gestohlenen Graphiken sagen?
M.: Ich möchte meinen Anwalt sprechen. Bis dahin sage ich gar nichts mehr.
E.: Sie können telefonieren. Wir setzen die Vernehmung fort, sobald Ihr Anwalt da ist.

Unterbrechung für eine Stunde

Fortsetzung des Verhörs unter Teilnahme von Dr. Edmund Rhönstapel, Anwalt des Angeklagten
L.: Ich nehme das Verhör wieder auf und beginne erneut mit meiner Frage: Wo waren Sie Morgen des 23. Oktober?

R.: Mein Mandant hat mich ermächtigt, Ihnen folgende Erklärung zu unterbreiten. Er hat diese Erklärung freiwillig und ohne Zwang geschrieben. Ich verlese sie:
Ich, Wolfgang Hopf, habe unfreiwillige Schuld am Tod meiner Frau Irmingard-Sophie Hopf. Durch eine unglückliche Aneinanderreihung von einzelnen Vorgängen kam es zu einem folgenschweren Unfall, der so nicht von mir geplant war. Meine Frau hatte die Graphiken, die sie ihrem Vater mitnehmen sollte, bei uns zu Hause liegen lassen. Ich bin ihr nachgefahren, wählte eine andere Route, um ihr so zuvor zu kommen.
Auf der Fernverkehrsstraße B 2 sah ich den roten Citroen meiner Frau schon von weitem. Ich bin ihr entgegengekommen und gab Lichtzeichen mit meiner Lichthupe, um sie zum Anhalten zu bringen. Leider geriet sie in Panik und scherte von der Fahrbahn aus. Ich war im ersten Moment schockiert, hielt an und sah, dass der Wagen sich mehrfach überschlagen hatte.
Ich nahm an, dass Irmingard sofort tot war und bin aus Angst, schuldig am Unfall meiner Frau zu sein, einfach weiter gefahren. Ich weiß, dass ich hier einen Fehler gemacht habe. Eine vorsätzliche Tötung meiner Frau war niemals geplant. Unterzeichnet: Wolfgang Hopf
L.: Nun, wir nehmen diese Erklärung zur Kenntnis. Allerdings hegen wir große Zweifel an dem Tathergang, wie er von Herrn Hopf darin geschildert wird. Die Anklage würde mit dieser Erklärung von Mord auf fahrlässige Tötung abgeändert werden. Wahrscheinlich ist das auch das Ansinnen Ihres Anwalts.
R.: Ich denke, wir können mit dieser Erklärung meines Mandanten alle ganz gut leben. Wir haben zum Tathergang nichts weiter hinzuzufügen.
L.: Wir beenden das Verhör und nehmen die Erklärung von Herrn Hopf zu unseren Akten.

Louise Elverdink war dem Verlauf des Verhörs mit wachsendem Unmut gefolgt. Sie hatte schon ein ungutes Gefühl, als dieser Anwalt auftauchte. Sie blickte ihm ins Gesicht und wusste in demselben Moment schon, was sie von ihm zu halten hatte.
In der Vernehmungspause hatte sie mit Linthdorf mögliche Varianten der Verteidigungstaktik Hopfs durchgesprochen. Eine der Varianten war

dann ja auch mit der »Erklärung« Hopfs eingetreten. Hierbei käme er glimpflich davon. Wahrscheinlich sogar mit einer Strafe auf Bewährung. Aber Louise war sich sicher, dass Hopf diese Tat langfristig und minutiös geplant hatte. Es galt, ein Indiz zu finden, dass diesen Vorsatz belegte.
»Wir müssen noch mal in Hopfs Wohnung. Die Techniker haben dort schon alles durchsucht, haben auch die Graphiken sichergestellt, aber das ist zu wenig, um daraus eine Mordanklage zu machen.«
Linthdorf sah seine Kollegin an.
Louise Elverdink zuckte mit den Schultern. »Der Mann hat alles minutiös geplant. Wir werden nichts finden. Wenn wir ihn überführen wollen, dann eher über Aussagen der Schwester oder des Vaters.«
»Gut, du übernimmst Clara-Louise, das Biest und ich fahre noch einmal in den Entenschnabel, nach Frohnau.«
»Entenschnabel? Was ist das denn?«
»Erkläre ich Dir später, jetzt drängt die Zeit«, damit war er schon fast aus der Tür.

Vernehmungsprotokoll
KHK L. Elverdink
KOK M. Mohr

Als Angeklagte
in der Mordermittlung Verschau, Felix:
Frau Clara-Louise Marheincke v. Quappendorff
Wohnhaft in 12987 Berlin-Köpenick, Am Nixenwall 27 a
Geb. am 24.8.1968 in Berlin
Verh. mit Georg Marheincke
Tätig als Kaufm. Angestellte bei »Textil-Design GmbH & Co. KG«

E.: Frau Marheincke, Sie haben den Mord an dem als Einsiedler bekannten Maler Felix Verschau zugegeben.
M.: (nickt)
E.: Kommen wir noch einmal auf Ihr Motiv zurück. Sie waren der Meinung, dass Verschau durch seine Aussagen Sie so belastet hätte, dass Sie im Zusammenhang mit den Vorgängen um die »Kranichland AG« und

speziell durch die Verbindung Ihres Cousins Lutger von Quappendorff mit den Spukgeschichten auf Lankenhorst gegenüber Ihrem Vater unglaubwürdig und intrigant gegolten hätten. Das sollte, nein, das durfte nicht geschehen. Deshalb musste Verschau schweigen, für immer.

M.: Ich hatte es nicht so geplant.

E.: Wie haben wir das zu verstehen?

M.: Papa war der festen Meinung, dass Verschau Schuld am Tod von Irmi war. Wegen der Sache von damals ... im Sommer 73.

E.: Wie kam Ihr Vater auf diese Idee?

M.: Wir hatten uns ein paar Mal darüber unterhalten. Ihn beunruhigte das Auftauchen Verschaus nach all den Jahren. Er wollte da nicht an einen Zufall glauben. Zumal die schrecklichen Ereignisse auf Lankenhorst bald danach anfingen. Er dachte auch, dass Verschau hinter den Kranichmassakern und der »Weißen Frau« steckte. Ich konnte ihm ja nicht sagen, dass es ein Schabernack Lutgers war, den ich mit organisiert habe. Ich bestärkte ihn in seiner falschen Meinung. Aber er war sich seiner Sache zum Schluss nicht mehr so sicher. Er wollte unbedingt mit Verschau sprechen. Er hatte sich mit ihm schon verabredet. Ich musste das verhindern. Also redete ich ihm ein, Verschau zu erschrecken, so nach dem alten biblischen Spruch »Auge um Auge, Zahn um Zahn«. Verschau würde dann denken, dass Papa verrückt geworden sei. Ein erneutes Gespräch käme dann wohl nicht mehr zustande. Das war der eigentliche Plan.

E.: Aber Sie haben da ja noch etwas nachgeholfen. Woher hatten Sie das Insulin?

M.: Ich habe mich mit Verschau noch ein paar Mal heimlich getroffen. Offiziell wegen der Portraitstudien und der Aktskizzen. Verschau schien es zu genießen. Einmal hat er mich gebeten, für ihn neue Insulin-Pens mitzubringen, da ich ja mit dem Auto an seiner Apotheke in Biesenthal vorbeikäme. Das habe ich gemacht, hatte aber vergessen, ihm die Packung auszuhändigen. Er hatte noch genügend Vorrat bei sich im Haus, es war daher nicht so schlimm. Ich rief ihn deswegen an. Er sagte mir, dass ich bei Gelegenheit die Pens vorbeibringen soll.

E.: Wann war das?

M.: Ende Oktober, so gegen den 27. Oder 28. Oktober. Irmi sollte am Wochenende bestattet werden. Ich war daher nicht in Laune, ihn zu besuchen.
E.: Und wann hatten Sie die Idee mit der Insulin-Injektion?
M.: Das war spontan. Ich war Papa gefolgt. War einfach neugierig, was passieren würde. Hatte mir das Kostüm der »Weißen Frau« angezogen. Fiel ja am Halloweenabend gar nicht auf. Verschau musste mich gesehen haben, als ich auf den Friedhof kam, jedenfalls wirkte er stark verstört, als er an diesem unheimlichen Ort auf Papa wartete.
Dann kam Papa mit Brutus. Verschau war noch vor der Kapelle, außerhalb des Friedhofs. Da brannte eine Laterne und man konnte wenigstens etwas erkennen. Papa kam über den der Parkseite zugewandten zweiten Eingang. Ich beobachtete Verschau, der etwas gehört zu haben schien und durch den Eingang an der Kapelle ging. Dann hörte ich nur noch Brutus laut und wütend bellen.
Als ich auf den Friedhof kam, war alles schon vorbei. Papa und Brutus waren weg und Verschau lehnte an der Rückseite der kleinen Kapelle, schien ohnmächtig zu sein. Mir fielen die Insulinspritzen wieder ein. Ich rannte zum Auto, das ich auf der kleinen Lichtung schräg gegenüber am Elsenbruch stehen hatte und holte zwei Pens. Ich habe beide Pens ihm durch den Stoff seines Hemdes in den Bauch gespritzt. Er hatte mir mal erzählt, dass er diese Injektionen immer in den Bauchraum setzte. Das war's.
E.: Was haben Sie dabei gedacht? Wut? Befreiung? Hatten Sie keinerlei Gewissensbisse?
M.: Es ging alles sehr schnell. Automatisch. Gar nichts habe ich gedacht. Nur, dass er nicht mehr reden durfte.
E.: Bereuen Sie, was Sie getan haben?
M.:(schweigt)
E.: Nun gut, darüber werden Sie noch genug Zeit haben, nachzudenken. Ein anderes Thema. Was wussten Sie über die Absichten der »Kranichland AG«?
M.: Hülpi hat mir ein bisschen erzählt über seine drei feinen Stellvertreter und was die noch alles für ehrgeizige Pläne haben. Die wollten ganz groß ins Big Business einsteigen. Wollten hier so eine Art gigantomanischen Freizeit- und Wellnesspark mit allem Drum und Dran errichten.

Alles für die Märkische Bank viel zu groß, um es finanziell zu stemmen. Es gab da schon irgendwelche Hedge-Fonds, die fleißig Gelder akquirierten für dieses Megaprojekt. Lutger war da auch mit involviert. Er sprach immer von den »Visionen« der drei Strategen und das wir alle immer nur »Klein in Klein« dachten.
Hülpi war das alles suspekt. Er wusste nicht mehr weiter und brauchte wohl einen Menschen, bei dem er sich ausheulen konnte. Sein Posten als Filialleiter bei der Märkischen Bank schien schon zu wackeln. Wenn Hülpi von seinem Posten entbunden würde, gäbe es auch kein Kultur-Gut Lankenhorst mehr. Das wussten die drei »Grauen«, so haben wir sie immer bezeichnet in Anlehnung an »Graue Eminenzen«.
Die werden da wohl heftig an seinem Stuhl gesägt haben. Lankenhorst bekämen sie dann für nen Appel und nen Ei. Würde als historische Kulisse prima in ihr »Kranichland« passen, so als Nobelherberge … Papa haben sie sogar angeboten, auf dem Gut wohnen bleiben zu können, so als lebendiges Relikt, eben ein echter Baron. Ich hatte Papa zugeraten. Dann wäre er alle Sorgen los und könnte sich einen geruhsamen Lebensabend gönnen und in seinen alten Büchern rumstöbern.
Er sah mich nur immer verwundert an, wie eine Fremde. Dabei wäre es für ihn wohl das Beste. Na ja, hat sich nun ja alles zerschlagen.
E.: Hatten Sie selber Kontakt zu dem Trio, das von Ihnen als die »Grauen« bezeichnet wird?
M.: Ab und zu traf ich sie mal. Das letzte Mal habe ich sie beim Quappenessen gesehen. Da waren sie mit eingeladen, wohl um sich schon mal vorab umzusehen, was es alles im Schloss für Räumlichkeiten gab.
E.: Die drei waren also auch an dem Tag anwesend als Lutger starb?
M.: Ja, aber das wissen Sie doch. Sie haben die Gästeliste in Ihren Akten. Da stehen auch Meier, Müller und Schulze. Nicht gerade die einprägsamsten Namen, aber so rutschen die eben auch immer wieder mit durch.
E.: Wissen Sie, weshalb Lutger sterben musste?
M.: Er arbeitete auf eigenes Risiko. Die Sache mit dem geheimen Bunker in Bogensee war so ein Ding mit Pfiff. Davon durften die drei nichts mitbekommen. Aber durch eine Unachtsamkeit haben sie es doch mitbekommen. Da haben die ihm wohl den durchgeknallten Wespenkötter auf den Hals gehetzt.

E.: Sie kannten Wespenkötter viel besser als Sie bei den bisherigen Befragungen zugegeben hatten.
M.: Jaaa, Wespe war ein Irrer. Lutger hatte ihn in Linum kennengelernt. Der ballerte da immer mit so einem alten Gewehr herum. Lutger versprach ihm ein schickes, neues Gewehr, wenn er für ihn ein paar kleine Dienstleistungen erledigen würde.
E.: Die toten Kraniche?
M.: Ja.
E.: Was passierte dann?
M.: Lutger bat Wespe, ein Auge auf Bogensee zu werfen und ihm zu melden, wenn sich da Leute rumtrieben, die dort nix zu suchen haben. Er ahnte, dass die drei »Grauen« da schon rumschnüffelten.
E.: Er war auch der unbekannte Schütze.
M.: Möglich.
E.: Haben Sie sich mit Wespenkötter getroffen?
M.: Nein, nur Lutger. Ich war zwei Mal dabei. Wespe war ein Widerling. Roh und ungebildet. Ich wunderte mich, dass Lutger ihn ertragen konnte. Wespe hatte sich drüben im Elsenbruch einquartiert, in den alten Ruinen der Brennerei. Lutger versorgte ihn mit Schnaps, dafür spionierte Wespe für ihn in Bogensee und erledigte kleine Gefälligkeiten, so nannte das Lutger. Wespe drapierte die toten Vögel im Park und machte auch andere kleine Hilfsdienste.
E.: So etwas, wie sich des unliebsamen Brackwald zu entledigen?
M.: Davon weiß ich nichts.
E.: Was für ein Verhältnis hatten Sie eigentlich zu Ihrem Schwager Wolfgang Hopf?
M.: War eben mein Schwager. Viel zu gut für meine dumme Schwester. Der hatte nicht nur Geld, der hatte auch Grips im Kopf. Na ja, hat sich jetzt sowieso erledigt. Ist wohl größenwahnsinnig geworden.
E.: Was meinen Sie damit?
M.: Na, der wollte sich doch schon die ganze Zeit von Irmi trennen. Hatte aber keine Gütertrennung vereinbart. Die Hälfte seines Vermögens wäre er los gewesen. Irmi hat doch fast nix mit eingebracht und auch nix verdient. Die längste Zeit war sie Hausfrau und treusorgende Mutter.
E.: Ach so? Wussten Sie das schon lange?

M.: Irmi hat mir gegenüber mal so was angedeutet. Wir waren nicht so eng miteinander. Bei dem letzten Treffen des Stiftungsrats im Sommer haben wir uns mal bei einem Spaziergang im Park unterhalten. Irmi war da ziemlich am Boden. Normalerweise ist ..., war, sie eine Frohnatur. Aber da war sie doch etwas geknickt. Sie schien mich auf einmal zu beneiden. Meist war es andersherum.

Sie war die Schöne, Glückliche, der alles wie im Schlaf zugefallen war. Und jetzt beneidete sie mich. Das war schon komisch. Sie erzählte von ihren Eheproblemen, und dass Wolfgang sich ihr gegenüber immer seltsamer verhielt. Er machte sich einen Spaß daraus, sie zu erschrecken. Wolfgang wusste um Irmis Nervenkostüm und schien das immer mehr zu forcieren, so als ob er ihr den Alltag zur Hölle machen wollte. Wenn sie ihn darauf ansprach, lachte er nur und erwiderte, sie solle sich nicht so haben. Noch wäre er ja schließlich ihr Ehemann.

E.: Wusste Ihr Vater davon?

M.: Nein. Der wäre ausgeflippt. Papa hielt immer ganz viel von Wolfgang. Viel mehr als von Georg. Georg war für ihn immer so ein, naja, Schwiegersohn zweiter Klasse. Er hatte sich für mich einen anderen Mann vorgestellt. Mehr so was wie Wolfgang.

E.: Danke. Wir beenden das Verhör für heute.

Louise Elverdink wartete noch einen Moment bis Clara-Louise aus dem Verhörraum abgeführt worden war. Dann griff sie zu ihrem Handy, wählte eine eingespeicherte Nummer, wartete einen Augenblick bis eine vertraute Stimme erklang. »Theo, ich glaub', wir haben ihn. Hopf wollte sich trennen von Irmi.«

Linthdorfs einzige Reaktion auf diese Neuigkeit war: »Ach!«

VII
Bogensee
Sonnabend, 25. November 2006

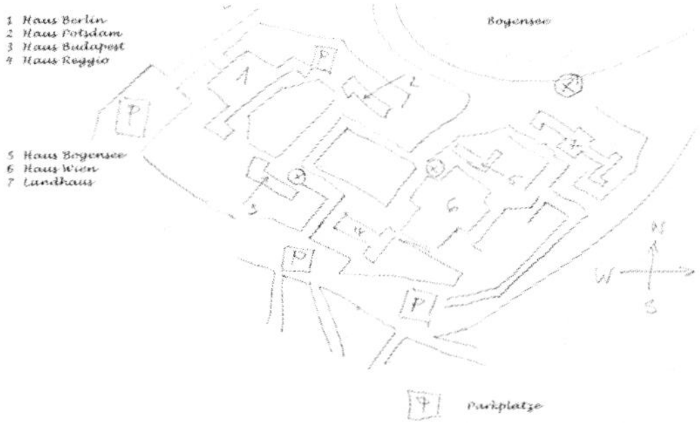

Dichter Nebel hatte sich überall niedergelegt. Nichts war zu sehen von der Geistersiedlung. Die Wetterlage der letzten Woche hatte sich nicht geändert. Jeder Tag war ein Nebeltag.

Vom kleinen See kamen immer neue Nebelschwaden durch den Mischwald heran und verbreiteten ein eigentümliches Dämmerlicht. Es war noch früh am Morgen, als eine große, schwarze Limousine fast lautlos auf den kleinen Parkplatz gleich neben der verwaisten Bushaltestelle rollte. Drei Männer stiegen aus und verschwanden im Nebel.

Ein anderer Mann hatte ihre Ankunft beobachtet. Dieser Mann im olivgrünen Parka und mit einem Fernglas vor den Augen war niemand anderes als Ingolf Tucheband von der Naturschutzwacht, Außenstelle Bogensee.

Tucheband war seit dem Auftauchen der Polizei sensibilisiert, was das Aufkreuzen ungewöhnlicher Leute in der Geistersiedlung anging, speziell solcher, die in großen schwarzen Nobelkarossen vorfuhren. Er kramte in seiner Jackentasche, fand auch das gesuchte Handy und tippte eine Nummer ein, die er von einem kleinen Visitenkärtchen ablas.

»Sie sind wieder da!«

»Na, die Leute mit dem dicken Audi, es sind drei … Ja, ich warte hier. Beeilen Sie sich!«

Flüsternd hatte er dieses kurze Gespräch geführt. Innerhalb von 45 Minuten kamen mehrere Dienstwagen auf dem großen Parkplatz am Eingang

zur ehemaligen Jugendhochschule an. Es war fast das gesamte operative Team der SoKo »Kranichtod«, das an diesem Morgen anrückte. Lautlos schwärmten die Männer und Frauen aus, darauf bedacht, so schnell wie nur möglich im schützenden Nebel zu verschwinden.
Linthdorf hatte noch kurz mit Tucheband gesprochen. Der Naturschutzwart zeigte ihm die parkende Limousine und deutete auch die Richtung an, in der die drei Gestalten verschwunden waren. Er ließ per Handy das Autokennzeichen überprüfen. Fünf Minuten später hatte er Gewissheit. Der schwarze Audi war als Dienstwagen der »Kranichland AG« eingetragen.
Der Kommissar bedankte sich kurz bei Tucheband für dessen Hilfe. Dann verschwand auch er im Nebel.
Stille umgab ihn, schemenhafte Schatten verschwanden so schnell, wie sie auftauchten. Er wusste um die Tücken des Geländes, wusste um kleine Bäumchen, die inzwischen aus dem einst gepflegten Rasen empor wuchsen, wusste auch um Statuen, die versteckt in den Wäldchen zwischen den Gebäuden standen und wusste um die unterirdischen Geheimnisse der Geistersiedlung. Er hatte seine Mannschaft genauestens instruiert, extra eine kleine Lageskizze angefertigt und vervielfältigt und jedem seiner Mitarbeiter ausgehändigt.
Wenn die Informationen Hülpenbeckers stimmen sollten, dann waren die drei »Grauen« mit ihrem zusammengegaunerten Geld auf der Flucht. Sie hatten die Wertpapierschließfächer der Bank leergeräumt, Gelder, die auf den Konten der Scheinfirmen geparkt waren, ins Ausland transferiert und sich so viel Bargeld, wie sie tragen konnten, auszahlen lassen.
Sie wussten, dass sie europaweit zur Fahndung ausgeschrieben waren. Alle Flughäfen wurden überwacht, ebenfalls Fährhäfen und Bahnhöfe. Die Autobahnpolizei hatte die Kennzeichen ihrer Dienstwagen und auch der Privatautos in ihrem Fahndungsregister ganz obenan gestellt.
Die Fahndungsspezialisten gingen davon aus, dass sich die drei Gesuchten noch in Berlin und Umgebung befinden mussten.
Linthdorf hatte nur wenig Ahnung, wie diese drei Männer reagieren würden, wenn sie sich in die Enge gedrängt sahen. Sie waren für ihn gesichtslos und damit auch schwer einzuschätzen. Obwohl er sich stundenlang ihre Physiognomien angesehen hatte, konnte er sich ihre Gesichter nicht einprägen. So, wie ihre Namen in der großen Masse des Durch-

schnitts untergingen, so waren ihre Persönlichkeiten ebenfalls durch ihre Mediokrität schwer zu beschreiben.
Das einzig Auffällige an ihnen war ihre Raffsucht und Kaltblütigkeit. Aber diese beiden Charakterzüge waren nicht gerade dienlich beim Aufspüren der drei Gesuchten. Wieso sie ausgerechnet nach Bogensee gekommen waren, konnte Linthdorf im Moment noch nicht ahnen. Er hatte sie überall erwartet, bloß nicht hier draußen. Sollte es hier ein Versteck geben, dass er noch nicht kannte? Vielleicht in den Gebäuden der alten Schule? Intakt waren die ja noch. Es würde eine Sisyphusarbeit sein, die Häuser zu durchsuchen.
Der Kommissar hatte sicherheitshalber seine SIG Sauer aus dem Halfter geholt. Beim Durchladen hörte er in unmittelbarer Nähe einen Schusswechsel. Seine Ahnung gab ihm Recht. Die drei Gesuchten waren bewaffnet und schreckten auch vor dem Einsatz der Waffen nicht zurück. Hülpenbecker hatte ihm erzählt, dass die drei wenig Skrupel hatten, wenn es galt, ihre Ideen durchzusetzen.
Wieder ertönten Schüsse im Nebel. Vier Mal kurz hintereinander waren die dumpfen Knallgeräusche im Nebel zu vernehmen. Linthdorfs Ohren orteten die Herkunft der Schüsse aus dem großen Hauptgebäude am Eingang. Er lief vorsichtig in die Richtung. Auf dem freien Platz vor dem Gebäude sah er eine Gestalt liegen. Linthdorf eilte herbei.
Es war ein junger Polizist, der getroffen worden war. Eine Blutlache hatte sich bereits gebildet. Matthias Mohr kam ebenfalls herbei. Er hatte einen Streifschuss abbekommen. Linthdorf hatte bereits nach Lebenszeichen bei dem ohnmächtig daliegenden Polizisten gesucht. Schwach waren Puls und Atem zu spüren. Mohr telefonierte bereits mit dem Rettungsdienst. Seine Streifschussverletzung hatte er mit einem Taschentuch abgebunden.
»Da drinnen haben sie sich verschanzt. Wir müssen hier weg. Wenn der Nebel wieder etwas dünner wird, stehen wir hier wie auf einem Präsentierteller.«
Linthdorf nickte und entgegnete: »Wir holen SEK-Leute heran. Das wird zu brenzlig. Wer weiß, was die da drinnen noch so planen. Ich pfeif alle ausgerückten Leute zurück.«
Innerhalb von fünf Minuten versammelten sich alle Polizisten der SoKo auf dem Parkplatz. Linthdorf sah sich um. Louise fehlte noch.

Er fragte Mohr, ob er sie gesehen habe. Doch Mohr verneinte. Auch die anderen hatten Louise nicht mehr gesehen. Ein ungutes Gefühl machte sich in seiner Brust breit. Es war, als ob sein Herz einen kurzen Moment aussetzte. Er wusste in diesem Augenblick, dass er diese Frau mehr mochte als er es sich die ganze Zeit eingestanden hatte. Ihr durfte nichts geschehen.

Linthdorf konnte nicht warten, bis die SEK-Leute eintrafen. Wer weiß, vielleicht brauchte sie Hilfe, lag dort im Nebel verletzt oder war sogar in der Gewalt der drei »Grauen«. Er gab Mohr ein kurzes Zeichen und verschwand wieder im Nebel.

Mohr war entsetzt. Was machte sein Chef da für ein Himmelfahrtskommando? Ihm fiel im selben Augenblick ein, das Linthdorf noch Louise Elverdink vermisste. Das war der Grund für sein Verschwinden im Nebel. Sollte er hinterher laufen? Wäre er ihm im Nebel wirklich eine Hilfe?

Mohr war unschlüssig. Seine Dienstauffassung und sein natürlicher Drang, Hilfe zu leisten, hatten ihn in eine seelische Zwickmühle gebracht, aber letztlich musste er eine Entscheidung treffen. Und zwar sehr schnell …

Linthdorf war inzwischen durch den kleinen Hain zum Eingang des großen Hauptgebäudes der alten Jugendschule gehuscht. Der doppeltürige Eingang stand sperrangelweit offen. Er überlegte einen kurzen Moment, ob es ratsam war, Louise per Handy anzuklingeln. Dann verwarf er diese Idee sofort wieder. Das Schrillen des Handys könnte auch den drei »Grauen« verraten, wo sie ist. Möglicherweise war sie ja verletzt oder sogar in der Gewalt der drei …

Linthdorf trat in den dunklen Flur des Gebäudes. Ein leicht muffiger Geruch umgab ihn. Seltsam vertraut. Es war dieser typische Duft, der allen Schulen anhaftete, diese eigentümliche Mischung aus Desinfektionsmitteln, Schulspeisung und Ausdünstungen der Möbel und Schüler. In seiner Manteltasche kramte er nach seiner kleinen Taschenlampe, die er schließlich auch in den Tiefen seiner schier unerschöpflichen Taschen fand. Der kleine Lichtkegel brachte kaum Helligkeit.

Eine große Treppe führte nach oben. Dort war ein riesiges Vestibül, wahrscheinlich früher einmal ein Speisesaal. An den Wänden stapelten sich Tische und Stühle, allesamt noch aus alten Zeiten.

Linthdorfs Taschenlampenstrahl suchte die Treppenstufen nach etwaigen Spuren ab. Ein paar feuchte Stellen auf den Terrazzo-Stufen zeigten ihm, dass vor kurzem jemand diese Treppe benutzt hatte. Linthdorf machte seine Lampe aus, seine Augen hatten sich an das Dämmerlicht gewöhnt.
Er lief leise die Treppenstufen hinauf, seine SIG Sauer entsichert im Anschlag. Linthdorf überlegte, wo sich die drei aufhalten konnten. Der Ort, der strategisch am besten geeignet war, um Angreifer abzuwehren, war höchstwahrscheinlich die Fensterfront in der obersten Etage. Nur von da oben konnte man den Überblick über das Gelände behalten. Die Schüsse konnten auch nur von da oben abgegeben worden sein.
Doch wo war Louise? Linthdorf wurde immer unruhiger. Wenn sie ebenfalls hier herein gekommen war, dann hatte sie ähnliche Überlegungen wie er selbst angestellt und war den drei »Grauen« ins offene Messer gelaufen.
Der Kommissar wuchtete seine hundertundzwanzig Kilogramm in einem Tempo die Treppen hinauf, wie er es sich selber nicht mehr zugetraut hatte. Adrenalin machte diesen Kraftakt möglich. Ein langer Flur, von dem links und rechts Türen in diverse Zimmer führten, erschwerte es ihm, den Überblick zu bewahren.
Es blieb ihm nichts anderes übrig, als jeden Raum einzeln zu kontrollieren. Vorsichtig klinkte er die erste Tür auf. Nichts. Dasselbe Ergebnis bei den anderen Räumen. Linthdorfs Annahme, dass die drei Gesuchten hier oben seien, war falsch.
Missmutig wollte er gerade wieder zurück als er ein Geräusch hörte. Es kam von unten. Linthdorf presste sich an die Wand, um nicht entdeckt zu werden. Er hörte im Treppenhaus jemanden herauf eilen. Ein Schatten war zu sehen, der Kommissar spannte alle seine Muskeln an. Kurz bevor der Schatten ihn jedoch erreichte, verschwand er. Linthdorf schlich hinter her. Der Schatten war eine Etage tiefer verschwunden.
Wieder hörte er Schritte. Jemand eilte die Treppe herauf. Der Schatten näherte sich rasch. Linthdorf hielt die Luft an. Sekunden später tauchte der Kopf Matthias Mohrs auf. Linthdorf atmete durch, deutete dann auf den Flur der mittleren Etage.
Die beiden Männer nahmen sich die Türen des mittleren Flurs vor. Sie gingen dabei nahezu lautlos vor. Die Routine bei solchen Vorgängen kam ihnen zu gute. Linthdorfs innere Anspannung stieg von Tür zu Tür. Nur

noch drei Türen waren übrig. Zwei der drei Türen zeigten nach rechts, auf die Seite mit dem Parkplatz. Mohr lauschte an der ersten Tür, schüttelte dann den Kopf. Es konnte nur die hinterste Tür sein. Die beiden Polizisten sahen sich an, nickten dann und stürmten den Raum. Schüsse fielen, Linthdorfs SIG Sauer ertönte, Blut spritzte und ein Mann glitt zu Boden. Die beiden anderen Männer, die noch im Raum waren, standen mit bleichen Gesichtern und erhobenen Händen vor den Polizisten.
Linthdorfs erste Worte waren: »Wo ist Louise Elverdink? Was habt ihr mit ihr gemacht?«
Die beiden schwiegen und sahen ihn verdutzt an.
»Die große Polizistin, wo ist sie?«
Endlich schienen die beiden zu verstehen, was er wollte.
»Unten im Keller. Sie lebt.«
Mohr hatte die beiden Männer mit Handschellen an die Rohrleitungen der Zentralheizung gefesselt und ihnen die Waffen abgenommen. Es waren Präzisionsgewehre mit Dioptereinrichtung. Der am Boden liegende Mann kam langsam zu sich. Der Schuss, der ihn niedergestreckt hatte, war ein glatter Durchschuss in der Schulter. Er blutete stark. Linthdorf winkte Mohr zu, erste Hilfe zu leisten, rief mit seinem Handy die anderen SoKo-Mitarbeiter herbei und stürmte dann die Treppen hinab. Die schwere Kellertür war verschlossen. Ein Schuss aus seiner SIG Sauer sprengte das Türschloss. Es war stockfinster. Linthdorf rief. Doch keine Antwort war zu hören. Wieder kam seine Taschenlampe zum Einsatz. Gleich in der ersten Ecke sah er sie. Leblos lag sie dort. Linthdorf eilte zu ihr. Sie schien ohnmächtig zu sein. An ihrem Kopf sah er eine blutige Verletzung. Wahrscheinlich war sie von einem der drei Gesuchten niedergeschlagen worden.
Louise stöhnte, als der große Mann sich zu ihr beugte und ihr zart die Wangen tätschelte. Dann schlug sie die Augen auf, sah dem Riesen ins Gesicht, versuchte zu lächeln für einen kurzen Augenblick und sank Linthdorf in die Arme.

Epilog

Einladung zur Vernissage
»Bilder eines Lebens –
Malerei und Graphik von Felix Verschau«

Wir freuen uns, Sie und Ihre(n) Begleiter(in) zur Vernissage auf Gut Lankenhorst zu begrüßen.
Aus dem Nachlass des kürzlich verstorbenen Künstlers Felix Verschau zeigen wir einen Querschnitt seines künstlerischen Schaffens.
Höhepunkt der Vernissage wird eine kleine Auktion sein, in der Sie die Möglichkeit haben, Originalwerke des Künstlers zu ersteigern. Der Erlös der Auktion dient dem weiteren Aufbau des Kultur-Gutes Lankenhorst.
Für musikalische Unterhaltung sorgt das Quartett »Die swingenden Havelnixen« aus Oranienburg.
Beginn der Vernissage: Sonntag, der 26. November 2006

G. Praskowiak
Leiterin der Galerie

R. v. Quappendorff
Vereinsvorsitzender

I

Gut Lankenhorst

Sonntag, 26. November 2006

Dieser Sonntag brachte endlich einmal wieder besseres Wetter in diesen nebel- und regenreichen Monat. Am Himmel hatte sich die Sonne durch eine dünne Schicht Hochnebel gekämpft und verbreitete jetzt sanftes, freundliches Licht.

Die letzten Blätter waren inzwischen auch von den Bäumen herab gefallen, nur die Eichen der Allee hielten noch störrisch an ihrem braungewordenen Blätterkleid fest.

Der Park des Gutes Lankenhorst war voller geparkter Autos. Der linke Flügel des Herrenhauses war hell erleuchtet. Er beherbergte die Schlossgalerie.

Eine festlich gekleidete Gunhild Praskowiak begrüßte die ankommenden Gäste. Direkt neben ihr stand in einem tadellos sitzenden Anzug Rolfbert Leuchtenbein, dessen optischer Hingucker eine lila changierende Fliege war.

Im Foyer des Herrenhauses hatte sich eine kleine Gesellschaft am Buffet mit ihren Weingläsern versammelt. Meinrad Zwiebel, mit Halsmanschette noch etwas gezeichnet von seinem Unfall, und seine Frau Mechthild schenkten Wein nach und reichten kleine Häppchen auf großen Tellern herum.

Zentrum der kleinen Gruppe war ein lebhaft diskutierender älterer Herr, neben dem sich ein kleinerer, kompakter Mann mit Igelfrisur ebenfalls ausdrucksvoll mit herumrudernden Armen in Szene setzte. Es waren Diestelmeyer und Boedefeldt, die leicht beschwingt vom genossenen Wein das Wort führten.
Auch der Landrat mit seinem Anhang war eingetroffen. Ihm folgte neben seiner blonden Assistentin der Kulturdezernent. Begrüßt wurde das Trio vom Baron, der zwar noch etwas schwach auf den Beinen, mit seinem Krückstock vorsichtig herumschlurfte und allen freundlich zunickte.
Gunhild hielt Ausschau nach einem besonderen Gast, der ihr sehr am Herzen lag. Endlich sah sie den großen, silbernen SUV am Eingangstor auf die Eichenallee biegen.
Linthdorf kam in Begleitung von Freddy Krespel und Matthias Mohr.
»Na prima, da können wir jetzt ja anfangen. Bitte meine Herrschaften, kommen Sie, bitte, hierher.«
Resolut führte die Blondine den Besucherschwarm in die kleine Galerie.
Freddy Krespel hatte seine kleine Digitalkamera gezückt und sauste durch die Ausstellungsräume. Er fotografierte begeistert die farbenfrohen Akte, die unverkennbar Gunhilds Züge trugen, ebenfalls stimmige märkische Landschaften mit abgeernteten Feldern, verträumten Seen und sonnendurchfluteten Kiefernwäldern, Portraits bekannter und unbekannter Zeitgenossen und wunderbare Tierdarstellungen. Vor einem in zarten Grün- und Grautönen gespachteltem Acrylbild blieb er stehen, rief Linthdorf heran, der auch sofort kam und ebenfalls wie gebannt auf das Bild blickte. Es waren Kraniche in einer Nebellandschaft.
Inzwischen hatte Gunhild im Beisein des Barons und des Kulturdezernenten die Ausstellung eröffnet. Eine kleine Rede wurde gerade von ihr improvisiert.
»Wir freuen uns, Ihnen mit dieser letzten Vernissage im Jahr einen ganz besonderen Künstler vorstellen zu können. Felix Verschau, alle kannten ihn als den Einsiedler aus dem alten Chausseehaus, war ein begnadeter Maler und Graphiker. Die unglücklichen Umstände, die zu seinem Tode führten, konnten wir dank der Ermittlungsarbeit unseres hochverehrten Herrn Kriminalkommissars Linthdorf klären und damit auch endlich die

Unglücksserie, die in den letzten Wochen unser Haus mit Angst und Schrecken im Banne hielt, beenden.
Wir freuen uns ebenfalls, Ihnen mitteilen zu können, dass die Zukunft von Gut Lankenhorst, die ja lange Zeit aufgrund der prekären Finanzsituation ungewiss war, gesichert ist.
Diese Vernissage heute stellt einen Neubeginn dar. Nicht nur, was die künstlerische Qualität unserer Arbeit angeht, nein, auch die aktuellen Forschungen zur Geschichte des Gutes haben dank einiger spektakulärer Funde eine neue Dimension erhalten.
Also, liebe Gäste, ich erhebe mein Glas auf Felix Verschau, dessen Nachlass wir hier auf Gut Lankenhorst betreuen und dem mit dieser Ausstellung …«, Gunhild unterbrach ihre Rede, die sie im besten Hochdeutsch gehalten hatte, schluckte, und fing plötzlich an zu weinen. Der Baron sprang geistesgegenwärtig ein, und beendete die Ansprache. »Wir wünschen Ihnen viel Vergnügen beim Betrachten der ausgestellten Werke und hoffen auf ein reges Bieten bei unserer anschließenden kleinen Auktion.«
Mit einer einladenden Armbewegung lotste er seine Gäste in die Ausstellungsräume.
Mechthild trat zu Gunhild und streichelte ihren Arm. »Lass jut sein, Gundi. War ne schöne Rede.«
Auch Linthdorf war zu ihr gekommen. »Frau Praskowiak, jetzt sind Sie voll in Ihrem Element. Aber sagen Sie mal, wieso können Sie denn Verschaus Bilder hier behalten?«
»Na, Felix hat se doch mia vermacht! In seinem Haus hatte er ne Art Testament liegen. Da stand drinne, das allet, wat im Hause so an Bildern und Graphikmappen rumliecht, Frau Gunhild Praskowiak bekommen soll. Na, det war ja ein feiner Zuch von meinem Felix, ja, wirklich!«
»Und Sie haben … ?«
»Ja, hab ick. Den janzen künstlerischen Nachlass hab ick mit in den Kulturverein einjebracht. Quappi, also Baron von Quappendorff, hat uns, also Berti, Mechthild, Meinrad und mich, zu neuen Stiftungsratsmitgliedern ernannt. So, nun wissense allet. Und im Heimatmuseum jibts demnächst etwas üba die Bogensee-Verbindung zu sehen.«
Diestelmeyer und Boedefeldt waren an den Kommissar herangetreten.

»Ich wusste es, dass Sie den ollen Tierquäler finden.« Boedefeldt war sichtlich erfreut, seinen Kollegen aus dem fernen Potsdam wieder zu sehen. »Na na, da haben Sie und Ihr Professor ja eine bedeutende Aktie daran.«, wehrte Linthdorf ab.

»Und Frau Elverdink, mein Jott, wie geht es ihr denn?«, fragte Boedefeldt den etwas verloren dastehenden Linthdorf.

Der sah betroffen zu dem kleinen Polizisten. Er wollte ihm etwas sagen, aber seine Kehle war wie zugeschnürt. Boedefeldt bemerkte, dass er da etwas angesprochen hatte, was dem Riesen großen Kummer machte. Die Nachrichten über den Zustand der Polizistin waren nur spärlich und bisher wenig hoffnungsvoll. Linthdorf schien emotional stärker involviert zu sein als von ihm angenommen. Boedefeldt wollte sich diskret zurückziehen, aber der große Mann mit dem seltsam traurigen Gesichtsausdruck schien sich wieder gefangen zu haben.

Linthdorf war sein abruptes Schweigen peinlich und lenkte ab: »Ich glaub, es gibt noch hervorragende Heringshappen. Wir sollten noch zuschlagen, solange welche da sind.«

II

Immer noch Gut Lankenhorst

Sonntagabend, 26. November 2006

Der größte Teil der Gäste war bereits gegangen. Linthdorf war mit Matthias Mohr, dem Vogelexperten Rudolf Diestelmeyer und dem Linumer Dorfpolizisten Roderich Boedefeldt an einem runden Tisch gestrandet, der mit ein paar Tellern voller Leckereien und halbgefüllten Weingläsern dekoriert war.

In einem großen Korbsessel thronte der alte Baron, neben sich den schlafenden Brutus, und sinnierte vor sich hin. Im Nebenzimmer hatten die neuen Stiftungsratsmitglieder ebenfalls einen Tisch umlagert und diskutierten eifrig.

Linthdorf lauschte dem Disput. Wortfetzen drangen an sein Ohr. Es ging um Rudi Wespenkötter, der in der Ruine des Schafstalls im Elsenbruch tot aufgefunden worden war.

Auch der alte Baron hatte diese Diskussion mitbekommen. Er sah zu Linthdorf hinüber, der ihm genau gegenüber saß. Linthdorf erwiderte den Blick.
»Ich dreh ne kleine Runde im Park. Brutus muss mal raus.«
»Darf ich Sie begleiten?«
Linthdorf gesellte sich zu dem Hausherrn. Ein paar Minuten gingen die beiden Männer schweigend durch den Park. Es war für die Jahreszeit angenehm mild. Der Ruf eines Käuzchens erklang im nahen Elsenbruch. Der Baron brach das Schweigen. »Herr Linthdorf, Sie ahnen, weshalb ich hier mit Ihnen unterwegs bin.«
Linthdorf antwortete: »Es hat etwas mit dem toten Wespenkötter im Elsenbruch zu tun.«
»Ja, hat es.«
»War Wespenkötter nun ausgerutscht und unglücklich gefallen oder hatte da jemand nachgeholfen? Wir grübeln darüber auch schon die ganze Zeit. Unsere Techniker können leider nicht hundertprozentig feststellen, was da genau ablief. Okay, nun erzählen Sie mal. Was war da passiert?«
Quappendorff zögerte einen Moment. Brutus schnüffelte sich durch das raschelnde Laub. Wahrscheinlich hatte er die Spur des Dachses aufgenommen.
»Also, es war ein Unfall. Mechthild kam heute früh zu mir. Sie druckste etwas herum, bis ich ihr dann auf die Sprünge half. Am Morgen nach der Gespensternacht war sie mit Brutus unterwegs im Park. Ich lag ja im Krankenhaus und jemand musste sich um den Hund kümmern. Da hat sie ihn gesehen. Sturzbesoffen ist er vorn am Tor Richtung Elsenbruch gewankt.
Brutus wurde unruhig und zog sie hinter sich her. Bis zur Ruine des alten Schafstalls folgten sie ihm. Brutus riss sich los und stürmte in die Ruine. Sie hörte nur noch einen Schrei. Als sie ankam, saß Brutus schwanzwedelnd an der Kante der oberen Mauerwand. Sie versuchte ihn wegzulocken, doch er kam nicht. Also stieg sie nach oben und dann sah sie ihn. Er schien wohl benommen zu sein vom Sturz.
Aber er hatte sich aufgesetzt und schaute böse herauf auf den Hund. Mechthild roch, dass er sturzbetrunken war. Er blutete am Kopf und fluchte wie ein Rohrspatz. Sie bekam einen Schreck, zerrte den Hund weg und lief zurück.

Gleich danach hat sie Leuchtenbein und Gunhild Praskowiak über das unerfreuliche Ereignis berichtet. Die drei sind dann übereingekommen, nichts davon zu erzählen und es als Fügung des Schicksals anzusehen, dass der Tierquäler letztlich seine gerechte Strafe durch ein Tier gefunden hatte. Mechthild dachte nicht, dass der Wilderer tot sein könnte. Deshalb war sie so entsetzt, als sie ihn bei ihrer späteren Suche nach dem Geheimgang so übel zugerichtet vorfanden.
Da hatte sie sich nicht mehr getraut, von dem Unfall zu berichten. Sie hatte schlichtweg Angst, die Schuld an Wespenkötters Tod zu haben. Also wegen unterlassener Hilfeleistung. Das ist die ganze Geschichte.«
Brutus war von seiner aufregenden Dachsspurensuche zurück zu seinem Herrchen gekommen und schaute ihn aus seinen braunen Knöpfchenaugen an. Quappendorff kraulte dem großen Hund den Kopf, der dabei wohlig knurrte.
Linthdorf sah zu dem Hund und danach zum Baron. »Nun, dann wollen wir es auch dabei belassen. Kommen Sie, ich glaube, langsam wird es doch etwas kühl.«
Damit gingen die beiden Männer mit dem schwanzwedelnden Hund wieder zurück ins Schloss.

III
Ein Interview in der Abendsendung von »Brandenburg Aktuell« im rbb-Fernsehen
Sonntagabend, 26. November 2006

Wir begrüßen hier im Studio den Leiter der Potsdamer LKA-Abteilung für organisiertes Verbrechen, Herrn Dr. Nägelein.
Herr Dr. Nägelein, im Zusammenhang mit den spektakulären Todesfällen im Landkreis Oberhavel und den Finanztransaktionen einer ganzen Reihe von Scheinfirmen hier bei uns im Land Brandenburg können Sie einen beachtlichen Erfolg vorweisen.

Ja, uns ist es gestern in einer konzertierten Aktion gelungen, den Drahtziehern dieser Machenschaften das Handwerk zu legen. Es hat sich bezahlt gemacht, eine interdisziplinäre Arbeitsgruppe zu bilden, in der neben versierten Ermittlern unserer Behörde auch Spezialisten der Steuerfahndung und Computerexperten eingebunden waren.

Noch ein Wort zu den Todesfällen. Die hielten ja die ganze Region in Atem. Was können Sie uns hier über den Stand der Ermittlungen sagen?

Nun, die etwas mysteriösen Umstände, die letztendlich auch zur Überführung der Täter mit beitrugen, hatten anfangs den Verdacht auf ein Familiendrama gelenkt. Die Verstrickungen von einzelnen Familienmitgliedern in die Machenschaften der organisierten Finanzmafia haben dann auch dazu beigetragen, vollkommen neue Verbindungen aufzudecken. Wir sind dabei, all diese Verbindungen zu prüfen. Nur so viel jetzt schon, die Morde haben nur teilweise etwas mit den Finanzdelikten zu tun.

Können Sie uns noch etwas über die Dimensionen der hier aufgedeckten Machenschaften sagen?

Dank unserer Ermittlungen konnten wir über 75 Millionen Euro, die als Fördermittel bewilligt worden waren, wieder dem Landeshaushalt zuführen. Sie wissen so gut wie alle Zuschauer, das Brandenburg mit zu den strukturschwächsten Bundesländern der Bundesrepublik gehört. Die Durchschnittseinkommen liegen gerade einmal bei 75 Prozent des Bundesdurchschnitts. Die Abwanderungsrate ist entsprechend hoch. Jeder Euro, der hier investiert wird, muss also wirklich auch im Lande bleiben und darf nicht in den Händen von windigen Finanzjongleuren landen, die das Kapital zu dubiosen Geschäften im Ausland brauchen. Hier muss ein verstärkter Kontrollmechanismus greifen.

Vielen Dank, Herr Dr. Nägelein für diese Informationen.

IV

Ein Artikel in der Wochenendausgabe der »Märkischen Allgemeinen« vom Samstag, 2.Dezember 2006

Ende mit dem Spuk auf Gut Lankenhorst

Die sonderbaren Vorgänge auf Gut Lankenhorst (Landkreis Oberhavel) sind endlich aufgeklärt.
Wir berichteten bereits mehrmals vom Spuk der »Weißen Frau« und den Vogelmassakern, die die Bewohner des Gutes in Angst und Schrecken versetzt hatten. Zumal es im Umfeld von Lankenhorst mehrere mysteriöse Todesfälle gab.
Die Kriminalpolizei ermittelte und konnte schließlich dem böswilligen Schabernack ein Ende setzen. Ein landesweit bekannter Wilderer zeichnete verantwortlich für den Spuk. Vergangenen Dienstag wurde der stark alkoholisierte Rudi W. tot in den angrenzenden Ruinen im Elsenbruch aufgefunden.
Die rätselhaften Todesfälle konnten ebenfalls aufgeklärt werden. Es handelte sich um einen alten Familienstreit, der letztendlich einige Familienmitglieder dazu brachte, sich unliebsamer Verwandter zu entledigen. Die Polizei nahm infolge ihrer Ermittlungen Wolfgang H., den verwitweten Ehmann der bei einem Unfall verstorbenen Irmingard H., und Clara-Louise M., die Tochter des Hausherrn, fest.
Im Zuge der Ermittlungen konnten ebenfalls die bisher ungeklärten Todesfälle des Neffen des Hausherrn, Lutger v. Q., und des Steuerberaters Klaus B. mit aufgeklärt werden. Die beiden Todesfälle konnten eindeutig als Auftragsmorde der ebenfalls in die Vorgänge verwickelten Finanzmakler einer in Oranienburg ansässigen Steuerberatungsgesellschaft und deren Komplizen von einem ortsansässigen Bankhaus ermittelt werden.
Damit dürfte wieder Ruhe in das von Schicksalsschlägen gebeutelte Gut einziehen. Einen bemerkenswerten Neuanfang machte der neue Stiftungsrat mit einer erfolgreichen Vernissage des kürzlich verstorbenen Künstlers Felix Verschau, dessen Werke zur Zeit auf Gut Lankenhorst besichtigt werden können.

V

Ein Artikel im Wirtschaftsteil der »Märkischen Allgemeinen« vom Montag, 4.Dezember 2006

Kampf gegen Fördermittelbetrug und Korruption im Land Brandenburg zeigt erste Erfolge

Die seit Jahren immer mehr um sich greifende Korruption bei der Erlangung von öffentlichen Geldern hat einen deutlichen Dämpfer bekommen.

Eine interdisziplinäre Sondereinheit der Steuerfahnder, den jeweiligen Abteilungen für Wirtschaftskriminalität der Polizei sowie den Ermittlungsbehörden des LKA Potsdam ist ein bedeutender Schlag gegen das organisierte Netzwerk von Kreditbetrügern, Steuersündern und Immobilienspekulanten gelungen. Im Laufe der Ermittlungen ist es den Spezialisten gelungen, ein ganzes Nest dieser Wirtschaftsverbrecher auszuheben. Die Ermittlungen wurden erschwert durch die undurchsichtigen Eigentumsverhältnisse der agierenden Scheinfirmen, die allesamt im Brandenburger Raum angesiedelt waren. Ebenfalls konnten mehrere Bankmanager dingfest gemacht werden, die durch laxe Kreditvergabepraktiken diese Form von Kriminalität erst möglich gemacht werden.

Inwieweit es Versäumnisse seitens der Behörden gegeben hat, die durch eine bessere Kontrollpraxis bei der Vergabe von Fördergeldern hier Schaden hätte verhüten können, kann zum gegenwärtigen Zeitpunkt noch nicht festgestellt werden.

Mehr als 75 Mio. Euro konnten im Zuge der Ermittlungen dem Landeshaushalt wieder zugeführt werden. Die Gelder, die nun dem Land zusätzlich zur Verfügung stehen, werden dringend benötigt. Wie aus dem Bildungsministerium verlautete, soll ein Großteil dieser Gelder zum Ausbau der Schulen und Kindertagesstätten verwendet werden.

VI
Intensivstation der Charité in Berlin-Mitte
Mittwoch, 6. Dezember 2006

Vor dem Zimmer, in dem eine kaum sichtbare Person inmitten von Schläuchen und elektronischen Schnüren lag, hatte sich ein großer Mann eingefunden. Er kam täglich hierher, blieb meist zwei Stunden und beobachtete die Person in dem Zimmer besorgt.
Jedesmal fragte er die Schwestern und diensthabenden Ärzte über Veränderungen des Zustandes der dort liegenden Person, die in einem künstlichen Koma lag und schon nicht mehr zu dieser Welt zu gehören schien.
Jedesmal bekam er diesselben Antworten und den Hinweis, Geduld zu haben.
Jedesmal ging der Mann etwas trauriger wieder nach zwei Stunden fort.
Es war Linthdorf, der seine Kollegin Louise Elverdink besuchte. Für ihn war die schwerverletzte Polizistin weit mehr als nur eine Kollegin. Aber darüber schwieg er, darauf hoffend, dass sie irgendwann einmal wieder die Augen aufschlagen werde.

AAVAA

VERLAG

www.aavaa-verlag.com